大学语文

孙露丹
吴石仙　主编
张　洁

電子工業出版社
Publishing House of Electronics Industry
北京 • BEIJING

内 容 简 介

本书分为经典诗文鉴赏、口语表达与思维训练、应用写作三大部分。“经典诗文鉴赏”包括“仁者爱人”“关爱生命”“眷眷亲情”等 10 章，每章均精选经典作品。“口语表达与思维训练”包括“口才概述”和“实训：口语表达与思维训练”两章，后者包括“有声语言训练”“心理素质训练”“基于内容的语言训练”“基于思维的语言训练”“基于艺术的语言训练”等 8 个口才实训模块。“应用写作”部分精选了使用频率高、具有代表性的应用文种类，并编制了贴合实际的写作真题及练习题。本书适用于各高等职业院校开设的“大学语文”课程，以及文学鉴赏类、应用写作类、口才提高类的通识课程。

图书在版编目（CIP）数据

大学语文 / 孙露丹，吴石仙，张洁主编. —北京：电子工业出版社，2023.2

ISBN 978-7-121-45083-9

Ⅰ. ①大… Ⅱ. ①孙… ②吴… ③张… Ⅲ. ①大学语文课—高等学校—教材 Ⅳ. ①H19

中国国家版本馆 CIP 数据核字（2023）第 030915 号

责任编辑：魏建波
文字编辑：杜 皎
印 刷：三河市鑫金马印装有限公司
装 订：三河市鑫金马印装有限公司
出版发行：电子工业出版社
北京市海淀区万寿路 173 信箱 邮编：100036
开 本：787×1092 1/16 印张：21.5 字数：550.4 千字
版 次：2023 年 2 月第 1 版
印 次：2025 年 8 月第 7 次印刷
定 价：54.00 元

凡所购买电子工业出版社图书有缺损问题，请向购买书店调换。若书店售缺，请与本社发行部联系，联系及邮购电话：（010）88254888，88258888。

质量投诉请发邮件至 zlts@phei.com.cn，盗版侵权举报请发邮件至 dbqq@phei.com.cn。

本书咨询联系方式：（010）88254609，hzh@phei.com.cn.

前 言

2020 年 11 月，全国高校联合发布《新文科建设宣言》，指出中国高等文科教育要为弘扬中国精神、凝聚中国力量、践行中国道路，为托起国家富强、民族复兴、人民幸福的中国梦而坚定前行！“大学语文”是高等院校面向文（汉语言文学专业除外）、理、工、农等各类专业学生开设的一门文化素质教育课程，是最具传统功能与普遍价值的课程。

作为高职院校，十几年来，浙江工贸职业技术学院坚持开设“大学语文”课程。我们秉持培养全面发展的人、高素质技能型人才的教育理念，以培养大学生在职业环境下所需的语文素养为目标，一方面关注学生的精神成长，另一方面注重学生语言运用能力的提升。具体来说，一是通过对中国经典诗文的研读、鉴赏、体悟，使大学生的内心世界更为丰富、自由、健康，在大学生心中种下一颗热爱母语、认同母语文化的种子，进而潜移默化地提高大学生的人文素养，坚定其文化自信；二是通过对应用写作要领及口语表达技巧的体认，提高大学生语言文字的实际应用能力，即满足其专业对应的岗位（群）所需要的母语的写作、沟通、倾听等能力，并为其学好各类专业课程及继续学习和终身发展奠定基础。

经过多年探索与不断实践，我们找到一条符合高职院校的、行之有效的大学语文教学改革路径，本书就是我校多年教改实践的成果。

本书分为经典诗文鉴赏、口语表达与思维训练、应用写作三大部分。

“经典诗文鉴赏”部分主要以中国经典诗文为鉴赏对象，辅之以外国文学中的经典著作，分为仁者爱人、关爱生命、眷眷亲情、礼赞爱情等 10 章，每章均精选经典作品。这 10 章是多元的、与时俱进的，如为响应《中共中央 国务院关于全面加强新时代大中小学劳动教育的意见》中“其他课程结合学科、专业特点，有机融入劳动教育内容”的号召，我们适时增加“劳动筑梦”章节，唱响文学经典中“劳动最光荣”的乐章。在编排体例上分主题导读、选文阅读、知识链接和能力训练四个部分。能力训练部分围绕主题内容，安排听、说、读、写各项训练。

“口语表达与思维训练”部分，目的在于提高大学生口语表达能力，为其更好地表达思想、申明主张、人际沟通，甚至事业成功做理智的准备。具体内容包括“口才概述”和“实训：口语表达与思维训练”两个部分，后者包括有声语言训练、心理素质训练、基于内容的语言训练、基于思维的语言训练、基于艺术的语言训练等 8 个口才实训模块。在编排体例上分为理论知识、能力训练、知识拓展，以及思考与练习 4 个部分。能力训练部分安排兼具操作性和趣味性的活动项目，以期在活动中提高大学生的口语表达与思维能力。

“应用写作”部分目的在于全面提升大学生的应用写作能力，为其毕业后的职场写作奠定扎实的基础。我们精选了公务文书，事务文书，求职、毕业文书，专业文书中的一些文种，这些文种都是社会使用频率高、具有一定代表性的实用文体。在编排体例上设有任务导入、例文分析、理论知识，以及思考与练习 4 个部分。在编制相关的任务和练习时，我们力求聚焦学生生活、学习、工作中的真实情境，编制写作真题，增强写作效度。

从内容及编写体例可以看出，本书的一个显著特点便是特别注重对大学生语言文字运用能力的培养，提升大学生的母语素养。

本书由孙露丹、吴石仙、张洁担任主编，孙露丹负责“口语表达与思维训练”部分，吴石仙负责“应用写作”部分，张洁负责“经典诗文鉴赏”部分，李红伟参与编写了导游词、调查报告、计划、总结四个文种部分的内容。

尽管编者做出了不懈努力，但由于水平及时间所限，书中难免有疏漏及不足之处，恳请广大师生、同仁不吝批评指正，以便我们再版时予以完善。

在编撰过程中，我们参考了一些学界前辈的观点，收录的部分作品未来得及与原作者一一联系，在此一并表示谢忱并致歉。

编　者

目　录

第一部分　经典诗文鉴赏

第一章　仁者爱人……………………………………………………………………（3）

樊迟、仲弓问仁……………………………………………………《论语》（4）
长沮桀溺耦而耕……………………………………………………《论语》（5）
大学之道………………………………………………………………曾子（6）
上善若水………………………………………………………………老子（7）
郑伯克段于鄢………………………………………………………《左传》（8）
谏逐客书………………………………………………………………李斯（9）

第二章　关爱生命……………………………………………………………………（13）

蜉蝣………………………………………………………………《诗经》（14）
哭小弟…………………………………………………………………宗璞（14）
相信未来………………………………………………………………食指（18）
命若琴弦（节选）……………………………………………………史铁生（19）
热爱生命……………………………………………………………汪国真（21）
孕妇和牛………………………………………………………………铁凝（22）

第三章　眷眷亲情……………………………………………………………………（27）

诫子书………………………………………………………………诸葛亮（28）
祭妹文…………………………………………………………………袁枚（28）
我的母亲………………………………………………………………老舍（30）
给我的孩子们………………………………………………………丰子恺（33）
多年父子成兄弟……………………………………………………汪曾祺（36）
这是一个灵魂（节选）……………………………………………周国平（38）

第四章　礼赞爱情……………………………………………………………………（42）

桃夭………………………………………………………………《诗经》（43）
沈园二首………………………………………………………………陆游（43）

与妻书……林觉民（44）
偶然……徐志摩（46）
牡丹亭·惊梦（节选）……汤显祖（47）
罗密欧与朱丽叶（节选）……威廉·莎士比亚（48）

第五章　知识探求……（53）

进学解……韩愈（54）
为学与做人……梁启超（55）
赠与今年的大学毕业生……胡适（58）
谈学问……梁漱溟（61）
谈静……朱光潜（62）
谈话语……弗朗西斯·培根（64）

第六章　守望理想……（68）

鱼我所欲也……《孟子》（69）
橘颂……屈原（70）
报任安书（节选）……司马迁（72）
行路难……李白（73）
天才梦……张爱玲（74）
理想……流沙河（75）

第七章　爱国豪情……（81）

从军行……杨炯（82）
哀江头……杜甫（82）
水龙吟·登建康赏心亭……辛弃疾（83）
关山月……陆游（84）
吹号者（节选）……艾青（85）
祖国啊，我亲爱的祖国……舒婷（87）

第八章　诗意人生……（90）

石门岩上宿……谢灵运（91）
与朱元思书……吴均（92）
春江花月夜……张若虚（93）
春夜宴从弟桃花园序……李白（94）
采桑子……欧阳修（95）
超然台记……苏轼（96）

第九章　劳动筑梦……（99）

芣苢……《诗经》（100）
七月……《诗经》（100）

种树郭橐驼传……柳宗元（102）
贺年……老舍（104）
套不住的手（节选）……赵树理（106）
平凡的世界（节选）……路遥（108）

第十章 桑梓情深……（115）

采薇……《诗经》（116）
故乡的野菜……汪曾祺（117）
忆菊……闻一多（120）
乡土本色……费孝通（122）
白玉苦瓜……余光中（126）
榕树……泰戈尔（127）

第二部分 口语表达与思维训练

第一章 口才概述……（133）

第二章 实训：口语表达与思维训练……（140）

模块一 有声语言训练……（140）
模块二 心理素质训练……（152）
模块三 基于内容的语言训练……（158）
模块四 基于思维的语言训练……（163）
模块五 基于艺术的语言训练……（175）
模块六 肢体语言训练……（183）
模块七 专项训练之演讲口才……（191）
模式八 专项训练之面试口才……（208）

第三部分 应用写作

第一章 应用写作理论……（217）

第二章 应用写作实训……（235）

模块一 公务文书……（235）
模块二 事务文书……（275）
模块三 求职、毕业文书……（294）
模块四 专业文书……（321）

参考文献……（333）

第一部分　经典诗文鉴赏

第一章　仁者爱人

主题导读

子曰："仁远乎哉？我欲仁，斯仁至矣。"仁德离我们不远，一个人是否"明明德"，做道德的选择，是自己给自己下命令的结果，关乎个人成长和人格塑造。求仁得仁，是主动的追求，是一种具体的实践，"泛爱众而亲仁"；是一种态度，"己所不欲，勿施于人"；更是"知其不可为而为之"的入世精神。与世无争能否无忧无惧？自强弘毅，知命与努力同样重要，在追求的同时一路坚守。"仁以为己任，不亦重乎？"仁性给出的道德选择能够让人修身、齐家、治国、平天下。

选文一

樊迟、仲弓问仁

《论语》

仲弓问仁。子曰："出门如见大宾，使民[①]如承大祭。己所不欲，勿施于人。在邦[②]无怨，在家[③]无怨。"仲弓曰："雍虽不敏，请事斯语矣！"

樊迟问仁。子曰："爱人。"问知。子曰："知人。"樊迟未达。子曰："举直错诸枉，能使枉者直。"樊迟退，见子夏，曰："乡[④]也吾见于[⑤]夫子而问知，子曰：'举直错[⑥]诸枉[⑦]，能使枉者直。'何谓也？"子夏曰："富哉言乎！舜有天下，选于众，举皋陶，不仁者远矣。汤有天下，选于众，举伊尹，不仁者远矣。"

樊迟问仁。子曰："居处恭，执事敬，与人忠。虽之夷狄，不可弃也。"

知识链接

本文选自《论语·颜渊》和《论语·子路》。樊迟，名须，字子迟，鲁国人，比孔子小36岁，曾向孔子请教种植五谷、蔬菜的方法，被认为志向不够远大。仲弓，姓冉，名雍，字仲弓，鲁国人，小孔子29岁，孔子赞赏其德行，"犁牛之子，骍且角。虽欲勿用，山川其舍诸"。

孔子教导樊迟，仁者"爱人"，将其作为仁之最基础的道德标准。《孟子·离娄下》做了进一步解释："仁者爱人，有礼者敬人。爱人者人恒爱之，敬人者人恒敬之。"孔子教导仲弓，实践仁德在于主敬行恕，仁德是可实践的，能够为一切美好的道德承载和延续。子夏以舜和汤为例，他们"知人"善用，启用正直的臣子皋陶、伊尹，"不仁者远矣"，这是仁者爱人的具体实践。《孟子·尽心上》解释这种可行性："君子之于物也，爱之而弗仁。于民也，仁之而弗亲。亲亲而仁民，仁民而爱物。"儒家的仁爱是推己及人的，由亲及疏，由近及远。"亲亲，仁也"，儒家的爱以血缘关系为圆心，辐射不同半径的人际关系。

---

① 使民：役使百姓。

② 邦：诸侯统治的国家。

③ 家：卿大夫的封地。

④ 乡：同"向"，从前。

⑤ 见于，被接见。

⑥ 举直：起用正直的人。错，通"措"，弃置不用。

⑦ 枉：邪曲，不正直。

选文二

长沮桀溺耦而耕

《论语》

长沮、桀溺耦而耕①。孔子过之，使子路问津②焉。长沮曰：“夫执舆③者为谁？”子路曰：“为孔丘。”曰：“是鲁孔丘与④？”曰：“是也。”曰：“是知津矣！”问于桀溺。桀溺曰：“子为谁？”曰：“为仲由。”曰：“是鲁孔丘之徒与？”对曰：“然。”曰：“滔滔⑤者，天下皆是也，而⑥谁以⑦易⑧之？且而⑨与其从辟⑩人之士也，岂若从辟世之士哉？”耰⑪而不辍⑫。子路行以告，夫子怃然⑬曰：“鸟兽不可与同群，吾非斯人之徒与而谁与？天下有道，丘不与易也。”

知识链接

本篇选自《论语·微子》。长和桀形容人身形高大魁梧，沮和溺指身体浸在水中。孔子在周游列国的途中迷路，派子路问津，子路与隐士长沮和桀溺对话。“执舆者为谁”，子路从问者变成被问者。几人在对话中讨论到当时社会中处世态度不同的两种人——“辟人之士”与“辟世之士”。

隐者认为孔子是辟人之士，劝其做辟世之士，因为天下“滔滔”，找不到渡口。他们把春秋末期周室式微、诸侯混战的社会动荡局面比作洪水横流，认为没有谁能够改变，劝孔子与其躲避季康子这样志趣不合之人，离鲁去卫又去陈，不如离开纷繁的世道，做个避世之人。

孔子是不愿避世的，他认为“鸟兽不可与同群，吾非斯人之徒与而谁与”，人不与鸟兽同群，与人为群的必定是人，因此坚决入世。“天下有道，丘不与易也。”孔子认为，如果世道清明，自己就不会想变革。正因这种兼济天下的责任感，明知乱世昏浊，孔子仍要治世，体现出圣人之心。

---

① 耦：古代的一种耕作方法，即两个人各执一耜（犁），同耕一尺宽之地。耦而耕，两人并耕。
② 津：渡口。
③ 执舆：即执辔（缰绳）。
④ 与：同“欤”。
⑤ 滔滔：水弥漫的样子，喻世上的纷乱。因问渡口，故借水做比喻。
⑥ 而：同“尔”，你。
⑦ 以：与。
⑧ 易：改变。
⑨ 而：指子路。
⑩ 辟：同“避”。
⑪ 耰（yōu）：古代的一种农具，用来弄碎土块，平整田地。此处指用耰翻土，覆盖种子。
⑫ 辍：停止。
⑬ 怃（wǔ）然：怅然，失意。

选文三

大学之道

曾　子

大学[1]之道，在明明德[2]，在亲[3]民，在止于至善。知止[4]而后有定，定而后能静，静而后能安，安而后能虑，虑而后能得。物有本末，事有终始。知所先后，则近道矣。

古之欲明明德于天下者，先治其国。欲治其国者，先齐其家。欲齐其家者，先修其身。欲修其身者，先正其心。欲正其心者，先诚其意。欲诚其意者，先致其知[5]。致知在格物[6]。物格而后知至，知至而后意诚，意诚而后心正，心正而后身修，身修而后家齐，家齐而后国治，国治而后天下平。自天子以至于庶人，壹是[7]皆以修身为本。

其本乱而末治者，否矣。其所厚者薄，而其所薄者厚，未之有也[8]。

知识链接

曾子（前505—前435），曾参，字子舆，春秋末期鲁国人，与其父曾点同为孔子弟子，被誉为宗圣。相传其著有《大学》《孝经》，提出“吾日三省吾身”等修身之法。

《大学》与《中庸》《论语》《孟子》合称“四书”，是论述儒家修身、治国、平天下理想的散文，原是《礼记》第四十二篇，相传为孔子晚年弟子曾参所作，是古代官方教科书和科举考试的必读书，对中国古代教育有较大的影响。

本篇选自《大学》第一章，概述了曾子倡导的“三纲”和“八目”，即所谓大学之道。“三纲”是明明德、亲民、止于至善。明德是所有德行的总称，在不同的人伦关系中体现，也就是孔子说的“仁”；明明德就是求仁、为仁。有仁德，就能亲亲而仁民。这是大学之纲。“八目”是格物、致知、诚意、正心、修身、齐家、治国、平天下。个人正心修身是本，明德至善是追求的目标。只有内在修养不断提升，达到至善道德境界，修己才能治人，外在的事业才能精进，齐家、治国甚至平天下的政治理想才能具体实现。由一身至家国天下，由初学至圣人，通物通我，大学之道是循序渐进的。

---

① 大学：相对于小学而言的“大人之学”。古人八岁入小学，十五岁入大学。

② 明明德：前一个“明”为动词，发扬、弘扬。后一个“明”为形容词，明德就是光明正大的品德。

③ 亲：新，使人弃旧图新。

④ 知止：知道目的地。

⑤ 致其知：使自己获得知识。

⑥ 格物：认识、研究事物。

⑦ 壹是：一概，一律。

⑧ 未之有也：即未有之也。没有这样的道理（事情、做法等）。

选文四

上善若水

老 子

上善若水①。水善利万物而不争，处众人之所恶②，故几于道③。

居善地④，心善渊⑤，与善仁⑥，言善信⑦，政善治⑧，事善能⑨，动善时⑩。

夫唯不争，故无尤⑪。

知识链接

老子，春秋末期人，姓李名耳，字聃，道家学派创始人和主要代表人物，与庄子并称“老庄”，著有《道德经》(又称《老子》)，对中国哲学产生了巨大的影响。

《道德经》分上篇《德经》和下篇《道经》，共八十一章，论述修身、治国、用兵、养生之道，被称为“内圣外王”之学，文意深奥广博。《道德经》包含朴素的唯物主义观点，如道法自然，“道生一，一生二，二生三，三生万物”，还体现了辩证法观点，如“祸兮福之所倚，福兮祸之所伏”。

“道”是宇宙之道、自然之道，也是个人修行之道；“德”是修道的基础，包括世界观、方法论，以及为人处世之法等。老子认为上德无为，主张无为而治，“夫唯不争，故无尤”。

《道德经》语言精辟，多用修辞，富有艺术性，许多成语、格言来源于《道德经》。本篇节选自第八章，通篇以水喻人，把水拟人化，赞颂得道者的高贵品质，“上善若水，水善利万物而不争”。

---

① 上善若水：上善之人像水一样。

② 所恶（wù）：厌恶的地方，指低洼的地方。

③ 几于道：近于道。司马光《道德真经论》曰：“道无水有，故曰几。”

④ 居善地：居住在低洼的地方。《道德经》第六十六章：“江海所以能为百谷王者，以其善下之。”河上公《老子章句》：“水性善喜于地，草木之上即流而下，有似于牝动而下人也。”

⑤ 心善渊：思虑深邃宁静。

⑥ 与善仁：结交善良之人。

⑦ 言善信：说话遵守信用。

⑧ 政善治：为政善于治理。

⑨ 事善能：做事善于发挥特长。

⑩ 动善时：行动善于抓住时机。

⑪ 尤：过失、错误。

选文五

郑伯克段于鄢

《左传》

初，郑武公娶于申，曰武姜。生庄公及共叔段。庄公寤生[①]，惊姜氏，故名曰“寤生”，遂恶[②]之。爱共叔段，欲立之，亟[③]请于武公，公弗许。及庄公即位，为之请制。公曰：“制，岩邑也，虢叔死焉[④]，他邑唯命。”请京，使居之，谓之京城大叔[⑤]。

祭仲曰：“都城过百雉[⑥]，国之害也。先王之制：大都，不过参[⑦]国之一；中，五之一；小，九之一。今京不度，非制也。君将不堪。”公曰：“姜氏欲之，焉辟[⑧]害？”对曰：“姜氏何厌之有？不如早为之所，无使滋蔓，蔓难图也。蔓草犹不可除，况君之宠弟乎？”公曰：“多行不义必自毙，子姑待之。”

既而大叔命西鄙北鄙[⑨]贰于己。公子吕曰：“国不堪贰，君将若之何？欲与大叔，臣请事之；若弗与，则请除之，无生民心。”公曰：“无庸，将自及。”

大叔又收贰以为己邑，至于廪延。子封曰：“可矣。厚将得众。”公曰：“不义不暱[⑩]，厚将崩。”

大叔完聚，缮甲兵，具卒乘[⑪]，将袭郑。夫人将启之。公闻其期，曰：“可矣！”命子封帅车二百乘以伐京。京叛大叔段。段入于鄢，公伐诸鄢。五月辛丑，大叔出奔共。

书[⑫]曰：“郑伯克段于鄢。”段不弟，故不言弟；如二君，故曰克；称郑伯，讥失教也；谓之郑志。不言出奔，难之也。

遂置姜氏于城颍，而誓之曰：“不及黄泉，无相见也。”既而悔之。

颍考叔为颍谷封人，闻之，有献于公。公赐之食。食舍肉。公问之，对曰：“小人有母，皆尝小人之食矣，未尝君之羹，请以遗[⑬]之。”公曰：“尔有母遗，繄[⑭]我独无！”颍考叔曰：“敢问何谓也？”公语之故，且告之悔。对曰：“君何患焉？若阙[⑮]地及泉，隧而相见，其谁曰不然？”公从之。公入而赋：“大隧之中，其乐也融融。”姜出而赋：“大隧之外，其乐也泄

---

① 寤（wù）生：难产的一种，胎儿的脚先生出来。寤，通“牾”，逆，倒着。
② 恶（wù）：厌恶。
③ 亟：屡次。
④ 焉：介词兼指示代词，相当于“于是”“于此”。
⑤ 大叔：大，同“太”。
⑥ 雉：古代城墙长一丈、宽一丈、高一丈为一堵，三堵为一雉，即长三丈。
⑦ 参（sān）：同“三”。
⑧ 辟：同“避”。
⑨ 鄙：边境上的城邑。
⑩ 暱：亲近。
⑪ 具卒乘：准备步兵和兵车。具，准备。卒，步兵。乘，四匹马拉的战车。
⑫ 书：指《春秋》原文。
⑬ 遗：赠送。
⑭ 繄（yī）：句首语气助词。
⑮ 阙：通“掘”，挖。

泄[①]。”遂为母子如初。

君子曰[②]：颍考叔，纯孝也。爱其母，施及庄公。《诗》曰：“孝子不匮，永锡尔类。”其是之谓乎？

知识链接

本篇选自《左传》，是开篇第一个故事。《左传》旧传是春秋时期左丘明所作，是中国古代一部叙事完备的编年体史书，是儒家经典，与《公羊传》《穀梁传》合称“春秋三传”。该书以《春秋》为经，记述自鲁隐公元年（前722），至鲁哀公二十七年（前468）的具体史实。

《郑伯克段于鄢》主要讲述鲁隐公元年郑国内部兄弟阋墙，争夺国君权位的故事。文章涉及政治、军事利益，又有母子情、手足情。全文语言生动简洁，人物形象饱满，情节丰富曲折，是一篇极富文学色彩的历史散文。庄公寤生，其母因而厌恶他，更喜爱次子段，暗中支持段谋夺君位。庄公老谋深算，欲擒故纵，对母亲和弟弟的阴谋早已知晓，看似宽厚，实则胸怀杀机，故意放纵对方，等到胞弟和母亲过分僭越，就师出有名，击败对方。

母子决裂、手足相残，最终引发惨剧，而庄公的阴险狠毒体现得淋漓尽致。后来，在颍考叔的安排下，母子二人在隧道中相见。庄公说：“其乐也融融！”这从另一侧面反映出其虚伪。文章仅七百余字，结构完整紧凑，波澜起伏，塑造的人物形象生动传神，显示出了较高的艺术水平。

选文六

谏逐客书

李　斯

臣闻吏议逐客，窃[③]以为过矣。

昔缪公[④]求士，西取由余于戎，东得百里奚于宛，迎蹇叔于宋，来丕豹、公孙支于晋。此五子者，不产于秦，而缪公用之，并国二十，遂霸西戎。孝公用商鞅之法，移风易俗，民以殷盛，国以富强，百姓乐用，诸侯亲服，获楚、魏之师，举[⑤]地千里，至今治强。惠王用张仪之计，拔三川之地[⑥]，西并巴蜀，北收上郡，南取汉中，包九夷[⑦]，制鄢、郢，东据成皋之险，割膏腴之壤，遂散六国之从[⑧]，使之西面事秦，功施[⑨]到今。昭王得范雎，废穰侯，逐

---

① 泄泄：形容快乐的样子。

② 君子曰：《左传》作者用以发表评论的方式。

③ 窃：谦辞，“私下”之意。

④ 缪（mù）公：即秦穆公。春秋五霸之一。缪，同“穆”。

⑤ 举：攻克，占领。

⑥ 拔：攻取。三川之地：时属韩国，今河南省黄河以南、灵宝以东的地区，境内有黄河、洛水、伊水，故称“三川”。

⑦ 九夷：楚国境内的少数民族。

⑧ 散：瓦解。从，同“纵”，指合纵，当时六国联合对付秦的一种策略。

⑨ 施（yì）：延续。

华阳，强公室，杜私门，蚕食诸侯，使秦成帝业。此四君者，皆以客之功。由此观之，客何负于秦哉！向使四君却客而不内，疏士而不用，是使国无富利之实，而秦无强大之名也。

今陛下致昆山之玉，有隋、和之宝，垂明月之珠，服太阿之剑，乘纤离之马，建翠凤之旗，树灵鼍①之鼓。此数宝者，秦不生一焉，而陛下说②之，何也？必秦国之所生然后可，则是夜光之璧不饰朝廷，犀象之器不为玩好，郑、魏之女不充后宫，而骏良駃騠不实外厩③，江南④金锡不为用，西蜀丹青不为采。所以饰后宫、充下陈⑤、娱心意、说耳目者，必出于秦然后可，则是宛珠之簪、傅玑之珥、阿缟之衣、锦绣之饰不进于前，而随俗雅化，佳冶窈窕⑥，赵女不立于侧也。夫击瓮叩缶⑦，弹筝搏髀⑧，而歌呼呜呜快耳目者，真秦之声也。郑、卫、桑间、韶、虞⑨、武、象⑩者，异国之乐也。今弃击瓮叩缶而就郑、卫，退弹筝而取韶、虞，若是者何也？快意当前，适观而已矣。今取人则不然。不问可否，不论曲直，非秦者去，为客者逐。然则是所重者在乎色、乐、珠、玉，而所轻者在乎人民也。此非所以跨海内制诸侯之术也。

臣闻地广者粟多，国大者人众，兵强则士勇。是以泰山不让土壤，故能成其大；河海不择细流，故能就其深；王者不却众庶⑪，故能明其德。是以地无四方，民无异国，四时充美，鬼神降福，此五帝三王⑫之所以无敌也。今乃弃黔首⑬以资敌国，却宾客以业诸侯，使天下之士退而不敢西向，裹足不入秦，此所谓"藉寇兵而赍⑭盗粮"者也。

夫物不产于秦，可宝者多；士不产于秦，而愿忠者众。今逐客以资敌国，损民以益⑮仇，内自虚而外树怨于诸侯，求国无危，不可得也。

知识链接

李斯（前 280—前 208），楚国上蔡人，著名政治家、文学家和书法家。李斯最初是秦相吕不韦的舍人，后帮助秦国统一六国，官拜丞相，是战国时期法家代表人物。

《谏逐客书》是一篇奏章。谏是古代下对上的劝谏用语。书，上书，臣向君陈述意见的一种文体。公元前 237 年，韩国派水工郑国来秦国，借修渠灌田为名，发动近万人，历时十年，阴谋消耗秦国力量，使秦国无暇攻打韩国。秦国宗室大臣以此为由，提议驱逐所有来秦国服务的客卿。当时李斯为客卿，在被驱逐的途中写下《谏逐客书》，成功劝谏秦王废除了逐

---

① 灵鼍（tuó）：即扬子鳄。
② 说：同"悦"。
③ 駃（jué）騠（tí）：骏马名。外厩，宫外的马圈。
④ 江南：长江以南地区。此指长江以南的楚地，素以出产金、锡著名。
⑤ 下陈：殿堂下陈放礼器、站立傧从的地方。
⑥ 随俗雅化：跟随时尚打扮得高雅漂亮。佳冶窈窕：佳丽美好，文静优雅。
⑦ 击瓮叩缶：秦地的打击乐。瓮、缶是两种瓦器。
⑧ 搏髀：拍打大腿，以此掌握音乐和歌唱的节奏。搏，击打，拍打。髀，大腿。
⑨ 韶、虞：相传舜时的音乐。
⑩ 武、象：周武王时的乐曲称武，乐舞称象。
⑪ 众庶：民众。
⑫ 五帝三王：指黄帝、颛顼、帝喾、尧、舜五位明君和夏启、商汤、周武王三位国君。
⑬ 黔首：战国、秦时对百姓的称呼。黔，黑色头巾。
⑭ 藉（jiè）：借。赍（jī）：送给。
⑮ 益：增强。

客令。全文论证有力，结构严谨，条理清晰，文质相彰。

作者开篇点明观点，“臣闻吏议逐客，窃以为过矣”。他以秦国历史上四位君王引进人才成就帝业来说明客卿的重要作用：穆公求士，遂霸西戎；孝公用商鞅之法，遂国强民盛；惠王用张仪，得以扩张；昭王得范雎，强化集权。作者由此指出“客何负于秦”。第三段转向现实，列举秦国重外物、轻客卿的事实，进一步反对逐客。第四段从论事到论理，指出纳客与逐客的利害关系，总结为“藉寇兵而赍盗粮”。最后一段总结逐客之害，指出逐客将使国危。全文气势奔放，善用比喻，文采斐然。

能力训练

【活动一】角色扮演

活动时间：15～20 分钟。

活动目的：创设情境，营造氛围，让学生在角色扮演过程中积累知识，提高理解能力。

活动程序：

1. 分组，3～5 人一组。
2. 每组选定本专题其中一篇文章分角色演绎。
3. 小组讨论角色分配、台词分配，以及对个别语句进行解读、探讨。
4. 组内模拟。
5. 上讲台（或制作视频）分角色演绎。
6. 其他组学生点评。
7. 投票选出最佳组。

【提示】教师应对学生强调，并指导学生在角色扮演中加入自己对古文内容的现代理解，做当代语境下的阐释，进而与现实生活相联系，使年代久远的经典文学散发出新时代力量。最佳组的设定可以根据学习者的特征调整，如最佳表现组、最佳生活组、最佳拍档组等。

【活动二】凑零为整

活动时间：10 分钟。

活动目的：增强团队合作和协调能力，对“仁”的内涵有初步了解。

活动程序：

（1）准备一块相对空旷的活动场地，学生自愿参与活动。

（2）参与的学生分为三组：1 元、5 角、1 角。

（3）活动主持人喊开始，学生原地随意走动。

（4）主持人报数，如 2 元 6 角、10 元、1 元 5 角等，学生在限定时间内找其他人组合成该数字。

（5）组合成功的学生留下，其余的被淘汰。

（6）成功的学生、被淘汰的学生分别总结经验。

【提示】这个活动可以放在本专题开头，作为“仁”与“爱”的具身引入。学生在经验总结中反思团队合作的重要性，体会“仁”在具体实践中体现的人际关系对个人成长和人格塑造的影响。

【话题讨论】

子贡问曰："有一言而可以终身行之者乎？"子曰："其恕乎！己所不欲，勿施于人。"下面这则故事如何体现孔子所说的"恕"？

老和尚携小和尚游方化缘，小和尚对得道的师父十分崇拜。师徒俩途遇一条小河，见一女子试试探探想过河，却又过不去。老和尚便主动背这位女子过了河，将女子放下后，师徒二人继续赶路。一路上，小和尚觉得师父背女子犯戒了。走了十里路，又走了二十里路，他只在心里憋着，没有开口。等两人走了三十里路的时候，他忍不住问师父："您是得道高僧，怎么能背女子？"师父微微一笑，说："我背她过河，早已将她放下，你比我多背了三十里路，还没放下。"

【写作训练】

海纳百川，有容乃大。一个不懂宽容的人将失去别人的尊重。但是，一个一味宽容别人的人将失去自己的尊严。请以"宽容"为话题写篇作文，立意自定，题目自拟。

第二章　关爱生命

主题导读

生命长短可以用年龄衡量吗？“死生亦大矣，而不得与之变。虽天地覆坠，亦将不与之遗。”人只要坚定信念，死生也就不是大事了。朝生暮死短暂如蜉蝣，亦有麻衣如雪之美。生如夏花，死亦绚烂。一个人兢兢业业，也会有壮志未酬之憾，不必怨天尤人。因为相信未来，所以热爱生命；因为热爱生命，所以希冀未来。代代生命的延续正是对人类终极价值的步步实现和对生命意义的追寻。生命之弦拉紧了才能弹好，哪怕目的地是虚设的，弹好就够了。

选文一

蜉　蝣

《诗经》

蜉蝣之羽，衣裳楚楚。心之忧矣，於[①]我归处。
蜉蝣之翼，采采[②]衣服。心之忧矣，於我归息。
蜉蝣掘阅[③]，麻衣如雪。心之忧矣，於我归说[④]。

知识链接

《诗经》是我国第一部诗歌总集，是我国现实主义诗歌的源头。作品内容涵盖政治、经济、军事、文化、世态人情、民风民俗等，反映从西周至春秋中叶各阶层的现实生活。《诗经》有“六义”——风、雅、颂、赋、比、兴。前三者是按地域和音乐的不同对作品的分类，后三者是艺术表现手法。风也叫国风，是地方音乐，大部分是民歌。雅是周王朝官廷或朝会之乐，分《小雅》和《大雅》。颂是宗庙祭祀之乐。

《蜉蝣》选自《诗经·曹风》，诗人借蜉蝣来表达对生死问题的叩问。蜉蝣是一种朝生暮死的昆虫，其翅膀透亮鲜艳，像一件华美的衣裳，“楚楚”“采采”均形容其异常美丽，洁白似初雪。诗人借蜉蝣感慨人生短暂与极致之美的两相矛盾。蜉蝣初生之时，破土而出，麻衣如雪，生而光华，很快就能飞翔，好比人生最光彩的年华。诗人乐极就有了反向的深思，“心之忧”，询问并困惑于人生的归宿，却也隐含着对生命的眷恋和紧迫感。生命终点，其归宿该如何？亦当绚烂。蜉蝣日落时喜成群飞舞，死后坠到地面累积成厚厚的一层，引人注目。这首诗借蜉蝣短暂光华的一生，映射人生短暂，提醒人们珍惜当下，活得精彩。

选文二

哭小弟

宗　璞

我面前摆着一张名片，是小弟前年出国考察时用的。名片依旧，小弟却再也不能用它了。

小弟去了。小弟去的地方是千古哲人揣摩不透的地方，是各种宗教企图描绘的地方，也

① 於：通“乌”，何，哪里。
② 采采：与前文的“楚楚”都表示光洁鲜艳状。
③ 阅：通“穴”。
④ 说：通“税”，止息，居住。

是每个人都会去，而且不能回来的地方。但是现在怎么能轮得到小弟！他刚五十岁，正是精力充沛，积累了丰富的学识经验，大有作为的时候，有多少事等他去做啊！医院发现他的肿瘤已相当大，需要立即做手术。他还想去参加一个技术讨论会，问能不能开完会再来。他在手术后休养期间，仍在看研究所里的科研论文，还做些小翻译。直到卧床不起，他手边还留着几份国际航空材料，总是“想再看看”。他也并不全想的是工作。已是滴水不进时，他忽然说想吃虾，要对虾。他想活，他想活下去啊！

可是他去了，过早地去了。这一年多，从他生病到逝世，真像是个梦，是个永远不能令人相信的梦。我总觉得他还会回来，从我们那冬夏一律显得十分荒凉的后院走到我窗下，叫一声“小姊——”。

可是他去了，过早地、永远地去了。

我长小弟三岁。从我有比较完整的记忆起，生活里便有我的弟弟，一个胖胖的、可爱的小弟弟，跟在我身后。他虽然小，可是在玩耍时，常常当老师，照顾着小朋友，让大家坐好。他站着上课，那神色真是庄严。他虽然小，在昆明的冬天里，孩子们都生冻疮，都怕用冷水洗脸，他却一点不怕。他站在山泉边，捧着一个大盆的样子，至今还十分清晰地在我眼前。

“小姊，你看，我先洗！”他高兴地叫道。

在泉水缓缓的流淌中，我们从小学，中学而大学，大部分时间都在一个学校，毕业后就各奔前程了。不知不觉间，听到人家称小弟为强度专家；不知不觉间，他担任了总工程师的职务。在那动荡不安的年月里，很难想象一个人的将来。这几年，父亲和我倒是常谈到，只要环境许可，小弟是会为国家做出点实际的事的。却不料，本是最年幼的他，竟先我们而离去了。

去年夏天，得知他患病后，因为无法得到更好的治疗，我于八月二十日到西安。记得有一辆坐满了人的车来接我。我当时奇怪何以如此兴师动众，原来他们都是去看小弟的。到医院后，有人进病房握手，有人只在房门口默默地站一站，他们怕打扰病人，但他们一定得来看一眼。

手术时，有航空科学研究院、623 所、631 所的代表，弟妹、侄女和我在手术室外；还有一辆轿车在医院门口。车里有许多人等着，他们一定要等着，准备随时献血。小弟如果需要把全身的血都换过，他的同志们也会给他。但是一切都没有用。肿瘤取出来了，有一个半成人的拳头大，一面已经坏死。我忽然觉得一阵胸闷，几乎透不过气来——这是在穷乡僻壤为祖国贡献着才华、血汗和生命的人啊，怎么能让这致命的东西在他身体里长到这样大！

我知道在这黄土高原上生活的艰苦，也知道住在这黄土高原上的人工作之劳累，还可以想象每一点工作的进展都要经过十分恼人的迂回曲折。但我没有想到，小弟不但生活在这里，战斗在这里，而且把性命交付在这里了。他手术后回京在家休养，不到半年就复发了。

那一段焦急的悲痛的日子，我不忍写，也不能写。每一念及，便泪下如绠，纸上一片模糊。记得每次看病，候诊室里都像公共汽车上一样拥挤，等啊等啊，盼啊盼啊，我们知道病情不可逆转，只希望能延长时间，也许会有新的办法。航空界从莫文祥同志起，还有空军领导同志都极关心他，各个方面包括医务界的朋友们也曾热情相助，我还往海外求医。然而错过了治疗时机，药物再难奏效。曾有个别的医生不耐烦地当面对小弟说，治不好了，要他“回陕西去”。小弟说起这话时仍然面带笑容，毫不介意。他始终没有失去信心，他始终没有丧失生的愿望，他还没有累够。

小弟生于北京，1952 年从清华大学航空系毕业。他填志愿到西南，后来分配在东北，以后又调到成都、调到陕西。虽然他的血没有流在祖国的土地上，但他的汗水洒遍全国，他的精力的一点一滴都献给祖国的航空事业了。个人的功绩总是有限的，也许燃尽了自己，也不能给人一点光亮，可总是为以后的绚烂的光辉做了一点积累吧。我不大明白各种工业的复杂性，但我明白，任何事业也不是只坐在北京就能够建树的。

我曾经非常希望小弟调回北京，分我侍奉老父的重担。他是儿子，三十年在外奔波，他不该尽些家庭的责任么？多年来，家里有什么事，大家都会这样说："等小弟回来"，"问小弟"。有时只要想到有他可问，也就安心了。现在还怎能得到这样的心安？风烛残年的父亲想儿子，尤其这几年母亲去世后，他的思念是深的、苦的，我知道，虽然他不说。现在他永远失去他的最宝贝的小儿子了。我还曾希望在我自己走到人生的尽头，跨过那一道痛苦的门槛时，身旁的亲人中能有我的弟弟，他素来的可倚可靠会给我安慰。哪里知道，却是他先迈过了那道门槛啊！

1982 年 10 月 28 日上午 7 时，他去了。

这一天本在意料之中，可是我怎能相信这是事实呢！他躺在那里，但他已经不是他了，已经不是我那正当盛年的弟弟，他再不会回答我们的呼唤，再不会劝阻我们的哭泣。你到哪里去了，小弟！自 1974 年沅君姑母逝世起，我家屡遭丧事，而这一次小弟的远去最是违反常规，令人难以接受！我还不得不把这消息告诉当时也在住院的老父，因为我无法回答他每天的第一句问话："今天小弟怎么样？"我必须告诉他，这是我的责任。再没有弟弟可以依靠了，再不能指望他来分担我的责任了。

父亲为他写挽联："是好党员，是好干部，壮志未酬，洒泪岂只为家痛；能娴科技，能娴艺文，全才罕遇，招魂也难再归来！"我那唯一的弟弟，永远地离去了。

他是积劳成疾，也是积郁成疾，他一天三段紧张地工作，参加各式各样的会议。每有大型试验，他事先检查到每一个螺丝钉、每一块胶布。他是三机部科技委员会委员，他曾有远见地提出多种型号研究。有一项他任主任工程师的课题研制获国防工办和三机部科技一等奖。同时他也是 623 所党委委员，需要在会议桌上坦率而又让人能接受地说出自己对各种事情的意见。我常想，能够"双肩挑"，是我们五十年代到六十年代初期出来的知识分子的特点。我们是在"又红又专"的要求下长大的。当然，有的人永远也没有能达到要求，像我。大多数人则挑起过重的担子，在崎岖的、荆棘丛生的，有时是此路不通的山路上行走。那几年的批判斗争是有远期效果的。他们不只是生活艰苦，过于劳累，还要担惊受怕，心里塞满想不通的事，谁又能经受得起呢！

小弟入医院前，正负责组织航空工业部系统的一个课题组，他任主任工程师。他的一个同志写信给我说，1981 年夏天，西安一带出奇地热，几乎所有的人晚上都到室外乘凉，只有"我们的老冯"坚持伏案看资料。"有一天晚上，我去他家汇报工作，得知他经常胃痛，有时从睡眠中痛醒，工作中有时会痛得大汗淋漓，挺一会儿，又接着做了。天啊！谁又知道这是癌症！我只淡淡地说该上医院看看。回想起来，我心里很内疚，我对不起老冯，也对不起您！"

这位不相识的好同志的话使我痛哭失声！我也恨自己，恨自己没有早想到癌症对我们家族的威胁，即使没有任何症状，也该定期检查。云山阻隔，我一直以为小弟是健康的。其实他早感不适，已去过他该去的医疗单位。区一级的说是胃下垂，县一级的说是肾游走。以小弟之为人，当然不会大惊小怪，惊动大家。后来在弟妹的催促下，乘工作之便到西安检查，才做手术。如果早一年有正确的诊断和治疗，小弟还可以再为祖国工作二十年！

往者已矣。小弟一生，从没有“埋怨”过谁，也没有“埋怨”过自己，这是他的美德之一。他在病中写的诗中有两句：“回首悠悠无恨事，丹心一片向将来。”他没有恨事。他虽无可以彪炳史册的丰功伟绩，却有一个普通人的认真的、勤奋的一生。历史正是由这些人写成的。

小弟白面长身，美丰仪，喜文艺，娴诗词，且工书法篆刻。父亲在挽联中说他是“全才罕遇”，实非夸张：如果他有三次生命，他的多方面的才能和精力也是用不完的；可就这一辈子，也没有得以充分地发挥和施展。他病危弥留的时间很长，他那颗丹心，那颗让祖国飞起来的丹心，顽强地跳动，不肯停息。他不甘心！

这样壮志未酬的人，不只他一个啊！

我哭小弟，哭他在剧痛中还拿着那本航空资料“想再看看”，哭他的“胃下垂”“肾游走”；我也哭蒋筑英抱病奔波、客殇成都；我也哭罗健夫不肯一个人坐一辆汽车！我还要哭那些没有见诸报章的过早离去的我的同辈人。他们几经雪欺霜冻，好不容易奋斗着张开几片花瓣，尚未盛开，就骤然凋谢。我哭我们这迟开而早谢的一代人！

已经是迟开了，让这些迟开的花朵尽可能延长他们的光彩吧。

这些天，读到许多关于这方面的文章，也读到了《痛惜之余的愿望》，稍得安慰。我盼“愿望”能成为事实。我想需要“痛惜”的事应该是越来越少了。

小弟，我不哭！

——1982 年 11 月

知识链接

宗璞（1928—），原名冯钟璞，著名哲学家冯友兰之女，代表作有《紫藤萝瀑布》《丁香结》等。文中的小弟即冯友兰的次子冯钟越。小弟是著名的航空专家，一心为国家航空事业做贡献，积劳成疾，去世时年仅 50 岁。

作为姐姐的宗璞，痛失在外奔波三十年的最年幼的小弟，哀伤恸哭。本文以一个“哭”字贯穿。文章回忆小弟生前事迹、病逝经过、同事家人在小弟患病时的反应等，在叙事中抒情，在议论中抒情，在抒情中写人，笔触缠绵哀婉，感情真挚动人。

小弟具有奉献精神，把一生都献给了祖国的航天事业，年轻时“汗水洒遍全国”，中年后又自愿留在艰苦的黄土高原。小弟尊重生命，哪怕多次被误诊，也不怨天尤人，因为他没有丧失生存的信心与愿望。

“这样壮志未酬的人，不只他一个啊！”作者“哭”的不只是小弟，还有所有如小弟一样的同辈。至此，小弟俨然成为一代人的典型，他们有责任担当，勇于奉献，珍惜生命。作者由点及面，在理实结合中，把文章推向了高潮，也由哀痛的心情转为了正视的目光，认为要多些愿望，少些痛惜，活着的人要多一点珍惜与责任。所以，冷静之后，作者发出了“我不哭”的宣言。

选文三

相信未来[1]

食　指

当蜘蛛网无情地查封了我的炉台，
当灰烬的余烟叹息着贫困的悲哀，
我依然固执地铺平失望的灰烬，
用美丽的雪花写下：相信未来。

当我的紫葡萄化为深秋的露水，
当我的鲜花依偎在别人的情怀，
我依然固执地用凝露的枯藤，
在凄凉的大地上写下：相信未来。

我要用手指那涌向天边的排浪，
我要用手掌那托住太阳的大海，
摇曳着曙光那支温暖漂亮的笔杆，
用孩子的笔体写下：相信未来。

我之所以坚定地相信未来，
是我相信未来的人们的眼睛——
她有拨开历史风尘的睫毛，
她有看透岁月篇章的瞳孔。

不管人们对于我们腐烂的皮肉，
那些迷途的惆怅、失败的苦痛
是寄予感动的热泪、深切的同情，
还是给以轻蔑的微笑、辛辣的嘲讽。

我坚信人们对于我们的脊骨，
那无数次的探索、迷途、失败和成功，
一定会给予热情、客观、公正的评定，
是的，我焦急地等待着他们的评定。

① 选自《食指的诗》，人民文学出版社 2009 年版。

朋友，坚定地相信未来吧，
相信不屈不挠的努力，
相信战胜死亡的年轻，
相信未来，热爱生命。

知识链接

食指（1948—）原名郭路生，中国当代朦胧派代表诗人之一，代表作有《这是四点零八分的北京》。笔名“食指”意为，他人在其背后指指点点，但并不能伤害一个人格健全的诗人。《相信未来》写于1968年，诗人离开北京去山西杏花村插队之时。

1968年，时代的特殊性使得青年陷入深深的迷惘之中。20岁的食指不甘沉沦，在诗中标举生命的良知和尊严，这对当时面对苦闷现实的年轻人是一剂精神良药。前三节是抒怀，点明主旨，抒发在逆境、困境、厄境中生活的人们“相信未来”的情怀。诗的后四节则是言志，将“相信未来”的情怀凝固成坚实的信念，劲健挺拔、铿锵有力的警句发人深思。比如，“未来的人们的眼睛”有“拨开历史风尘的睫毛”“看透岁月篇章的瞳孔”，所以相信未来；“我们的脊骨”，经历“无数次的探索、迷途、失败和成功”，后人“一定会给予热情、客观、公正的评定”，所以相信未来。第七节以串排作结：“相信……，相信……，相信未来，热爱生命”。全诗语言淳挚，极富感染力。

选文四

命若琴弦（节选）①

史铁生

若不是还想着他的徒弟，老瞎子就回不到野羊坳。那张他保存了五十年的药方原来是一张无字的白纸。他不信，请了多少个识字而又诚实的人帮他看，人人都说那果真就是一张无字的白纸。老瞎子在药铺前的台阶上坐了一会儿，他以为是一会儿，其实已经几天几夜，骨头一样的眼珠在询问苍天，脸色也变成骨头一样的苍白。有人以为他是疯了，安慰他，劝他。老瞎子苦笑：七十岁了再疯还有什么意思？他只是再不想动弹，吸引着他活下去、走下去、唱下去的东西骤然间消失干净。就像一根不能拉紧的琴弦，再难弹出赏心悦耳的曲子。老瞎子的心弦断了。现在发现那目的原来是空的。老瞎子在一个小客店里住了很久，觉得身体里的一切都在熄灭。他整天躺在炕上，不弹也不唱，一天天迅速地衰老。直到花光了身上所有的钱，直到忽然想起了他的徒弟，他知道自己的死期将至，可那孩子在等他回去。

茫茫雪野，皑皑群山，天地之间蹿动着一个黑点。走近时，老瞎子的身影弯得如一座桥。他去找他的徒弟。他知道那孩子目前的心绪、处境。

---

① 选自《礼拜日》，湖南文艺出版社2014年版，略有改动。

他想自己先得振作起来，但是不行，前面明明没有了目标。

他一路走，便怀恋起过去的日子，才知道以往那些奔奔忙忙兴致勃勃的翻山、赶路、弹琴，乃至心焦、忧虑都是多么欢乐！那时有个东西把心弦扯紧，虽然那东西原是虚设。老瞎子想起他师父临终时的情景。他师父把那张自己没用上的药方封进他的琴槽。“您别死，再活几年，您就能睁眼看一回了。”说这话时他还是个孩子。他师父久久不言语，最后说：“记住，人的命就像这琴弦，拉紧了才能弹好，弹好了就够了。”……不错，那意思就是说：目的本来没有。老瞎子知道怎么对自己的徒弟说了。可是他又想：能把一切都告诉小瞎子吗？老瞎子又试着振作起来，可还是不行，总摆脱不掉那张无字的白纸……在深山里，老瞎子找到了小瞎子。

小瞎子正跌倒在雪地里，一动不动，想那么等死。老瞎子懂得那绝不是装出来的悲哀。老瞎子把他拖进一个山洞，他已无力反抗。老瞎子捡了些柴，打起一堆火。

小瞎子渐渐有了哭声。老瞎子放了心，任他尽情尽意地哭。只要还能哭就还有救，只要还能哭就有哭够的时候。

小瞎子哭了几天几夜，老瞎子就那么一声不吭地守候着。火头和哭声惊动了野兔子、山鸡、野羊、狐狸和鹞鹰……

终于小瞎子说话了：“干吗咱们是瞎子！”

“就因为咱们是瞎子。”

老瞎子回答。

终于小瞎子又说：“我想睁开眼看看，师父，我想睁开眼看看！哪怕就看一回。”

“你真那么想吗？”

“真想，真想——”

老瞎子把篝火拨得更旺些。

雪停了。铅灰色的天空中，太阳像一面闪光的小镜子。鹞鹰在平稳地滑翔。

“那就弹你的琴弦，”老瞎子说，“一根一根尽力地弹吧。”

“师父，您的药抓来了？”小瞎子如梦方醒。

“记住，得真正是弹断的才成。”

“您已经看见了吗？师父，您现在看得见了？”

小瞎子挣扎着起来，伸手去摸师父的眼窝。老瞎子把他的手抓住。

“记住，得弹断一千二百根。”

“一千二？”

“把你的琴给我，我把这药方给你封在琴槽里。”老瞎子现在才弄懂了他师父当年对他说的话——咱的命就在这琴弦上。

目的虽是虚设的，可非得有不行，不然琴弦怎么拉紧，拉不紧就弹不响。

“怎么是一千二，师父？”

“是一千二，我没弹够，我记成了一千。”老瞎子想：这孩子再怎么弹吧，还能弹断一千二百根？永远扯紧欢跳的琴弦，不必去看那张无字的白纸……

这地方偏僻荒凉，群山不断。荒草丛中随时会飞起一对山鸡，跳出一只野兔、狐狸，或者其他小野兽。山谷中鹞鹰在盘旋。

现在让我们回到开始：

莽莽苍苍的群山之中走着两个瞎子，一老一少，一前一后，两顶发了黑的草帽起伏蹿动，匆匆忙忙，像是随着一条不安静的河在漂流。无所谓从哪儿来，到哪儿去，也无所谓谁是谁……

一九八五年四月二十日

知识链接

史铁生（1951—2010），北京人，代表作有《我与地坛》《务虚笔记》《病隙碎笔》，自称“职业是生病，业余在写作”。他的作品凝聚了残疾后对生命刻骨铭心的感悟与理性思考，并不断省察生命的本质及意义。

《命若琴弦》是史铁生写于 1985 年的中篇小说，讲述老少瞎子师徒带着三弦琴游走四方的故事。琴槽中的“药引”是两代师徒所有理想的承载，老瞎子遵从师父的话，五十年后弹断一千根琴弦，取出的却是无字白纸，老瞎子从生存的无望到最后自我开解。“记住，人的命就像这琴弦，拉紧了才能弹好，弹好了就够了。”弥留之际，老瞎子把这番话又继续传给了自己的徒弟，叮嘱小瞎子必须弹断一千二百根琴弦才能拿到“药引”。“目的虽是虚设的，可非得有不行，不然琴弦怎么拉紧，拉不紧就弹不响……永远扯紧欢跳的琴弦，不必去看那张无字的白纸。”人的一生，重要的不是目的地，而是在奔向目的地的过程中与命运不断抗争，从而体验人生的价值和意义，发现人类与生俱来的精神和意志，实现自我价值和生命意义的升华。

史铁生自述，在写《命若琴弦》之前他写的是残疾人，这是一个个体问题；在写《命若琴弦》之后，他发现所有人都是残疾的，便开始写人的残疾，这是一个社会性问题，是整个人类面临的困境。他从自己的残疾联想到人类的残疾与局限，从对个体的关怀上升到对人类的终极关怀。

选文五

热爱生命①

汪国真

我不去想是否能够成功
既然选择了远方
便只顾风雨兼程

我不去想能否赢得爱情
既然钟情于玫瑰
就勇敢地吐露真诚

① 选自《汪国真诗文集》，内蒙古人民出版社 1999 年版。

我不去想身后会不会袭来寒风冷雨
既然目标是地平线
留给世界的只能是背影

我不去想未来是平坦还是泥泞
只要热爱生命
一切，都在意料之中

知识链接

汪国真（1956—2015），当代诗人、书画家，出生于北京，祖籍福建厦门，代表作有《年轻的潮》《热爱生命》《雨的随想》等。

此诗是一首富含励志色彩的抒情诗，选取“远方”“玫瑰”“地平线”，象征成功、未来、爱情、奋斗，阐发热爱生命的主题。每一节的开头都说“我不去想……”，诗人不是真的不想，而是对过程很重视，平坦或泥泞，一切都在意料之中，不是因为想要获得而去追求，而是因为热爱而能获得。所以，诗中重视的是“风雨兼程”“吐露真诚”，是因对生活的热爱而获得的生命的意义。

选文六

孕妇和牛①

铁　凝

孕妇牵着牛从集上回来，在通向村子的土路上走。

节气已过霜降，午后的太阳照耀着平坦的原野，干净又暖和。孕妇信手撒开缰绳，好让牛自在。缰绳一撒，孕妇也自在起来，无牵挂地摆动着两条健壮的胳膊。她的肚子已经很明显地隆起，把碎花薄棉袄的前襟支起来老高。这使她的行走带出了一种气势，像个雄赳赳的将军。

牛与孕妇若即若离，当它拐进麦地歪起脖子啃麦苗时，孕妇才唤一声：“黑，出来。”

黑是牛的名字，牛却是黄色的。

黑迟迟不肯离开麦地，孕妇就恼了。“黑！”她喝道。她的吆喝在寂静的旷野显得悠长，传得很远，好似正和远处的熟人打着亲热的招呼：“嘿！”

远处没有别人，黑只好独自响应孕妇这恼，它忙着又啃两口，才溜出麦地，拐上了正道。

远处已经出现了那座白色的牌楼。穿过牌楼，家就不远了。四下里是如此的旷达，那气派、堂皇的汉白玉牌楼宛若从天而降，突然矗立在大地上，让人毫无准备。即使对这牌楼望了一辈子的老人，每逢看见这蓝天下这耀眼的存在，仍不免有种突然的感觉。

---

① 选自《哦，香雪》，人民文学出版社2020年版，略有改动。

孕妇遥望着牌楼，心想多亏我嫁到了这儿啊。每回见到牌楼，孕妇都不免感叹她的出嫁。

孕妇的娘家在山里，山里的日子不如山前的平原。可孕妇长得俊。俊就是财富，俊就叫人觉得日子有奔头儿。孕妇的爹娘供不起闺女上学，却也不叫她做粗活儿，什么好吃的都尽着她，仿佛在武装一个能献得出手的宝贝。他们一心一意要送这宝贝出山，到富裕的平原去见他们终生也见不着的世面。

孕妇终于嫁到了山前。她的婆婆自豪地给她讲解这里的好风水：这地盘本是清朝一个王爷的坟茔，王爷的陵墓就在村北，那白花花的大牌楼就属于那个王爷。孕妇并不知王爷是多大的官，也不知道清朝距离今天有多么远，可她见过了坟墓和牌楼。墓早已被盗，只剩了一个盆样的大坑，坑里是疯长的荒草和碎砖烂瓦。孕妇站在坑边，望着坑底那些阴沉的青砖想着，多亏我嫁到了这儿啊。这大坑原本也是富贵的象征，里边的宝贝虽已被盗贼劫空，可它毕竟盛过宝贝。这坑、这牌楼保佑这地方富庶，这就是风水。

孕妇在这风水宝地过着舒心的日子，人更俊了。没有村人敢耻笑她那生硬的山里口音。公婆和丈夫待她很好，丈夫常说，为了媳妇，什么钱多他就干什么。如今的城市需要各式各样的高楼大厦，农闲时丈夫就随建筑队进城做工。婆婆搬过来与孕妇就伴儿，净给她沏红糖水喝。红糖水把孕妇的嘴唇弄得湿漉漉地红，人就异常地新鲜。婆婆逢人便夸儿媳："俊得少有！"

孕妇怀孕了，越发显得娇贵，越发任性地愿意出去走走。她爱赶集，不是为了买什么，而是为了什么都看看。婆婆总是牵出黑来让孕妇骑，怕孕妇累着身子。

黑也怀了孕啊，孕妇想。但她接过了缰绳，她愿意在空荡的路上有黑做伴。她和它各自怀着一个小生命，仿佛有点儿同病相怜，又有点儿共同的自豪感。于是，她们一块腆着骄傲的肚子上了路。

孕妇从不骑黑，走快走慢也由着黑的性儿。初到平原，孕妇眼前十分地开阔，住久了平原，孕妇眼里又多了些寂寞。住在山里望不出山去，眼光就短；可平原的尽头又是些什么呢？孕妇走着想着，只觉的她是一辈子也走不到平原的尽头了。当她走得实在沉闷才冷不丁叫一声："黑——呀！"她夸张地拖着长声，把专心走路的黑弄得挺惊愣。黑停下来，拿无比温顺的大眼瞪着孕妇，而孕妇早已走到它前头去了，四周空无一人。黑直着脖子笨拙而又急忙地往前赶，却发现孕妇又落在了它的身后。于是孕妇无声地乐了。"黑——呀！"她轻轻地叹着，平原顿时热闹起来。孕妇给自己造出来一点儿热闹，觉得太阳底下就不仅是她和黑闲散地走，还有她的叫嚷、她的肚子响亮的蠕动，还有黑的笨手笨脚。

像往常一样，孕妇从集上空手而归，伙同着黑慢慢走近了那牌楼。太阳的光芒渐渐柔和下来，涂抹着孕妇有些浮肿的脸，涂抹着她那蒙着一层小汗珠的鼻尖，她的鼻子看上去很晶莹。远处依稀出现了三三两两的黑点，是那些放学归来的孩子。孕妇累了。每当她看见在地上跑跳着的孩子，就觉出身上累。这累源于她那沉重的肚子，她觉得实在是这肚子跟她一起受了累，或者，干脆就是肚里的孩子在受累。她双手托住肚子，直奔躺在路边的那块石碑，好让这肚子歇歇。孕妇在石碑上坐下，黑又信步去了麦地闲逛。

这巨大的石碑也属于那个王爷，从前被同样巨大的石龟驮在背上，与那白色的牌楼遥相呼应。后来这石碑让一些城里来的粗暴的年轻人给推倒了。孕妇听婆婆说过，那些年轻人也曾经想推倒那堂皇的牌楼，推不动，就合计着用炸药。婆婆的爹率领着村人给那些青年下了跪，牌楼保住了。那石碑却再也没有立起来。

石碑躺在路边，成了过路人歇脚的坐物，边边沿沿让屁股们磨得很光滑。碑上刻着一些文字，字很大，个个如同海碗。孕妇不识字，她曾经问过丈夫那是些什么字。丈夫也不知道，丈夫只念了三年小学。于是丈夫说："知道了有什么用？一个老辈子的东西。"

孕妇坐在石碑上，又看见了这些海碗大的字，她的屁股压住了其中一个。这次她挪开了，小心地坐住碑的边沿。她弄不明白为什么她要挪这一挪，从前她歇脚，总是一屁股就坐上去，没想过是否坐在了字上。那么，缘故还是出自胸膛下面的这个肚子吧。孕妇对这肚子充满着希冀，这希冀又因为远处那些越来越清楚的小黑点而变得更加具体——那些放学的孩子。那些孩子是与字有关联的，孕妇莫名地不敢小视他们。小视了他们，仿佛就小视了她现时的肚子。

孕妇相信，她的孩子将来无疑要加入这上学、放学的队伍，她的孩子无疑要识很多字，她的孩子无疑要问她许多问题，就像她从小老是在她的母亲跟前问这问那。若是她领着孩子赶集（孕妇对领着孩子赶集有着近乎狂热的向往），她的孩子无疑也要看见这石碑的，她的孩子也会问起这碑上的字，就像从前她问她的丈夫。她不能够对孩子说不知道，她不愿意对不起她的孩子。可她实在不认识这碑上的字啊。这时的孕妇，心中惴惴的，仿佛肚里的孩子已经出来逼她了。

放学的孩子们走近了孕妇和石碑，各自按照辈分和她打着招呼。她叫住了其中一个本家侄子，向他要了一张白纸和一支铅笔。

孕妇一手握着铅笔，一手拿着白纸，等待着孩子们远去，她觉得这等待持续了很久，她就仿佛要背着众人去做一件鬼祟的事。

当原野重又变得寂静如初时，孕妇将白纸平铺在石碑上，开始了她的劳作：她要把这些海碗样的大字抄录在纸上带回村里，请教识字的先生那字的名称，请教那些名称的含义。当她打算落笔，才发现这劳作于她是多么不易。孕妇的手很巧，描龙绣凤、扎花纳底子都不怵，却支配不了手中这杆笔。她努力端详着那于她来说十分陌生的大字。越看那些字就越不像字，好比一团叫不出名称的东西。于是她把眼睛挪开，去看远处的天空和大山，去看辽阔的平原上偶尔的一棵小树，去看奔腾在空中的云彩，去看围绕着牌楼盘旋的寒鸦。它们分散着她的注意，又集中着她的精力，使她终于收回眼光，定住了神。她再次端详碑上的大字，然后胆怯而又坚决地在白纸上落下了第一笔。

有了这第一笔，就什么都不能阻挡孕妇的书写和描画了。她描画着它们，心中揣测它们代表着什么意思。虽然她不知道它们是什么意思，她却懂得那一定是些很好的意思。因为字们个个都很俊——她想到了通常人们对她的形容。这想法似乎把她自己和那些字联得更紧了一点儿，使她心中充满着羞涩的欣喜。她愿意用俊来形容慢慢出现在她笔下的这些字，这些字又叫她不由得感叹：字是一种多么好的东西啊！

夕阳西下，孕妇伏在石碑上已经很久。她那过于努力的描画使她出了很多的汗，汗浸湿了她的袄领，汗珠又顺着袄领跌进她的胸脯。她的脸红彤彤的，茁壮的手腕不时地发着抖。可她不能停笔，她的心不叫她停笔。她长到这么大，还从来没有遇见过一桩这么累人又这么不愿停手的活儿，这活儿好像使尽了她毕生的聪慧、毕生的力。

不知什么时候，黑已从麦地返了回来，卧在了孕妇的身边。它静静地凝视着孕妇，它那憔悴的脸上满是安然的驯顺，像是守候，像是助威，像是鼓励。

孕妇终于完成了她的劳作。在朦胧的暮色中，她认真地数了又数，那碑上的大字是十七个：

忠敬诚直勤慎廉明和硕怡贤亲王神道碑

孕妇认真地数了又数，她的白纸上也落着十七个字：

忠敬诚直勤慎廉明和硕怡贤亲王神道碑

纸上的字歪扭而又奇特，像盘错的长虫，像混乱的麻绳。可它们毕竟不是鞋底子，不是花绷子，它们毕竟是字。有了它们，她似乎才获得一种资格，她似乎才真的俊秀起来，她似乎才敢与她未来的婴儿谋面。那是她提前的准备，她要给她的孩子一个满意的回答。她的孩子必将在与俊秀的字们打交道中成长，她的孩子对她也必有许多的愿望，她也要像孩子愿望的那样美好地成长。孩子终归要离开孕妇的肚子，而那块写字的碑却永远地立在了孕妇的心中。每个人的心中多少都立着点什么吧？为了她的孩子，她找到了一块石碑，那才是心中的好风水。

孕妇将她劳作的果实揣进袄兜，捶着酸麻的腰，呼唤身边的黑启程。在牌楼的那一边，她那村庄的上空已经升起了炊烟。

黑却执意不肯起身，它换了跪的姿势，要它的主人骑上去。

“黑——呀！”孕妇怜悯地叫着，强令黑站起来。她的手禁不住去抚摸黑那沉笨的肚子。想到黑的临产期也快到了，黑的孩子说不定会和她的孩子同一天出生。黑站了起来。

孕妇和黑在平原上结伴而行，像两个相依为命的女人。黑身上释放出的气息使孕妇觉得温暖而可靠，她不住地抚摸它，它就拿脸蹭着她的手作为回报。孕妇和黑在平原上结伴而行，互相检阅着，又好比两位检阅着平原的将军。天黑下去，牌楼固执地泛着模糊的白光，孕妇和黑已将它丢在了身后。她检阅着平原、星空，她检阅着远处的山、近处的树、树上黑帽子样的鸟窝，还有嘈杂的集市、怀孕的母牛、陌生而俊秀的大字，她未来的婴儿，那婴儿的未来……她觉得样样都不可缺少，或者，她一生需要的不过是这几样了。

一股热乎乎的东西在孕妇的心里涌现，弥漫着她的心房。她很想把这突然的热乎乎说给什么人听，她很想对人形容一下她心中这突然的发热，她永远也形容不出，心中的这股情绪就叫作感动。

“黑——呀！”孕妇只在黑暗中小声儿地嘟囔，声音有点儿颤，宛若幸福的呓语。

知识链接

铁凝（1957—）的作品写生活中普通的人与事，关注女性生存，细腻入心，写现代人的理想追求、矛盾痛苦，语言柔婉清新。其代表作有《哦，香雪》《玫瑰门》等，多次获鲁迅文学奖。

《孕妇和牛》塑造了一个模样很俊的农村孕妇在生活、生理和心理上发生的变化。她带着牛赶集归来，在村口倒地的石碑上休息时，看到放学的小学生，生发出对生命的向往和希冀。孕妇不识字，但此刻却怀有对未来的婴儿、对婴儿未来的期望。她向学生要来纸笔，近乎虔诚地临摹下石碑上的十七个字，尽管她不识字。文中没有给出孕妇的姓名，她似乎是生命延续体的典型，代表人类生命的重复。

孕妇因为长得俊，改变命运，从山里嫁到了平原，但平原住久了，又有了寂寞：平原的尽头又是些什么呢？她觉得自己一辈子也走不到平原的尽头了。孕妇完成不了的事由新生命——她的婴儿——代替她完成。孕妇心中“突然发热”，她的体内孕育的是生命和希冀。

能力训练

【活动一】猜猜我是谁

活动时间：10～15 分钟。

活动目的：在别人眼中看到自己生命中的点滴时刻，客观认识自己，学会正视自己，定位人生的价值，获得前进的力量。

活动程序：

（1）设定并宣布规则，如不可明显暗示人名。

（2）学生 A 讲述自己看到的发生在学生 B 身上的一件日常小事。

（3）全体同学竞猜学生 B 是谁，并说说在这个故事中看到了一个怎样的学生 B。

（4）学生 B 谈同学眼中的自己和他眼中的自己有何不同。

【提示】正确认识和关爱个体生命，需要正视自己。自己根本不记得或在自己眼中看似微不足道的小事，在别人眼中也许正是一个人丰富的内涵的方方面面，或活泼，或热心，或坚毅，或风趣，组成每个不一样的有意义的鲜活的生命。

【活动二】为你点赞

活动时间：10 分钟。

活动目的：在同伴肯定中树立自信，凝聚班级向心力。

活动程序：

（1）搜集文学经典中的正向肯定名言。

（2）学生 A 选择班中任一学生 B，用一句名言赞美其优点。

（3）学生 C 再用一句话赞美学生 B。

（4）学生 B 表达是否接受或赞同学生 A 和学生 C 的赞美。

【提示】大学生处于心理逐渐趋于成熟的年龄，对未来有憧憬，也有迷惘，他人积极的肯定有助于当代大学生塑造正向的自我。

【话题讨论】

生命是一个庄严而永恒的主题。人最宝贵的是生命，而生命对人来说只有一次，只有精心地呵护和珍惜生命，才能更好地获取生存的价值。现实中有真乞丐，其中不乏有家可归、四肢健全的；也有假乞丐，或受人指使，或主动欺骗他人。假如你是一个无法识别真假乞丐的路人，你会给予施舍吗？当代大学生应当怎样去关爱生命呢？

【写作训练】

一个人的身体决不是个人的，要把它看作社会的宝贵财富。凡是有志为社会出力、为国家做大事的青年，一定要十分珍视自己的身心健康。请以“健康”为话题写一篇作文，立意自定，题目自拟。

第三章　眷眷亲情

主题导读

亲情关系种种，父义、母慈、兄友、弟恭、子孝。孝悌是中华民族传统美德，是家庭中双向奔赴的情感。父与子女，有如诸葛亮对其子的殷殷劝诫，“非淡泊无以明志，非宁静无以致远”；有如丰子恺赞美、欣赏、崇拜子女们的童心，“我的孩子们！我憧憬于你们的生活，每天不止一次”；有如周国平做子女悉心的观察者、记录者，“把孩子看作一个灵魂，亦即一个有自己独立人格的个体”。母与子女，有如老舍感念母亲不识字却赋予他软而硬的生命教育，“心痛！心痛！”。父母之外，其他亲友间则有如袁枚祭胞妹素文，于琐碎中字字凄梗。传统家庭关系偏向单向付出模式，或舐犊，或孺慕；新式家庭关系则倾向平等、相互尊重的双向内涵，更形成一种可延续的现代家风，汪曾祺一家两代父子关系如兄弟即为典型。亲情默默，温润人心，如山、如水、如阳光，牵起善心、爱心和良心。

选文一

诫子书

诸葛亮

夫君子之行，静以修身，俭以养德。非淡泊无以明志，非宁静无以致远。夫学须静也，才须学也。非学无以广才，非志无以成学。淫慢①则不能励精，险躁②则不能冶性。年与时驰，意与日去，遂成枯落，多不接世，悲守穷庐，将复何及！

知识链接

诸葛亮（181—234），字孔明，琅邪阳都（今山东沂水南）人，蜀汉丞相。在北伐途中，因病卒于五丈原。刘勰称其文“志尽文畅”。

《诫子书》是诸葛亮临终前写给八岁儿子诸葛瞻的家书。现代诗文学家南怀瑾《论语别裁》曾评：“作诗的时候，春花对秋月，大陆对长空，很容易对，最怕是学术性、思想性的东西，对起来是很难的。结果，诸葛亮把这种思想文学化。”全文篇幅短小精悍，说理平易近人。短短几十字，既展现出作者品格高洁、才学渊博的父亲形象，又包含父亲对儿子的殷殷教诲与厚望，因此被后世学子奉为修身立志的名训。

《诫子书》前半部分围绕“静”字，鼓励诸葛瞻励志勤学，“淡泊”“宁静”以自处修身，与“躁”字形成对比；后半部分以慈父和过来人的口吻，劝诫诸葛瞻不可“少壮不努力，老大徒伤悲”，显得情真意切。

选文二

祭妹文

袁　枚

乾隆丁亥冬，葬三妹素文于上元之羊山，而奠以文曰：

呜呼！汝生于浙，而葬于斯，离吾乡七百里矣；当时虽觭梦③幻想，宁知此为归骨所耶？

---

① 淫慢：放纵懈怠。淫：放纵。慢：懈怠。

② 险躁：轻薄浮躁。险：轻薄。

③ 觭（jī）梦：怪异的梦。语出《周礼·春官大卜》，大卜掌三梦之法，二曰觭梦。

汝以一念之贞，遇人仳离[1]，致孤危托落，虽命之所存，天实为之；然而累汝至此者，未尝非予之过也。予幼从先生授经，汝差肩[2]而坐，爱听古人节义事；一旦长成，遽躬蹈之[3]。呜呼！使汝不识《诗》《书》，或未必艰贞若是。

余捉蟋蟀，汝奋臂出其间；岁寒虫僵，同临其穴。今予殓汝葬汝，而当日之情形，憬然赴目[4]。予九岁，憩书斋，汝梳双髻，披单缣[5]来，温《缁衣》[6]一章；适先生奓户[7]入，闻两童子音琅琅然[8]，不觉莞尔，连呼“则则[9]”，此七月望日[10]事也。汝在九原[11]，当分明记之。予弱冠粤行，汝掎[12]裳悲恸。逾三年，予披宫锦[13]还家，汝从东厢扶案出，一家瞠视而笑[14]，不记语从何起，大概说长安登科、函使报信迟早云尔。凡此琐琐，虽为陈迹，然我一日未死，则一日不能忘。旧事填膺，思之凄梗，如影历历，逼取便逝。悔当时不将嫛婗[15]情状，罗缕记存；然而汝已不在人间，则虽年光倒流，儿时可再，而亦无与为证印者矣。

汝之义绝高氏而归也，堂上阿奶，仗汝扶持；家中文墨，眣[16]汝办治。尝谓女流中最少明经义、谙雅故者。汝嫂非不婉嫕[17]，而于此微缺然。故自汝归后，虽为汝悲，实为予喜。予又长汝四岁，或人间长者先亡，可将身后托汝；而不谓汝之先予以去也！

前年予病，汝终宵刺探，减一分则喜，增一分则忧。后虽小差[18]，犹尚殗殜[19]，无所娱遣；汝来床前，为说稗官野史可喜可愕之事，聊资一欢。呜呼！今而后吾将再病，教从何处呼汝耶？

汝之疾也，予信医言无害，远吊扬州；汝又虑戚吾心，阻人走报；及至绵惙[20]已极，阿奶问：“望兄归否？”强应曰：“诺。”已予先一日梦汝来诀，心知不祥，飞舟渡江，果予以未时还家，而汝以辰时气绝；四支犹温，一目未瞑，盖犹忍死待予也。呜呼痛哉！早知诀汝，则予岂肯远游？即游，亦尚有几许心中言要汝知闻、共汝筹画也。而今已矣！除吾死外，当无见期。吾又不知何日死，可以见汝；而死后之有知无知，与得见不得见，又卒难明也。然

---

① 遇人仳（pǐ）离：意指遇到了不好的男人而终被离弃。遇人，是“遇人不淑”的略文。淑，善。仳离，分离，特指妇女被丈夫遗弃。

② 差（cī）肩：谓兄妹并肩坐在一起。二人年龄有大小，所以肩膀高低不一。

③ 遽（jù）躬蹈之：遽：骤然，立即。躬：身体，引早为“亲自”。蹈：踏，踩，实行。这句说：一到长大成人，你马上亲身实践了它。

④ 憬（jǐng）然：醒悟的样子。憬然赴目：清醒地来到眼前。

⑤ 缣（jiān）：双丝织成的细绢。

⑥《缁衣》：《诗经・郑风》篇名。

⑦ 奓（zhà）户：开门。

⑧ 琅琅然：清脆流畅的样子，形容读书声。

⑨ 则则：犹“啧啧”，赞叹声。

⑩ 望日：农历每月十五。

⑪ 九原：春秋时晋国卿大夫的墓地，后泛指墓地。

⑫ 掎（jǐ）：拉住。

⑬ 披宫锦：指袁枚于 1738 年（乾隆三年）考中进士，选授翰林院庶吉士，请假南归省亲的事。因唐代李白曾待诏翰林，着宫锦袍，后世遂用以称翰林的朝服。

⑭ 瞠视而笑：瞪眼看着笑，形容惊喜激动的情状。

⑮ 嫛（yī）婗（ní）：婴儿。这里引申为儿时。

⑯ 眣（shùn）：用眼色示意。这里作“期望”解。

⑰ 婉嫕（yì）：温柔和顺。语出《晋书・武悼杨皇后传》：“婉嫕有妇德。”

⑱ 小差（chài）：病情稍有好转。差，同“瘥”。

⑲ 殗（yè）殜（dié）：病得不太厉害，但还没有痊愈。

⑳ 绵惙（chuò）：病势危险。

则抱此无涯之憾，天乎人乎！而竟已乎！

汝之诗，吾已付梓；汝之女，吾已代嫁；汝之生平，吾已作传；惟汝之窀穸[①]，尚未谋耳。先茔在杭，江广河深，势难归葬，故请母命而宁汝于斯，便祭扫也。其傍，葬汝女阿印；其下两冢：一为阿爷侍者朱氏，一为阿兄侍者陶氏。羊山旷渺，南望原隰[②]，西望栖霞，风雨晨昏，羁魂有伴，当不孤寂。所怜者，吾自戊寅年读汝哭侄诗后，至今无男；两女牙牙，生汝死后，才周晬[③]耳。予虽亲在未敢言老，而齿危发秃，暗里自知；知在人间，尚复几日？阿品远官河南，亦无子女，九族无可继者。汝死我葬，我死谁埋？汝倘有灵，可能告我？

呜呼！生前既不可想，身后又不可知；哭汝既不闻汝言，奠汝又不见汝食。纸灰飞扬，朔风野大，阿兄归矣，犹屡屡回头望汝也。呜呼哀哉！呜呼哀哉！

知识链接

袁枚（1716—1798），清代钱塘（今浙江省杭州市）人，祖籍浙江慈溪，字子才，号简斋，晚年自号仓山居士、随园主人、随园老人。"清代骈文八大家"之一，倡导"性灵说"，认为写诗文应"著我"，抒发真实情感，代表作有《随园诗话》《子不语》。

《祭妹文》破除了一般祭文的固定格式，不刻意雕琢，按时间顺序，以情为结，将自己与妹之事信手拈来，至性至真。文章简单交代胞妹墓地后，"呜呼"一转，哀痛之情生发，深究胞妹早逝原因，遇人不淑是一个因素。而素文少时就爱听"节义事"，袁枚认为她对封建思想的盲从是主因："呜呼！使汝不识《诗》《书》，或未必艰贞若是。"

袁枚胞妹素文出嫁四年即归娘家，其余时间与兄均在一处生活，可历数的相处之事浩瀚。袁枚择取与妹相处事迹：儿时野外同捉蟋蟀，同葬蟋蟀；书斋差肩而坐，共读《缁衣》；兄染病卧床，妹整夜问候。兄妹之情笃深，句句见心，更难得的是记忆与现实可以相映。儿时兄妹共葬蟋蟀，后来兄长独葬亡妹。"汝死我葬，我死谁埋？汝倘有灵，可能告我？"当年袁枚远行广西，妹不忍分离，为兄送行，掎裳拽衣，放声大哭，后兄送妹，令其悲恸异常。如今死别，"哭汝既不闻汝言，奠汝又不见汝食"，"阿兄归矣，犹屡屡回头望汝也"，作者对胞妹的思念、同情、内疚、哀痛之情充溢全文。

选文三

我的母亲[④]

老　舍

母亲的娘家是在北平德胜门外，土城儿外边，通大钟寺的大路上的一个小村里。村里一

① 窀（zhūn）穸（xī）：墓穴。

② 原隰（xí）：平广的土地，高而平的叫原，低下而潮湿的为隰。

③ 周晬（zuì）：周岁。

④ 选自《老舍散文》，人民文学出版社 2013 年版，略有改动。

共有四五家人家，都姓马。大家都种点不十分肥美的土地，但是与我同辈的兄弟们，也有当兵的，作木匠的，作泥水匠的，和当巡察的。他们虽然是农家，却养不起牛马，人手不够的时候，妇女便也须下地作活。

对于姥姥家，我只知道上述的一点。外公外婆是什么样子，我就不知道了，因为他们早已去世。至于更远的族系与家史，就更不晓得了；穷人只能顾眼前的衣食，没有功夫谈论什么过去的光荣："家谱"这字眼，我在幼年就根本没有听说过。

母亲生在农家，所以勤俭诚实，身体也好。这一点事实却极重要，因为假若我没有这样的一位母亲，我以为我恐怕也就要大大的打个折扣了。

母亲出嫁大概是很早，因为我的大姐现在已是六十多岁的老太婆，而我的大甥女还长我一岁啊。我有三个哥哥、四个姐姐，但能长大成人的，只有大姐、二姐、三哥与我。我是"老"儿子。生我的时候，母亲已四十一岁，大姐、二姐已都出了阁。

由大姐与二姐所嫁入的家庭来推断，在我生下之前，我的家里，大概还马马虎虎的过得去。那时候定婚讲究门当户对，而大姐丈是作小官的，二姐丈也开过一间酒馆，他们都是相当体面的人。

可是，我，我给家庭带来了不幸：我生下来，母亲晕过去半夜，才睁眼看见她的老儿子——感谢大姐，把我揣在怀里，致未冻死。

一岁半，我把父亲"克"死了。

兄不到十岁，三姐十二三岁，我才一岁半，全仗母亲独力抚养了。父亲的寡姐跟我们一块儿住，她吸鸦片，她喜摸纸牌，她的脾气极坏。为我们的衣食，母亲要给人家洗衣服，缝补或裁缝衣裳。

在我的记忆中，她的手终年是鲜红微肿的。白天，她洗衣服，洗一两大绿瓦盆。她作事永远丝毫也不敷衍，就是屠户们送来的黑如铁的布袜，她也给洗得雪白。晚间，她与三姐抱着一盏油灯，还要缝补衣服，一直到半夜。她终年没有休息，可是在忙碌中她还把院子屋中收拾得清清爽爽。桌椅都是旧的，柜门的铜活久已残缺不全，可是她的手老使破桌面上没有尘土，残破的铜活发着光。院中，父亲遗留下的几盆石榴与夹竹桃，永远会得到应有的浇灌与爱护，年年夏天开许多花。

哥哥似乎没有同我玩耍过。有时候，他去读书；有时候，他去学徒；有时候，他也去卖花生或樱桃之类的小东西。母亲含着泪把他送走，不到两天，又含着泪接他回来。我不明白这都是什么事，而只觉得与他很生疏。与母亲相依如命的是我与三姐。因此，她们作事，我老在后面跟着。她们浇花，我也张罗着取水；她们扫地，我就撮土……从这里，我学得了爱花，爱清洁，守秩序。这些习惯至今还被我保存着。

有客人来，无论手中怎么窘，母亲也要设法弄一点东西去款待。舅父与表哥们往往是自己掏钱买酒肉食，这使她脸上羞得飞红，可是，殷勤的给他们温酒作面，又给她一些喜悦。遇上亲友家中有喜丧事，母亲必把大褂洗得干干净净，亲自去贺吊——份礼也许只是两吊小钱。到如今为我的好客的习性，还未全改，尽管生活是这么清苦，因为自幼儿看惯了的事情是不易改掉的。

姑母常闹脾气。她单在鸡蛋里找骨头。她是我家中的阎王。直到我入中学，她才死去，我可是没有看见母亲反抗过。"没受过婆婆的气，还不受大姑子的吗？命当如此！"母亲在非解释一下不足以平服别人的时候，才这样说。是的，命当如此。母亲活到老，穷到老，辛苦到老，全是命当如此。她最会吃亏。给亲友邻居帮忙，她总跑在前面：她会给婴儿洗三——

穷朋友们可以因此少花一笔“请姥姥”钱——她会刮痧，她会给孩子们剃头，她会给少妇们绞脸……凡是她能作的，都有求必应。但是，吵嘴打架，永远没有她。她宁吃亏，不逗气。当姑母死去的时候，母亲似乎把一世的委屈都哭了出来，一直哭到坟地。不知道哪里来的一位侄子，声称有承继权，母亲便一声不响，教他搬走那些破桌子烂板凳，而且把姑母养的一只肥母鸡也送给他。

可是，母亲并不软弱。父亲死在庚子闹“拳”的那一年。联军入城，挨家搜索财物鸡鸭，我们被搜两次。母亲拉着哥哥与三姐坐在墙根，等着“鬼子”进门，街门是开着的。“鬼子”进门，一刺刀先把老黄狗刺死，而后入室搜索，他们走后，母亲把破衣箱搬起，才发现了我。假若箱子不空，我早就被压死了。皇上跑了，丈夫死了，鬼子来了，满城是血光火焰，可是母亲不怕，她要在刺刀下、饥荒中，保护着儿女。北平有多少变乱啊，有时候兵变了，街市整条的烧起，火团落在我们院中；有时候内战了，城门紧闭，铺店关门，昼夜响着枪炮。这惊恐，这紧张，再加上一家饮食的筹划、儿女安全的顾虑，岂是一个软弱的老寡妇所能受得起的？可是，在这种时候，母亲的心横起来，她不慌不哭，要从无办法中想出办法来。她的泪会往心中落！这点软而硬的个性，也传给了我。我对一切人与事，都取和平的态度，把吃亏当作当然的。但是，在作人上，我有一定的宗旨与基本的法则，什么事都可将就，而不能超过自己划好的界限。我怕见生人，怕办杂事，怕出头露面；但是到了非我去不可的时候，我便不得不去，正像我的母亲。从私塾到小学，到中学，我经历过起码有廿位教师吧，其中有给我很大影响的，也有毫无影响的，但是我的真正的教师，把性格传给我的，是我的母亲。母亲并不识字，她给我的是生命的教育。

当我在小学毕了业的时候，亲友一致的愿意我去学手艺，好帮助母亲。我晓得我应当去找饭吃，以减轻母亲的勤劳困苦。可是，我也愿意升学。我偷偷的考入了师范学校——制服、饭食、书籍、宿处，都由学校供给。只有这样，我才敢对母亲提升学的话。入学，要交十元的保证金，这是一笔巨款！母亲作了半个月的难，把这巨款筹到，而后含泪把我送出门去。她不辞劳苦，只要儿子有出息。当我由师范毕业，而被派为小学校校长，母亲与我都一夜不曾合眼。我只说了句：“以后，您可以歇一歇了！”她的回答只有一串串的眼泪。我入学之后，三姐结了婚。母亲对儿女都是一样疼爱的，但是假若她也有点偏爱的话，她应当偏爱三姐，因为自父亲死后，家中一切的事情都是母亲和三姐共同撑持的。三姐是母亲的右手，但是母亲知道这右手必须割去，她不能为自己的便利而耽误了女儿的青春。当花轿来到我们的破门外的时候，母亲的手就和冰一样的凉，脸上没有血色——那是阴历四月，天气很暖，大家都怕她晕过去。可是，她挣扎着，咬着嘴唇，手扶着门框，看花轿徐徐的走去。不久，姑母死了。三姐已出嫁，哥哥不在家，我又住学校，家中只剩母亲自己。她还须自早至晚的操作，可是终日没人和她说一句话。新年到了，正赶上政府倡用阳历，不许过旧年。除夕，我请了两小时的假，由拥挤不堪的街市回到清炉冷灶的家中。母亲笑了。及至听说我还须回校，她愣住了。半天，她才叹出一口气来。到我该走的时候，她递给我一些花生：“去吧，小子！”街上是那么热闹，我却什么也没看见，泪遮迷了我的眼。今天，泪又遮住了我的眼，又想起当日孤独的过那凄惨的除夕的慈母。可是，慈母不会再候盼着我了，她已入了土！

儿女的生命是不依顺着父母所投下的轨道一直前进的，所以老人总免不了伤心。我廿三岁，母亲要我结婚，我不要。我请来三姐给我说情，老母含泪点了头。我爱母亲，但是我给了她最大的打击。时代使我成为逆子。廿七岁，我上了英国。为了自己，我给六十多岁的老母以第二次打击。在她七十大寿的那一天，我还远在异域。那天，据姐姐们后来告诉我，老太太只喝了两口酒，很早的便睡下。她想念她的幼子，而不便说出来。

七七抗战后，我由济南逃出来。北平又像庚子那年似的被鬼子占据了，可是母亲日夜惦念的幼子却跑到西南来。母亲怎样想念我，我可以想象得到，可是我不能回去。每逢接到家信，我总不敢马上拆看，我怕，怕，怕，怕有那不祥的消息。人，即使活到八九十岁，有母亲便可以多少还有点孩子气。失了慈母便像花插在瓶子里，虽然还有色有香，却失去了根。有母亲的人，心里是安定的。我怕，怕，怕家信中带来不好的消息，告诉我已是失去了根的花草。

去年一年，我在家信中找不到关于老母的起居情况。我疑虑，害怕。我想象得到，如有不幸，家中念我流亡孤苦，或不忍相告。母亲的生日是在九月，我在八月半写去祝寿的信，算计着会在寿日之前到达。信中嘱咐千万把寿日的详情写来，使我不再疑虑。十二月二十六日，由文化劳军大会上回来，我接到家信。我不敢拆读。就寝前，我拆开信，母亲已去世一年了！

生命是母亲给我的。我之能长大成人，是母亲的血汗灌养的。我之能成为一个不十分坏的人，是母亲感化的。我的性格、习惯，是母亲传给的。她一世未曾享过一天福，临死还吃的是粗粮！唉！还说什么呢？心痛！心痛！

知识链接

老舍（1899—1966），原名舒庆春，字舍予，笔名絜青、鸿来、非我等。满族正红旗人。因创作优秀话剧《龙须沟》获“人民艺术家”称号。著有 1000 多篇（部）作品，被翻译成 20 余种文字出版，代表作有小说《骆驼祥子》《四世同堂》，话剧《茶馆》《龙须沟》。作品内容大多数取材于市民生活，擅用群众口语，富有京味儿，语言幽默风趣，被誉为语言大师。

《我的母亲》写于 1943 年，是回忆母亲的散文。老舍幼年失父，对母亲有着极为深厚的感情。“生命是母亲给我的。我之能长大成人，是母亲的血汗灌养的。我之能成为一个不十分坏的人，是母亲感化的。我的性格、习惯，是母亲传给的。”作者选取典型细节，描摹出软而硬的母亲形象。热情好客、乐于助人、宽厚忍让是她性格中的软，认真、坚强是她性格中的硬，全文着力体现母亲对子女的舐犊之情，以及子女对母亲的感激、怀念、赞颂、忏悔之情。

作者在母亲去世一年后方才得知噩耗，愧疚和悔恨之情无以言表。他将自己比作瓶中的花草，“虽然还有色有香，却失去了根”，慈母就是心中的根，无根则将漂泊。作者情深言浅，最后唯以“心痛”二字结束全文。

选文四

给我的孩子们①

丰子恺

我的孩子们！我憧憬于你们的生活，每天不止一次！我想委曲地说出来，使你们自己晓

① 选自《缘缘堂随笔》，人民文学出版社 2018 年版，略有改动。

得。可惜到你们懂得我的话的意思的时候，你们将不复是可以使我憧憬的人了。这是何等可悲哀的事啊！

瞻瞻！你尤其可佩服。你是身心全部公开的真人。你什么事体都像拼命地用全副精力去对付。小小的失意，像花生米翻落地了，自己嚼了舌头了，小猫不肯吃糕了，你都要哭得嘴唇翻白，昏去一两分钟。外婆普陀去烧香买回来给你的泥人，你何等鞠躬尽瘁地抱他，喂他；有一天你自己失手把他打破了，你的号哭的悲哀，比大人们的破产、失恋、broken heart、丧考妣、全军覆没的悲哀都要真切。两把芭蕉扇做的脚踏车，麻雀牌堆成的火车、汽车，你何等认真地看待，挺直了嗓子叫“汪——”“咕咕咕……”，来代替汽笛。宝姐姐讲故事给你听，说到“月亮姐姐挂下一只篮来，宝姐姐坐在篮里吊了上去，瞻瞻在下面看”的时候，你何等激昂地同她争，说“瞻瞻要上去，宝姐姐在下面看”，甚至哭到漫姑面前去求审判。我每次剃了头，你真心地疑我变了和尚，好几时不要我抱。最是今年夏天，你坐在我膝上发见了我腋下的长毛，当作黄鼠狼的时候，你何等伤心，你立刻从我身上爬下去，起初眼瞪瞪地对我端详，继而大失所望地号哭，看看，哭哭，如同对被判定了死罪的亲友一样。你要我抱你到车站里去，多多益善地要买香蕉，满满地擒了两手回来，回到门口时你已经熟睡在我的肩上，手里的香蕉不知落在哪里去了。这是何等可佩服的真率、自然，与热情！大人间的所谓“沉默”“含蓄”“深刻”的美德，比起你来，全是不自然的、病的、伪的！

你们每天做火车、做汽车、办酒、请菩萨、堆六面画、唱歌，全是自动的，创造创作的生活。大人们的呼号“归自然！”“生活的艺术化！”“劳动的艺术化！”在你们面前真是出丑得很了！依样画几笔画，写几篇文的人称为艺术家、创作家，对你们更要愧死！

你们的创作力，比大人真是强盛得多哩：瞻瞻！你的身体不及椅子的一半，却常常要搬动它，与它一同翻倒在地上；你又要把一杯茶横转来藏在抽斗里，要皮球停在壁上，要拉住火车的尾巴，要月亮出来，要天停止下雨。在这等小小的事件中，明明表示着你们的小弱的体力与智力不足以应付强盛的创作欲、表现欲的驱使，因而遭逢失败。然而你们是不受大自然的支配、不受人类社会的束缚的创造者，所以你的遭逢失败，例如火车尾巴拉不住、月亮呼不出来的时候，你们决不承认是事实的不可能，总以为是爹爹妈妈不肯帮你们办到，同不许你们弄自鸣钟同例，所以愤愤地哭了，你们的世界何等广大！

你们一定想：终天无聊地伏在案上弄笔的爸爸，终天闷闷地坐在窗下弄引线的妈妈，是何等无气性的奇怪的动物！你们所视为奇怪动物的我与你们的母亲，有时确实难为了你们，摧残了你们，回想起来，真是不安心得很！

阿宝！有一晚你拿软软的新鞋子，和自己脚上脱下来的鞋子，给凳子的脚穿了，光袜立在地上，得意地叫“阿宝两只脚，凳子四只脚”的时候，你母亲喊着“龌龊了袜子”，立刻擒你到藤榻上，动手毁坏你的创作。当你蹲在榻上注视你母亲动手毁坏的时候，你的小心里一定感到“母亲这种人，何等杀风景而野蛮”吧！

瞻瞻！有一天开明书店送了几册新出版的毛边的《音乐入门》来。我用小刀把书页一张一张地裁开来，你侧着头，站在桌边默默地看。后来我从学校回来，你已经在我的书架上拿了一本连史纸印的中国装的《楚辞》，把它裁破了十几页，得意地对我说：“爸爸！瞻瞻也会裁了！”瞻瞻！这在你原是何等成功的欢喜、何等得意的作品，却被我一个惊骇的“哼！”字喊得你哭了。那时候你也一定抱怨“爸爸何等不明”吧！

软软！你常常要弄我的长锋羊毫，我看见了总是无情地夺脱你。现在你一定轻视我，想道：“你终于要我画你的画集的封面！”

最不安心的，是有时我还要拉一个你们所最怕的陆露沙医生来，教他用他的大手来摸你们的肚子，甚至用刀来在你们臂上割几下，还要教妈妈和漫姑擒住了你们的手脚，捏住了你们的鼻子，把很苦的水灌到你们的嘴里去。这在你们一定认为太无人道的野蛮举动吧！

孩子们！你们真果抱怨我，我倒欢喜；到你们的抱怨变为感谢的时候，我的悲哀来了！

我在世间，永没有逢到像你们样出肺肝相示的人。世间的人群结合，永没有像你们样的彻底地真实而纯洁。最是我到上海去干了无聊的所谓“事”回来，或者去同不相干的人们做了叫作“上课”的一种把戏回来，你们在门口或车站旁等我的时候，我心中何等惭愧又欢喜！惭愧我为什么去做这等无聊的事，欢喜我又得暂时放怀一切地加入你们的真生活的团体。

但是，你们的黄金时代有限，现实终于要暴露的。这是我经验过来的情形，也是大人们谁也经验过的情形。我眼看见儿时的伴侣中的英雄、好汉，一个个退缩、顺从、妥协、屈服起来，到像绵羊的地步。我自己也是如此。“后之视今，亦犹今之视昔”，你们不久也要走这条路呢！

我的孩子们！憧憬于你们的生活的我，痴心要为你们永远挽留这黄金时代在这册子里。然这真不过像“蜘蛛网落花”略微保留一点春的痕迹而已。且到你们懂得我这片心情的时候，你们早已不是这样的人，我的画在世间已无可印证了！这是何等可悲哀的事啊！

——《子恺画集》代序，1926 年圣诞节作

知识链接

丰子恺（1898—1975），原名丰润，号子觊，堂号缘缘堂，笔名“TK”（FONG TSE KA），浙江省桐乡县石门湾人，师从李叔同、夏丏尊，绘画、书法、翻译、音乐无不精通，被誉为“现代中国最艺术的艺术家”。其作品多以儿童为题材，书写“眼前情”和“平凡事”，以“小中能见大，弦外有余音”为艺术特色。

《给我的孩子们》收录于丰子恺散文集《缘缘堂随笔》，是《子恺画集》的代序。他将儿童的世界视作“真生活”，赞美乃至崇拜其率真、自然与创造力。他将孩童时代誉为“黄金时代”，自言“痴心”要为孩子们永远挽留黄金时代在册子里。对比儿童称心而言的昏蒙，成人的昏蒙言不由衷。他反对成人世界强加给儿童的世俗规则和秩序，认为成人世界是伪的、失真的，是“人生苦闷”的根源，所以又悲哀于孩子们终要进入成人的世界，被俗务缠身，退缩、顺从、妥协、屈服起来，到像绵羊的地步，或失去自我，童真不再。孩童的捣蛋，在他看来恰恰是推动社会进步的创造力。“假如人类没有这种孩子们的空想的欲望，世间一定不会有建筑、交通、医药、机械等种种抵抗自然的建设，恐怕人类到今日还在茹毛饮血呢。”《缘缘堂随笔》记录丰子恺和儿女相处的点滴，以守护童心、放手于心的开放平等姿态成就子女，富有借鉴意义。

选文五

多年父子成兄弟①

汪曾祺

这是我父亲的一句名言。

父亲是个绝顶聪明的人。他是画家，会刻图章，画写意花卉。图章初宗浙派，中年后治汉印。他会摆弄各种乐器，弹琵琶，拉胡琴，笙箫管笛，无一不通。他认为乐器中最难的其实是胡琴，看起来简单，只有两根弦，但是变化很多，两手都要有功夫。他拉的是老派胡琴，弓子硬，松香滴得很厚——现在拉胡琴的松香都只滴了薄薄的一层。他的胡琴音色刚亮。胡琴码子都是他自己刻的，他认为买来的不中使。他养蟋蟀，养金铃子。他养过花，他养的一盆素心兰在我母亲病故那年死了，从此他就不再养花。我母亲死后，他亲手给她做了几箱子冥衣——我们那里有烧冥衣的风俗。按照母亲生前的喜好，选购了各种花素色纸做衣料，单夹皮棉，四时不缺。他做的皮衣能分得出小麦穗、羊羔、灰鼠、狐肷。

父亲是个很随和的人，我很少见他发过脾气，对待子女，从无疾言厉色。他爱孩子，喜欢孩子，爱跟孩子玩，带着孩子玩。我的姑妈称他为“孩子头”。春天，不到清明，他领一群孩子到麦田里放风筝，放的是他自己糊的蜈蚣（我们那里叫“百脚”），是用染了色的绢糊的。放风筝的线是胡琴的老弦。老弦结实而轻，这样风筝笔直地飞上去，没有“肚儿”。用胡琴弦放风筝，我还未见过第二人。清明节前，小麦还没有“起身”，是不怕践踏的，而且越踏会越长得旺。孩子们在屋里闷了一冬天，在春天的田野里奔跑跳跃，身心都极其畅快。他用钻石刀把玻璃裁成不同形状的小块，再一块一块逗拢，接缝处用胶水粘牢，做成小桥、小亭子、八角玲珑水晶球。桥、亭、球是中空的，里面养了金铃子。从外面可以看到金铃子在里面自在爬行，振翅鸣叫。他会做各种灯。用浅绿色透明的“鱼鳞纸”扎了一只纺织娘，栩栩如生。用西洋红染了色，上深下浅，通草做花瓣，做了一个重瓣荷花灯，真是美极了。在小西瓜（这是拉身的小瓜，因其小，不中吃，叫作“打瓜”或“笃瓜”）上开小口挖净瓜瓤，在瓜皮上雕镂出极细的花纹，做成西瓜灯。我们在这些灯里点了蜡烛，穿街过巷，邻居的孩子们都跟过来看，非常羡慕。

父亲对我的学业是关心的，但不强求。我小时了了，国文成绩一直是全班第一。我的作文时得佳评，他就拿出去到处给人看。我的数学不好，他也不责怪，只要能及格就行了。他画画，我小时也喜欢画画，但他从不指点我。他画画时，我在旁边看，其余时间由我自己乱翻画谱，瞎抹。我对写意花卉那时还不太会欣赏，只是画一些鲜艳的大桃子，或者我从来没有见过的瀑布。我小时字写得不错，他倒是给我出过一点主意，在我写过一阵“圭峰碑”和“多宝塔”以后，他建议我写写“张猛龙”。这建议是很好的。现在我写的字还有“张猛龙”的影响，我初中时爱唱戏，唱青衣，我的嗓子很好，高亮甜润。在家里，他拉胡琴，我唱。我的同学有几个能唱戏的。学校开园乐会，他应我的邀请，到学校去伴奏。几个同学都只是清唱。有一个姓费的同学借到一顶乌纱帽、一件蓝官衣，扮起来唱“砂井”，但是没有配角，

---

① 选自《汪曾祺全集》，人民文学出版社 2019 年版，略有改动。

没有衙役，没有犯人，只是一个赵廉，摇着马鞭在台上走了两圈，唱了一段“郿坞县在马上心神不定”便完事下场。父亲那么大的人陪着几个孩子玩了一下午，还挺高兴。我十七岁初恋，暑假里，在家写情书，他在一旁瞎出主意。我十几岁就学会了抽烟喝酒，他喝酒，给我也倒一杯。抽烟，一次抽出两根，他一根我一根。他还总是先给我点上火。我们的这种关系，他人或以为怪。父亲说：“我们是多年父子成兄弟。”

我和儿子的关系也是不错的。我戴了“右派分子”的帽子下放张家口农村劳动，他那时才从幼稚园刚毕业，刚刚学会汉语拼音，用汉语拼音给我写了第一封信。我也只好赶紧学会汉语拼音，好给他写回信。“文化大革命”期间，我被打成“黑帮”，送进“牛棚”。偶尔回家，孩子们对我还是很亲热。我的老伴告诫他们：“你们要和爸爸‘划清界限’。”儿子反问母亲：“那你怎么还给他打酒？”只有一件事，两代之间曾有分歧。他下放山西忻县“插队落户”。按规定，春节可以回京探亲。我们等着他回来。不料他同时带回了一个同学。他这个同学的父亲是一位正受林彪迫害，搞得人囚家破的空军将领。这个同学在北京已经没有家，按照大队的规定是不能回北京的。但是这孩子很想回北京，在一伙同学的秘密帮助下，我的儿子就偷偷地把他带回来了。他连“临时户口”也不能上，是个“黑人”，我们留他在家住，等于“窝藏”了他。公安局随时可以来查户口，街道办事处的大妈也可能举报。当时人人自危，自顾不暇，儿子惹了这么一个麻烦，使我们非常为难。我和老伴把他叫到我们的卧室，对他的冒失行为表示很不满。我责备他：“怎么事前也不和我们商量一下！”我的儿子哭了，哭得很委屈，很伤心。我们当时立刻明白了：他是对的，我们是错的。我们这种怕担干系的思想是庸俗的。我们对儿子和同学之间的义气缺乏理解，对他的感情不够尊重。他的同学在我们家一直住了四十多天才离去。

对儿子的几次恋爱，我采取的态度是“闻而不问”，了解，但不干涉。我们相信他自己的选择、他的决定。最后，他悄悄和一个小学时期的女同学好上了，结了婚，有了一个女儿，已近七岁。

我的孩子有时叫我“爸”，有时叫我“老头子”，连我的孙女也跟着叫。我的亲家母说这孩子“没大没小”。我觉得一个现代化的，充满人情味的家庭，首先必须做到“没大没小”。父母叫人敬畏，儿女“笔管条直”最没有意思。

儿女是属于他们自己的。他们的现在和他们的未来，都应由他们自己来设计。一个想用自己理想的模式塑造自己孩子的父亲是愚蠢的，而且，可恶！另外作为一个父亲，应该尽量保持一点童心。

知识链接

汪曾祺（1920—1997），江苏高邮人，京派作家代表人物，曾就读于西南联大，师从沈从文，被誉为“抒情的人道主义者，中国最后一个纯粹的文人，中国最后一个士大夫”。其作品主题多是日常生活琐事和花开花落的烂漫雅兴，尤以短篇小说出名。

《多年父子成兄弟》从细处落笔，追溯了汪菊生、汪曾祺、汪朗三代人之间的点滴小事，虽是旧式家庭，却展现出现代化、人性化的两代父子关系，流露出难能可贵的意趣与童真。文章开始，“多年父子成兄弟是父亲的名言”提纲挈领，一反旧时“家长制”，概括两代父子的和睦关系，“没大没小”则是形成这种关系的方法。

父亲汪菊生多才多艺、性情温和、宽厚而自省，是个“孩子头”。“他爱孩子，喜欢孩子”，带着孩子在春天的田野里奔跑跳跃；对待子女“从无疾言厉色”，“对我的学业是关心的，但不强求”，给孩子自由发展的空间，作文、写字、画图有时指点，有时任其涂鸦。汪曾祺十七岁时初恋在家写情书，父亲在一旁瞎出主意，两人犹如兄弟。

汪曾祺延续家风，从父亲身上学习如何做父亲，与儿子汪朗也形成了亦父子亦兄弟的关系。与前一代主要抒写父对子之爱的方式不同，这一代父子关系主要从子对父的细节入手。作者叙述了两件事，一是“反右”时汪朗用拼音给父亲写信以慰相思；二是“文革”时汪朗不受社会影响，对被打倒的父亲依旧亲热。

末段，作者总结了两代人关系，认为一个现代化的、充满人情味的家庭，首先必须做到“没大没小”。另外，作为一个父亲，应当保持一点童心。

选文六

这是一个灵魂（节选）①

周国平

孩子幼小时，父母是最基本的人际环境，孩子的性格特征也就主要在和父母的关系中显现出来。我很早就发现，啾啾虽然乖，很爱爸爸妈妈，但绝不盲从。对于我们的言行，她若不以为然，就一定会表明自己的态度。我非常欣赏她的这种表现，总是给予鼓励。要让孩子将来成为一个有主见的人，必须现在就鼓励她不盲从父母。其实，孩子都是乐于说出自己的真实感觉和想法的，而只要真实，就总有一定的道理。可是，如果大人不予尊重，孩子就会逐渐失去思考和表达的兴趣，也失去自信心，成为没有主见的人。

很小的孩子就已经有很强的自尊心了，对父母是否尊重自己非常敏感。啾啾一岁时，有一回，我随手把一个无用的盒盖扔到她的玩具篮里，开玩笑说：“这篮子里有什么？玩具和垃圾。”她看到了，一定也听懂了，大叫一声，跑过去，捡起盒盖，使劲朝地上一扔，然后生气地望着我。她的激烈反应出乎我的意料，我立即意识到自己做错了事，赶紧向她道歉。这件事给我印象至深，使我从此留意自己的言行，千万不可伤害孩子的自尊心。

看到一个小人儿对事物发表与你不同的见解，跟你顶嘴和争论，真使人感到神奇。这个时候，我会想起纪伯伦的话：“他们是借你们而来，却不是从你们而来，他们虽和你们一同生活，却不属于你们。你们可以给他们以爱，却不可给他们以思想，因为他们有自己的思想。你们可以庇护他们的身体，却不可庇护他们的灵魂，因为他们的灵魂居于明日之屋宇，那是你们在梦中也不能想见的。”是啊，站在我面前的这个发表独立见解的小人儿是我的女儿，但更是一个灵魂，一个和我完全不同的灵魂。如果说她看事物有自己的眼光，那是因为她的灵魂正在觉醒，是她的灵魂通过她的眼睛在看。

和孩子相处，最重要的原则是尊重孩子。从根本上说，这就是要把孩子看作一个灵魂，亦即一个有自己独立人格的个体。而且，在孩子很幼小时就应该这样，我们无法划出一个界

① 选自《宝贝，宝贝》，北京十月文艺出版社 2021 年版，略有改动。

限，说一个人的人格是从几岁开始形成的，实际上这个过程伴随着心智的觉醒早就开始了，在一两岁时已露端倪。爱孩子是一种本能，尊重孩子则是一种教养，而如果没有教养，爱就会失去风格，仅仅停留在动物性的水准上。

在我们家里，啾啾是可以自由地和大人顶嘴的，事实上她也经常反驳我们，反驳得好，一定会得到夸奖。她头脑清楚，占理的时候居多。有时候，我会故意说错话，给她制造反驳的机会。鼓励孩子发表不同看法，既能培养独立人格，又能锻炼思维能力，是一举两得的事。

还在婴儿期，啾啾就有一种不盲从的倔劲。她不高兴，你再逗她，她也不笑。跟她说话，有时她嫌我们啰唆，就举手朝随便哪个方向一指，喊叫一声，制止我们说下去，红说她是声东击西。

稍大一点儿，每听到不入耳的话，她会责问："你干吗对我说这种话！"

临睡前，妈妈说："宝贝的屁真臭，妈妈给洗洗。"她说："不臭，昨天洗过了。"妈妈说："昨天洗过，今天没洗，熏得我都透不过气了。"她盯着妈妈反问："你透不过气了？"然后责备道："你乱说！"

她在卧室里躺着喝奶，我走进去，她制止，说："不打扰。"我请求在她旁边躺一会儿，她同意了。我开玩笑："爸爸要喝水，也用奶瓶。"她反对："用杯子。"我说用杯子会洒的，她严肃地说："坐起来喝。"

我说："我感冒了，因为宝贝老把被子掀掉。"她反驳："不是的，我掀掉自己的。"

晚上，我睡着了，枕着两个枕头，红睡时就没有枕头了。她问："妈妈，你的枕头呢？"红告诉了她。她说："拿一个过来。"红说："爸爸睡着了，不好拿。"她责问："他和你不是好朋友吗？"

在卧佛寺玩，她快乐地奔跑，摔了一跤，面颊和鼻翼擦伤了，正要哭，众人赶紧劝说："啾啾真棒，摔了跤也不哭。"她愣了一下，哭喊起来："我就要哭！"抗议我们用表扬来剥夺她哭的权利。我立即表态："哭一下也不是不棒。"（两岁）

知识链接

周国平（1945—），当代著名学者、作家、哲学家，中国社会科学院哲学研究所研究员，国内研究尼采的著名学者。其散文代表作有《妞妞》《宝贝，宝贝》。

《这是一个灵魂》出自周国平《宝贝，宝贝》第四卷。"宝贝"啾啾是周国平二女，在经历中年丧女又老年得女的多年思考与积淀后，周国平推出为第二个女儿啾啾写的《宝贝，宝贝》。全书共五卷，分为"人之初""天籁""爱智的起点""个性空间""真爱如是"，生动记录了女儿啾啾从出生到七岁的成长点滴。与《妞妞》不同，《宝贝，宝贝》里没有心酸和痛楚，而是处处闪耀着无比温暖和明亮的父爱光辉，字里行间充盈着哲思和父女亲情。"孩子幼小时，父母是最基本的人际环境，孩子的性格特征也就主要在和父母的关系中显现出来。"

他悉心地观察她，情不自禁地记录她，耐心地引导她，以一个普通父亲兼哲学家的眼光从女儿的微小举止中发现她的闪光点。在节选部分，作者记录了两岁前啾啾个性中"不盲从"的种种具体言行。作者对这些言行的哲思极富启迪性，如"爱孩子是一种本能，尊重孩子则是一种教养，而如果没有教养，爱就会失去风格，仅仅停留在动物性的水准上"，与孩子相处如此，推而广之，尊重也是父母之爱以外的其他类型之爱得以超出动物性的一种水准。

能力训练

【活动】一家亲

活动时间：20～30 分钟。

活动目的：积累家训，提升理解、归纳的阅读能力。

活动程序：

（1）2～3 人一组，多形式搜集家训。

（2）组内讨论，在分发的纸条上写上自己最欣赏的一条家训。

（3）各组分享选定的家训内涵或背后故事，说明选择的理由。

（4）将本组家训纸条贴在最相似的黑板家训圆圈中（也可使用在线小程序）。

（5）依据类聚的家训条为每个家训圈命名，写在每个圆圈中，成为一家。

（6）结合新时代亲子关系，评价家训圈的名称。

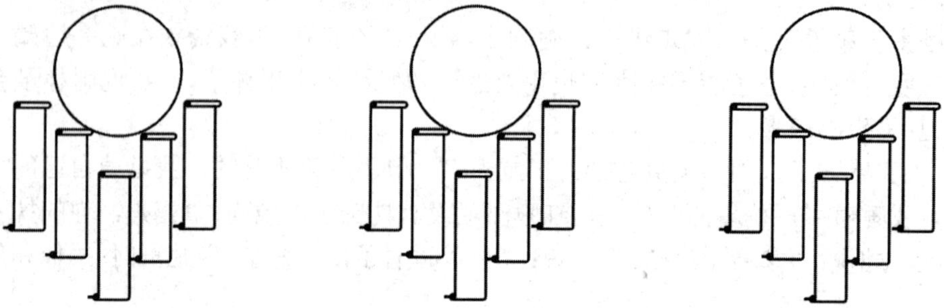

【提示】家训是家风的体现，分组合作和内涵分享是对不同家风理解的过程，家风的命名是对不同家风的认同或辨析，评价家训圈的名称则是学生加深对自身生活的认知。

【话题讨论】

我国古代有许多感人至深的子女孝敬父母的故事，但也有些被诟病为愚孝。分析以下两个案例，讨论在新时代应该如何继承和发扬优秀的中华传统孝文化，以营造和谐的亲子关系。

郭巨埋儿

《晋书》中记载了郭巨埋儿奉母的故事：“郭巨，家贫。有子三岁，母尝减食与之。巨谓妻曰：‘贫乏不能供母，子又分母之食，盍埋此子？儿可再有，母不可复得。’妻不敢违。巨遂掘坑三尺余，忽见黄金一釜，上云：‘天赐孝子郭巨，官不得取，民不得夺。’”

舜窃父而逃

《孟子·尽心上》记载桃应问孟子：“舜为天子，皋陶为士，瞽瞍杀人，则如之何？”如果历史上最孝顺的天子舜的父亲瞽叟犯了最严重的错误（杀人），东窗事发，最称职的法官皋陶该如何判案？孟子答，抓起来就是了。而如果发生第二种情况，即没有东窗事发，孟子认为“舜视弃天下，犹弃敝屣也。窃负而逃，遵海滨而处，终身䜣然，乐而忘天下”。舜可以背父潜逃，舍弃天下，以此为乐。

【写作训练】

母爱是温煦的阳光，让你的心灵即使在寒冷的冬天也能感到温暖如春；父爱是巍峨的高峰，让你的身心即使承受风霜雨雪也沉着坚定。请以母亲或父亲为收件人，写一封家书，立意自定，题目自拟。

第四章　礼赞爱情

主题导读

爱情是人类生命得以延续的一种情感，它给人们带来许多遐想：或天真如“郎骑竹马来，绕床弄青梅”，或挚爱如“一日不见兮，思之如狂”，或平凡如“上言加餐食，下言长相依”，或珍惜如“曾经沧海难为水，除却巫山不是云”，或坚贞如“天地合，乃敢与君绝”。热恋男女，总希望深情永不被辜负；想看花，有人为你种；想看风景，有人陪你去；想见的人，近在眼前；想爱的人，恰好也爱你。然而，爱情不是桃源花径里的甜言蜜语，不是眼泪，不是强求。“爱情建立在共同的基础上”，是对美、对自由、对理想、对幸福生活的共同追求。伟大的爱情并不是善男信女各自安好，而是充沛着“为天下人谋永福”的大爱。

选文一

桃　夭

《诗经》

桃之夭夭[①]，灼灼[②]其华。之子[③]于归[④]，宜[⑤]其室家[⑥]。
桃之夭夭，有蕡[⑦]其实。之子于归，宜其家室。
桃之夭夭，其叶蓁蓁[⑧]。之子于归，宜其家人。

知识链接

《桃夭》出自《诗经·周南》，是一首祝贺新婚夫妇的诗。《周礼》：“仲春，令会男女。”朱熹《诗集传》：“然则桃之有华，正婚姻之时也。”周代女子出嫁一般在春日桃花盛开时，故以桃起兴。“桃之夭夭”，新嫁娘年轻貌美，像艳丽娇嫩的桃花。从桃的花到实，再到叶，三次比兴，诗人对新婚夫妇的婚后生活做出美好的祝福。诗人认为，新嫁娘除了外在的好相貌，还要有宜室宜家的内在的“善”。这首诗表达出诗人对和美家庭生活的向往。

选文二

沈园二首

陆　游

其一
城上斜阳画角[⑨]哀，沈园非复旧池台。
伤心桥下春波绿，曾是惊鸿照影来。

其二
梦断香消四十年，沈园柳老不吹绵。

---

① 夭夭：绚丽茂盛的样子。
② 灼灼：鲜明的样子。
③ 之子：这位姑娘。
④ 归：出嫁。
⑤ 宜：和顺，亲善。
⑥ 室家：家庭。
⑦ 蕡（fén）：大。
⑧ 蓁（zhēn）蓁：茂盛。
⑨ 画角：古代军中常用的一种乐器，表面绘彩。

此身行[①]作稽山土，犹吊[②]遗踪一泫然[③]。

知识链接

陆游（1125—1210），字务观，号放翁，今浙江绍兴人，南宋“中兴四大诗人”之一，“六十年间万首诗”，是我国存诗最多的诗人，被称为“小李白”。陆游力主抗金复国，二十岁立志“上马击狂胡，下马草军书”，仕途起落，但“寤寐不忘中原”。其诗歌“一草一木，一鱼一鸟，无不裁剪入诗”，存《剑南诗稿》《渭南文集》《老雪庵笔记》等。

陆游与表妹唐琬青梅竹马，婚后十分相爱，但陆母不喜欢唐琬，三年后二人被迫分开，各自再嫁娶，但唐琬改嫁后没几年便郁郁而逝。陆游与唐琬的故事在《钗头凤》中可见。两人离婚后不久，曾在沈园偶遇，《沈园二首》是陆游七十五岁时重游沈园所写悼念唐琬之作，往事伤怀，情挚深惋。几十年后，沈园已非当时偶遇唐琬时候的旧池台。“桥下春波绿”本是美景，但作者冠以“伤心”，哀情重叠时空。诗人因情写景，情景相生。过去时空中实实在在的唐琬，曾在水中留有惊鸿倒影，可如今连虚幻的倒影都看不见了。两人过去在沈园偶遇时柳絮尚飞舞，如今柳树已枯老得没有飞絮了。草木无情，但人有情。“此身行作稽山土”，作者一往情深，年龄增长，却没法淡忘往事，看着昔日故人的遗踪，对过往被迫分离的遗憾更甚。

选文三

与妻书

林觉民

意映卿卿[④]如晤，吾今以此书与汝永别矣！吾作此书时，尚是世中一人；汝看此书时，吾已成为阴间一鬼。吾作此书，泪珠和笔墨齐下，不能竟书而欲搁笔，又恐汝不察吾衷，谓吾忍舍汝而死，谓吾不知汝之不欲吾死也，故遂忍悲为汝言之。

吾至爱汝，即此爱汝一念，使吾勇于就死也。吾自遇汝以来，常愿天下有情人都成眷属；然遍地腥云，满街狼犬，称心快意，几家能彀[⑤]？司马青衫，吾不能学太上之忘情也。语云：仁者“老吾老，以及人之老；幼吾幼，以及人之幼”。吾充吾爱汝之心，助天下人爱其所爱，所以敢先汝而死，不顾汝也。汝体吾此心，于啼泣之余，亦以天下人为念，当亦乐牺牲吾身与汝身之福利，为天下人谋永福也。汝其勿悲！

---

① 行：即将。

② 吊：凭吊。

③ 泫（xuàn）然：流泪的样子。

④ 卿卿：对妻子的爱称。

⑤ 彀：同“够”。

汝忆否？四五年前某夕，吾尝语曰："与使吾先死也，无宁汝先我而死。"汝初闻言而怒，后经吾婉解，虽不谓吾言为是，而亦无词相答。吾之意盖谓以汝之弱，必不能禁失吾之悲，吾先死，留苦与汝，吾心不忍，故宁请汝先死，吾担悲也。嗟夫！谁知吾卒先汝而死乎？

吾真真不能忘汝也！回忆后街之屋，入门穿廊，过前后厅，又三四折，有小厅，厅旁一室，为吾与汝双栖之所。初婚三四个月，适冬之望日前后，窗外疏梅筛月影，依稀掩映；吾与汝并肩携手，低低切切，何事不语？何情不诉？及今思之，空余泪痕。又回忆六七年前，吾之逃家复归也，汝泣告我："望今后有远行，必以告妾，妾愿随君行。"吾亦既许汝矣。前十余日回家，即欲乘便以此行之事语汝，及与汝相对，又不能启口，且以汝之有身也，更恐不胜悲，故惟日日呼酒买醉。嗟夫！当时余心之悲，盖不能以寸管①形容之。

吾诚愿与汝相守以死，第②以今日事势观之，天灾可以死，盗贼可以死，瓜分之日可以死，奸官污吏虐民可以死，吾辈处今日之中国，国中无地无时不可以死。到那时使吾眼睁睁看汝死，或使汝眼睁睁看吾死，吾能之乎？抑汝能之乎？即可不死，而离散不相见，徒使两地眼成穿而骨化石，试问古来几曾见破镜能重圆？则较死为苦也，将奈之何？今日吾与汝幸双健。天下人不当死而死与不愿离而离者，不可数计，钟情如我辈者，能忍之乎？此吾所以敢率性就死不顾汝也。吾今死无余憾，国事成不成自有同志者在。依新已五岁，转眼成人，汝其善抚之，使之肖我。汝腹中之物，吾疑其女也，女必像汝，吾心甚慰。或又是男，则亦教其以父志为志，则吾死后尚有二意洞③在也。幸甚，幸甚！吾家后日当甚贫，贫无所苦，清静过日而已。

吾今与汝无言矣。吾居九泉之下遥闻汝哭声，当哭相和也。吾平日不信有鬼，今则又望其真有。今是人又言心电感应有道，吾亦望其言是实，则吾之死，吾灵尚依依旁④汝也，汝不必以无侣悲。

吾平生未尝以吾所志语汝，是吾不是处；然语之，又恐汝日日为吾担忧。吾牺牲百死而不辞，而使汝担忧，的的非吾所忍。吾爱汝至，所以为汝谋者惟恐未尽。汝幸而偶我，又何不幸而生今日之中国！吾幸而得汝，又何不幸而生今日之中国！卒不忍独善其身。嗟夫！巾短情长，所未尽者，尚有万千，汝可以模拟得之。吾今不能见汝矣！汝不能舍吾，其时时于梦中得我乎？一恸。辛未三月廿六夜四鼓，意洞手书。

家中诸母皆通文，有不解处，望请其指教，当尽吾意为幸。

辛亥三月二十六夜四鼓，意洞手书。

知识链接

林觉民（1887—1911），字意洞，福建闽县人，"黄花岗七十二烈士"之一。1911 年春从日本留学回国，后与其族亲奔赴革命，不幸被俘，从容就义。

---

① 寸管：指毛笔。

② 第：但。

③ 意洞：林觉民的字。

④ 旁：通"傍"。

从 1905 年兴中会创立到 1911 年 10 月 10 日辛亥革命胜利，共爆发了十多次武装起义。其中，1911 年 4 月 27 日的广州起义是战斗最激烈、社会影响最大的一次起义，后因起义死难的烈士都埋在广州城外的黄花岗，故又名“黄花岗起义”。

1911 年 4 月 24 日，即黄花岗起义前三天的晚上，林觉民给妻子陈意映写下诀别书《与妻书》，给父亲写下《禀父书》，嘱托朋友：“我死，幸为转交。”这封绝笔信表达出作者对革命事业的热忱、对妻子的深爱。“吾充吾爱汝之心，助天下人爱其所爱”，有主有从，推己及人，作者将个人命运和人民命运紧密相连，表白作为一名坚定的革命志士的人生观，体现出舍身为民的崇高精神。

选文四

偶　然①

徐志摩

我是天空里的一片云，
偶尔投影在你的波心——
你不必讶异，
更无须欢喜——
在转瞬间消灭了踪影。

你我相逢在黑夜的海上，
你有你的，我有我的，方向；
你记得也好，
最好你忘掉，
在这交会时互放的光亮！

知识链接

徐志摩（1897—1931），原名章垿，浙江海宁市硖石镇人，拜梁启超为师，后留学英国，改名志摩。徐志摩受欧美浪漫主义和唯美派诗人的影响，倡导新诗格律，是新月派代表诗人。其诗语言清新，意境优美，想象丰富，韵律和谐，具有艺术个性，作品有《志摩的诗》《翡冷翠的一夜》《猛虎集》等。

《偶然》是徐志摩前后期诗作的转折之诗。全诗形式精巧，长短音步相间，对称整齐而又有变化，严谨而又洒脱。作者透过柔丽清爽的语言，把“偶然”这一富有哲理性的抽象词，用二项对立象征出“微妙的灵魂的秘密”。天上的云、地上的水，相隔最远的距离，本不可交集，投影使它们交会。然而，感伤紧随其后。“你不必讶异，更无须欢喜”，这只是偶然，影子

① 选自《志摩的诗》，天津人民出版社 2016 年版。

一会儿就会消失。“你”和“我”正如“水”和“云”，生命也好，爱情也好，有各自的方向。记得与忘掉对立，诗人认为不必强求“记得”偶然的美好，或者说诗人对此无可奈何。

选文五

牡丹亭·惊梦（节选）

汤显祖

【绕池游】（旦上）梦回莺啭，乱煞年光[①]遍，人立小庭深院。（贴）炷尽沉烟，抛残绣线，恁[②]今春关情似[③]去年？

【乌夜啼】（旦）晓来望断梅关，宿妆残。（贴）你侧着宜春髻子，恰凭阑。（旦）剪不断，理还乱，闷无端。（贴）已分付催花莺燕，借春看。（旦）春香，可曾叫人扫除花径？（贴）分付了。（旦）取镜台衣服来。（贴取镜台衣服上）云髻罢梳还对镜，罗衣欲换更添香。镜台衣服在此。

【步步娇】（旦）袅[④]晴丝[⑤]吹来闲庭院，摇漾春如线。停半晌整花钿，没揣菱花，偷人半面，迤逗的彩云偏。（行介）步香闺怎便把全身现？

（贴）今日穿插的好。

【醉扶归】（旦）你道翠生生出落的裙衫儿茜，艳晶晶花簪八宝填，可知我常一生儿爱好是天然？恰三春好处无人见，不提防沉鱼落雁鸟惊喧，则怕的羞花闭月花愁颤。

（贴）早茶时了，请行。（行介）你看：画廊金粉半零星，池馆苍苔一片青。踏草怕泥[⑥]新绣袜，惜花疼煞小金铃。（旦）不到园林，怎知春色如许？

【皂罗袍】原来姹紫嫣红开遍，似这般都付与断井颓垣。良辰美景奈何天，赏心乐事谁家院？恁般景致，我老爷和奶奶再不提起。（合）朝飞暮卷，云霞翠轩。雨丝风片，烟波画船。锦屏人忒看的这韶光贱。

（贴）是花都放了，那牡丹还早。

【好姐姐】（旦）遍青山啼红了杜鹃，荼蘼外烟丝醉软。春香呵，牡丹虽好，他春归怎占的先？（贴）成对儿莺燕呵。（合）闲凝眄，生生燕语明如翦[⑦]，呖呖莺歌溜的圆。

（旦）去罢。（贴）这园子委是观之不足也。（旦）提他怎的？（行介）

【隔尾】观之不足由他缱[⑧]，便赏遍了十二亭台是惘然，到不如兴尽回家闲过遣。

---

① 年光：春光。
② 恁：怎么
③ 似：胜过。
④ 袅：轻柔飘忽的样子。
⑤ 晴丝：虫类吐出的飞丝。
⑥ 泥：弄脏。
⑦ 翦：同“剪”，剪东西的声音。
⑧ 缱：留恋。

（作到介）（贴）开我西阁门，展我东阁床。瓶插映山紫，炉添沉水香。小姐，你歇息片时，俺瞧老夫人去也。（下）（旦叹介）默地游春转，小试宜春面。春呵，得和你两留连。春去如何遣？ 咳！恁般天气，好困人也。春香那里？（作左右瞧介）（又低首沉吟介）天呵，春色恼人，信有之乎？ 常观诗词乐府，古之女子，因春感情，遇秋成恨，诚不谬矣。吾今年已二八，未逢折桂之夫；忽慕春情，怎得蟾宫之客？ 昔日韩夫人得遇于郎，张生偶逢崔氏，曾有《题红记》《崔徽传》二书。此佳人才子，前以密约偷期，后皆得成秦晋。（长叹介）吾生于宦族，长在名门。年已及笄，不得早成佳配，诚为虚度青春，光阴如过隙耳，（泪介）可惜妾身颜色如花，岂料命如一叶乎！

知识链接

汤显祖（1550—1616），明代著名戏曲家，字义仍，号海若，又号若士，别署清远道人，江西临川人，流传下来的作品有《临川四梦》（或称《玉茗堂四梦》），其中《牡丹亭》（又名《还魂记》）成就最高，另外三梦为《南柯记》《金钗记》和《邯郸记》。

本篇选自《牡丹亭》第十出《惊梦》，是杜丽娘由生入死的关键，唱词描摹出怀春少女内心的彷徨和苦闷。《牡丹亭》在艺术上有浓厚的浪漫主义色彩，描写贫寒书生柳梦梅和太守之女杜丽娘的爱情故事，以情反“理”，表现出对自由爱情、个性解放的追求。《牡丹亭》题解：“情不知所起，一往而深。生者可以死，死者可以生。”杜丽娘读《关雎》，问夫子“好逑”之意，后游园伤春，情窦初开。她因情入梦，梦中遇到理想的意中人柳梦梅，二人于牡丹亭中幽会，因梦生情。在现实中，杜丽娘寻梦不得，因情病逝。三年后柳梦梅赴京应试，再次经过牡丹亭，发现杜丽娘画像，掘墓开棺，杜丽娘死而复生，二人结为夫妻。

选文六

罗密欧与朱丽叶（节选）①

威廉·莎士比亚

凯普莱特家坟茔所在的墓地。帕里斯及侍童携鲜花火炬上。

帕里斯：孩子，把你的火把给我；走开，站在远远的地方；还是灭了吧，我不愿给人看见。你到那边的紫杉树底下直躺下来，把你的耳朵贴着中空的地面，地下挖了许多墓穴，土是松的，要是有踉跄的脚步走到坟地上来，你准听得见；要是听见有什么声息，便吹一个唿哨通知我。把那些花给我。照我的话做去，走吧。

① 选自《罗密欧与朱丽叶》，人民文学出版社 2005 年版。译者为朱生豪。

侍童：（旁白）我简直不敢独自一个人站在这墓地上，可是我要硬着头皮试一下。（退后）

帕里斯：这些鲜花替你铺盖新床；惨啊，一朵娇红永委沙尘！我要用沉痛的热泪，和着香水，浇溉你的芳坟；夜夜到你墓前散花哀泣，这一段相思啊永无消歇！（侍童吹口哨）这孩子在警告我有人来了。哪一个该死的家伙在这晚上到这儿来打扰我在爱人墓前的凭吊？什么！还拿着火把来吗？——让我躲在一旁看看他的动静。（退后）

罗密欧及鲍尔萨泽持火炬锹锄等上。

罗密欧：把那锄头跟铁钳给我。且慢，拿着这封信；等天一亮，你就把它送给我的父亲。把火把给我。听好我的吩咐，无论你听见什么瞧见什么，都只好远远地站着不许动，免得妨碍我的事情；要是动一动，我就要你的命。我所以要跑下这个坟墓里去，一部分的原因是要探望探望我的爱人，可是主要的理由却是要从她的手指上取下一个宝贵的指环，因为我有一个很重要的用途。所以你赶快给我走开吧；要是你不相信我的话，胆敢回来窥伺我的行动，那么，我可以对天发誓，我要把你的骨骼一节一节扯下来，让这饥饿的墓地上散满了你的肢体。我现在的心境非常狂野，比饿虎或是咆哮的怒海都要凶猛无情，你可不要惹我性起。

鲍尔萨泽：少爷，我走就是了，决不会来打扰您。

罗密欧：这才像个朋友。这些钱你拿去，愿你一生幸福。再会，我的好朋友。

鲍尔萨泽（旁白）：虽然这么说，我还是要躲在附近的地方看着他。他的脸色使我害怕，我不知道他究竟打算做出什么事来。（退后）

罗密欧：你无情的泥土，吞噬了世上最可爱的人儿，我要掰开你的馋吻，（将墓门掘开）索性让你再吃一个饱！

帕里斯：这就是那个已经放逐出去的骄横的蒙太古，他杀死了我爱人的表兄，据说她就是因为伤心他的惨死而夭亡的。现在这家伙又要来盗尸发墓了，待我去抓住他。（上前）万恶的蒙太古！停止你的罪恶的工作，难道你杀了他们还不够，还要在死人身上发泄你的仇恨吗？该死的凶徒，赶快束手就捕，跟我见官去！

罗密欧：我果然该死，所以才到这儿来。年轻人，不要激怒一个不顾死活的人，快快离开我走吧；想想这些死了的人，你也该胆寒了。年轻人，请你不要激动我的怒气，使我再犯一次罪。啊，走吧！我可以对天发誓，我爱你远过于爱我自己，因为我来此的目的，就是要跟自己作对。别留在这儿，走吧；好好留着你的活命，以后也可以对人家说，是一个疯子发了慈悲，叫你逃走的。

帕里斯：我不听你这种鬼话；你是一个罪犯，我要逮捕你。

罗密欧：你一定要激怒我吗？那么好，来，朋友！（二人格斗）

侍童：哎哟，主啊！他们打起来了，我去叫巡逻的人来！（下）

帕里斯：（倒下）啊，我死了！——你倘有几分仁慈，打开墓门来，把我放在朱丽叶的身旁吧！（死）

罗密欧：好，我愿意成全你的志愿。让我瞧瞧他的脸；啊，茂丘西奥的亲戚，尊贵的帕里斯伯爵！当我们一路上骑马而来的时候，我的仆人曾经对我说过几句话，那时我因为心绪烦乱，没有听得进去。他说些什么？好像他告诉我说帕里斯本来预备娶朱丽叶为妻。他不是这样说吗？还是我做过这样的梦？或者还是我神经错乱，听见他说起朱丽叶的名字，所以发生了这一种幻想？啊！把你的手给我吧，你我都是登录在厄运的黑册上的人，我要把你葬在一个胜利的坟墓里。啊，不！被杀害的少年，这是一个灯塔，因为朱丽叶睡在这里，她的美貌使这一个墓窟变成一座充满着光明的欢宴的华堂。死了的人，躺在那儿吧，一个死了的人把你安葬了。（将帕里斯放下墓中）人们临死的时候，往往反会觉得心中愉快，旁观的人便说这是死前的一阵回光返照。啊！这也就是我的回光返照吗？啊，我的爱人！我的妻子！死虽然已经吸去了你呼吸中的芳蜜，却还没有力量摧残你的美貌。你还没有被他征服，你的嘴唇上、面庞上，依然显着红润的美艳，不曾让灰白的死亡进占。提伯尔特，你也裹着你的血淋淋的殓衾躺在那儿吗？啊！你的青春葬送在你仇人的手里，现在我来替你报仇来了，我要亲手杀死那杀害你的人。原谅我吧，兄弟！啊！亲爱的朱丽叶，你为什么仍然这样美丽？难道那虚无的死亡，那枯瘦可憎的妖魔，也是个多情种子，所以把你藏匿在这幽暗的洞府里做他的情妇吗？为了防止这样的事情，我要永远陪伴着你，再不离开这漫漫长夜的幽宫；我要留在这儿，跟你的侍婢，那些蛆虫们在一起；啊！我要在这儿永久安息下来，从我这厌倦人世的凡躯上挣脱厄运的束缚。眼睛，瞧你的最后一眼吧！手臂，作你最后一次的拥抱吧！嘴唇，啊！你呼吸的门户，用一个合法的吻，跟网罗一切的死亡订立一个永久的契约吧！来，苦味的向导，绝望的领港人，现在赶快把你的厌倦于风涛的船舶向那巉岩上冲撞过去吧！为了我的爱人，我干了这一杯！（饮药）啊！卖药的人果然没有骗我，药性很快地发作了。我就这样在这一吻中死去。（死。）

知识链接

威廉·莎士比亚（1564—1616），英国文艺复兴时期最杰出的人文主义代表，著有《哈姆雷特》《奥赛罗》《李尔王》《麦克白》四大悲剧和《仲夏夜之梦》《威尼斯商人》《第十二夜》《皆大欢喜》四大喜剧。为了纪念这位人文先驱，1995 年，联合国教科文组织将每年的 4 月 23 日（威廉·莎士比亚去世日期）定为世界图书和版权日。他的剧作打破了古典戏剧的“三一律”，拓展时空，情节丰富，充满人文主义精神，善于刻画人物内心独白，在善恶对立中揭示人性的本质，突出人性的闪光点、人性的缺陷。其美学追求主要在《十四行诗》中体现，把时间当作爱不朽、美永恒的终极障碍。其语言一改以往的音节限制，变得口语化、日常化，服务于人物动作和情绪的节奏。

本篇节选自《罗密欧与朱丽叶》最后一场，第五幕第三场，二人殉情，也是全剧的高潮。《罗密欧与朱丽叶》的时代背景是中世纪，在宗教禁欲主义束缚下，年轻男女的自由恋爱不被允许。在世仇和封建婚姻制度下，热恋中的悲剧主人公受到重重阻碍，罗密欧与朱丽叶抛弃世仇，坚守爱情，最后双双殉情。该剧既是对封建制度的抨击，也是对自由爱情的颂扬。文艺复兴时期的人文思潮以人性反中世纪神权，追求人性解放和自由幸福生活。剧终两大家族和解，暗示着人文主义的胜利。

能力训练

【活动一】情意绵绵

活动时间：10～15 分钟。

活动目的：调动学生情感，营造课堂主题氛围，通过对比认知不同的爱情类型。

活动程序：

（1）2～3 人分组。

（2）上网搜索信息，组内讨论各自说过（听过、见过或想象过）的最富有诗意的情话。

（3）向组员阐明自己喜欢这句情话的理由。

（4）情话接龙，由一位学生开头说出自己最认同的情话，另一位学生认为自己喜欢的情话爱情观与其类型相近的接龙。

（5）个别学生总结，组间比较爱情的不同类型。

（6）师生讨论哪些爱情类型更适合当下社会。

【提示】不同身份、不同背景的人，置身恋爱中就是诗人，或者说一生中最像诗人的时候。师生探究诗意情话，为本章主题做氛围铺垫，学生树立正确的爱情观。

【活动二】歌唱爱情

活动时间：5～10 分钟。

活动目的：增强学生的艺术审美力，对比拓展爱情观，欣赏爱情中的真善美。

活动过程：学生清唱自己喜欢的爱情歌曲片段，并说明喜欢哪些歌词及其理由。

【活动三】爱情漂流瓶

活动时间：10 分钟。

活动目的：让审美体验触发共情，延伸到生活中。

活动程序：

（1）给未来的自己假定一个状态，热恋或失恋。

（2）在分发的小纸条中给未来的自己写一句或一段情场得意或失意时候的忠告。

（3）将纸条放在各自的小漂流瓶中，将瓶子投入纸箱。

（4）每人随机取走一个漂流瓶，收藏。

【提示】漂流瓶的意义犹如黑暗中的光亮，在未来可能代表一种希望。这个活动有益于学生在未来的生活中，借助漂流瓶中第三方话语的鼓励，正确对待爱情，尤其爱情中的挫折。

【话题讨论】

大学生处于多梦浪漫的时节，对爱情有着美好的想象，但往往缺少对爱的责任的承担，对恋人缺乏理解，不能很好地处理与他人和集体的关系。人们的恋爱动机、恋爱行为迥异，有些人甚至存在盲目性、随意性。我们该如何培养爱的能力，正确对待恋爱中的利与弊、得与失？请根据以下案例进行讨论。

女生削铅笔时，手上不小心被刀子划出个口子。男生见状，立即拿过女生手中的铅笔刀，把自己的手也割出一道口子。女生疑惑，男生深情凝视着她说：“你看，这样我们就是两口子了。”（半个月后，男生因为破伤风梭菌感染死了。）

【写作训练】

有人说爱情是一瞬间的触动，有人说爱情是一生的相守，有人说这都不算爱。一滴水只有放进大海里才永远不会干涸，个人的爱情只有与他人、与集体融合在一起的时候才是最丰富的爱情。请据此，结合自己的爱情观，写一封情书，文体不限，立意自定，题目自拟。

第五章　知识探求

主题导读

孔子认为，“好仁而不好学”容易让人变“愚”，学是实现仁的重要桥梁。《论语·学而》对学习的内容做了方向性提示：“弟子，入则孝，出则弟，谨而信，泛爱众，而亲仁。行有余力，则以学文。”学习不只是阅读书本，而且要深耕生活，把这些都做到，才能算是真正学习了。知识必须和做人结合才是有益的，如果做成一个人，知识就越多越好，否则是无益的。

选文一

进学解

韩　愈

国子先生[①]晨入太学，招诸生立馆下，诲之曰："业精于勤，荒于嬉；行成于思，毁于随[②]。方今圣贤相逢，治具[③]毕张[④]，拔去凶邪，登崇畯[⑤]良。占小善者率[⑥]以录，名一艺者无不庸[⑦]；爬罗剔抉[⑧]，刮垢磨光[⑨]。盖有幸而获选，孰云多而不扬？诸生业患不能精，无患有司之不明；行患不能成，无患有司[⑩]之不公。"

言未既，有笑于列者曰："先生欺余哉！弟子事先生于兹有年矣。先生口不绝吟于六艺之文，手不停披于百家之编[⑪]；纪事者必提其要，纂言者必钩其玄；贪多务得，细大不捐；焚膏油以继晷[⑫]，恒兀兀[⑬]以穷年。先生之业，可谓勤矣。觝排异端，攘斥佛老，补苴罅漏，张皇幽眇；寻坠绪之茫茫，独旁搜而远绍，障百川而东之，回狂澜于既倒。先生之于儒，可谓有劳矣。沉浸醲郁，含英咀华，作为文章，其书满家。上规姚姒，浑浑无涯；周诰、殷盘，佶屈聱牙；春秋谨严，左氏浮夸；易奇而法，诗正而葩；下逮庄、骚，太史所录；子云，相如，同工异曲。先生之于文，可谓闳其中而肆其外矣。少始知学，勇于敢为；长通于方，左右具宜。先生之于为人，可谓成矣。然而公不见信于人，私不见助于友，跋前踬后，动辄得咎。暂为御史，遂窜南夷。三年博士，冗不见治。命与仇谋，取败几时。冬暖而儿号寒，年丰而妻啼饥。头童齿豁，竟死何裨。不知虑此，而反教人为？"

先生曰："吁，子来前！夫大木为宗[⑭]，细木为桷[⑮]，欂栌、侏儒[⑯]，椳、闑、扂、楔[⑰]，各得其宜，施以成室者，匠氏之工也。玉札、丹砂，赤箭、青芝，牛溲、马勃，败鼓之皮，俱收并蓄，待用无遗者，医师之良也。登明选公，杂进巧拙，纡馀为妍，卓荦为杰，校短量长，惟器是适者，宰相之方也。昔者孟轲好辩，孔道以明，辙环天下，卒老于行。荀卿守

---

① 国子先生：韩愈自称，当时他任国子博士。

② 随：因循守旧。

③ 治具：治理的工具，主要指法令。

④ 张：指建立、确立。

⑤ 畯：通"俊"，才智出众。

⑥ 率：都。

⑦ 庸：通"用"，采用、录用。

⑧ 爬罗剔抉：意指仔细搜罗人才。爬罗：爬梳搜罗。剔抉：剔除挑选。

⑨ 刮垢磨光：刮去污垢，磨出光亮；意指精心造就人才。

⑩ 有司：负有专责的部门及其官吏。

⑪ 百家之编：指儒家经典以外各学派的著作。

⑫ 膏油：油脂，指灯烛。晷（guǐ）：日影。

⑬ 兀兀：辛勤不懈的样子。

⑭ 宗（máng）：屋梁。

⑮ 桷（jué）：方形椽子。

⑯ 欂栌（bólú）：即斗拱，柱上承梁的短木。侏儒：梁上短柱。

⑰ 椳（wēi）：门臼，用以承门轴。闑（niè）：门中央所竖短木。扂（diàn）：门闩。楔（xiē）：门两旁木柱。

正，大论是弘，逃谗于楚，废死兰陵。是二儒者，吐辞为经，举足为法，绝类离伦，优入圣域，其遇于世何如也？今先生学虽勤而不繇其统，言虽多而不要其中，文虽奇而不济于用，行虽修而不显于众，犹且月费俸钱，岁靡廪粟；子不知耕，妇不知织，乘马从徒，安坐而食，踵常途之役役，窥陈编以盗窃；然而圣主不加诛，宰臣不见斥，兹非其幸欤？动而得谤，名亦随之，投闲置散，乃分之宜。若夫商财贿之有亡，计班资之崇庳，忘己量之所称，指前人之瑕疵，是所谓诘匠氏之不以杙为楹，而訾医师以昌阳引年，欲进其豨苓也。”

知识链接

韩愈（768—824），字退之，河南河阳（今河南孟州）人，世称“韩昌黎”“昌黎先生”。唐代古文运动的倡导者，被尊为“唐宋八大家”之首，苏轼称其“文起八代之衰”，主张文章要阐明孔孟之道，以此来反对当时过分追求形式的骈文。其作品现存有《韩昌黎文集》。

进学，是勉励生徒刻苦学习，求取进步。解，解说，分析。《进学解》以师徒问答形式抒发不遇之感。第一段国子先生勉励生徒，言诸生只需在“业”和“行”两方面刻苦努力，便不愁不被录用。第二段是生徒对上述教诲提出质问：为什么先生在“业”“行”方面都很有成就，却遭际坎坷？第三段是先生做出解答。全文悲慨深思，又富有谐趣。先生谆谆教诲，态度庄重，而生徒以嬉笑对之；先生为说服生徒，不得不痛自贬抑，甚至自称盗窃陈编。

选文二

为学与做人①

梁启超

诸君，我在南京讲学将近三个月了，这边苏州学界里头，有好几回写信邀我，可惜我在南京是天天有功课的，不能分身前来。今天到这里，能够和全城各校诸君聚在一堂，令我感激得很。但有一件，还要请诸君原谅，因为我一个月以来，都带着些病，勉强支持，今天不能作很长的讲演，恐怕有负诸君期望哩。

问诸君：“为甚么进学校？”我想人人都会众口一辞的答道：“为的是求学问。”再问：“你为什么要求学问？你想学些什么？”恐怕各人的答案就很不相同，或者竟自答不出来了。诸君啊！我请替你们总答一句罢：“为的是学做人。”你在学校里头学的什么数学、几何、物理、化学、生理、心理、历史、地理、国文、英语，乃至什么哲学、文学、科学、政治、法律、经济、教育、农业、工业、商业等等，不过是做人所需要的一种手段，不能说专靠这些便达到做人的目的，任凭你把这些件件学得精通，你能够成个人不能成个人还是另一个问题。

人类心理有知、情、意三部分，这三部分圆满发达的状态，我们先哲名之为三达德——

① 选自《梁启超全集》，北京出版社 1999 年版，略有改动。

智、仁、勇。为什么叫做“达德”呢？因为这三件事是人类普通道德的标准，总要三件具备，才能成一个人。三件的完成状态怎么样呢？孔子说：“知者不惑，仁者不忧，勇者不惧。”所以教育应分为知育、情育、意育三方面。现在讲的智育、德育、体育不对，德育范围太笼统，体育范围太狭隘。知育要教到人不惑，情育要教到人不忧，意育要教到人不惧。教育家教学生，应该以这三件为究竟；我们自动的自己教育自己，也应该以这三件为究竟。

怎么样才能不惑呢？最要紧是养成我们的判断力。想要养成判断力：第一步，最少须有相当的常识；进一步，对于自己要做的事须有专门知识；再进一步，还要有遇事能断的智慧。假如一个人连常识都没有，听见打雷，说是雷公发威，看见月蚀，说是虾蟆贪嘴。那么，一定闹到什么事都没有主意，碰着一点疑难问题，就靠求神问卜、看相算命去解决，真所谓“大惑不解”，成了最可怜的人了。学校里小学、中学所教，就是要人有了许多基本的常识，免得凡事都暗中摸索，但仅仅有这点常识还不够。我们做人，总要各有一件专门职业。这门职业，也并不是我一人破天荒去做，从前已经许多人做过，他们积了无数经验，发见出好些原理、原则，这就是专门学识。我打算做这项职业，就应该有这项专门学识。例如我想做农吗，怎样的改良土壤，怎样的改良种子，怎样的防御水旱病虫，等等，都是前人经验有得成为学识的。我们有了这种学识，应用他来处置这些事，自然会不惑，反是则惑了。做工、做商，等等，都各各有他的专门学识，也是如此。我想做财政家吗，何种租税可以生出何样结果，何种公债可以生出何样结果，等等，都是前人经验有得成为学识的。我们有了这种学识，应用他来处置这些事，自然会不惑，反是则惑了。教育家、军事家，等等，都各各有他的专门学识，也是如此。我们在高等以上学校所求的知识，就是这一类，但专靠这种常识和学识就够吗？还不能。宇宙和人生是活的，不是呆的，我们每日所碰见的事理是复杂的、变化的，不是单纯的、印板的。倘若我们只是学过这一件才懂这一件，那么，碰着一件没有学过的事来到跟前，便手忙脚乱了。所以还要养成总体的智慧，才能得有根本的判断力。这种总体的智慧如何才能养成呢？第一件，要把我们向来粗浮的脑筋，着实磨练他，叫他变成细密而且踏实。那么，无论遇着如何繁难的事，我都可以彻头彻尾想清楚他的条理，自然不至于惑了。第二件，要把我们向来昏浊的脑筋，着实将养他，叫他变成清明。那么，一件事理到跟前，我才能很从容很莹澈的去判断他，自然不至于惑了。以上所说常识、学识和总体的智慧，都是智育的要件，目的是教人做到知者不惑。

怎么样才能不忧呢？为什么仁者便会不忧呢？想明白这个道理，先要知道中国先哲的人生观是怎么样。“仁”之一字，儒家人生观的全体大用都包在里头。“仁”到底是什么？很难用言语说明，勉强下个解释，可以说是“普遍人格之实现”。孔子说“仁者人也”，意思说是人格完成就叫做“仁”。但我们要知道，人格不是单独一个人可以表见的，要从人和人的关系上看出来，所以“仁”字从二人，郑康成解他做“相人偶”。总而言之，要彼我交感互发，成为一体，然后我的人格才能实现。所以我们若不讲人格主义，那便无话可说，讲到这个主义，当然归宿到普遍人格。换句话说，宇宙即是人生，人生即是宇宙，我的人格和宇宙无二无别。体验得这个道理，就叫做“仁者”。然则这种“仁者”为甚么就会不忧呢？大凡忧之所从来，不外两端：一曰忧成败，二曰忧得失。我们得着“仁”的人生观，就不会忧成败，为什么呢？因为我们知道宇宙和人生是永远不会圆满的，所以《易经》六十四卦，始乾，而终未济。正为在这永远不圆满的宇宙中，才永远容得我们创造进化，我们所做的事，不过在宇宙进化几万万里的长途中，往前挪一寸两寸，那里配说成功呢？然则不做怎么样呢？不做便连这一寸两寸都不往前挪，那可真真失败了。“仁者”看透这种道理，信得过只有不做事才算失败，肯做事便不会失败，所以《易经》说："君子以自强不息。"换一方面来看，他们又信得过凡事不会成功的，几万万里路挪了一两寸，算成功吗？所以《论语》说："知其不可而为之。"你想，有这种人生观的人，还有什么成败可忧呢？再者，我们得着"仁"的人生观，便不会忧得失，为什么呢？因为认定这件东西是我的，才有得失之可言，连人格都不是单独存在，不能明确的画出这一部分是我的，那一部分是人家的，然则那里有东西可以为我所得？既已没有东西为我所得，当然也没有东西为我所失，我只是为学问而学问，为劳动而劳动，并不是拿学问、劳动等等做手段来达某种目的——可以为我们"所得"的。所以老子说："生而不有，为而不恃""既以为人己愈有，既以与人己愈多"。你想，有这种人生观的人，还有什么得失可忧呢？总而言之，有了这种人生观，自然会觉得"天地与我并生，而万物与我为一"，自然会"无入而不自得"，他的生活，纯然是趣味化、艺术化。这是最高的情感教育，目的教人做到仁者不忧。

怎么样才能不惧呢？有了不惑、不忧工夫，惧当然会减少许多了，但这是属于意志方面的事。一个人若是意志力薄弱，便有很丰富的知识，临时也会用不着；便有很优美的情操，临时也会变了卦。然则意志怎么才会坚强呢？头一件须要心地光明。孟子说："浩然之气，至大至刚，行有不慊于心，则馁矣。"又说："自反而不缩，虽褐宽博，吾不惴焉；自反而缩，虽千万人吾往矣。"俗语说得好："生平不作亏心事，夜半敲门也不惊。"一个人要保持勇气，须要从一切行为可以公开做起，这是第一著。第二件要不为劣等欲望之所牵制。《论语》记："子曰：'吾未见刚者。'或对曰：'申枨。'子曰：'枨也欲，焉得刚？'"一被物质上无聊的嗜欲东拉西扯，那么，百炼钢也会变为绕指柔了。总之，一个人的意志由刚强变为薄弱极易，由薄弱返到刚强极难。一个人有了意志薄弱的毛病，这个人可就完了，自己作不起自己的主，还有什么事可做？受别人压制，做别人奴隶，自己只要肯奋斗，终须能恢复自由。自己的意志做了自己情欲的奴隶，那么，真是万劫沉沦，永无恢复自由的余地，终身畏首畏尾成了个可怜人了。孔子说："和而不流，强哉矫！中立而不倚，强哉矫！国有道，不变塞焉，强哉矫！国无道，至死不变，强哉矫！"我老实告诉诸君说罢，做人不做到如此，决不会成一个人，但做到如此，真是不容易，非时时刻刻做磨练意志的工夫不可。意志磨练得到家，自然是看着自己应做的事，一点不迟疑，扛起来便做，"虽千万人吾往矣"。这样才算顶天立地做一世人，绝不会有藏头躲尾、左支右绌的丑态。这便是意育的目的，要教人做到勇者不惧。

我们拿这三件事作做人的标准，请诸君想想，我自己现时做到那一件——那一件稍为有一点把握。倘若连一件都不能做到，连一点把握都没有，嗳哟！那可真危险了，你将来做人恐怕就做不成。讲到学校里的教育吗，第二层的情育、第三层的意育，可以说完全没有，剩下的只有第一层的知育。就算知育罢，又只有所谓常识和学识，至于我所讲的总体智慧，靠来养成根本判断力的，却是一点儿也没有。这种"贩卖知识杂货店"的教育，把他前途想下去，真令人不寒而栗。现在这种教育，一时又改革不来，我们可爱的青年，除了他更没有可以受教育的地方。诸君啊！你到底还要做人不要，你要知道危险呀！非你自己抖擞精神，想方法自救，没有人能救你呀！

诸君啊！你千万别要以为得些断片的知识，就算是有学问呀。我老实不客气告诉你罢，你如果做成一个人，知识自然是越多越好；你如果做不成一个人，知识却是越多越坏。你不信吗？试想想全国人所唾骂的卖国贼某人某人，是有知识的呀，还是没有知识的呢？试想想全国人所痛恨的官僚政客——专门助军阀作恶、鱼肉良民的人，是有知识的呀，还是没有知识的呢？诸君须知道啊！这些人当十几年前在学校的时代，意气横厉，天真烂漫，何尝不和诸君一样，为什么就会堕落到这样田地呀？屈原说的：“何昔日之芳草兮，今直为此萧艾也。岂其有他故兮，莫好修之害也。”天下最伤心的事，莫过于看着一群好好的青年，一步一步的往坏路上走。诸君猛醒啊！现在你所厌所恨的人，就是你前车之鉴了。

诸君啊！你现在怀疑吗？沉闷吗？悲哀痛苦吗？觉得外边的压迫你不能抵抗吗？我告诉你，你怀疑和沉闷，便是你因不知才会惑；你悲哀痛苦，便是你因不仁才会忧；你觉得你不能抵抗外界的压迫，便是你因不勇才有惧。这都是你的知、情、意未经过修养磨练，所以还未成个人。我盼望你有痛切的自觉啊！有了自觉，自然会自动，那么，学校之外，当然有许多学问，读一卷经，翻一部史，到处都可以发见诸君的良师呀！

诸君啊！醒醒罢，养足你的根本智慧，体验出你的人格、人生观，保护好你的自由意志，你成人不成人，就看这几年哩！

知识链接

梁启超（1873—1929），字卓如，号任公，别号饮冰室主人等。早年参与变法维新，中年后专心著述、讲学。在文学、史学、哲学等领域均有较深造诣，一生著述宏丰，留有《饮冰室合集》共148卷，千万余字。

本篇选文是梁启超晚年在清华大学的一篇演讲。从为什么进学校引入为学与做人的问题，从现代教育到传统文化价值观，再到新的阐释，关注学生思想修养的提升。作者先引用孔子“知者不惑，仁者不忧，勇者不惧”，指出遇事能断的判断力可以使人生不惑，不忧成败、不忧得失才是不忧，心地光明、意志力坚强便可以不惧，之后再用“三条标准”批评、告诫青年。

选文三

赠与今年的大学毕业生①

胡　适

这一两个星期里，各地的大学都有毕业的班次，都有很多的毕业生离开学校去开始他们的成人事业。学生的生活是一种享有特殊优待的生活，不妨幼稚一点，不妨吵吵闹闹，社会都能纵容他们，不肯严格的要他们负行为的责任。现在他们要撑起自己的肩膀来挑他们自己的担子了。在这个国难最紧急的年头，他们的担子真不轻！我们祝他们的成功，同时也不忍不依据自己的经验，赠他们几句送行的赠言，——虽未必是救命毫毛，也许做个防身的锦囊罢！

你们毕业之后，可走的路不出这几条：绝少数的人还可以在国内或国外的研究院继续做学术研究；少数的人可以寻着相当的职业；此外还有做官、办党、革命三条路；此外就是在

① 选自《胡适文集》，北京大学出版社1998年版，略有改动。

家享福或者失业闲居了。第一条继续求学之路，我们可以不讨论。走其余几条路的人，都不能没有堕落的危险。堕落的方式很多，总括起来，约有这两大类：

第一是容易抛弃学生时代求知识的欲望。你们到了实际社会里，往往学非所用，往往所学全无用处，往往可以完全用不着学问，而一样可以胡乱混饭吃，混官做。在这种环境里即使向来抱有求知识学问的人，也不免心灰意懒，把求知的欲望渐渐冷淡下去。况且学问是要有相当的设备的；书籍、实验室、师友的切磋指导、闲暇的工夫，都不是一个平常要糊口养家的人所能容易办到的。没有做学问的环境，又谁能怪我们抛弃学问呢？

第二是容易抛弃学生时代理想的人生的追求。少年人初次与冷酷的社会接触，容易感觉理想与事实相去太远，容易发生悲观和失望。多年怀抱的人生理想，改造的热诚，奋斗的勇气，到此时候，好像全不是那么一回事了。渺小的个人在那强烈的社会炉火里，往往经不起长时期的烤炼就熔化了，一点高尚的理想不久就幻灭了。抱着改造社会的梦想而来，往往是弃甲抛兵而走，或者做了恶势的俘虏。你在那牢狱里，回想那少年气壮时代的种种理想主义，好像都成了自误误人的迷梦！从此以后，你就甘心放弃理想人生的追求，甘心做现成社会的顺民了。

要防御这两方面的堕落，一面要保持我们求知识的欲望，一面要保持我们对人生的追求。

有什么好法子呢？依我个人的观察和经验，有三种防身的药方是值得一试的。

第一个方子只有一句话："总得时时寻一两个值得研究的问题！"问题是知识学问的老祖宗；古往今来一切知识的产生与积聚，都是因为要解答问题——要解答实用上的困难和理论上的疑难。所谓"为知识而求知识"，其实也只是一种好奇心追求某种问题的解答，不过因为那种问题的性质不必是直接应用的，人们就觉得这是"无所为"的求知识了。

我们出学校之后，离开了做学问的环境，如果没有一二个值得解答的问题在脑子里盘旋，就很难保持求学问的热心。可是，如果你有了一个真有趣的问题逗你去想他，天天引诱你去解决他，天天对你挑衅你无可奈何他——这时候，你就会同恋爱一个女子发了疯一样，坐也坐不下，睡也睡不安，没工夫也得偷出工夫去陪她，没钱也得缩衣节食去巴结她。没有书，你自会变卖家私去买书；没有仪器，你自会典押衣物去置办仪器；没有师友，你自会不远千里去寻师访友。你只要有疑难问题来逼你时时用脑子，你自然会保持发展你对学问的兴趣，即使在最贫乏的知识中，你也会慢慢的聚起一个小图书馆来，或者设置起一所小试验室来。所以我说，第一要寻问题。脑子里没有问题之日，就是你的智识生活寿终正寝之时！古人说，"待文王而兴者，凡民也。若夫豪杰之士，虽无文王犹兴。"试想伽利略（Calileo）和牛顿（Newton）有多少藏书？有多少仪器？他们不过是有问题而已。有了问题而后他们自会造出仪器来解决他们的问题。没有问题的人们，关在图书馆里也不会用书，锁在试验室里也不会有什么发现。

第二个方子也只有一句话："总得多发展一点非职业的兴趣。"离开学校之后，大家总是寻个吃饭的职业。可是你寻得的职业未必就是你所学的，未必是你所心喜的，或者是你所学的而和你性情不相近的。在这种情况之下，工作往往成了苦工，就感觉不到兴趣了。为糊口而做那种非"性之所近而力之所能勉"的工作，就很难保持求知的兴趣和生活的理想主义。最好的救济方法只有多多发展职业以外的正当兴趣与活动。

一个人应该有他的职业，也应该有他非职业的玩艺儿，可以叫做业余活动。往往他的业余活动比他的职业还更重要，因为一个人成就怎样，往往靠他怎样利用他的闲暇时间。他用他的闲暇来打麻将，他就成了个赌徒；你用你的闲暇来做社会服务，你也许成个社会改革者；或者你用你的闲暇去研究历史，你也许成个史学家。你的闲暇往往定你的终身。英国十九世纪的两个哲人，弥儿（J.S.Mill）终身做东印度公司的秘书，然而他的业余工作使他在哲学上、经济学上、政治思想史上都占一个很高的位置；斯宾塞（Spencer）是一个测量工程师，然而他的业余工作使他成为前世纪晚期世界思想界的一个重镇。古来成大学问的人，几乎没有一个不善用他的闲暇时间的。特别在这个组织不健全的中国社会，职业不容易适合我们的性情，我们要想生活不苦痛不堕落，只有多方发展业余的兴趣，使我们的精神有所寄托，使我们的剩余精力有所施展。有了这种心爱的顽艺儿，你就做六个钟头的抹桌子工夫也不会感觉烦闷了，因为你知道，抹了六点钟的桌子之后，你可以回家做你的化学研究，或画完你的大幅山水，或写你的小说戏曲，或继续你的历史考据，或做你的社会改革事业。你有了这种称心如意的活动，生活就不枯寂了，精神也就不会烦闷了。

第三个方子也只有一句话："你总得有一点信心。"我们生当这个不幸的时代，眼中所见，耳中所闻，无非是叫我们悲观失望的。特别是在这个年头毕业的你们，眼见自己的国家民族沉沦到这步田地，眼看世界只是强权的世界，望极天边好像看不见一线的光明——在这个年头不发狂自杀，已算是万幸了，怎么还能够保持一点内心的镇定和理想的信任呢？我要对你们说：这时候正是我们要培养我们的信心的时候！只要我们有信心，我们还有救。

古人说："信心（Faith）可以移山。" 又说："只要工夫深，生铁磨成绣花针。"你不信吗？当拿破仑的军队征服普鲁士、占据柏林的时候，有一位教授叫做费希特（Fichte）的，天天在讲堂劝他的国人要有信心，要信仰他们的民族是有世界的特殊使命的，是必定要复兴的。费希特死的时候，谁也不能预料德意志统一帝国何时可以实现。然而不满五十年，新的统一的德意志帝国居然实现了。

一个国家的强弱盛衰，都不是偶然的，都不能逃出因果的铁律的。我们今日所受的苦痛和耻辱，都只是过去种种恶因种下的恶果。我们要收获将来的善果，必须努力种现在的新因。一粒一粒的种，必有满仓满屋的收，这是我们今日应有的信心。

我们要深信：今日的失败，都由于过去的不努力。

我们要深信：今日的努力，必定有将来的大收成。

佛典里有一句话："福不唐捐。"唐捐就是白白的丢了。我们也应该说："功不唐捐！"没有一点努力是会白白的丢了的。在我们看不见想不到的时候，在我们看不见想不到的方向，你瞧！你下的种子早已生根发叶开花结果了！

你不信吗？法国被普鲁士打败之后，割了两省地，赔了五十万万法郎的赔款。这时候有一位刻苦的科学家巴斯德（Pasteur）终日埋头在他的化学试验室里做他的化学试验和微菌学研究。他是一个最爱国的人，然而他深信只有科学可以救国。他用一生的精力证明了三个科学问题：（1）每一种发酵作用都是由于一种微菌的发展；（2）每一种传染病都是一种微菌在生物体内的发展；（3）传染病的微菌，在特殊的培养之下可以减轻毒力，使他们从病菌变成防病的药苗。这三个问题在表面上似乎都和救国大事业没有多大关系。然而从第一个问题的证明，巴斯德定出做醋酿酒的新法，使全国的酒醋业每年减除极大的损失。从第二个问题的证明，巴斯德教全国的蚕丝业怎样选种防病，教全国的畜牧农家怎样防止牛羊瘟疫，又教全世界怎样注重消毒以减少外科手术的死亡率。从第三个问题的证明，巴斯德发明了牲畜的脾热瘟的疗治药苗，每年替法国农家减除了二千万法郎的大损失；又发明了疯狗咬毒的治疗法，救济了无数的生命。所以英国的科学家赫胥黎（Huxley）在皇家学会里称颂巴斯德的功绩道："法国给了德国五十万万法郎的赔款，巴斯德先生一个人研究科学的成就足够还清这一笔赔款了。"

巴斯德对于科学有绝大的信心，所以他在国家蒙奇辱大难的时候，终不肯抛弃他的显微镜与试验室。他绝不想他的显微镜底下能偿还五十万万法郎的赔款，然而在他看不见想不到的时候，他已收获了科学救国的奇迹了。

朋友们，在你最悲观失望的时候，那正是你必须鼓起坚强的信心的时候。你要深信：天下没有白费的努力。成功不必在我，而功力必不唐捐。

知识链接

胡适（1891—1962），学名洪骍，后改名适，字适之，出生于江苏省松江府川沙县（今上海市浦东新区）。五四新文化运动中心人物，曾任北京大学校长，曾获诺贝尔文学奖提名。其作品《尝试集》是中国现代文学史上第一部白话诗集。

这是1932年胡适在北京大学毕业典礼上的讲话，后发表在《独立评论》第七号上，虽距今已久，但仍然很有启发意义。他列举了大学生毕业后种种可能的堕落情形，呼吁他们保持求知的欲望和对理想人生的追求。他给即将毕业的青年提供了三个步入社会后的防身药方：时时寻一两个值得研究的问题；多发展业余兴趣；有一点信心。

选文四

谈学问①

梁漱溟

一说到学问，普通人总以为知道很多，处处显得很渊博，才算学问。其实就是渊博也不算学问。什么才是学问？学问就是能将眼前的道理、材料系统化、深刻化。更扼要地说，就是"学问贵能得要"，能得要才算学问。如何才是得要？就是在自己这一方面能从许多东西中简而约之成为几个简单的要点，甚或只成功几个名词，就已够了。一切的学问家都是如此，在他口若不说时，心中只有一个或几个简单的意思；将这一个或几个意思变化起来，就让人家看着觉得无穷无尽。所以在有学问的人，没有觉得学问是复杂的，在他身上也没有觉得有什么，很轻松，真是虚如无物。如果一个人觉得他身上背了很多学问的样子，则这个人必非学问家。学问家以能得要，故觉轻松、爽适、简单。和人家讲学问亦不往难处讲，只是平常地讲，而能讲之不尽，让人家看来很多。如果不能得要，将所有的东西记下来，则你必定觉得负担很重，很为累赘，不能随意运用。所以说学问贵能得要。得要就是心得、自得！

再则学问也是我们脑筋对宇宙形形色色许多材料的吸收消化。吸收不多是不行，消化不了更不行。在学问里面你要能自己进得去而又出得来，这就是有活的生命，而不被书本知识所压倒。若被书本知识所压倒，则所消化太少，自得太少。在佛家禅宗的书里面，叙述一个

① 选自《朝话》，上海人民出版社2017年版，略有改动。

故事，讲一个大师对许多和尚说："你们虽有一车兵器而不能用，老僧虽只寸铁，便能杀人。"这寸铁是他自己的，所以有用；别人虽然眼前摆着许多兵器，但与自己无关，运用不来；这就是在乎一自得，一不自得也。问题来了，能认识，能判断，能抓住问题的中心所在，这就是有用，就是有学问；问题来了，茫然地不能认识问题的诀窍，不能判断，不能解决，这就是无学问。

知识链接

梁漱溟（1893—1988），被称为"最后的儒家"，新儒家早期代表人物，关注人生和社会问题，著有《中国文化要义》《东西文化及其哲学》《人心与人生》等。

《谈学问》选自《朝话》。《朝话》是梁漱溟在山东进行乡村建设运动时期，每日与研究部同学们的部分谈话辑录，并非系统的学术演讲，但内容发人深省。对如何做学问的问题，梁漱溟在不同的场合提到过。1928 年，他在中山大学的演讲中提出了做学问的八重境界：形成主见、发现不能解释的事情、融会贯通、知不足、以简御繁、运用自如、一览众山小、通透。

选文五

谈　静[①]

朱光潜

朋友：

前信谈动，只说出一面真理。人生乐趣一半得之于活动，也还有一半得之于感受。所谓"感受"是被动的，是容许自然界事物感动我的感官和心灵。这两个字涵义极广。眼见颜色，耳闻声音，是感受；见颜色而知其美，闻声音而知其和，也是感受。同一美颜，同一和声，而各个人所见到的美与和的程度又随天资境遇而不同。比方路边有一棵苍松，你看见它只觉得可以砍来造船，我见到它可以让人纳凉，旁人也许说它很宜于入画，或者说它是高风亮节的象征。再比方街上有一个乞丐，我只能见到他的蓬头垢面，觉得他很讨嫌；你见他便发慈悲心，给他一个铜子；旁人见到他也许立刻发下宏愿，要打翻社会制度。这几个人反应不同，都由于感受力有强有弱。

世间天才之所以为天才，固然由于具有伟大的创造力，而他的感受力也分外比一般人强烈。比方诗人和美术家，你见不到的东西他能见到，你闻不到的东西他能闻到。麻木不仁的人就不然，你就请伯牙向他弹琴，他也只联想到棉匠弹棉花。感受也可以说是"领略"，不过领略只是感受的一方面。世界上最快活的人不仅是最活动的人，也是最能领略的人。所谓领略，就是能在生活中寻出趣味。好比喝茶，渴汉只管满口吞咽，会喝茶的人却一口一口的细啜，能领略其中风味。

---

① 选自《给青年的十二封信》，译林出版社 2018 年版，略有改动。

能处处领略到趣味的人决不至于岑寂，也决不至于烦闷。朱子有一首诗说：“半亩方塘一鉴开，天光云影共徘徊，问渠那得清如许？为有源头活水来。”这是一种绝美的境界。你姑且闭目一思索，把这幅图画印在脑里，然后假想这半亩方塘便是你自己的心，你看这首诗比拟人生苦乐多么惬当！一般人的生活干燥，只是因为他们的“半亩方塘”中没有天光云影，没有源头活水来，这源头活水便是领略得的趣味。

领略趣味的能力固然一半由于天资，一半也由于修养。大约静中比较容易见出趣味。物理上有一条定律说：两物不能同时并存于同一空间。这个定律在心理方面也可以说得通。一般人不能感受趣味，大半因为心地太忙，不空所以不灵。我所谓“静”，便是指心界的空灵，不是指物界的沉寂，物界永远不沉寂的。你的心境愈空灵，你愈不觉得物界沉寂，或者我还可以进一步说，你的心界愈空灵，你也愈不觉得物界喧嘈。所以习静并不必定要逃空谷，也不必定学佛家静坐参禅。静与闲也不同。许多闲人不必都能领略静中趣味，而能领略静中趣味的人，也不必定要闲。在百忙中，在尘市喧嚷中，你偶然丢开一切，悠然遐想，你心中便蓦然似有一道灵光闪烁，无穷妙悟便源源而来。这就是忙中静趣。

我这番话都是替两句人人知道的诗下注脚。这两句诗就是：“万物静观皆自得，四时佳兴与人同。”大约诗人的领略力比一般人都要大。近来看周启孟的《雨天的书》引日本人小林一茶的一首俳句：

“不要打哪，苍蝇搓他的手，搓他的脚呢。”觉得这种情境真是幽美。你懂得这一句诗就懂得我所谓静趣。中国诗人到这种境界的也很多。现在姑且就一时所想到的写几句给你看：

“鱼戏莲叶东，鱼戏莲叶西，鱼戏莲叶南，鱼戏莲叶北。”——古诗，作者姓名佚

“山涤余霭，宇暖微霄。有风自南，翼彼新苗。”——陶渊明《时运》（其一）

“采菊东篱下，悠然见南山。山气日夕佳，飞鸟相与还。”——陶渊明《饮酒》（其五）

“目送飘鸿，手挥五弦。俯仰自得，游心太玄。”——嵇叔夜《送秀才从军》

“倚杖柴门外，临风听暮蝉。渡头余落日，墟里上孤烟。”——王摩诘《赠裴迪》

像这一类描写静趣的诗，唐人五言绝句中最多。你只要仔细玩味，你便可以见到这个宇宙又有一种景象，为你平时所未见到的。梁任公的《饮冰室文集》里有一篇谈“烟士披里纯”，詹姆斯的《与教员学生谈话》（James：Talks To Teachers and Students）里面有三篇谈人生观，关于静趣都说得很透辟。可惜此时这两部书都不在手边，不能录几段出来给你看。你最好自己到图书馆里去查阅。詹姆斯的《与教员学生谈话》那三篇文章（最后三篇）尤其值得一读，记得我从前读这三篇文章，很受他感动。

静的修养不仅是可以使你领略趣味，对于求学处事都有极大帮助。释迦牟尼在菩提树阴静坐而证道的故事，你是知道的。古今许多伟大人物常能在仓皇扰乱中雍容应付事变，丝毫不觉张皇，就因为能镇静。现代生活忙碌，而青年人又多浮躁。你站在这潮流里，自然也难免跟着旁人乱嚷。不过忙里偶然偷闲，闹中偶然觅静，于身于心，都有极大裨益。你多在静中领略些趣味，不特你自己受用，就是你的朋友们看着你也快慰些。我生平不怕呆人，也不怕聪明过度的人，只是对着没有趣味的人，要勉强同他说应酬话，真是觉得苦也。你对着有趣味的人，你并不必多谈话，只是默然相对，心领神会，便可觉得朋友中间的无上至乐。你有时大概也发生同样感想罢？

眠食诸希珍重！

你的朋友　孟实

知识链接

朱光潜（1897—1986），笔名孟实、盟石，中国现代美学开拓者和奠基人，晚年被称为“美学老人”。其代表作有《西方美学史》《文艺心理学》《谈美》《谈美书简》，翻译近代第一部社会科学著作——维科的《新科学》。

《谈静》选自朱光潜《给青年的十二封信》的第三封。《给青年的十二封信》是朱光潜留学期间向夏丏尊主编的《一般》杂志投的稿件汇编，信的对象是中学程度的青年。他以“笃热的情感、温文的态度、丰富的学识”，给予了很多青年人启迪的力量。这封信的前一封是《谈动》，信中提出，动是人的天性，是驱逐烦恼的有效方式。第三封信中他提出“动”的反面“静”，认为静中比较容易见出趣味，而这种趣味依靠“领略”去感受。所以他认为人的乐趣一半得之于活动，另一半得之于感受。感受力是被动的，因此有个体差异，有强有弱。他用了大量的诗句和比喻来说明“静”这种感受力的绝美境界。

选文六

谈话语①

弗朗西斯·培根

有些人说话时一心想以能言善辩而博得机敏的美名，而不想以洞察真伪赢得明断的盛誉，仿佛知道可以说什么，不知道应该想什么倒是一件应当称道的事情似的。有些人善于老生常谈，总是那一套。这种贫乏大多令人生厌，一旦被人发现，就被传为笑谈。

谈话中最可贵的一点就是引起话头，还要控制场面，转换话题，能做到这一点，一个人就可以左右局面了。谈话时，应灵活多变，讲时事结合原则，夹叙夹议，既提问题，又谈见解，亦庄亦谐，因为无论什么事扯得太远，像我们现在说的，搞疲了，就显得枯燥无味。

说到谐谑，有几件事情应当避免，即宗教、国事、伟人、任何人目前的重要事务、任何应当怜悯的事情。然而有人认为不冲口说出一些尖酸刻薄、击中要害的话就不足以显示他们的聪明机智，这种倾向应当予以约束。

小子，要少用鞭子，紧拉缰绳。②

而且，一般说来，人们应当辨别苦与咸。毫无疑问，喜欢冷嘲热讽的人由于让别人害怕他的机智，他也不得不害怕别人的记忆。

问得多就学得多，而且也多得他人的欢心。如果他的问题针对的是对方的专长，上述情况就尤为突出。因为这样一来，他就给了他们以说话为乐的机会，而他自己则会不断地积累知识。但是不要提令人讨厌的问题，因为只有盘问者才会那样干。他还得注意务必给别人说话的机会，不仅如此，如果有人想垄断谈话，一说到底，他就要设法将这种人引开，好让其

① 选自《培根随笔》，上海译文出版社 2022 年版，略有改动。译者为蒲隆。
② 原文为拉丁文。语出奥维德《变形记》第 2 章第 127 行。

他人插进来，就像有人跳“加恋舞”时间太长时，乐师们所做的那样。

别人认为你懂得的事情，你有时候佯装不懂，那么以后遇上你确实不懂的事情，别人也以为你懂。

谈话时应该少说自己，什么该说，要选择得当。我认识一个人，总是说话带刺，“他一定是个聪明人，因为他千言万语说不完自己”。只有在一种情况下，一个人可以体体面面地赞扬自己，那就是赞扬他人的长处，尤其是他认为自己也有那种长处的时候。少说使别人敏感的话，因为谈话应当海阔天空，不必直奔任何人的家门。我认识两个贵族，他们都是英格兰西部人，其中一个爱冷嘲热讽，但总在家里大宴宾客，另一个便问在前者家中赴过宴的食客：“老实告诉我，那里有没有冷嘲热讽？”食客回答说发生过如此这般的事情。那位老爷说：“我早就料到他会糟蹋一桌美筵的。”

慎言胜过雄辩。打交道时说得投机胜过说得天花乱坠、头头是道。说得淋漓酣畅，若没有精彩的对答，则显得乏味。对答如流，随机应变，但不能作胸有成竹、洋洋洒洒的发言，则显得浅薄、虚弱。我们在动物身上看到，跑直道最弱的往往转弯最快，猎狗和野兔之间就有这种差别。切入正题前引言闲语大多令人厌烦，一句没有，则显得过于率直唐突。

知识链接

弗兰西斯·培根（1561—1626），英国文艺复兴时期伟大的哲学家和文学家，提出“知识就是力量”，马克思称其是“英国唯物主义和整个现代实验科学的真正鼻祖”，被誉为“法律之舌”“科学之光”。

《谈话语》选自培根《随笔集》。这本《随笔集》开英国随笔文学新风，共五十八篇，很多不超过千字，短小、精练，没有絮聒、散漫或随意的毛病，不追求抒情效果，也不卖弄幽默风趣，不谈自己，内容深刻老练，冷静客观，几乎每篇都警句迭出。《谈话语》归纳了良好话语沟通的六个原则：不要垄断谈话，而要加以引导、变换，诱导别人一起谈；不要在不适当的话题上制造谐谑；不仅要谈自己的见解，而且要提问题；在有些知道的事情上佯装不懂；避免过多地谈论自己，也不要议论别人的长短；设法让你的谈话适合别人的喜好，避免乏味和不必要的细节。

能力训练

【活动一】真假辨别游戏

活动时间：5～10 分钟。

活动目的：以对问题真假的辨别，激起对知识的渴求。

活动程序：

（1）参加游戏的学生横着站成一排。

（2）教师提出若干在学生已有知识范围内的百科问题，学生判断命题是否为真，答对的学生向前走一步，答错的被淘汰，直到最后剩余一人。

可参考的问题：

月亮的公转和自转周期相同。

《人间喜剧》的作者是雨果。

刀削面最有名的是陕西。

竹子一生只开一次花。

猪八戒有七十二变。

在曹雪芹的《红楼梦》中，葬花的人是薛宝钗。

维纳斯是罗马神话中的爱神。

闭月羞花、沉鱼落雁的沉鱼是指西施。

鲍鱼不是鱼。

仙人掌有叶子。

奥林匹克运动会的发源地是古巴比伦。

《资治通鉴》是编年体史书。

“无事不登三宝殿”的“三宝”是指金、银、玉。

【活动二】声东击西

活动时间：5～10 分钟。

活动目的：知识激趣，强调知识对辨别真理的作用。

活动程序：

（1）给定成语“声东击西”，并引导学生解释成语的意思。

（2）比赛谁能说出更多和“声东击西”类似的表达用语，如“欲擒故纵”“项庄舞剑”等。

【提示】现象包括真相和假象。真相是从正面直接表现本质的现象。假象是从反面歪曲地表现本质的现象。它们都是对事物本质的表现，都是客观的。不能把真相当作正确的来认识，也不能把假象当作错误的来认识。

【话题讨论一】

法国巴黎的报纸上登过一则广告，上面写道：“每个人只要花 25 生丁（100 生丁=1.2666 法郎），就可以得到既经济又没有丝毫疲惫和痛苦的旅行。”有个人按照广告刊登的地址寄去了 25 生丁。不久，他收到一封回信：“先生，请您安静地躺在床上，并且请牢记：我们的地球是在旋转着的。在巴黎的纬度——北纬 49 度上，您每昼夜要跑数万公里。假如您喜欢看沿路的美好景致，就请您打开窗帘，尽情地欣赏星空的美丽吧！”按要求寄了 25 生丁的读者，为什么遭到拒绝？怎么理解“我们的地球是旋转着的”？

【话题讨论二】

孔子在周游列国时，有一次在半路看见两个十岁的小孩在路边为一个问题争论不休，于是停下马车询问。其中一个小孩说：“我认为太阳刚出来的时候离我们近一些，中午离我们远一些。”另一个小孩的观点则相反。先说的那个小孩反驳对方：“太阳刚出来时大得像车盖，到中午就只有盘子那么大了。这不是远的东西看起来小，而近的东西看起来大的道理吗？”另一个小孩说：“太阳刚升起来时凉飕飕的，到中午却像火球那样使人热烘烘的。这不正是远的物体让人感到凉，而近的物体使人觉得热的道理吗？”两个小孩请博学多识的孔子来做“裁判”，却把能言善辩的孔子难倒了。

为什么孔子无法解答太阳何时离我们远或近呢？你能通过资料搜索，判断两个小孩谁对谁错吗？这个故事给你什么启示。

【写作训练】

王国维在《人间词话》中提到做学问的三重境界："昨夜西风凋碧树，独上高楼，望尽天涯路"，此第一境也；"衣带渐宽终不悔，为伊消得人憔悴"，此第二境也；"众里寻他千百度，蓦然回首，那人却在，灯火阑珊处"，此第三境也。其中，尤以第三境最难达到。请以"回首，__________"为题，写一写你的读书学习经历和体会。

第六章　守望理想

主题导读

鱼与熊掌不可兼得，犹如梦想与理想，一轻一重。在梦里走了很多路，醒来还在床上。一次行动胜过百遍心想。我们追寻理想，而理想就在我们脚下，它也想与我们交汇。一个人在实现理想的人生道路上，常会被人误解、嘲笑，如果抛下理想，畏惧、退缩、停止不前，理想也将从脚下溜走，再不可守。

选文一

鱼我所欲也

《孟子》

鱼，我所欲也；熊掌，亦我所欲也。二者不可得兼，舍鱼而取熊掌者也。生，亦我所欲也；义，亦我所欲也。二者不可得兼，舍生而取义者也。生亦我所欲，所欲有甚于生者，故不为苟得①也；死亦我所恶②，所恶有甚于死者，故患③有所不辟④也。如使⑤人之所欲莫⑥甚于生，则凡可以得生⑦者，何不用也⑧？使人之所恶莫甚于死者，则凡可以辟患者，何不为⑨也？由是则生而⑩有不用也，由是则可以辟患而有不为也。是故所欲有甚于生者，所恶有甚于死者。非独贤者有是⑪心也，人皆有之，贤者能勿丧⑫耳。

一箪⑬食，一豆⑭羹，得之则生，弗得则死。嘑尔⑮而与之，行道之人⑯弗受；蹴⑰尔而与之，乞人不屑也。万钟⑱则不辩⑲礼义而受之，万钟于我何加⑳焉！为宫室之美、妻妾之奉、所识穷乏者得我㉑与㉒？乡㉓为身死而不受，今为宫室之美为之；乡为身死而不受，今为妻妾之奉为之；乡为身死而不受，今为所识穷乏者得我而为之：是亦不可以已㉔乎！此之谓失其本心。

---

① 苟（gǒu）得：苟且取得，这里是“苟且偷生”的意思。
② 恶：厌恶。
③ 患：祸患，灾难。
④ 辟：通“避”，躲避。
⑤ 如使：假如，假使。
⑥ 莫：没有。
⑦ 得生：保全生命。
⑧ 何不用也：什么手段不可用呢？用，采用。
⑨ 为：做。
⑩ 而：但是。
⑪ 是：此，这样。
⑫ 勿丧：不丧失。丧：丧失。
⑬ 箪（dān）：古代盛食物的圆竹器。
⑭ 豆：古代一种木制的盛食物的器具。
⑮ 嘑尔：呼喝（轻蔑地，对人不尊重）。尔，语气助词。《礼记·檀弓》记载，有一年齐国出现了严重的饥荒。黔敖在路边施粥，有个饥饿的人用衣袖蒙着脸走来。黔敖吆喝着让他吃粥。他说：“我正因为不吃轻蔑我的人给予的食物，才落到这个地步。”
⑯ 行道之人：（饥饿的）过路的行人。
⑰ 蹴：用脚踢。
⑱ 万钟：这里指高官厚禄。钟，古代的一种量器，六斛四斗为一钟。
⑲ 辩：同“辨”，意为辨别。
⑳ 何加：有什么益处。何，介词结构，后置。
㉑ 得我：感激我。得：同“德”，感激。
㉒ 与：同“欤”，语气助词。
㉓ 乡：同“向”，先前、从前。
㉔ 已：停止，放弃。

知识链接

孟子（约前372—前289），名轲，字子舆，邹国（今山东邹城东南）人。他是战国时期哲学家、思想家、教育家，是孔子之后、荀子之前儒家的代表人物，与孔子并称“孔孟”。孟子学说以性善论为立足点，主张德治，推崇“仁政”，提出“民贵君轻”思想。

《孟子》成书大约在战国中期，由孟子及其弟子（万章等）共同编撰而成，与《论语》《大学》《中庸》合称“四书”。全书共七篇，是孟子的言论汇编，记录了孟子与其他人的辩论、对弟子的言传身教、游说诸侯等内容，涵盖孟子的治国思想、政治策略和政治行动。

本文选自《孟子·告子上》。文中将生命比作鱼，将义比作熊掌，认为二者都很重要，在不可兼得的情况下，孟子认为熊掌比鱼更珍贵，鱼可以舍弃，也就是义重于生，由此自然引出“舍生取义”的主张。这个主张是全篇的中心论点。文章善用排比和比喻，论据充足，气势磅礴，感情充沛，极富感染力。

选文二

橘　颂

屈　原

后皇①嘉②树，橘徕服兮③。
受命④不迁，生南国兮。
深固难徙，更壹志⑤兮。
绿叶素荣⑥，纷其可喜兮。
曾枝⑦剡棘⑧，圆果抟⑨兮。
青黄杂糅，文章⑩烂⑪兮。
精色⑫内白，类任道兮⑬。

① 后皇：即后土、皇天，指地和天。
② 嘉：美，善。
③ 橘徕服兮：适宜南方水土。徕，通“来”。服，习惯。
④ 受命：受天地之命，即禀性、天性。
⑤ 壹志：志向专一。壹，专一。
⑥ 素荣：白色花。
⑦ 曾（céng）枝：繁枝。
⑧ 剡（yǎn）棘（jí）：尖利的刺。
⑨ 抟（tuán）：通“团”，圆圆的；又一说，同“圜”（huán），环绕，楚地方言。
⑩ 文章：花纹色彩。
⑪ 烂：斑斓，明亮。
⑫ 精色：鲜明的皮色。
⑬ 类任道兮：就像抱着大道一样。类，像。任，抱。

纷缊宜脩[①]，姱[②]而不丑兮。
嗟[③]尔幼志，有以异兮。
独立不迁，岂不可喜兮。
深固难徙，廓[④]其无求兮。
苏世独立[⑤]，横而不流[⑥]兮。
闭心自慎，终不失过[⑦]兮。
秉德[⑧]无私，参天地兮。
愿岁并谢[⑨]，与长友兮。
淑离[⑩]不淫，梗[⑪]其有理兮。
年岁虽少，可师长[⑫]兮。
行[⑬]比伯夷[⑭]，置[⑮]以为像[⑯]兮。

知识链接

屈原（约前340—前278），名平，字原，出身贵族。怀王初年，屈原任左徒、三闾大夫等职；后怀王信谗，将其流放汉北。顷襄王继位，屈原再度被放逐沅湘一带。秦兵攻破楚都，屈原绝望，自投汨罗江。屈原的作品有23篇，即《离骚》、《天问》、《招魂》、《九歌》（11篇）、《九章》（9篇）。

"楚辞"是屈原开创的一种新诗体，在楚地文化的土壤上发育成长起来，与楚声、楚歌有直接的关系。就体式而言，楚辞有两种形式：一种受《诗经》的影响，如《橘颂》，四言体，虚字较少。另一种以《离骚》《九歌》为代表，依"兮"而咏，语句参差错落，长短不拘。典型的楚辞在诗风上铺排夸饰，想象丰富，以抒情、议论、描绘为主，主观抒发意味浓，多用楚语、楚声。《橘颂》托物言志，从各个侧面描绘和赞颂橘树，借以表达作者追求美好品质和理想的坚定意志。

---

① 纷缊（yūn）宜脩：长得繁茂，修饰得体。
② 姱（kuā）：美好。
③ 嗟：赞叹词。
④ 廓：胸怀开阔。
⑤ 苏世独立：独立于世，保持清醒。苏，苏醒，指的是对浊世有所觉悟。
⑥ 横而不流：横立水中，不随波逐流。
⑦ 失过：即"过失"。
⑧ 秉德：保持好品德。
⑨ 愿岁并谢：誓同生死。岁，年岁。谢，死。
⑩ 淑离：美丽而善良自守。离，通"丽"。
⑪ 梗：正直。
⑫ 师长：动词，为人师长。
⑬ 行：德行。
⑭ 伯夷：古代的贤人，纣王之臣，固守臣道，反对周武王伐纣，与弟叔齐逃到首阳山，不食周粟而死。
⑮ 置：植。
⑯ 像：榜样。

选文三

报任安书（节选）

司马迁

夫人情莫不贪生恶死，念父母，顾妻子。至激于义理者不然，乃有所不得已也。今仆不幸，早失父母，无兄弟之亲，独身孤立，少卿视仆于妻子何如哉？且勇者不必死节，怯夫慕义，何处不勉焉！仆虽怯懦，欲苟活，亦颇识去就[①]之分矣，何至自沉溺缧绁[②]之辱哉！且夫臧获[③]婢妾，犹能引决[④]，况仆之不得已乎？所以隐忍苟活，幽于粪土之中而不辞者，恨私心有所不尽，鄙陋没世[⑤]，而文采不表于后也。

古者富贵而名摩灭，不可胜记，唯倜傥[⑥]非常之人称焉。盖文王拘而演[⑦]《周易》；仲尼厄[⑧]而作《春秋》；屈原放逐，乃赋《离骚》；左丘失明，厥[⑨]有《国语》；孙子膑脚，兵法修列；不韦迁蜀，世传《吕览》；韩非囚秦，《说难》《孤愤》；《诗》三百篇，大底[⑩]圣贤发愤之所为作也。此人皆意有所郁结，不得通其道，故述往事，思来者[⑪]。乃如左丘无目，孙子断足，终不可用，退而论书策，以舒其愤，思垂[⑫]空文[⑬]以自见。

仆窃不逊，近自托于无能之辞，网罗天下放失[⑭]旧闻，略考其行事，综其终始，稽[⑮]其成败兴坏之纪，上计轩辕，下至于兹，为十表，本纪十二，书八章，世家三十，列传七十，凡百三十篇。亦欲以究天人之际，通古今之变，成一家之言。草创未就，会遭此祸，惜其不成，是以就极刑而无愠色。仆诚以著此书，藏之名山，传之其人，通邑大都，则仆偿前辱之责，虽万被戮，岂有悔哉！然此可为智者道，难为俗人言也！

知识链接

司马迁（前 145 或前 135—？），字子长，因任太史令，被后世尊称为“史迁”“太史

① 去就：指舍身就义。
② 缧（léi）绁（xiè）：专指捆绑犯人的绳索。借指监狱、囚禁 。
③ 臧获：古人对奴婢的贱称。
④ 引决：自裁。
⑤ 没世：终结一生，也就是死的意思。
⑥ 倜傥：卓越。
⑦ 演：推演。
⑧ 厄：困。
⑨ 厥：句首语气词。
⑩ 大底：即大抵。
⑪ 思来者：意思是想让将来的人知己之志。
⑫ 垂：流传。
⑬ 空文：与具体的功业相对而言。
⑭ 放失：散佚。
⑮ 稽：考察。

公”。由于李陵之祸而受宫刑，后发奋著史，欲“究天人之际，通古今之变，成一家之言”。其《史记》是中国第一部纪传体通史，被鲁迅誉为“史家之绝唱，无韵之离骚”。

《报任安书》讲述司马迁受刑后隐忍苟活的原因，是中国古典文学中少有的以抒情见长的长篇书信，作者见识深远，辞气沉雄，情怀慷慨，言论剀切，志气盘桓，可谓卓绝千古。全文展现司马迁崇高的人生信念和为《史记》献身的精神，具有深刻的启示意义和教育价值。“盖文王拘而演《周易》”以下八个叠句，实际隐含着八组对比，同时又两两对偶，与排比相结合，既表明作者对历史上杰出人物历经磨难而奋发有为的现象的认识，又表明以他们为榜样，矢志进取、成就伟业的坚强意志。

选文四

行路难

李　白

金樽[1]清酒斗十千[2]，玉盘[3]珍羞[4]直[5]万钱。
停杯投箸[6]不能食，拔剑四顾心茫然。
欲渡黄河冰塞川，将登太行雪满山。
闲来垂钓碧溪上，忽复[7]乘舟梦日边。
行路难，行路难，多歧路，今安[8]在？
长风破浪会[9]有时，直挂云帆济[10]沧海。

知识链接

李白（701—762），字太白，号青莲居士，又号“谪仙人”，唐代伟大的浪漫主义诗人，后世尊其为“诗仙”，与杜甫并称“李杜”。

选文是李白《行路难》三首中的第一首，当时作者在政治上失意，将离开长安。前四句写朋友对这位天才不被重用感到惋惜，所以设下盛宴为其饯行。但“斗酒十千恣欢谑”的李白却心绪茫然“不能食”。“欲”字两句写作者的抱负和现实的矛盾，冰塞黄河，雪拥太行，

① 金樽：古代盛酒的器具，以金为饰。
② 斗十千：一斗值十千钱，即万钱，形容酒美价高。
③ 玉盘：精美的食具。
④ 珍羞：珍贵的菜肴。羞：同“馐”，美味的食物。
⑤ 直：通“值”，价值。
⑥ 投箸：丢下筷子。箸：筷子。
⑦ 忽复：忽然又。
⑧ 安：哪里。
⑨ 会：终将。
⑩ 济：渡。

行路难！但是，作者是乐观的，他想到吕尚九十岁在磻溪钓鱼，得遇周文王；伊尹梦乘舟绕日月，被商汤所聘。两个人一开始在政治上不顺利，最后都大有作为。所以在短暂的不安后，作者又从苦闷中解脱，重拾信心，相信自己一定有大展宏图的时候。作者心理上的失望与希望、抑郁与追求在急剧交替变化。

选文五

天才梦①

张爱玲

我是一个古怪的女孩，从小被目为天才，除了发展我的天才外别无生存的目标。然而，当童年的狂想逐渐褪色的时候，我发现我除了天才的梦之外一无所有——所有的只是天才的乖僻缺点。世人原谅瓦格涅的疏狂，可是他们不会原谅我。

加上一点美国式的宣传，也许我会被誉为神童。我三岁时能背诵唐诗。我还记得摇摇摆摆地立在一个满清遗老的藤椅前朗吟“商女不知亡国恨，隔江犹唱后庭花”，眼看着他的泪珠滚下来。七岁时我写了第一部小说，一个家庭悲剧。遇到笔划复杂的字，我常常跑去问厨子怎样写。第二部小说是关于一个失恋自杀的女郎。我母亲批评说：如果她要自杀，她决不会从上海乘火车到西湖去自溺。可是我因为西湖诗意的背景，终于固执地保存了这一点。

我仅有的课外读物是《西游记》与少量的童话，但我的思想并不为它们所束缚。八岁那年，我尝试过一篇类似《乌托邦》的小说，题名《快乐村》。快乐村人是一好战的高原民族，因克服苗人有功，蒙中国皇帝特许，免征赋税，并予自治权。所以快乐村是一个与外界隔绝的大家庭，自耕自织，保存着部落时代的活泼文化。

我特地将半打练习簿缝在一起，预期一本洋洋大作，然而不久我就对这伟大的题材失去了兴趣。现在我仍旧保存着我所绘的插画多帧，介绍这种理想社会的服务、建筑、室内装修，包括图书馆、“演武厅”、巧格力店、屋顶花园。公共餐室是荷花池里一座凉亭。我不记得那里有没有电影院与社会主义——虽然缺少这两样文明产物，他们似乎也过得很好。

九岁时，我踌躇着不知道应当选择音乐或美术作我终身的事业。看了一张描写穷困的画家的影片后，我哭了一场，决定做一个钢琴家，在富丽堂皇的音乐厅里演奏。

对于色彩、音符、字眼，我极为敏感。当我弹奏钢琴时，我想像那八个音符有不同的个性，穿戴了鲜艳的衣帽携手舞蹈。我学写文章，爱用色彩浓厚、音韵铿锵的字眼，如“珠灰”“黄昏”“婉妙”“splendour”“melancholy”，因此常犯了堆砌的毛病。直到现在，我仍然爱看《聊斋志异》与俗气的巴黎时装报告，便是为了这种有吸引力的字眼。

在学校里我得到自由发展。我的自信心日益坚强，直到我十六岁时，我母亲从法国回来，将她睽隔多年的女儿研究了一下。

“我懊悔从前小心看护你的伤寒症，”她告诉我，“我宁愿看你死，不愿看你活着使你自己处处受痛苦。”

---

① 选自《流言》，北京十月文艺出版社 2019 年版，略有改动。

我发现我不会削苹果。经过艰苦的努力我才学会补袜子。我怕上理发店，怕见客，怕给裁缝试衣裳。许多人尝试教我织绒线，可是没有一个成功。在一间房里住了两年，问我电铃在哪儿我还茫然。我天天乘黄包车上医院去打针，接连三个月，仍然不认识那条路。总而言之，在现实的社会里，我等于一个废物。

我母亲给我两年的时间学习适应环境。她教我煮饭；用肥皂粉洗衣；练习行路的姿势；看人的眼色；点灯后记得拉上窗帘；照镜子研究面部神态；如果没有幽默天才，千万别说笑话。

在待人接物的常识方面，我显露惊人的愚笨。我的两年计划是一个失败的试验。除了使我的思想失去均衡外，我母亲的沉痛警告没有给我任何的影响。

生活的艺术，有一部分我不是不能领略。我懂得怎么看"七月巧云"，听苏格兰兵吹bagpipe，享受微风中的藤椅，吃盐水花生，欣赏雨夜的霓虹灯，从双层公共汽车上伸出手摘树颠的绿叶。在没有人与人交接的场合，我充满了生命的欢悦。可是我一天不能克服这种咬啮性的小烦恼，生命是一袭华美的袍，爬满了蚤子。

知识链接

张爱玲（1920—1995），原名张煐，生于上海，现代女作家。7岁开始写小说，12岁开始在校刊和杂志上发表作品，主要著作有《沉香屑第一炉香》《倾城之恋》《红玫瑰与白玫瑰》《红楼梦魇》等。

散文《天才梦》是张爱玲18岁参加上海《西风》杂志征文比赛所写的文章，被视为其"处女作"。文中的"我"才华出众，卓尔不群，有艺术的敏锐，是个天才。然而，生活中的她却是个废物，生活不会自理，母亲对此难以理解，甚至讽刺她。"生命是一袭华美的袍，爬满了蚤子"，她的文字充满矛盾、苍凉之感。

选文六

理　想[①]

流沙河

理想是石，敲出星星之火；
理想是火，点燃熄灭的灯；
理想是灯，照亮夜行的路；
理想是路，引你走到黎明。

饥寒的年代里，理想是温饱；
温饱的年代里，理想是文明。

① 选自《流沙河诗集》，上海文艺出版社1982年版。

离乱的年代里，理想是安定；
安定的年代里，理想是繁荣。

理想如珍珠，一颗缀联着一颗，
贯古今，串未来，莹莹光无尽。
美丽的珍珠链，历史的脊梁骨，
古照今，今照来，先辈照子孙。

理想是罗盘，给船舶导引方向；
理想是船舶，载着你出海远行。
但理想有时候又是海天相吻的弧线，
可望不可即，折磨着你那进取的心。

理想使你微笑地观察着生活；
理想使你倔强地反抗着命运。
理想使你忘记鬓发早白；
理想使你头白仍然天真。

理想是闹钟，敲碎你的黄金梦；
理想是肥皂，洗濯你的自私心。
理想既是一种获得，
理想又是一种牺牲。

理想如果给你带来荣誉，
那只不过是它的副产品，
而更多的是带来被误解的寂寥，
寂寥里的欢笑，欢笑里的酸辛。

理想使忠厚者常遭不幸；
理想使不幸者绝处逢生。
平凡的人因有理想而伟大；
有理想者就是一个“大写的人”。

世界上总有人抛弃了理想，
理想却从来不抛弃任何人。
给罪人新生，理想是还魂的仙草；
唤浪子回头，理想是慈爱的母亲。

理想被玷污了，不必怨恨，
那是妖魔在考验你的坚贞；

理想被扒窃了，不必哭泣，
快去找回来，以后要当心！

英雄失去理想，蜕作庸人，
可厌地夸耀着当年的功勋；
庸人失去理想，碌碌终身，
可笑地诅咒着眼前的环境。

理想开花，桃李要结甜果；
理想抽芽，榆杨会有浓荫。
请乘理想之马，挥鞭从此起程，
路上春色正好，天上太阳正晴。

知识链接

流沙河（1931—2019），本名余勋坦，笔名“流沙”，取自《尚书·禹贡》（东渐于海，西被于流沙），后加“河”是为了区别于同名的前辈诗人。创办诗刊《星星》，主要作品有《流沙河诗集》《故园别》《游踪》《Y先生语录》等。

《理想》这首诗从历史、人格、人生多层面阐释了理想的意义，鼓励人们树立远大的理想，并为之奋斗。该诗在语言上多用比喻，将抽象的理想形象化为石、火、灯、路、珍珠链、脊梁骨、罗盘、船舶、闹钟、肥皂等；在形式上用顶真格环环相扣，阐明理想与历史的紧密关系。

能力训练

【活动一】意志力小测试

活动时间：5～10分钟。
活动目的：感受身体动作，体悟心理上的意志变化。
活动程序：
（1）教师播放两首歌曲，学生平举胳膊，保持不动。
（2）两首歌曲播完，仍坚持下来的为胜利者。
（3）学生谈自己的心理变化。
（4）师生总结什么是意志。

【活动二】讲故事，谈理想

活动时间：10～15分钟。
活动目的：理解有细节和有计划的行动对实现理想的重要性。
活动程序：
（1）小组合作搜集、探究细节决定成败的励志故事，可以是文本、视频、图片、语音等多种形式的素材。

（2）在课堂上讲故事，说说故事给小组成员带来的启示。

（3）分享结束后，在组内分享自己的理想。

【提示】找时间距离近的事例，更能引起他人的共鸣。

【活动三】理想实施计划表

活动时间：10～15 分钟。

活动目的：构想未来，确立人生目标。

活动程序：学生根据自己的实际情况、专业特点确立理想，制订实现理想的计划和锻炼意志的计划，并予以实施。

计划表：

姓名____________出生于______年____月____日

（1）我的理想

① 我要成为一个____

② 我要做成____

③ 我要过____

（2）三个月的目标是（______年____月____日至______年____月____日）

① ____

② ____

③ ____

（3）六个月的目标是（______年____月____日至______年____月____日）

① ____

② ____

③ ____

（4）一年的目标是（______年____月____日至______年____月____日）

① ____

② ____

③ ____

以上是我对自己生命所做的__________，我要付出全部的__________来实现它。

我__________，我一定能成功！

【话题讨论一】

人生理想和人生价值的实现，主要依靠什么？自己、他人、社会分别起到什么作用？请根据以下两幅漫画，谈一谈你的看法。

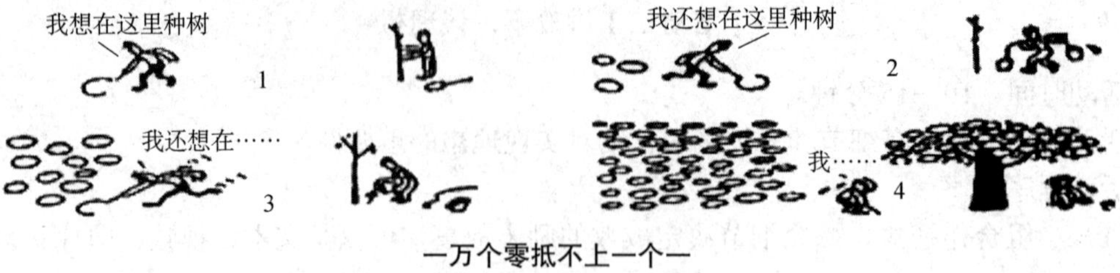

一万个零抵不上一个一

都是靠老爸

【话题讨论二】

在我们的人生中有许多的选择，理想能否实现与种种选择关联很大，下面案例中的士兵和商人，你会选择成为哪一种呢？请结合自己的人生理想，说明选择的理由。

有一位商学院的老师讲到商人和士兵的区别：士兵接到命令，哪怕剩下最后一发子弹，也要坚守阵地。而商人好像在一个大厅，随时要注意哪扇门能开，就从那里出去。商人一直在寻找流动的机会，并不断进出，以获取最大的商业利益。

【话题讨论三】

以下两个案例给你什么启示？请从理想与意志的关系角度谈一谈。

沙漠中的探险队

在浩瀚的沙漠中，一支探险队在艰难地跋涉。骄阳似火，烤得探险队员们口干舌燥，汗如雨下。最糟糕的是，他们没有水了。水就是他们赖以生存的信念，信念破灭了，队员们一个个像散了架、丢了魂，不约而同地将目光投向队长。这可怎么办？

队长从腰间取出一个水壶，两手举起来，用力晃了晃，惊喜地喊道："哦，我这里还有一壶水！但走出沙漠前，谁也不能喝。"沉甸甸的水壶从队员们的手中依次传递，原来濒临绝望的脸上又显露出坚定的神色，一定要走出沙漠的信念支撑着大家，一步一步地向前挪动。看着那个水壶，他们抿抿干裂的嘴唇，陡然增添了力量。

终于，大家死里逃生，走出茫茫无垠的沙漠。在喜极而泣之时，他们久久凝视着那个给了他们信念支撑的水壶。

队长小心翼翼地拧开水壶盖，从里面缓缓流出的却是一缕缕沙子。他诚挚地说："只要心里有坚定的信念，干枯的沙子有时也可以变成清冽的泉水。"

沙漠中的村庄

在撒哈拉沙漠中有一个叫比塞尔的小村庄。它在一个只有 1.5 平方公里的绿洲旁，从那儿走出沙漠一般需要三昼夜时间。可是，在英国皇家学院的院士肯·莱文 1926 年发现这个小村庄前，这儿的人没有一个走出过大沙漠。据说，他们不是不愿意离开这个地方，而是尝试过很多次都没能走出去。开始，肯·莱文雇了一个村里人，让他带路，走了十天，大约 800

英里的路程，结果在第十一天又回到了原地。后来，肯·莱文又雇了一个村里的青年，他告诉这个青年，只要白天休息，夜晚朝着北边那颗最亮的星星走，就能走出沙漠。结果，三天之后，他们果然来到了大漠的边缘。

【话题讨论四】

“天将降大任于是人也，必先苦其心志，劳其筋骨，饿其体肤，空乏其身，行拂乱其所为，所以动心忍性，曾益其所不能。”这句话包含哪些哲学道理，给我们哪些人生启示，请运用所学的知识谈谈自己的看法。

【写作训练】

汪国真曾说：“人能走多远？这话不是要问两脚，而是要问志向。人能攀多高？这话不是要问双手，而是要问意志。”你打算怎样实现自己的人生计划，请以“志向”为话题，写一篇文章，文体不限，立意自定，题目自拟。

第七章　爱国豪情

主题导读

在家尽孝、为国尽忠是中华民族优良传统。爱国，是人世间最深层、最持久的情感，是一个人立德之源、立功之本。忧国忧民、爱国爱民，奉献祖国、奉献人民，“吹号者”以其一生的真情投入、一辈子的顽强奋斗来体现爱国主义情怀，构成了今天中国的表情和节奏。个人梦、家庭梦包含在国家梦、民族梦之中，而爱国是做人的基石。

选文一

从军行

杨　炯

烽火照西京①，心中自不平。
牙璋②辞凤阙③，铁骑绕龙城④。
雪暗凋⑤旗画，风多杂鼓声。
宁为百夫长⑥，胜作一书生。

知识链接

杨炯（650—693），字令明，华州华阴（今陕西省华阴市）人，与王勃、卢照邻、骆宾王并称“初唐四杰”。

初唐时，王朝新立，从高门到寒士，从上层到市井，渴望为国立功的荣誉感和英雄主义弥漫在社会氛围中。杨炯诗中的主人公投笔从戎，奏出当时的时代强音。全诗场景典型，时空跳跃大。从长安写到边塞，从将士辞帝京写到边塞战斗，两军对垒。军情紧急、战事悲壮激烈、诗人满腔热血、将士英勇无畏都在短短的篇幅中展现出来。结尾两句彰显出读书人被时代激荡、气壮山河的报国热情。

选文二

哀江头

杜　甫

少陵⑦野老吞声哭，春日潜行曲江曲⑧。
江头宫殿锁千门，细柳新蒲为谁绿？

---

① 西京：长安。
② 牙璋（zhāng）：古代发兵所用之兵符，分为两块，相合处呈牙状，朝廷和主帅各执其半。指代奉命出征的将帅。
③ 凤阙：阙名。汉建章宫的圆阙上有金凤，故以凤阙指皇宫。
④ 龙城：又称龙庭，在今蒙古国鄂尔浑河的东岸，为汉时匈奴的要地。汉武帝派卫青出击匈奴，曾在此获胜。这里指塞外敌方据点。
⑤ 凋：原意指草木枯败凋零，此指失去了鲜艳的色彩。
⑥ 百夫长：一百个士兵的头目，泛指下级军官。
⑦ 少陵：杜甫祖籍长安杜陵。少陵是汉宣帝许皇后的陵墓，在杜陵附近。杜甫曾在少陵附近居住过，故自称“少陵野老”。
⑧ 曲江曲：曲江的隐曲角落之处。

忆昔霓旌[①]下南苑，苑中万物生颜色[②]。
昭阳殿里第一人，同辇随君侍君侧。
辇前才人[③]带弓箭，白马嚼啮黄金勒。
翻身向天仰射云，一箭正坠双飞翼。
明眸皓齿今何在？血污游魂归不得。
清渭东流剑阁深，去住彼此无消息。
人生有情泪沾臆，江水江花岂终极！
黄昏胡骑尘满城，欲往城南望城北[④]。

知识链接

杜甫（712—770），字子美，自号少陵野老，生于河南巩县（今河南省巩义市），原籍湖北襄阳。杜甫是唐代伟大的现实主义诗人，与李白合称“李杜”，被尊为“诗圣”。他的诗被称为“诗史”，有“三吏”“三别”等名作。

《哀江头》写于杜甫被困长安的第二年，诗人记录了“安史之乱”后民不聊生的社会现象，与记忆中的繁华盛世相对比，抒发了国破家亡的悲痛，以及深沉热烈的爱国之情。全诗以“哀”为核心，沉郁顿挫，意境深远；先写长安沦陷后的眼前景，无事不哀，不幸的百姓忧思惶恐，压抑沉痛；哀极而乐，回忆唐明皇与杨贵妃的骄奢淫逸；后乐极生悲，由一支箭将时间拉回到现实，叛军满城，城中的百姓正如“归不得”的游魂。恐怖的高压气氛笼罩全诗，诗人心烦意乱，忧愤交迫，竟迷惘至分不出南北。

选文三

水龙吟·登建康赏心亭

辛弃疾

楚天千里清秋，水随天去秋无际。遥岑[⑤]远目，献愁供恨，玉簪螺髻。落日楼头，断鸿[⑥]声里，江南游子。把吴钩[⑦]看了[⑧]，栏杆拍遍，无人会，登临意。

---

① 霓（ní）旌（jīng）：云霓般的彩旗，指天子之旗。
② 生颜色：万物生辉。
③ 才人：宫中的女官。
④ 望城北：走向城北。北方口语，说向为望。望，一作“忘”。城北，一作“南北”。
⑤ 遥岑：远山。
⑥ 断鸿：失群的孤雁。
⑦ 吴钩：古代吴地制造的一种宝刀。这里应该是以吴钩自喻，指作者空有一身才华，得不到重用。
⑧ 了（liǎo）：放在动词或形容词后，表示动作或变化已经完成。

休说鲈鱼堪脍[①]，尽西风，季鹰[②]归未？求田问舍[③]，怕应羞见，刘郎[④]才气[⑤]。可惜流年，忧愁风雨，树犹如此[⑥]！倩[⑦]何人、唤取红巾翠袖[⑧]，揾[⑨]英雄泪！

知识链接

辛弃疾（1140—1207），字幼安，别号稼轩，山东东路济南府历城县（今山东省济南市历城区）人，豪放派词人代表，与苏轼合称“苏辛”。其词多书写盼望收复失地的投身报国之志。

前人评价辛弃疾词“大气包举”，是指贯穿词中的浓烈的爱国之情，沉郁而激越。其词风豪放却不粗犷，思理细腻绵密，语言典丽高华，用事虽多，但不板滞。情在词中，密中见疏，实中有虚，读来令人荡气回肠。词的开头大段写景，由水写到山，由无情之景写到有情之景，层次丰富，表达了词人对远在北方的故乡的思念。然而，辛弃疾的抗金主张不被南宋朝廷支持。“把吴钩看了，栏杆拍遍，无人会，登临意”，词人直抒胸臆，抒发壮志难酬的悲愤。树犹如此，人何以堪，词人忧惧的是时光流逝，北伐无期，祖国统一的夙愿难以实现，辜负了平生壮志。

选文四

关山月

陆　游

和戎[⑩]诏下十五年，将军不战空临边。
朱门沉沉[⑪]按[⑫]歌舞，厩马肥死[⑬]弓断弦。
戍楼[⑭]刁斗[⑮]催落月，三十从军今白发。

---

① 鲈鱼堪脍：用西晋张翰的典故。
② 季鹰：张翰，字季鹰。
③ 求田问舍：置地买房。
④ 刘郎：刘备。
⑤ 才气：胸怀、气魄。
⑥ 树犹如此：用东晋桓温的典故。
⑦ 倩：请托。
⑧ 红巾翠袖：女子装饰，代指女子。
⑨ 揾（wèn）：擦拭。
⑩ 和戎：原意是与少数民族和睦相处，实指宋朝向金朝屈膝求安。宋孝宗隆兴元年（1163）下诏与金朝第二次议和，至作者作此诗时，历时十五年。
⑪ 沉沉：形容门房庭院深邃。
⑫ 按：击节拍。
⑬ 肥死：马棚里的马不用，渐渐死去。
⑭ 戍楼：边界上用以守望的岗楼。
⑮ 刁斗：军用铜锅，可以做饭，也可用来打更。

笛里谁知壮士心，沙头[1]空照征人骨。
中原干戈古亦闻，岂有逆胡传子孙[2]！
遗民[3]忍死望恢复[4]，几处今宵垂泪痕。

知识链接

这是一篇用乐府古题写时事的作品，作于宋孝宗淳熙四年（1177）。那时陆游53岁，罢官闲居成都，离“隆兴和议”签订已经十五年左右。

《关山月》全诗十二句，高度概括描绘出自“隆兴和议”以来十多年间中国历史的基本面貌和不同人物的处境、心态。每四句一转韵，表达一层意思，分别写将军权贵、戍边战士和中原百姓。诗人以月夜统摄全篇，将三个场景融成一个整体，构成一幅关山月夜的全景图。诗人还选取了一些典型事物，如朱门、厩马、断弦、白发、征人骨、遗民等，表现了诗人鲜明的爱憎感情。诗中痛斥南宋朝廷文恬武嬉、不恤国难的态度，表现了爱国将士报国无门的苦闷以及中原百姓对收复国土的渴望，体现了诗人忧国忧民、渴望祖国统一的爱国情怀。

选文五

吹号者（节选）[5]

艾　青

好像曾经听到人家说过，吹号者的命运是悲苦的，当他用自己的呼吸摩擦了号角的铜皮使号角发出声响的时候，常常有细到看不见的血丝，随着号声飞出来……吹号者的脸常常是苍黄的……

在那些蜷卧在铺散着稻草的地面上的
困倦的人群里，
在那些穿着灰布衣服的污秽的人群里，
他最先醒来——
他醒来显得如此突兀
每天都好像被惊醒似的，
是的，他是被惊醒的，

---

① 沙头：边塞沙漠之地。
② 逆胡传子孙：指金人长期占领中原。金太宗完颜晟进占中原，至此时已有四世，故云传子孙。
③ 遗民：指金国占领下的中原百姓。
④ 恢复：收复中原故土。
⑤ 节选自《艾青诗选》，江苏凤凰文艺出版社2018年版。选文为该诗第一节。

惊醒他的
是黎明所乘的车辆的轮子
滚在天边的声音。
他睁开了眼睛，
在通宵不熄的微弱的灯光里
他看见了那挂在身边的号角，
他困惑地凝视着它
好像那些刚从睡眠中醒来
第一眼就看见自己心爱的恋人的人
一样欢喜——
在生活注定给他的日子当中
他不能不爱他的号角；
号角是美的——
它的通身
发着健康的光彩，
它的颈上
结着绯红的流苏。
吹号者从铺散着稻草的地面上起来了，
他不埋怨自己是睡在如此潮湿的泥地上，
他轻捷地绑好了裹腿，
他用冰冷的水洗过了脸，
他看着那些发出困乏的鼾声的同伴，
于是他伸手携去了他的号角；
门外依然是一片黝黑，
黎明没有到来，
那惊醒他的
是他自己对于黎明的
过于殷切的想望。
他走上了山坡，
在那山坡上伫立了很久，
终于他看见这每天都显现的奇迹：
黑夜收敛起她那神秘的帷幔，
群星倦了，一颗颗地散去……
黎明——这时间的新嫁娘啊
乘上有金色轮子的车辆
从天的那边到来……
我们的世界为了迎接她，
已在东方张挂了万丈的曙光……
看，
天地间在举行着最隆重的典礼……

知识链接

艾青（1910—1996），本名蒋海澄，浙江金华人，现代诗代表诗人之一，代表作有《大堰河——我的保姆》。

《吹号者》在中国历史广场上树立了一个吹号者和浸濡着血迹的铜号的形象，诗人借旁观者的身份，描写象征黎明的吹号者。吹号者从梦中惊醒，带着困惑，到迫切希望告知他人。号声在道路上不停地响，是唤醒与激励之声，充满随时为国捐躯的决心。吹号者给人以希望，为人类的解放而斗争。吹号者也代表人的生命、灵魂和命运。

选文六

祖国啊，我亲爱的祖国①

舒　婷

我是你河边上破旧的老水车，
数百年来纺着疲惫的歌；
我是你额上熏黑的矿灯，
照你在历史的隧洞里蜗行摸索；
我是干瘪的稻穗；是失修的路基；
是淤滩上的驳船
把纤绳深深
　　勒进你的肩膊；
——祖国啊！

我是贫困，
我是悲哀。
我是你祖祖辈辈
　　痛苦的希望啊，
是“飞天”袖间，
千百年来未落在地面的花朵；
——祖国啊！

我是你簇新的理想，
刚从神话的蛛网里挣脱；
我是你雪被下古莲的胚芽；
我是你挂着眼泪的笑涡；

① 选自《诗刊》，1979第7期。

我是新刷出的雪白的起跑线；
是绯红的黎明
　　正在喷薄；
——祖国啊！

我是你的十亿分之一，
是你九百六十万平方的总和；
你以伤痕累累的乳房
喂养了
迷惘的我、深思的我、沸腾的我；
那就从我的血肉之躯上
去取得
你的富饶、你的荣光、你的自由；
——祖国啊，
我亲爱的祖国！

知识链接

舒婷（1952—），本名龚佩瑜，籍贯福建省泉州市，当代朦胧诗派代表诗人。其代表作有《致橡树》《神女峰》等，诗集有《双桅船》《会唱歌的鸢尾花》等。

《祖国啊，我亲爱的祖国》是写于1979年的一首抒情诗。诗中用意象群描述了祖国过去的贫穷，人民千百年来的梦想与苦难，还有祖国让人振奋的崛起和新生，从低沉的过去到现在的舒缓，再到对未来希望的高昂，直至自我奉献的激越，抒发了诗人对祖国的热爱。诗的前两节沉郁、凝重，充满对祖国灾难历史、严峻现实的哀痛；后两节清新、明快，流露出祖国摆脱苦难、正欲奋飞的欢悦。全诗深沉的历史感与强烈的时代感交融，激情涌动，读来令人荡气回肠。

能力训练

【活动一】我是史馆讲解员

活动时间：15分钟。

活动目的：亲历年代故事，升华爱国情感。

活动程序：

（1）每个小组为自己的史馆取名，体现讲解的中心内容。

（2）分组分工搜集讲解所需的素材，形成小组汇报内容。

（3）拍摄时间不超过3分钟的讲解视频，在课堂上放映，各组之间进行交流。

【提示】讲解的素材可以是实地采访老兵等模范人物的访谈记录、访谈视频、合影；或上网搜集的材料，如“感动中国”人物照片和获奖词；也可以是在史馆看展览，了解历史，探究馆中展品的来历。

【活动二】无敌风火轮

活动时间：10 分钟。

活动目的：通过游戏认识个人与集体的关系。

活动程序：

（1）各组（每组 10 人）在各自的风火轮内站好。

（2）裁判发令出发。

（3）分组轮流计时，用时最短的胜利。

（4）胜利、失败、中间三组同学分别说说对比赛的感想。

游戏规则：在行进途中，风火轮必须垂直于地面，不能将提供的报纸剪裁、折叠，报纸必须紧密相连。所有组员必须在圈内，身体的任何部分不得直接接触地面，如有违规接触地面的组员，取消比赛资格。在行进过程中，若风火轮断裂，必须在原地修复，在裁判许可后才可以继续行进。此时队员可以接触地面，但不能阻挡其他组行进，否则将被取消比赛资格。出发前，所有风火轮不得超出起点线，以风火轮全部通过终点线为项目截止时间。

【提示】用长条报纸粘贴，形成大圆圈，垂直于地面，能供 10 人站立在圈内。在相对较大的空旷场地进行这个游戏。

【话题讨论一】

有人说个人利益要让步于集体利益，应当无私奉献；另一种观点则认为个人利益得不到满足，无法发自内心真诚地去成全集体的大义。请分析以下案例，谈谈你对以上观点的看法。

有位捕鸟师在湖泽上张开了罗网，撒下了食饵。不一会儿，成群的鸟飞来。捕鸟师一拉网，所有的鸟都被困在网内。这时有一只大鸟撑开翅膀，所有的鸟都奋力齐飞，结果带着网一起飞上了天空。捕鸟师抬着头，紧追鸟网。有人对他说："鸟在天上飞，你凭着两条腿，怎么能追得上呢？"捕鸟师答道："日暮时分，这些鸟要各自回家，方向一乱，鸟网就一定会掉下来。"说罢，他仍紧追不舍。太阳下山了，网中之鸟有的要飞归树林，有的想回到山崖，有的往东，有的朝西，翻飞争竞，闹成一团。不一会儿，整张鸟网当空落下。捕鸟师连忙上去，最终将所有的鸟捕获。

【话题讨论二】

爱国既是精神上的热爱，又是具体行为方式的体现。1992 年，我国开始了航天员的选拔和训练工作。航天员要具有大学本科以上学历，身高 1.7 米左右，体重约 65 公斤，年龄 35 岁以下，有 1000 小时的飞行经历，除这些以外，还要具备思想作风好、政治素质强、心理稳定等品质。经过严格筛选，最终有 14 人被确定为中国第一批航天员。之后，这 14 人接受了基础理论、专业技能、飞行程序和任务执行等各项训练。

现在与过去金戈铁马的时代不同，当代大学生应该如何爱国？试举例说明。

【写作训练】

《荀子·强国》云："积微，月不胜日，时不胜月，岁不胜时。凡人好敖慢小事，大事至然后兴之务之，如是则常不胜夫敦比于小事者矣。"请以"强国之道"为话题，写一篇文章，文体不限，立意自定，题目自拟。

第八章　诗意人生

主题导读

古今中外的文人墨客，不乏纵情山水，诗意栖居者。有些人在山水中表达对自然的敬畏，有些人在对山水的体悟中为生活上色，有些人在山水中书写情感沉浮。看山是山，看水是水；看山不是山，看水不是水；看山还是山，看水还是水。人生自有诗意，不是一定要去远方才能找寻，诗意就在我们的心中。

选文一

石门岩上宿

谢灵运

朝搴[①]苑中兰，畏彼霜下歇[②]。
暝还云际宿，弄[③]此石上月。
鸟鸣识[④]夜栖，木落知风发。
异音[⑤]同致听[⑥]，殊响俱清越。
妙物[⑦]莫为赏，芳醑[⑧]谁与伐[⑨]？
美人竟不来，阳阿[⑩]徒晞发[⑪]。

知识链接

谢灵运（385—433），名公义，字灵运，陈郡阳夏县（今河南省太康县）人。其因权臣的谗言而遭贬离京，一腔热血投报无门，于是寄情山水，成为中国山水诗派鼻祖，有《谢康乐集》。

钟嵘在《诗品》中称谢诗"才高词盛，富艳难踪"。谢灵运的山水诗在写景和说理上独具个体特征。在他的诗中，情与景同时发生，一改建安诗歌因抒情而刻意铺排罗列景物的模式化特征；且融理入诗，使世俗的现实世界和山水的自然世界矛盾对立，是对个体生命的关照。《石门岩上宿》中的"妙物"兰、云、月，分别用搴、畏、宿、弄四个动词，其主语是诗人自己。后四句以声音写夜深，各种声音呈现出微妙的静谧环境，不一定要绝对的美，这种景致不是人人可见的，必须融入诗人的情感才能体会。末尾四句，"莫为赏"，没有人与我一同欣赏，表现了诗人的孤独高傲，写景实为与个体生命的情理对话。

① 搴（qiān）：取。
② 霜下歇：经霜冻而凋谢。歇，衰竭。
③ 弄：玩。
④ 识：知。
⑤ 异音：与下面的殊响，都指上两句所说的鸟声、树叶声、风声等。
⑥ 致听：传到耳朵里使能听见。
⑦ 妙物：指上文提到的兰、云、月、鸟、木、风等景物。
⑧ 芳醑（xǔ）：芳香的美酒。
⑨ 谁与伐：谁与我共同品赏美味。伐，赞美。
⑩ 阳阿：古代神话传说中的山名。
⑪ 晞发：晒干头发。

选文二

与朱元思书

吴 均

风烟[①]俱净[②]，天山共色。从流飘荡[③]，任意东西。自富阳至桐庐，一百许里，奇山异水，天下独绝。

水皆缥碧[④]，千丈见底。游鱼细石，直视无碍。急湍甚箭[⑤]，猛浪若奔[⑥]。

夹岸高山，皆生寒树。负势竞上[⑦]，互相轩邈[⑧]；争高直指，千百成峰。泉水激石，泠泠[⑨]作响；好鸟相鸣，嘤嘤[⑩]成韵。蝉则千转[⑪]不穷，猿则百叫无绝。鸢飞戾天[⑫]者，望峰息心；经纶世务者[⑬]，窥谷忘反。横柯上蔽[⑭]，在昼犹昏；疏条交映，有时见日。

知识链接

吴均（469—520），字叔庠，南朝梁文学家、史学家，吴兴故鄣（今浙江省安吉县）人。吴均通史学，作品以小品书札见长，文风清拔，工于写景。《与朱元思书》以文字之砖成画卷之玉，展现富春奇山异水之美，具有水墨画的古典意境，被历代文人效仿，形成“吴均体”。

“风烟俱净，天山共色”，清新高远，陡然起势，整个天地好像寥寥淡笔晕染的写意画。画中人显得孤高出世，“从流飘荡，任意东西”。“天下独绝”给下面两段的山水之异起了极高之调。水是“直视无碍”、清澈见底的静，又是湍急若奔、气势不凡的动，变幻多姿。第三段写山，声色、光影相互交映；水声、鸟声、蝉鸣、猿啼，组成悦耳的交响乐；“疏条交映”，枝叶交错，树木竞上，生机迸发。全文充满离世之感，又有入世之韵。

---

① 风烟：指烟雾。
② 净：消散尽净。
③ 从流飘荡：乘船随着江流漂荡。从，顺，随。
④ 缥（piǎo）碧：浅青色。
⑤ 甚箭：“甚于箭”，比箭还快。甚，胜过，超过。
⑥ 奔：动词用作名词，指飞奔的骏马。
⑦ 负势竞上：高山凭依高峻的地势，争着向上。负，凭借。竞，争着。上，向上。
⑧ 轩邈：意思是这些高山仿佛都在争着往高处和远处伸展。轩，向高处伸展。邈：向远处伸展。
⑨ 泠（líng）泠：拟声词，形容水声清越。
⑩ 嘤（yīng）嘤：鸟鸣声。
⑪ 千转（zhuàn）：长久不断地叫。千，表示多，“千”与下文“百”都表示很多。转，通“啭”，鸟鸣声。这里指蝉鸣。
⑫ 鸢（yuān）飞戾（lì）天：老鹰高飞入天，这里比喻追求名利极力攀高的人。鸢，俗称老鹰，善高飞，是一种凶猛的鸟。戾，至。
⑬ 经纶世务者：处理国家大事的人。经纶：策划，治理。世务，政务。
⑭ 横柯（kē）上蔽：横斜的树木在上面遮蔽着。柯，树木的枝干。上，方位名词做状语，在上面。蔽，遮蔽。

选文三

春江花月夜

张若虚

春江潮水连海平，海上明月共潮生。
滟滟[①]随波千万里，何处春江无月明。
江流宛转绕芳甸[②]，月照花林皆似霰[③]。
空里流霜[④]不觉飞，汀上白沙看不见。
江天一色无纤尘，皎皎空中孤月轮。
江畔何人初见月？江月何年初照人？
人生代代无穷已，江月年年只相似。
不知江月待何人，但见[⑤]长江送流水。
白云一片去悠悠，青枫浦上[⑥]不胜愁。
谁家今夜扁舟子[⑦]？何处相思明月楼？
可怜楼上月徘徊，应照离人妆镜台。
玉户帘中卷不去，捣衣砧上拂还来。
此时相望不相闻[⑧]，愿逐月华[⑨]流照君。
鸿雁长飞光不度，鱼龙潜跃水成文[⑩]。
昨夜闲潭[⑪]梦落花，可怜春半不还家。
江水流春去欲尽，江潭落月复西斜。
斜月沉沉藏海雾，碣石潇湘[⑫]无限路。
不知乘月几人归，落月摇情满江树。

---

① 滟（yàn）滟：波光荡漾的样子。
② 芳甸：芳草丰茂的原野。甸，郊外之地。
③ 霰（xiàn）：天空中降落的白色不透明的小冰粒，形容月光下春花晶莹洁白。
④ 流霜：飞霜，古人以为霜和雪一样，是从空中落下来的，所以叫流霜。在这里比喻月光皎洁，月色朦胧、流荡，所以不觉得有霜霰飞扬。
⑤ 但见：只见、仅见。
⑥ 青枫浦上：青枫浦，地名，今湖南浏阳县境内有青枫浦。这里泛指游子所在的地方。浦上：水边。
⑦ 扁（piān）舟子：飘荡江湖的游子。扁舟，小舟。
⑧ 相闻：互通音信。
⑨ 月华：月光。
⑩ 文：同“纹”。
⑪ 闲潭：幽静的水潭。
⑫ 碣石、潇湘：一南一北，暗指路途遥远，相聚无望。潇湘：湘江与潇水。

知识链接

张若虚（约 660—720），扬州人，与贺知章、张旭、包融并称“吴中四士”。《全唐诗》仅存其诗二首。《春江花月夜》是乐府旧题，相传由南朝陈后主叔宝所创。

全诗以春江花月夜为背景，诗人抒发了对于人生的思索及男女相思离别之苦。全诗分为两部分。第一部分从“春江潮水连海平”至“但见长江送流水”，重在写景及由此引起的思索，兼写春、江、花、月、夜及相关的各种景色，而以月光统众景，以众景含哲理、寓深情，构成朦胧、深邃、奇妙的艺术境界。第二部分从“白云一片去悠悠”至结尾，描写游子与思妇的月下相思，抒情为主，以春、江、花、月、夜点染、烘托，心物交感，情景相生，时空叠合，虚实互补，从而获得了低回婉转、缠绵悱恻、言有尽而意无穷的艺术效果。闻一多在《宫体诗的自赎》中评价《春江花月夜》：“这是诗中的诗，顶峰上的顶峰。孤篇压全唐。”

选文四

春夜宴从弟桃花园序

李　白

夫天地者，万物之逆旅[①]也；光阴者，百代之过客也。而浮生若梦，为欢几何？古人秉烛夜游[②]，良有以[③]也。况阳春召我以烟景[④]，大块[⑤]假[⑥]我以文章。会桃花之芳园，序[⑦]天伦之乐事。群季[⑧]俊秀，皆为惠连[⑨]；吾人咏歌[⑩]，独惭康乐[⑪]。幽赏未已，高谈转清。开琼筵[⑫]以坐花[⑬]，飞羽觞[⑭]而醉月。不有佳咏，何伸雅怀？如诗不成，罚依金谷酒数[⑮]。

---

① 逆旅：客舍。逆：迎接。旅：客。客舍迎客止歇，所以称逆旅。
② 秉烛夜游：谓及时行乐。秉：执。
③ 有以：有原因。这里是说人生有限，应夜以继日地游乐。以，因由、道理。
④ 烟景：春天气候温润，景色似含烟雾。
⑤ 大块：大地，大自然。
⑥ 假：借，这里是提供、赐予的意思。
⑦ 序：通“叙”，叙说。
⑧ 群季：诸弟。兄弟长幼之序，曰伯（孟）、仲、叔、季，以季代称弟。季：年少者的称呼，在这里泛指弟弟。
⑨ 惠连：谢惠连，南朝诗人，早慧。这里以惠连来称赞诸弟的文才。
⑩ 咏歌：吟诗。
⑪ 康乐：南朝刘宋时山水诗人谢灵运，袭封康乐公，世称谢康乐。
⑫ 琼筵：华美的宴席。
⑬ 坐花：坐在花丛中。
⑭ 羽觞：古代一种酒器，鸟雀状，有头尾羽翼。
⑮ 金谷酒数：是罚酒三斗的隐语，后泛指在宴会上罚酒三杯的常例。金谷，园名，晋石崇于金谷涧（今河南洛阳西北）中所筑，常用来宴请宾客。

知识链接

序，又名“序言”“前言”“引言”，是放在著作正文之前的文章。此文约作于开元二十一年（733）前后。桃花园，疑在安陆兆山桃花岩。

明代仇英《春夜宴桃李园图》描绘李白与堂弟们春夜在桃花园中设宴、喝酒、赋诗的情景。一次自然轻松、尽情尽兴的兄弟宴饮，李白写成了传诵千古的诗序神品。诗人用清新流丽的笔触描述春夜与堂弟们秉烛夜游、欢宴赋诗的温馨情景，虽有人生短暂、“浮生若梦”的感慨，却不掩飞扬高蹈的精神气质，以及朝气蓬勃、潇洒阳光的人生态度。序文篇幅短小，却别具韵味。一次极为普通的宴会，因李白和他的短序而成为历史上颇具美名的一次文人墨客的高雅精神盛宴。

选文五

采桑子

欧阳修

轻舟短棹[1]西湖[2]好，绿水逶迤[3]。芳草长堤，隐隐笙歌处处随。

无风水面琉璃滑，不觉船移。微动涟漪，惊起沙禽[4]掠岸飞。

知识链接

欧阳修（1007—1072），字永叔，号醉翁、六一居士，吉州吉水（今属江西）人，北宋文学家、史学家。欧阳修曾在颍州做官，喜爱当地风景，常邀朋友同赏，晚年退居此处。

《采桑子》是欧阳修晚年的组词，共十三首。选文是其中一首，记颍州西湖名胜，述身世之慨，用轻松淡雅的语言描写出西湖泛舟所见的美景。上阕以轻舟短棹开头，奠定悠然自在的愉快基调，情景交融，一幅美丽的西湖春景图展开：“绿水逶迤”“芳草长堤”，满目淡远春色，与绵长的堤影掩映，色彩清丽；“隐隐笙歌”在短棹轻纵里，随船所向，在春风中吹送，仿佛是为词人而歌。作者仅数笔就营造出安谧、恬静的气氛。下阕着重描写湖上行舟、波平如镜的景色。“无风”开启静景，波面平静如光滑如丝的琉璃，游人在船上只觉空间定止，不觉船移，末两句虽是动，却以动衬静，微波涟漪惊动水鸟飞起，掠岸而过，在对比中越发显

① 短棹（zhào）：划船用的小桨。棹：桨。
② 西湖：指颍州西湖，在今安徽省阜阳市，宋时属颍州。
③ 逶（wēi）迤（yí）：形容道路或河道弯曲而长。
④ 沙禽：沙洲或沙滩上的水鸟。

得周围景物之静，兼有听觉与视觉的互衬对应，形成流动的风景。

选文六

超然台记

苏 轼

凡物皆有可观。苟有可观，皆有可乐，非必怪奇玮丽者也。

铺糟啜漓[①]皆可以醉，果蔬草木皆可以饱。推此类也，吾安往而不乐？

夫所为求福而辞祸者，以福可喜而祸可悲也。人之所欲无穷，而物之可以足吾欲者有尽。美恶之辨战乎中，而去取之择交乎前，则可乐者常少，而可悲者常多。是谓求祸而辞福。夫求祸而辞福，岂人之情也哉？物有以盖[②]之矣。彼游于物之内，而不游于物之外。物非有大小也，自其内而观之，未有不高且大者也。彼挟其高大以临我，则我常眩乱反复，如隙中之观斗，又乌知胜负之所在。是以美恶横生[③]，而忧乐出焉[④]，可不大哀乎！

余自钱塘移守胶西，释舟楫之安，而服车马之劳；去雕墙之美，而庇采椽之居；背[⑤]湖山之观，而行桑麻之野。始至之日，岁比[⑥]不登[⑦]，盗贼满野，狱讼充斥；而斋厨索然，日食杞菊。人固疑余之不乐也。处之期年，而貌加丰，发之白者，日以反黑。余既乐其风俗之淳，而其吏民亦安予之拙也。于是治其园圃，洁其庭宇，伐安丘、高密之木，以修补破败，为苟完[⑧]之计。

而园之北，因城以为台者旧矣，稍葺[⑨]而新之。时相与登览，放意肆志焉。南望马耳、常山，出没隐见，若近若远，庶几[⑩]有隐君子乎！而其东则庐山，秦人卢敖之所从遁也。西望穆陵，隐然如城郭，师尚父、齐桓公之遗烈[⑪]，犹有存者。北俯潍水，慨然太息，思淮阴之功，而吊其不终。台高而安，深而明，夏凉而冬温。雨雪之朝，风月之夕，予未尝不在，客未尝不从。撷[⑫]园蔬，取池鱼，酿秫[⑬]酒，瀹[⑭]脱粟而食之，曰："乐哉游乎！"

---

① 铺：吃。啜：喝。漓：通"醨"，薄酒。
② 盖：蒙蔽。
③ 横生：意外发生。
④ 焉：于此。
⑤ 背：远离。
⑥ 比：连续，常常。
⑦ 登：丰收。
⑧ 苟完：大致完备。
⑨ 葺（qì）：原指用茅草覆盖房子，后泛指修理房屋。
⑩ 庶几：表希望或推测。
⑪ 遗烈：前辈留下来的功业。
⑫ 撷（xié）：摘下，取下。
⑬ 秫（shú）：黏高粱，可以做烧酒。有的地区就指高粱。
⑭ 瀹（yuè）：煮。

方是时，余弟子由，适在济南，闻而赋之，且名其台曰“超然”，以见余之无所往而不乐者，盖游于物之外也。

知识链接

苏轼（1037—1101），字子瞻，号铁冠道人、东坡居士，眉州眉山（今四川省眉山市）人，唐宋八大家之一，豪放派代表词人。

苏轼因反对王安石变法，被新党排挤出朝廷，调任多地。熙宁七年（1074），苏轼改任密州太守。第二年政局初定，他便治园圃庭宇，把园圃北面的旧台修葺一新。弟弟苏辙给这个台取名“超然”。

《超然台记》集议论、抒情、描写于一体，全文用“乐”字贯穿，先写超然物外可无往不乐，不能超然于物外则必悲哀，正面写乐，反面写悲。接着，作者写胶西之忧，之后写初安之乐，治园修台，登览游乐，富有生活情趣。文章体现了苏轼“一蓑烟雨任平生”“也无风雨也无晴”豁达乐观的人生态度，同时隐含着些许苦闷失意之情。

能力训练

【活动一】书画写意

活动时间：15～20 分钟。

活动目的：以书画表达形式，在具象化过程中领悟山水带给人的艺术情感体验。

活动程序：

（1）分组，5 人一组。

（2）选择本专题中的一篇选文，绘一幅画或作一幅毛笔书法作品，用来表现文中的意境。

（3）展示、讲解作品。

（4）根据诗文意境，互评作品。

（5）选出优秀作品，给予鼓励。

【提示】意在象外，艺术再现可以呈现读者对作品的理解，而不只是作品或作者本身。

【活动二】摄影作品微展

活动时间：10～15 分钟

活动目的：在体验户外山水中，思考人与自然的关系。

活动程序：

（1）分组，5～6 人一组。

（2）各组到学校附近景点采风、摄影，为所拍照片题写一句诗。

（3）小组讨论、选定、上台展示、讲解照片。

（4）根据照片意境，互评作品。

（5）选出优秀作品，给予鼓励，公开在线展览。

【活动三】线上云导游

活动时间：10～15 分钟。

活动目的：结合专业需要，提升写作和口语表达技能。

活动程序：依据写作训练中的导游词，制作一段视频，以导游词做配音，在班上放映展示。

【话题讨论】

当人生遭遇挫折甚至掉到低谷的时候，人们对“生活不止眼前的苟且，还有诗和远方”这句话会有两种理解：一是将其当作自我逃避式的安慰，远离社会，只关注诗和远方，将其作为精神栖息之所。二是将其当作自我开解式的激励，认为挫折是暂时的苟且，不是生活的全部，对诗和远方的热爱可以克服困难。你是怎么理解这句话的？

【写作训练一】

运用应用文写作模块中关于导游词写作的知识，依据本专题选文写景、叙事、抒情的手法，写一篇导游词，挖掘其中人与自然和谐的因素，突出这个主题。

【写作训练二】

根据应用文写作模块中广告文案写作方面的知识，挑选一篇山水诗文作品，根据意境，为相应景点写一句广告语。

第九章　劳动筑梦

主题导读

劳动创造财富，劳动者在劳动中体现出的坚守与热爱，更是无与伦比的财富。梦想不会自动实现，劳动让我们相信，有梦想，有机会，有奋斗，一切美好的向往都能够创造出来。劳动无贵贱，生命因劳动而彰显力量，人生因劳动而凸显价值。每份身心投入的劳动都是平凡而伟大的。

选文一

芣苢

《诗经》

采采[1]芣苢[2]，薄言[3]采之。采采芣苢，薄言有之。
采采芣苢，薄言掇[4]之。采采芣苢，薄言捋[5]之。
采采芣苢，薄言袺[6]之。采采芣苢，薄言襭[7]之。

知识链接

《诗经》句式上以四言为主。重章叠句是诗歌的一种常见手法，即上下句或者上下段用相同的结构形式反复咏唱的一种表情达意的方法。《芣苢》出自《诗经·周南》，以二二节拍为主，通篇短促的四字显得节奏感鲜明，易于传诵吟唱。"采采"是叠词，"采采芣苢""薄言……之"反复咏唱，产生简洁明快、回环往复的韵律感，有音乐之美。

这首诗用词连贯，按劳动情景的推进来写。"采之""有之"，诗中人呼朋引伴，拉开劳动的序幕，将芣苢一片片"掇之"，一把把"捋之"，越采越欢，接着手提衣襟"袺之"，掖起衣襟"襭之"，劳动果实从少到多，劳动速度从慢到快，直至满载而归。这首诗通过描写采摘芣苢的完整劳动过程，体现出劳动之乐。

选文二

七月

《诗经》

七月流火[8]，九月授衣。一之日[9]觱发[10]，二之日栗烈。无衣无褐，何以卒岁？三之日于

---

① 采采：茂盛的样子。
② 芣（fú）苢（yǐ）：植物名，即车前草。
③ 薄言："薄""言"，发语词，无义。
④ 掇（duō）：拾取、摘取
⑤ 捋（luō）：从茎上成把地采取。
⑥ 袺（jié）：提起衣襟兜东西。
⑦ 襭（xié）：把衣襟扎在腰带上兜东西。
⑧ 七月流火：火，星座名，每年夏历六月出现于正南方，位置最高，七月后逐渐偏西下沉，故称"流火"。
⑨ 一之日：十月以后第一个月的日子。以下二之日、三之日等仿此，为豳历纪日法。
⑩ 觱（bì）发：大风触物声。

耜[1]，四之日举趾。同我妇子，馌[2]彼南亩，田畯至喜。

七月流火，九月授衣。春日载[3]阳，有鸣仓庚[4]。女执懿[5]筐，遵彼微行，爰[6]求柔桑。春日迟迟，采蘩[7]祁祁[8]。女心伤悲，殆及公子同归。

七月流火，八月萑苇[9]。蚕月条桑，取彼斧斨，以伐远扬[10]，猗彼女桑。七月鸣鵙，八月载绩。载玄载黄，我朱孔阳[11]，为公子裳。

四月秀葽[12]，五月鸣蜩。八月其获，十月陨萚[13]。一之日于貉，取彼狐狸，为公子裘。二之日其同，载缵[14]武功，言私其豵[15]，献豜[16]于公。

五月斯螽[17]动股，六月莎鸡[18]振羽，七月在野，八月在宇，九月在户，十月蟋蟀入我床下。穹窒[19]熏鼠，塞向墐户[20]。嗟我妇子，曰为改岁[21]，入此室处。

六月食郁及薁[22]，七月亨[23]葵及菽，八月剥[24]枣，十月获稻，为此春酒，以介眉寿[25]。七月食瓜，八月断壶[26]，九月叔[27]苴，采荼薪樗，食我农夫。

九月筑场圃，十月纳禾稼。黍稷重穋[28]，禾麻菽麦。嗟我农夫！我稼既同，上入执宫功[29]。昼尔于茅，宵尔索綯[30]。亟其乘屋[31]，其始播百谷。

---

① 于：犹“为”。为耜（sì）是说修理耒耜（耕田起土之具）。
② 馌（yè）：送食物。
③ 载：始。
④ 仓庚：鸟名，即黄莺。
⑤ 懿：深。
⑥ 爰（yuán）：语词，犹“曰”。
⑦ 蘩：菊科植物，即白蒿。古人用于祭祀，女子在嫁前有“教成之祭”。一说用蘩“沃”蚕子，则蚕易出，所以养蚕者需要它。
⑧ 祁祁：众多（指采蘩者）。
⑨ 萑（huán）苇：芦苇。
⑩ 远扬：指长得太长而高扬的枝条。
⑪ 阳：鲜明。以上二句言染色有玄有黄有朱，而朱色尤为鲜明。
⑫ 秀葽（yāo）：远志结实。葽：植物，今名远志。
⑬ 陨萚（tuò）：落叶。
⑭ 缵（zuǎn）：继续。
⑮ 私其豵（zōng）：小兽归猎者私有。豵：一岁小猪，这里用来代表比较小的兽。
⑯ 豜（jiān）：三岁的猪，代表大兽。大兽献给公家。
⑰ 斯螽（zhōng）：虫名，蝗类，即蚱蜢、蚂蚱。旧说斯螽以两股相切发声，“动股”言其发出鸣声。
⑱ 莎（suō）鸡：虫名，今名纺织娘。
⑲ 穹：空隙。窒：堵塞。穹窒：言将室内塞满的角落搬空，才便于熏鼠。
⑳ 向：朝北的窗户。墐：用泥涂抹。贫家门扇用柴竹编成，涂泥使其不通风。
㉑ 曰：《汉书》引作“聿”，语词。改岁：是说旧年将尽，新年快到。
㉒ 郁：植物名，唐棣之类。树高五六尺，果实像李子，赤色。薁（yù）：植物名，果实大如桂圆。
㉓ 亨：同“烹”，烹饪。
㉔ 剥（pū）：打。
㉕ 介：祈求。眉寿：长寿，人老眉间有豪毛，叫秀眉，所以长寿称眉寿。
㉖ 壶：葫芦。
㉗ 叔：拾。
㉘ 重（tóng）穋（lù）：作物先种后熟叫“重”，后种先熟叫“穋”。
㉙ 宫功：指建筑宫室，或指室内的事。功：事。
㉚ 索綯：是说打绳子。上两句言白天取茅草，夜晚打绳子。索：动词，指制绳。綯（táo）：绳。
㉛ 乘屋：盖屋。

二之日凿冰冲冲[①]，三之日纳于凌阴[②]。四之日其蚤，献羔祭韭。九月肃霜，十月涤场[③]。朋酒[④]斯飨，曰杀羔羊。跻彼公堂，称[⑤]彼兕觥[⑥]，万寿无疆。

知识链接

《七月》出自《诗经·豳风》，是《诗经》中最长的一首诗，共八章，每章十一句。“饥者歌其食，劳者歌其事”，这首诗以古代奴隶的视角讲述了豳地从七月开始一年的劳动，展示了奴隶社会阶级压迫的生活场景，传递出奴隶对无休止的劳动剥削的悲苦怨愤之情。

奴隶劳动强度高，处境凄苦，所有的劳动果实被统治阶级窃取。在对奴隶和奴隶主生活的对比中，这首诗表达了奴隶的疑惑和不满，揭示了阶级的不平等。奴隶岁寒没有衣物保暖，转眼就得为不劳而食的奴隶主种田。为了给奴隶主做衣裳，采桑养蚕纺织，要担心“殆及公子同归”。农事毕，奴隶为奴隶主打猎，各种农事以外的劳动没有休止，诸如凿冰、修盖房屋、办酒宴等。

选文三

种树郭橐驼传

柳宗元

郭橐驼[⑦]，不知始何名。病偻[⑧]，隆然[⑨]伏行，有类橐驼者，故乡人号之“驼”。驼闻之曰：“甚善，名我固[⑩]当。”因舍其名，亦自谓“橐驼”云。

其乡曰丰乐乡，在长安西。驼业[⑪]种树，凡长安豪富人为观游[⑫]及卖果者，皆争迎取养[⑬]。视驼所种树，或移徙，无不活；且硕茂，早实以蕃。他植者虽窥伺效慕，莫能如[⑭]也。

---

① 冲冲：凿冰之声。
② 凌：冰。阴：指藏冰之处。
③ 涤场：清扫场地。
④ 朋酒：两樽酒。
⑤ 称：举。
⑥ 兕（sì）觥（gōng）：角爵。古代用兽角做的酒器。
⑦ 橐（tuó）驼：骆驼。这里指驼背。
⑧ 病偻：患了脊背弯曲的病。
⑨ 隆然：脊背突起而弯腰行走。
⑩ 固：确实。
⑪ 业：以……为业，名词做动词。
⑫ 为观游：经营园林游览。为，从事，经营。
⑬ 取养：雇用。
⑭ 如：比得上，动词。

有问之，对曰：“橐驼非能使木寿且孳①也，能顺木之天②，以致其性焉尔③。凡植木之性，其本欲舒，其培欲平，其土欲故，其筑欲密④。既然已，勿动勿虑，去不复顾。其莳⑤也若子，其置也若弃，则其天者全而其性得矣。故吾不害其长而已，非有能硕茂之也；不抑耗其实⑥而已，非有能早而蕃之也。他植者则不然，根拳而土易⑦，其培之也，若不过焉则不及。苟有能反是者，则又爱之太恩，忧之太勤。旦视而暮抚，已去而复顾。甚者，爪⑧其肤以验其生枯，摇其本以观其疏密，而木之性日以离矣。虽曰爱之，其实害之；虽曰忧之，其实仇之；故不我若⑨也。吾又何能为哉？”

问者曰：“以子之道，移之官理⑩，可乎？”驼曰：“我知种树而已，理，非吾业也。然吾居乡，见长人者⑪好烦其令⑫，若甚怜焉⑬，而卒以祸⑭。旦暮吏来而呼曰：‘官命促尔耕，勖⑮尔植，督尔获⑯，早缫而绪⑰，早织而缕⑱，字⑲而幼孩，遂而鸡豚⑳。’鸣鼓而聚之，击木而召之。吾小人㉑辍飧饔㉒以劳吏者㉓，且不得暇，又何以蕃吾生而安吾性㉔耶？故病且怠㉕。若是㉖，则与吾业者其亦有类㉗乎？”

问者曰：“嘻㉘，不亦善夫㉙！吾问养树，得养人术。”传㉚其事以为官戒也。

---

① 寿且孳：活得长久而且繁殖茂盛。孳，繁殖。

② 天：指自然生长规律。

③ 焉尔：罢了，句末语气词连用。

④ 本：树根。培：培土。筑：捣土。欲：要。舒：舒展。故：旧。密：结实。

⑤ 莳（shì）：栽种。

⑥ 不抑耗其实：不抑制、损耗它的果实（的成熟过程）。

⑦ 根拳：树根蜷缩。土易：更换新土。

⑧ 爪，掐，做动词用。

⑨ 不我若：不若我，比不上我。否定句中代词做宾语时一般置于动词前。

⑩ 理，治理百姓。唐人避高宗李治名讳，改“治”为“理”。

⑪ 长（zhǎng）人者：为人之长者，指当官治民的地方官。大县的长官称“令”，小县的长官称“长”。

⑫ 烦其令：不断发号施令。烦，使繁多。

⑬ 焉：代词，同“之”。此处指百姓。

⑭ 而：但，连词。卒以祸：以祸卒，以祸（民）结束。卒，结束。

⑮ 勖（xù）：勉励。

⑯ 获：收割。

⑰ 而：通“尔”，你们。绪：丝头。

⑱ 缕，线。

⑲ 字：养育。

⑳ 遂而鸡豚：喂养好你们的鸡和猪。遂，顺利地成长。

㉑ 小人：小老百姓。

㉒ 辍（chuò）飧（sūn）饔（yōng）：不吃饭。辍，停止。飧，晚饭。饔，早饭。

㉓ 劳吏者：慰劳当差的。

㉔ 蕃吾生：繁衍我们的生命，即使我们的人口兴旺。安吾性：安定我们的生活。性，生命。

㉕ 病且怠：困苦又疲劳。病：困苦。怠：疲倦。

㉖ 若是：像这样。

㉗ 与吾业者：与我同行业的人，指“他植者”。其：大概，语气词。类：相似。

㉘ 嘻：感叹词，表示高兴。

㉙ 不亦善夫：不是很好吗？夫，句末语气词。

㉚ 传：作传。

知识链接

柳宗元（773—819），字子厚，唐宋八大家之一，古文运动发起者，世称“柳河东”“河东先生”，主张“文以明道”，诗文收录于《柳河东集》。

本文是一篇讽喻性极强的人物传记。唐朝在“安史之乱”后，苛捐杂税繁重，柳宗元在地方检查工作看到官吏扰民、伤民的现象，借郭橐驼种树之经验，贯以老庄思想，表达为官治民应“无为而治”的道理。他认为，无论种树还是治理百姓，都要顺应其天性，否则勤虑害树，繁政扰民。树根蜷缩就换土，早晚看视抚摸，甚至时常掐树皮、摇树干，看树长得是否茁壮，这种刻意的爱反而不利于树木自然成长。“吾问养树，得养人术”，作者从种树悟出社会治理的道理，过度开发民力，只会怨声载道，使百姓困苦不堪，而顺应百姓的生活和生产规律，与民休养生息，才是最佳选择。

选文四

贺　年①

老　舍

劳动是最有滋味的事。肯劳动，连过新年都更有滋味，更多乐趣。

记得当初我还是个孩子的时候，家里很穷，所以母亲在一入冬季就必积极劳动，给人家浆洗大堆大堆的衣服，或代人赶作新大衫等，以便挣到一些钱，作过年之用。

姐姐和我也不能闲着。她帮助母亲洗、作；我在一旁打下手儿——递烙铁、添火，送热水与凉水等等。我也兼管喂狗、扫地，和给灶王爷上香。我必须这么作，以便母亲和姐姐多赶出点活计来，增加收入，好在除夕与元旦吃得上包饺子！

快到年底，活计都交出去，我们就忙着筹备过年。我们的收入有限，当然不能过个肥年。可是，我们也有非办不可的事：灶王龛上总得贴上新对联，屋子总得大扫除一次，破桌子上已经不齐全的铜活总得擦亮，猪肉与白菜什么的也总得多少买一些。由大户人家看来，我们的这点筹办工作的确简单的可怜。我们自己却非常兴奋。

我们当然兴奋。首先是我们过年的那一点费用是用我们自己的劳动换来的，来得硬正。每逢我向母亲报告：当铺刘家宰了两口大猪，或放债的孙家请来三堂供佛的、象些小塔似的头号“蜜供”，母亲总会说：咱们的饺子里菜多肉少，可是最好吃！当时，我不大明白为什么菜多肉少的饺子反倒最好吃。在今天想起来，才体会到母亲的话里确有很高的思想性。是呀，第一我们的饺子不是由开当铺或放高利贷得来的，第二我们的饺子是亲手包的，亲手煮的，怎能不最好吃呢？刘家和孙家的饺子必是油多肉满，非常可口，但是我们的饺子会使我们的胃里和心里一齐舒服。

劳动使我们穷人骨头硬，有自信心。回忆起来，在那黑暗的岁月里，我们一家子怎么闯

---

① 选自《小时候真傻，居然盼着长大》，天津人民出版社 2020 年版，略有改动。

过了一关又一关，终于挣扎过来，得到解放，实在不能不感谢共产党，也不能不提到母亲的热爱劳动。她不懂得革命，可是她使儿女们相信：只要手脚不闲着，便不会走到绝路，而且会走得噔噔的响。

虽然母亲也迷信，天天给灶王上三炷香，可是赶到实在没钱请香的时节，她会告诉灶王：对不起，今天饿一顿，明天我挣来钱再补上吧！是的，她自信能够挣来钱，使神仙不致于长期挨饿。我看哪，神佛似乎倒应当向她致谢、致敬！

我也体会到：劳动会使我们心思细腻。任何工作都不是马马虎虎就能作好的。马马虎虎，必须另作一回，倒不如一下手就仔仔细细，作得妥妥贴贴。劳动与取巧是结合不到一处的。要不怎么劳动能改变人的气质呢。

说起来有点奇怪，回忆往事，特别是幼年与少年时代的事，也不知怎么就觉得分外甜美。事实上，我在幼年与少年遇到的那些事，多半是既不甜，也不美的。恐怕是因为年少单纯，把当时的事情能够记得特别深刻，清楚，所以到后来每一回想就觉得滋味深长，又甜又美。若是果然如此，我们便应警惕：是否我们太善于恋旧，因而容易保守呢？沉醉于过去，就会不看今天的进步事实，更不看明天的美丽远景，一来二去，没法不作出“今不如昔”的结论而感慨系之。这可就非常危险！保守落后的人就是阻碍社会向前发展的人！

不过，咱们开头就说的是劳动最有滋味。是的，假若幼年与少年时代过的是勤苦生活，回忆起来就不能不果然甜美了。小时候养成的好习惯，必然直到如今还继续发生作用，怎能不美呢！到今天，我还天天自己收拾屋子，不肯叫别人插手。这点轻微的劳动本算不了什么大事，值不得夸口。可是，它的作用并不限于使屋里干净，瓶子罐子都有一定的位置。它还给我的写作生活一些好的影响。

我天天必擦抹桌子，也必拿笔写点什么。劳动不同，劲儿可是一样，不干点什么，心里就不舒服。擦桌子要擦得干干净净，写稿子也要写得清清楚楚，劲儿又是一样。不这样心里就不安。不管怎么说，这都是好习惯。古语说：业精于勤。据我看，光勤于用脑力而总不用体力，业也许不见得能精；两样都用，心身并健，一定更有好处。

欣逢新岁，想起当年，觉得劳动滋味的确甜美，而且享受不尽。因而也就想到今天有多少干部与多少作家都正在山上或乡下，和农民们在一处过年。这真是可喜的事，令我羡慕。我敢断言：您们和农家的父老兄弟们在一处包饺子过年，一定吃得最香甜，胃里和心里一齐都舒服。这点生活经验，我相信，将永远成为您们记忆中的最甜美的部分，而且热爱劳动的习惯一旦养成，即能终身享受不尽。尝到劳动滋味的人有福了，因为社会主义的幸福是您们的！谨向您们致贺，向一切劳动人民致敬，并祝新年之禧！

载于一九五八年一月一日《人民日报》

知识链接

本文是1958年元旦老舍刊载于《人民日报》的散文，现收录于《老舍文集》第十四卷。作者回忆了童年劳动对自己习惯和性格的影响，由此赞美劳动，向通过劳动创造幸福生活的人们致敬。老舍在本文中对其童年贫困环境的描写展现了清末北京底层劳动者窘迫潦倒的生活状态。作者一家的新年格外忙碌，母亲一入冬就得积极劳动，家里所有的小孩都要帮大人干活，以便除夕和元旦能吃上饺子。

老舍的庶民文学作品以老北京为环境焦点，关注中下层各行各业的小市民生存状态，尤其底层贫民，其笔下的人物有车夫、艺人、暗娼、巡警、教员、职员、拳师、土匪、游手好闲的八旗子弟、为非作歹的洋奴汉奸等。他批判市民的敷衍、苟且、安分守己、懦弱、胆怯、封闭、狭隘、麻木，但又赞赏他们的善良、坚忍。

选文五

套不住的手（节选）①

赵树理

隔了好久，陈秉正老人又被评选为本年的劳动模范，要到县里去出席劳模大会。这自然又该是他戴一次手套的时候。他除换上新棉袄和新腰带外，又把他的手套戴上。

大磨岭离县城四十里，冬天的白天又短，陈秉正老汉从吃过早饭起程，直走到太阳快落山才到。这一天只是报到的日期。老人到县后，先找着报到处报了名、领了出席证，然后就去找晚上住宿的招待所。他半年没有进县城，县城里已经大变了样——街道改宽了，马路也压光了，他们往年来开会住的破破烂烂的招待所，已经彻底改修成一排一排崭新的砖瓦房了。他进入招待所的时候，天已经黑了，后边几排房子靠甬道两旁的窗户里都闪出灯光，一看就知道里边已经住下了人。前三排的窗户，也有明的，也有黑的。他到传达室登记了名字，招待员领他往西二排五号去。他走到西二排，见只有最西边的六号房间窗上有灯光，其余都还是黑的；脚底下踩着些软一块硬一块的东西，也不知道是些什么。招待员向他说："小心点老人家！这房子刚修好，交了工还不到一礼拜，院子还没有清理完哩！——这边些，那里是个石灰池！——靠墙走，那里还有两截木料……"走到五号门口，招待员开了门先进去开了灯，才把老人让进去。老人一看，房子里挺干净，火炉子也燃得很旺，靠窗前一张桌子、两把椅子、一条板凳，后边靠东西墙一边排着两张床，门窗还不曾油漆过，墙好像才粉刷了，经火炉子一熏还有点湿味儿。老人看了看床位说："一个房间住四个人吗？"招待员说："四个人！""这次会议住得满住不满？""都来了差不多住满了！路远的还没有赶到哩！你休息一下吧！我给你打水来洗洗脸！"一会，招待员打来了水，老人洗着脸，路远的人也陆续来着，西二排的房子就也都住满了。五号房间除了老人以外，又住了三位青年，老人和他们彼此作了自我介绍。

会议一共开三天半，老人又是听报告，又是准备发言，和大家一样忙个不了，直到第四天上午听罢了县委的总结报告，才算了结了一宗事。下午，离县城近一点的就都回村去了，路远的就得再住一宿。陈秉正老人离家四十里，说远也不算远，说近可也不近，要是青年人，赶一赶也可以在天黑赶到，老人究竟是上了年纪的人，不想摸黑，也就准备多住这半天了。

吃过了午饭，住下来的人们差不多都想上街逛逛。老人回到西二排五号房间里，见和自己同住的三个青年，陪着四号一个人打扑克玩。老人问："你们不上街去？"一个青年回答

① 选自《赵树理选集》，人民文学出版社 2020 年版，略有改动。

说："你先去吧老爷爷！我们过一会去！"老人束上腰带，戴上手套，便走出房间。因为院里两截剩余木料碍着路，走过四号门口，便得擦着三号的墙根走，他总觉着太不顺当。他想："把它转过一边不就好走了吗？可是转到什么地方好呢？"他蹲在四号门边来看空子，觉着只有转到石灰池的南边好一点，看准了，把手套卸下来放在阶台上，就来动手转木料。这一截木料是截去两头、中间留下来的一段盘节，又粗又短又弯又扁，很不好转动。老人很费了点气力才掀起来，转了一个过就又跌死了。老人想找个帮手，敲了敲四号的门，四号的人都出去了，这才又回到五号来向那几个青年说："同志们！你们帮一下，咱们把院里那两截木头转到一边让走路痛快点好不好？""好！我昨天还试了一下，没有转动了！"一个青年答应着，放下手里的牌，其他三个也都同声答应着站起来往外走。老人趁空子解了腰带脱下他的新棉袄来放在床上，就跟着走出来了。

老人和青年们一同去转动木料，一个青年拦住他说："你歇歇吧！不够我们转！"短短一截木头，四个人就护满了，老人插不上手，只好让他们转，而自己去搬动另一截。青年们把那一截粗而短的转过去，回头看见老人搬动另一截，一个青年又拦住他说："老爷爷你歇歇吧！这一截可以抬起来走！"另一个青年就走过来和这个青年抬。这一截比那一截长一点，可是一头粗一头细，抬细头的抬起来了，抬粗头的吃劲一托没有动，连声说"不行不行"就放了手。抬细头的见他抬不起来，正要往下放，老人说："我来！"说着弯下腰去两手托住，两腿摆成骑马架势，两肩一耸，利利落落抬起来。起先来抬的那个青年，看着另外一个青年竖了竖大拇指头，然后两个人一齐抢过来接住说："老爷爷真行！你上年纪了，还是我们来吧！"

一个招待员提着茶壶来送水，见他们抬木料，忙说："谢谢你们！我们来吧！""算不了什么！""在开会以前，我们只剩前三排院子没有赶上清理完，开会期间又顾不上做它，等明天早晨你们一走，我们几个人用不了两天就清理完了！"陈秉正老人说："为什么要等到我们走了才做呢？我们的会开完了，现在不是正好帮你们清理院子吗？"招待员说："不便劳驾。"陈老人和青年们说："完全可以。"其他房间里还没有上街的同志们听见谈到帮助招待员清理院子，大家都从房间里走出来表示同意。招待员见这情况，赶忙去问经理，大家不等他问来，就去找清理院子的工具。前三排还没有清理，工具就放在东四排的院子里，被他们找来铁锨、扫帚、筐子、抬杆一大堆，马上就动起手来。陈老人要抬筐子，大家看见他的长白胡须，说死说活不让他抬，他也只得拿起扫帚跟着大家扫院子。劳模总是劳模，前三排没有走掉的人见西二排这样做，大家也都仿照着做起来。不大一会，招待员把招待所经理找来了。经理劝大家休息劝不下去，也就只好号召事务员、会计和每个招待员全体总动员和劳模们一齐参加劳动。

大家用铁锨拢着院里的残砖、破瓦、树皮、锯屑等类的零乱东西，陈老人跟在后边扫地。老人从西二排院子的西南墙角落上扫起，面朝北一帚沿一帚排过来，扫到六号窗下，看见窗台上还有泥块、刨花，把扫帚伸上去，因为地方小扫不着，就放下扫帚用他那两只磨不破的手往下扒拉。他又顺东看去，只见每个窗台上都有。他沿着六号、五号、四号……把每一个窗台都先扒拉干净，然后返回西头来继续扫院子。

人多好做活，不过个把钟头就把六个院子都清理完了，垃圾都堆在大甬道的两旁，成材的东西都抬到存剩余材料的后门外，只等夜间有卡车来装载。老人对这成绩欣赏了一阵，觉着这样一清理，走步路也痛快得多。

经理、事务员、会计、招待员们一齐给劳模打水洗手脸。大家洗过之后有些人就上了街，陈老人重新穿起新棉袄，束住了腰，伸手去戴手套，才发现又把手套丢了。他顺口问那几个青年说："你们打扫时候可见过一副手套吗？"有一个答应说："没有见！你放在哪里来？""放在四号门口的阶台上！"另一个青年说："有来！我们拢着拢着，看见一团刨花里好像有一只手套沾满了泥土。我还当是谁扔了的一只破手套哩！""对！可能是我把四号窗台上的刨花扒拉下来埋住了它，你们没有看见，给拢到泥土里去了！"老人跑到甬道旁边的垃圾堆里来找，可是光西二排的垃圾就抬了几十筐，马上怎么会找到呢？

一个招待员看见了就问："老爷爷你找什么？""我的一副手套拢到这里边去了！""准在吗？""准在！""准在你上街逛去吧，我们给你找！""不要找它了吧！手套给我没有多大用处！"老人干脆放弃了。

老人逛了几道街，除看了看半年以前还没有的一些新建筑外，别的东西也无心多看。他想："我也不买什么，也不卖什么，净在这些店铺门口转什么？"想到这里，也就回招待所来了。他回到招待所，天还不黑，同房间的青年们都还没有回来。一个招待员给他开了门，告他说手套找到了。他到房间里一看，静静的火炉子依旧很旺，招待员已经给他把手套洗得干干净净的，搭在靠近火炉的一个椅背上，都快烘干了。

第二天他回到家，换过衣服之后便把手套还给满红媳妇说："这副手套还给你们吧！我这双手是戴不住手套的！"

知识链接

赵树理（1906—1970），原名赵树礼，山西晋城市沁水县人，现代小说家、人民艺术家，山药蛋派创始人，20 世纪 40 年代乡土文学代表作家，代表作有《小二黑结婚》《李有才板话》等。他的作品结合现代小说艺术与民间话本文学的优点，故事性强，以华北农村为背景，与劳动者对话，讲述日常生活中的凡人小事，塑造农村各种人物形象，反映农村社会变迁和新旧矛盾，开朗风趣，带有温和而善意的农民式幽默，自成一家。

本文节选的片段是陈秉正老人被评上劳模，去县城开会过程中发生的事情。全文语言口语化，朴素严整，不事雕琢，又字斟句酌。文章先集中刻画陈秉正的手，再铺述手套的故事。作者用一双手套串联起零散的事情，细致描写了农村劳动经验。以手套为线索展开的故事，展现了陈秉正老人的性格和品质，歌颂了劳动者的美好品德。

选文六

平凡的世界（节选）①

路　遥

伟大的生命，不论以何种形式，将会在宇宙间永存。我们这个小小星球上的人类，也将继续繁衍和发展，直至遥远的未来。可是，生命对于我们来说又多么短暂，不论是谁，总有一天，都将会走向自己的终点。死亡，这是伟人和凡人共有的最后归宿。热情的诗人高唱生

① 选自《路遥文集》，人民文学出版社 2005 年版，略有改动。

命的恋歌，而冷静的哲学家却说：死亡是自然法则的胜利……

是的，如果一个人是按自己法则寿终正寝，就生命而言，死者没有什么遗憾，活着的人也不必过分地伤痛。最令人痛心和难以接受的是，当生命的花朵正蓬勃怒放的时候，却猝然间凋谢了。

人类之树谁知凋落了多少这样的花朵。零落成泥碾作尘，只有香如故……

美丽的花朵凋谢了也是美丽的。

是的，美丽。美丽的花朵永不凋谢；那花依然在他心头开放……

瞧，又是春天了。复苏的万物就是生命的写照。从矿区望出去，山野里到处都是盛开的桃花、杏花、梨花；一片如霞的绯红，一片如玉的洁白。小河边泛出了淡淡的浅绿。祭坟的纸钱在暖洋洋的春风中飘飞。矿医院后面的山湾里，间或传来上坟妇女如怨如诉的哭泣，犹如在唱一支眷恋往昔的歌。

这是一个伤感而断魂的季节……

孙少平上井以后，洗完澡换好衣服，便一个人走出喧腾不息的矿区。他看起来比过去消瘦了一些，眼神和脸色却更加严峻，头发总是被汗水卷曲得零零乱乱。他匆忙而专注地走着，似乎要摆脱什么，抑或在寻找什么；又像是有谁在召唤他。

像通常那样，他从矿部旁那个小坡上走下来，走过黑水河上摇曳着绿枝的树桥，爬上了对面山，不停留地一直走向山野深处。然后，他随意在某个无人处停下来，或坐，或躺，或久久地驻足而立。

多少日子来，他天天都是如此。

现在，已是下午了。他斜躺在一片草地上，出神地看着眼前几朵碎金似的小黄花。偏西的太阳温暖地照耀着山野。春风柔得似乎让人感觉不出来。周围没有任何一点声响。过分的寂静中，他耳朵里产生了一种嗡嗡的声音。这声音好像来自宇宙深处，或沉闷，或尖锐，但从不间隔，像某种高速旋转的飞行器在运行，而且似乎就是向他飞来了。

他久久地躺着，又像往日那样，痛不欲生地想着亲爱的晓霞，思维陷入到深远的冥冥之中，眼前的景色渐渐变成了模糊缤纷的一片，无数橘红色的光晕在这缤纷中静无声息地旋转。他看见了一些光点在其间聚集成线；点线又组成色块；这些色块在堆垒，最后渐渐显出了一张脸。他认出了这是晓霞的脸。她头稍稍偏歪着，淘气地对他笑。这张脸是有动感的，甚至眼睫毛的颤动都能感觉到。嘴在说着什么？但没有声音。这好像是她过去某个瞬间的形象……对了，是古塔山杜梨树下那次……他拼命向她喊叫，但发不出声音来。不然，她肯定会看见他的泪水了。无论他怎样无声地喊叫，那张亲爱的笑脸随着色块的消失，最后消失在了那片缤纷之中……

不久，连这片缤纷也消失了。天空、山野又恢复了原来的样子，他还斜躺在这块草地上。寂静，耳朵里又传来了那嗡嗡声。不过，这嗡嗡声似乎越来越近，并且夹带着哨音的尖锐呼啸。他猛然看见山坳那边亮起一片橙光。那嗡嗡声正是发自那橙光。橙光在向他这边移来。他渐渐看清橙光中有个像圆盘一样的物体，外表呈金属质灰色，周围有一些舷窗，被一排固定不变的橙色光照亮；下端尚有三四个黄灯。圆盘直径有十米左右，上半部向上凸起，下半部则比较扁平。

圆盘悬停在离他二十米左右的地方。那东西离地面大概只有几厘米。

他看见，从圆盘中走出了几个人，外形非同寻常。少平畏惧地看见，那些人只有一米二三高，脑袋上戴着类似头盔的东西，背着背包或者说是箱子；其颜色和头盔相似，是暗灰色的。从背包上部伸出一根套管，经过脖颈与头盔相连。另一根似乎更细的套管同那些人鼻部与背部的背包相连。一共三个人。他们一走出圆盘，便用一个成反T字形的仪器，似乎在勘察地面。仪器两侧不时射出闪光，像电焊发出的电弧光一样。

他们发现我了吗？他想。

他索性咳嗽了一声。那三个忙于“工作”的人回头看了看，两个人继续开始干活，没有理他；而另外一个人却向他走过来。他得到了心电感应：“你不必害怕。”

那人站到了他面前，他看见，这人两只眼很大，没有鼻子，嘴是一条缝。手臂、大腿都有，膝盖也能弯曲，戴一副像是铝制成的眼镜。身上有许多毛。脚类似驴和山羊那样的蹄子。

“你好！”这个人突然开口说话了，而且是一口标准的北京普通话。

孙少平吓了一大跳。不过，由于他说的是“人”话，这使他镇定下来。

他立刻产生了很想和这个人交谈的愿望。

他问：“你们来自哪里？”

“我们来自银河系，就是你们地球人说的‘外星人’。”

“我读过几本有关外星人的书，说你们用心电感应和我们沟通思想。是这样吗？”少平问。

外星人：“是，我们能这样。”

孙少平：“你们能猜测我们所思考的问题吗？”

外星人：“那当然。不过，一般我们不想进入别人心中。如果不这样的话，我们连没有必要知道的事都知道了。”

孙少平：“那么说，刚才我看见了我死去的女朋友，这是你们为我安排的？”

外星人：“是的。你思念你女朋友的念力太强大，使得我们不得不捕捉。我们同情你，就用我们的方法让你看见她。我们储存着地球上所有人的资料。”

孙少平：“你能让她再活过来吗？”

外星人：“不能。连我们对自己的生命也做不到这一点。不过，我们的寿命很长，平均年龄要超过两千岁，当然是换算成地球标准的年龄。”

孙少平：“那么你多少岁了？”

外星人：“换算成你们的年龄是六百岁。在我们那里，算是年轻人。按你们这个国家的新说法，可以属于‘第三梯队’。”

孙少平：“就我们看来，活得那么长，这已不是生命，而只是一种灵魂的存在了。”

外星人：“对，也不对。某些生命达到了高度完美，精神就不再需要物质肉体，就好像是生活在纯粹的精神世界。因此用你们进化论的水准实际上不可能与他们接触。”

孙少平：“你的中国话说得非常好……”

外星人：“地球上自古到今的所有语言我们都懂。我们有这些语言的完整资料，学习某种语言用不了几天，一种特别装置把我们和类似电脑的东西连接起来，这些语言就像出自本心一样，自动就说出来了。我现在可以用黄原方言和你交谈。”

孙少平：“你们对地球人抱什么态度？是好意还是恶意？”

外星人（用黄原方言）：“大部分外星人从不加害于你们。当然，太空中也有个别邪恶的生物，把你们抓回到他们的星球做杂工。你们地球历史上常有大量人集体失踪的事件。你可能不知道，美国一位专门研究超自然现象的专家白赖特·史德加博士，就写过一本《奇异的失踪》的书，收集了不少集体失踪事件，所牵涉的人数，由最少十二人到最多四千人……”

孙少平：“呀，你的黄原话简直让我感到像老乡一样亲切！那么，我想问，你们的飞碟为什么降落在这地方？你们在这里干什么？”

外星人：“我们对地球上这一带的地质情况很感兴趣。我们想了解这里在地球第四纪以前所形成的基岩情况。你们也已经通过古地磁测定而知道，整个黄土高原至少从更新世起，就已开始堆积，按你们的时间算，距今已二百四十万年了。从那时以来，在整个第四纪期间，黄土沉积面积逐步扩大，形成了大面积连续超覆，将第四纪前形成的基岩，除高耸的岩石山地之外，大都掩埋于其下了……”

孙少平：“老实说，我不太懂这些。你们一定都是无所不知的超人吧？有部美国电影就叫《超人》，是描写你们怎样完美无缺而力大无穷的。”

外星人：“这是浪漫的美国人的幻想。我们不是超人，也绝非十全十美，和你们一样必须不断进化。当然，我们要比你们先进得多。我们的祖先和我们都对不断发达的地球人承担着某种义务，想对你们的某些人用心电感应来给予帮助，使你们的人种进化到更高的阶段。我们已经为你们做过许多事，不过你们不得而知罢了。”

孙少平：“那你们为什么不和地球上的各国政府接触呢？”

外星人：“很遗憾，你们地球上的许多政府都被少数人占有。如果他们获得我们的技术，就会情不自禁想支配整个地球。我们绝不相信这些少数人能维持地球的秩序。他们连自己国家的和平都维持不了，怎么可能维持全球的和平呢？”

孙少平：“噢，对了，我还想告诉你，我的妹妹在大学学的正是有关天体物理的课程……”

外星人：“那里的情况我们知道。尽管那些课程过于原始和简单，但你妹妹无疑将是你们国家最为出色的天体物理学专家之一……”

孙少平还想问外星人一些问题，但他突然举起毛茸茸的胳膊前后摆了摆——这大概是他们和人告别的方式，就转过身向另外两个同类走去。紧接着，他们就钻进那个发橙光的圆盘中了。嗡嗡声越来越强烈，类似一种发动机加速的声音。飞蝶下面立刻喷射出巨大的火焰——不，不是火焰，而是光芒，然后在短短几秒钟内就消失得无踪无影。接下来，是一片黑暗……

……孙少平从草地上睁开眼，发现天已经全黑了；夜空中星星在闪烁着，一弯新月正从山坳那边升起来。

他心惊地一下子坐起，从头到脚淌着冷汗。他有一种跌落在地的感觉。发生了什么事？他问自己。刚才那一切是真实的，还是他做了一场梦？

他肯定这是一场梦。他曾在妹妹那里拿过几本有关飞碟的书，里面就有许多这样被称作为“第三类接触”的事件。他多半是把这些类似的事件带进了梦中。

可是，他心中又隐约地怀疑，这是否就是梦境？是不是他也真的发生了“第三类接触”？他睡了多少时间？他赶忙看了看手腕，发现没有戴表。要是戴表就好了，他可以知道是否“丢失”了时间。他记得他躺在这儿的时候，还是下午，现在天已经黑了。那么，时间没有丢失？这的确是一场梦？可一切为什么又那样具体，那样有头有尾？

孙少平环顾四野，一片苍茫，一片荒凉，只有归巢的鸟儿在昏黄的天色中发出叽叽喳喳的鸣叫声。

他突然感到一种莫名的恐怖。他一闪身站起来，摸索着向矿区那面的山岗跑去——他要很快看见灯火，回到人们中间去！

他紧张地气喘吁吁跑到了黑水河上面的地畔上。

对面，一片壮丽的灯火展现在了他眼前。选煤楼发出隆隆的声响，火车喷吐着白烟，鸣叫着驶过了矿区。俱乐部门前的体育场上，看电影的人群正喧哗着在入场。

他喉咙里堵塞着一团哽咽，静静地望着对面的景象。现在，他终于又回到了生活的现实里；而在此之前，当那个圆盘出现的一瞬间和接下来的遭遇，几乎彻底粉碎了他迄今为止的世界观……不过，假如他真的经历了所谓的“第三类接触”，那么他就又一次看见了晓霞，和她重逢了。这已使他感情上获得了很大的安慰。即便是个梦，也很好。能在梦中和亲爱的人相逢，也是幸运的；他早盼望能做这样的梦。但愿这样的梦还能出现。当然，最好不要再出现“外星人”了。无论他们有多么先进和发达，但他还是热爱他生存的这个星球，热爱着人类的生活——尽管生活中有这么多的磨难和痛苦……

孙少平从这地畔上慢慢地转到沟里，然后走过黑水河上的树桥，返回了矿区。

他一路上想：要不要把他今天的遭遇说给妹妹听呢？她或许能判断这是梦还是“第三类接触”。

他很快打消了这个想法。他自己和这个世界都已经够乱了，何必再为自己和别人制造精神混乱呢！

无论这属于什么，都已经过去了。

其实，就是“第三类接触”又有什么了不起！他相信茫茫宇宙中，地球上的生命绝不是独一无二的！兰香对他说过，整个宇宙就仿佛是个宽阔无比的化学实验室；在这个实验室中随时都可能产生生命物质。既然外星体有更高级的文明，那里的人就完全可能作客于我们的星球。他孙少平接触了又怎么样？他还是他，地球还是地球；生活依然照旧，什么也不会改变；他仍然要为生存奋斗；要劳动、吃饭、睡觉；该笑时会笑，该哭时会哭；就是今天晚上，十二点钟还得准时换上臭烘烘的工作衣，坐着铁罐笼到井下去掏炭……

但是，无论这是一场梦还是别的什么，他感到今天这场“经历”无形中打破了他思维已经达到的疆界，使他能以更广阔的视野来看待生活和生命了。

生活总是美好的，生命在其间又是如此短促；既然活着，就应该好好地活。思念早逝的亲人，应该更珍惜自己生命的每个时刻。精神上的消沉无异于自杀。像往日一样，正常地投入生活吧！即便是痛苦，也应该看作是人的正常情感；甚至它是组成我们人生幸福的一个不可欠缺的部分呢！

夜晚，当孙少平从宿舍走向区队办公楼准备下井的时候，一路上望着矿区闪烁的灯火，望着满天繁密的星斗，猛然感到了一种突发的激动，以致都情不自禁地微笑起来了。

知识链接

路遥（1949—1992），原名王卫国，陕北榆林清涧县人，代表作《平凡的世界》获第三届茅盾文学奖，另有长篇小说《人生》等。他的写作素材基本来自农村生活，他认为“只有在无比沉重的劳动中，人才活得更为充实”。《平凡的世界》讲述了陕北农村玉厚老汉家儿女四人横跨十年的人生变化，史诗般展现了改革开放初期中国城乡变迁和劳动者心理的变化。

本文节选自《平凡的世界》第三部第三十六章。二哥孙少平是那个时代感受到改革力量的青年的缩影，也是那个时代新劳动者奋斗的典型。没有显赫家世的他，为了走出农村而艰苦求学，可他的出路还是回到农村。尽管发展空间受限，但他没有放弃为实现理想而奋斗。经过种种努力和尝试，孙少平从一个揽工汉成为捧“铁饭碗”的煤矿工人，又成为矿工组长。工作和感情生活使他不断成熟，不再只是关注如何走出农村，而是为构建理想生活而努力。他宁愿放弃留在县城的机会，也要回到矿区，以实现自我价值。“即使最平凡的人，也得要为他那个世界的存在而战斗。”

能力训练

【活动一】《诗经》植物标本

活动时间：10～15 分钟。

活动目的：通过采摘《诗经》中提到的植物，深入理解劳动者，体悟劳动之美。

活动程序：

（1）4 人一组，分组选定《诗经》篇目。

（2）上网搜索要采摘的植物资料。

（3）到户外寻找要采摘的植物。

（4）制作植物标本。

（5）在班级展示植物标本，讲述小组选择植物的理由，分享采摘的过程。

【活动二】对话劳动者

活动时间：20～30 分钟。

活动目的：通过与生活中真实存在的劳动者的对话，了解劳动者的心理和劳动行为，加强对劳动意义的理解。

活动程序：

（1）3 人一组，与校园中的平凡劳动者对话。

（2）采访劳动过程、劳动者的体会，并做好访谈记录。

（3）在课堂上与班级同学分享。

【提示】根据各校各专业实际情况制定访谈提纲。例如，劳动者一天的劳动过程是怎样的？劳动者一年的劳动心理变化如何？在工作中，有没有发生对劳动者影响较大或其记忆深刻的事情。

【话题讨论】

与互联网相伴成长的“95 后”“00 后”逐渐成为消费市场的主力军，数字化产品和服务消费逐渐常态化。新需求提供了新市场，催生出了新职业。来势汹汹的“元宇宙”浪潮进一步为新兴职业的诞生和发展提供了想象空间。每个踏入“元宇宙”的人都要有一个相应的虚拟化身，作为身份识别的依据。捏脸师，即虚拟头像创作者，就是社交应用平台孕育出的一种新型高收入职业。其职业前景和与之相关的商业模式被大众和市场看好。

于是，有人说，旧劳动已经过时，泛“Z 世代”少劳也能多得，多劳多得、艰苦劳作已经不属于这个时代。你怎么看待新旧劳动的“劳”与“得”？

【写作训练】

路遥在《平凡的世界》中写道："什么是人生？人生就是永不休止的奋斗！只有选定了目标并在奋斗中感到自己的努力没有虚掷，这样的生活才是充实的，精神也会永远年轻。"

请以"奋斗"为主题，写一篇作文，立意自定，题目自拟。

第十章　桑梓情深

主题导读

山一程，水一程，羁旅怀乡。纵然千山万水，夜深千帐灯，隔不断乡愁。风一更，雪一更，故园无此声。因为熟悉，所以亲近，因为亲近，连生欢喜。最喜欢的仍是故园的一事一物，它是孩童织梦的乐园，是世人追捧的珍宝。无情的草木被思乡人浸染出人间气息，山中野菜不仅是让味蕾享受的风味，更是“杨柳依依”的眷恋。吾心安处是故乡，身在异乡的诗人浓墨重彩描绘逸雅兰菊，用满腔热情歌颂赞美伟大的祖国。

选文一

采 薇

《诗经》

采薇[1]采薇，薇亦作[2]止[3]。曰[4]归曰归，岁亦莫[5]止。
靡[6]室靡家，猃狁[7]之故。不遑[8]启居[9]，猃狁之故。
采薇采薇，薇亦柔[10]止。曰归曰归，心亦忧止。
忧心烈烈[11]，载饥载渴[12]。我戍未定，靡使归聘[13]。
采薇采薇，薇亦刚止。曰归曰归，岁亦阳[14]止。
王事靡盬[15]，不遑启处[16]。忧心孔[17]疚[18]，我行不来[19]！
彼尔维何？维常之华。彼路[20]斯[21]何？君子之车。
戎车既驾，四牡业业[22]。岂敢定居？一月三捷。
驾彼四牡，四牡骙骙[23]。君子所依，小人[24]所腓[25]。

---

① 薇：豆科野豌豆属的一种，学名救荒野豌豆，又叫大巢菜，种子、茎、叶均可食用。
② 作：指薇菜冒出地面。
③ 止：句末助词，无实意。
④ 曰：句首、句中助词，无实意。
⑤ 莫：通“暮”，也读作“暮”。本文指年末。
⑥ 靡：无，没有。
⑦ 猃（xiǎn）狁（yǔn）：中国古代西北少数民族名。
⑧ 不遑：不暇。遑，闲暇。
⑨ 启居：跪、坐，指休息、休整。启，跪、跪坐。居，安坐、安居。古人席地而坐，两膝着席，危坐时腰部伸直，臀部与足离开；安坐时臀部贴在足跟上。
⑩ 柔：柔嫩。“柔”比“作”更进一步生长。指刚长出来的薇菜柔嫩的样子。
⑪ 烈烈：炽烈，形容忧心如焚。
⑫ 载（zài）饥载渴：“载……载……”，即“又……又……”。
⑬ 聘：问候的音信。
⑭ 阳：农历十月，小阳春季节。
⑮ 盬（gǔ）：止息，了结。
⑯ 启处：休整，休息。
⑰ 孔：甚，很。
⑱ 疚：病，苦痛。
⑲ 来：回家。
⑳ 路：高大的战车。
㉑ 斯：语气助词，无实义。
㉒ 业业：高大的样子。
㉓ 骙（kuí）骙：指马强壮的样子。
㉔ 小人：指士兵。
㉕ 腓（féi）：庇护，掩护。

四牡翼翼[①]，象弭[②]鱼服[③]。岂不日戒？猃狁孔棘[④]！
昔我往矣，杨柳依依[⑤]。今我来思[⑥]，雨[⑦]雪霏霏[⑧]。
行道迟迟，载渴载饥。我心伤悲，莫知我哀！

知识链接

本诗选自《诗经·小雅》，以采薇起兴，用返乡戍卒的口吻唱出从军生活的艰辛和思归情怀。薇菜生长，从发芽到长嫩叶、发粗干，从岁暮到岁阳，数月经年，循环往复。作者以此喻战士戍边时间的漫长，盼归家却不得归，终归家又忧心不止。思乡是诗的主题，哀伤是诗的基调，忧至于烈烈，至于孔疚。

“王事靡盬，不遑启处”点明了将士们有家难归的主要原因。此处对紧张战事的描写充满细节，将帅、士兵、马、车、象弭、鱼服组成画面，而主人公的心理颇为复杂，既有对“岂敢定居”的埋怨，又有对“一月三捷”的自豪。

最后两章历来被称作情景交融的佳句，清人王夫之在论《采薇》“昔我往矣，杨柳依依。今我来思，雨雪霏霏”两句时说：“以乐景写哀，以哀景写乐，一倍增其哀乐。”作者以往昔之虚衬眼前之实，以凯旋之乐衬内心之悲，突出不胜今昔之感。

选文二

故乡的野菜[⑨]

汪曾祺

荠菜。荠菜是野菜，但在我的家乡却是可以上席的。我们那里，一般的酒席，开头都有八个凉碟，在客人入席前即已摆好。通常是火腿、变蛋（松花蛋）、风鸡、酱鸭、油爆虾（或呛虾）、蚶子（是从外面运来的，我们那里不产）、咸鸭蛋之类。若是春天，就会有两样应时凉拌小菜：杨花萝卜（即北京的小水萝卜）切细丝拌海蜇，和拌荠菜。荠菜焯过，碎切，和香干细丁同拌加姜米，浇以麻油酱醋，或用虾米，或不用，均可。这道菜常抟成宝塔形，临吃推倒，拌匀。拌荠菜总是受欢迎的，吃个新鲜。凡野菜，都有一种园种的蔬菜所缺少的清香。

荠菜大都是凉拌，炒荠菜很少人吃。荠菜可包春卷，包圆子（汤团）。江南人用荠菜包馄饨，称为菜肉馄饨，亦称“大馄饨”。我们那里没有用荠菜包馄饨的。我们那里的面店中所卖

① 翼翼：整齐的样子。谓马训练有素。
② 象弭（mǐ）：以象牙装饰弓端的弭。弭：弓的一种，其两端饰以骨角。一说弓两头的弯曲处。
③ 鱼服：用鲨鱼皮制的箭袋。
④ 棘：急。
⑤ 依依：形容柳丝轻柔、随风摇曳的样子。
⑥ 思：用在句末，无实义。
⑦ 雨：即“下”。
⑧ 霏霏：雪花纷落的样子。
⑨ 选自《汪曾祺全集》，人民文学出版社 2019 年版，略有改动。

的馄饨都是纯肉馅的馄饨，即江南所说的“小馄饨”，没有“大馄饨”。我在北京的一家有名的家庭餐馆吃过这一家的一道名菜：翡翠蛋羹。一个汤碗里一边是蛋羹，一边是荠菜，一边嫩黄，一边碧绿，绝不混淆，吃时搅在一起。这种讲究的吃法，我们家乡没有。

枸杞头。春天的早晨，尤其是下了一场小雨之后，就可听到叫卖枸杞头的声音。卖枸杞头的多是附郭近村的女孩子，声音很脆，极能传远：“卖枸杞头来！”枸杞头放在一个竹篮子里，一种长圆形的竹篮，叫作元宝篮子。枸杞头带着雨水，女孩子的声音也带着雨水。枸杞头不值什么钱，也从不用秤约，给几个钱，她们就能把整篮子倒给你。女孩子也不把这当作正经买卖，卖一点钱，够打一瓶梳头油就行了。

自己去摘，也不费事。一会儿工夫，就能摘一堆。枸杞到处都是。我的小学的操场原是祭天地的空地，叫作“天地坛”。天地坛的四边围墙的墙根，长的都是这东西。枸杞夏天开小白花，秋天结很多小果子，即枸杞子，我们小时候叫它“狗奶子”，因为很像狗的奶子。

枸杞头也都是凉拌，清香似尤甚于荠菜。

蒌蒿。小说《大淖记事》：“春初水暖，沙洲上冒出很多紫红色的芦芽和灰绿色的蒌蒿，很快就是一片翠绿了。”我在书页下面加了一条注：“蒌蒿是生于水边的野草，粗如笔管，有节，生狭长的小叶，初生二寸来高，叫作‘蒌蒿薹子’，加肉炒食极清香。……”蒌蒿，字典上都注“蒌”音楼，蒿之一种，即白蒿。我以为蒌蒿不是蒿之一种，蒌蒿掐断，没有那种蒿子气，倒是有一种水草气。苏东坡诗“蒌蒿满地芦芽短”，以蒌蒿与芦芽并举，证明是水边的植物，就是我的家乡所说“蒌蒿薹子”。“蒌”字我的家乡不读楼，读吕。蒌蒿好像都是和瘦猪肉同炒，素炒好像没有。我小时候非常爱吃炒蒌蒿薹子。桌上有一盘炒蒌蒿薹子，我就非常兴奋，胃口大开。蒌蒿薹子除了清香，还有就是很脆，嚼之有声。

荠菜、枸杞我在外地偶尔吃过，蒌蒿薹子自十九岁离乡后从未吃过，非常想念。去年我的家乡有人开了汽车到北京来办事，我的弟妹托他们带了一塑料袋蒌蒿薹子来，因为路上耽搁，到北京时已经焐坏了。我挑了一些还不及烂的，炒了一盘，还有那么一点意思。

马齿苋。中国古代吃马齿苋是很普遍的，马苋与人苋（即红白苋菜）并提。后来不知怎么吃的人少了。我的祖母每年夏天都要摘一些马齿苋，晾干了，过年包包子。我的家乡普通人家平常是不包包子的，只有过年才包，自己家里人吃，有客人来蒸一盘待客。不是家里人包的。一般的家庭妇女不会包，都是备了面、馅，请包子店里的师傅到家里做，做一上午，就够正月里吃了。我的祖母吃长斋，她的马齿苋包子只有她自己吃。我尝过一个，马齿苋有点酸酸的味道，不难吃，也不好吃。

马齿苋南北皆有。我在北京的甘家口住过，离玉渊潭很近，玉渊潭马齿苋极多。北京人叫作马苋儿菜，吃的人很少。养鸟的拔了喂画眉。据说画眉吃了能清火。画眉还会有“火”么？

莼菜。第一次喝莼菜汤是在杭州西湖的楼外楼，一九四八年四月。这以前我没有吃过莼菜，也没有见过。我的家乡人大都不知莼菜为何物。但是秦少游有《以莼姜法鱼糟蟹寄子瞻》诗，则高邮原来是有莼菜的。诗最后一句是“泽居备礼无麋鹿”，秦少游当时盖在高邮居住，送给苏东坡的是高邮的土产。高邮现在还有没有莼菜，什么时候回高邮，我得调查调查。

明朝的时候，我的家乡出过一个散曲作家王磐。王磐字鸿渐，号西楼，散曲作品有《西楼乐府》。王磐当时名声很大，与散曲大家陈大声并称为“南曲之冠”。王西楼还是画家。高邮现在还有一句歇后语：“王西楼嫁女儿——画（话）多银子少。”王西楼有一本有点特别的著作：《野菜谱》。《野菜谱》收野菜五十二种。五十二种中有些我是认识的，如白鼓钉（蒲公英）、蒲儿根、马兰头、青蒿儿（即茵陈蒿）、枸杞头、野菉豆、蒌蒿、荠菜儿、马齿苋、灰条。江南人重马兰头。小时读周作人的《故乡的野菜》，提到儿歌“荠菜马兰头，姐姐嫁在后门头”，很是向往，但是我的家乡是不大有人吃的。灰条的“条”字，正字应是“藋”，通称灰菜。这东西我的家乡不吃。我第一次吃灰菜是在一个山东同学的家里，蘸了稀面，蒸熟，就烂蒜，别具滋味。后来在昆明黄土坡一中学教书，学校发不出薪水，我们时常断炊，就撸了灰菜来炒了吃。在北京我也摘过灰菜炒食。有一次发现钓鱼台国宾馆的墙外长了很多灰菜，极肥嫩，就弯下腰来摘了好些，装在书包里。门卫发现，走过来问：“你干什么？”他大概以为我在埋定时炸弹。我把书包里的灰菜抓出来给他看，他没有再说什么，走开了。灰菜有点碱味，我很喜欢这种味道。王西楼《野菜谱》中有一些，我不但没有吃过、见过，连听都没听说过，如：“燕子不来香”“油灼灼”……

《野菜谱》上图下文。图画的是这种野菜的样子，文则简单地说这种野菜的生长季节，吃法。文后皆系以一诗，一首近似谣曲的小乐府，都是借题发挥，以野菜名起兴，写人民疾苦。如：

眼子菜

眼子菜，
如张目，
年年盼春怀布谷，
犹向秋来望时熟。
何事频年倦不开，
愁看四野波漂屋。

猫耳朵

猫耳朵，
听我歌，
今年水患伤田禾，
仓廪空虚鼠弃窝，
猫兮猫兮将奈何！

江　荠

江荠青青江水绿，
江边挑菜女儿哭。
爷娘新死兄趁熟，
止存我与妹看屋。

抱娘蒿

抱娘蒿，
结根牢，
解不散，
如漆胶。
君不见昨朝儿卖客船上，

儿抱娘哭不肯放。

这些诗的感情都很真挚，读之令人酸鼻。我的家乡本是个穷地方，灾荒很多，主要是水灾，家破人亡、卖儿卖女的事是常有的。我小时就见过。现在水利大有改进，去年那样的特大洪水，也没死一个人，王西楼所写的悲惨景象不复存在了。想到这一点，我为我的家乡感到欣慰。过去，我的家乡人吃野菜主要是为了度荒，现在吃野菜则是为了尝新了。喔，我的家乡的野菜！

知识链接

文中写了五种常见的野菜，既有对故乡的思念，又有对百姓苍生、世事沧桑的感怀和悲悯。作者将每种野菜的吃法描写得有滋有味，富有生活的情趣，将平和、淡雅、乐观的人生态度，与美好质朴的人情结合。文章显示了作者对物趣的留恋和喜爱，透出“民以食为天”的生存的喜悦，欣赏、尊重、品尝生活里一切的美好馈赠，展现出对人生的艺术化审美。文中大量引用民歌，记录传统文化和习俗，既富有哲理，又显得从容冲淡。其语言简约生动，拙朴而高雅，擅用短句，有空间感。

选文三

忆 菊①

闻一多

插在长颈的虾青瓷的瓶里，
六方的水晶瓶里的菊花，
攒在紫藤仙姑篮里的菊花；
守着酒壶的菊花，
陪着螯盏的菊花；
未放，将放，半放，盛放的菊花。

镶着金边的绛色的鸡爪菊；
粉红色的碎瓣的绣球菊！
懒慵慵的江西腊哟；
倒挂着一饼蜂窠似的黄心，
仿佛是朵紫的向日葵呢。
长瓣抱心，密瓣平顶的菊花；
柔艳的尖瓣攒蕊的白菊

① 选自《闻一多全集》，湖北人民出版社1993年版。

如同美人底拳着的手爪，
拳心里攫着一撮儿金粟。

檐前，阶下，篱畔，圃心底菊花：
霭霭的淡烟笼着的菊花，
丝丝的疏雨洗着的菊花，——
金底黄，玉底白，春酿底绿，秋山底紫，
……

剪秋萝似的小红菊花儿；
从鹅绒到古铜色的黄菊；
带紫茎的微绿色的“真菊”，
是些小小的玉管儿缀成的，
为的是好让小花神儿
夜里偷去当了笙儿吹着。

大似牡丹的菊王到底奢豪些，
他的枣红色的瓣儿，铠甲似的，
张张都装上银白的里子了；
星星似的小菊花蕾儿
还拥着褐色的萼被睡着觉呢。

啊！自然美底总收成啊！
我们祖国之秋底杰作啊！
啊！东方底花，骚人逸士底花呀！
那东方底诗魂陶元亮
不是你的灵魂底化身罢？
那祖国底登高饮酒的重九
不又是你诞生底吉辰吗？

你不像这里的热欲的蔷薇，
那微贱的紫罗兰更比不上你。
你是有历史，有风俗的花。
啊！四千年华胄底名花呀！
你有高超的历史，你有逸雅的风俗！

啊！诗人底花呀！我想起你，
我的心也开成顷刻之花，
灿烂的如同你的一样；
我想起你同我的家乡，

我们的庄严灿烂的祖国，
我的希望之花又开得同你一样。

习习的秋风啊！吹着，吹着！
我要赞美我祖国底花！
我要赞美我如花的祖国！
请将我的字吹成一簇鲜花，
金底黄，玉底白，春酿底绿，秋山底紫，
……
然后又统统吹散，吹得落英缤纷，
弥漫了高天，铺遍了大地！

秋风啊！习习的秋风啊！
我要赞美我祖国底花！
我要赞美我如花的祖国！

知识链接

闻一多（1899—1946），原名家骅，字友三，湖北浠水人，爱国诗人、学者、民主斗士。闻一多为新月派代表诗人，主张新诗格律化，提出诗歌“三美”（音乐美、绘画美、建筑美）。其新诗集《红烛》《死水》是现代诗经典之作。

这首诗作于 1922 年重阳节前一天，诗人正在美国留学，借对家乡秋菊的思忆，借物抒情，表达对祖国的怀念和赞美。诗歌一开头就是纷繁扑面的色彩，各色菊花品类繁多，诗人用拟人的手法，使菊花既有美人之娇憨，又有孩童之活泼，艳丽而无所不在，充满生命的活力。诗人感叹秋菊是自然美的总收成，是祖国之秋的杰作，是东方之花。在中西文化对比中，诗人对菊花高洁的品格进行赞美，从自然之美到人文之美。诗人仿佛手持画笔，用浓重的色彩为祖国绘制华胄之花，饱含热情地赞美“如花的祖国”，对祖国的未来充满希望。

选文四

乡土本色①

费孝通

从基层上看去，中国社会是乡土性的。我说中国社会的基层是乡土性的，那是因为我考虑到从这基层上曾长出一层比较上和乡土基层不完全相同的社会，而且在近百年来更在东西方接触边缘上发生了一种很特殊的社会。这些社会的特性我们暂时不提，将来再说。我们不

① 选自《乡土中国》，北京出版社 2005 年版，略有改动。

妨先集中注意那些被称为土头土脑的乡下人，他们才是中国社会的基层。

我们说乡下人土气，虽则似乎带着几分藐视的意味，但这个“土”字却用得很好。“土”字的基本意义是指泥土。乡下人离不了泥土，因为在乡下住，种地是最普通的谋生办法。在我们这片远东大陆上，可能在很古的时候住过些还不知道种地的原始人，那些人的生活怎样，对于我们至多只有一些好奇的兴趣罢了。以现在的情形来说，这片大陆上最大多数的人是拖泥带水下田讨生活的了。我们不妨缩小一些范围来看，三条大河的流域已经全是农业区。而且，据说凡是从这个农业老家里迁移到四围边地上去的子弟，也老是很忠实地守着这直接向土里去讨生活的传统。最近我遇着一位到内蒙旅行回来的美国朋友，他很奇怪地问我：你们中原去的人，到了这最适宜于放牧的草原上，依旧锄地播种，一家家划着小小的一方地，种植起来；真像是向土里一钻，看不到其他利用这片地的方法了。我记得我的老师史禄国先生也告诉过我，远在西伯利亚，中国人住下了，不管天气如何，还是要下些种子，试试看能不能种地。——这样说来，我们的民族确是和泥土分不开的了。从土里长出过光荣的历史，自然也会受到土的束缚，现在很有些飞不上天的样子。

靠种地谋生的人才明白泥土的可贵。城里人可以用土气来藐视乡下人，但是乡下，“土”是他们的命根。在数量上占着最高地位的神，无疑的是“土地”。“土地”这位最近于人性的神，老夫老妻白首偕老的一对，管着乡间一切的闲事。他们象征着可贵的泥土。我初次出国时，我的奶妈偷偷地把一包用红纸裹着的东西，塞在我箱子底下。后来，她又避了人和我说，假如水土不服，老是想家时，可以把红纸包裹着的东西煮一点汤吃。这是一包灶上的泥土。——我在《一曲难忘》的电影里看到了东欧农业国家的波兰也有着类似的风俗，使我更领略了“土”在我们这种文化里所占和所应当占的地位了。

农业和游牧或工业不同，它是直接取资于土地的。游牧的人可以逐水草而居，飘忽无定；做工业的人可以择地而居，迁移无碍；而种地的人却搬不动地，长在土里的庄稼行动不得，侍候庄稼的老农也因之像是半身插入了土里，土气是因为不流动而发生的。

直接靠农业来谋生的人是黏着在土地上的。我遇见过一位在张北一带研究语言的朋友。我问他说在这一带的语言中有没有受蒙古语的影响。他摇了摇头，不但语言上看不出什么影响，其他方面也很少。他接着说：“村子里几百年来老是这几个姓，我从墓碑上去重构每家的家谱，清清楚楚的，一直到现在还是那些人。乡村里的人口似乎是附着在土上的，一代一代地下去，不太有变动。”——这结论自然应当加以条件的，但是大体上说，这是乡土社会的特性之一。我们很可以相信，以农为生的人，世代定居是常态，迁移是变态。大旱大水，连年兵乱，可以使一部分农民抛井离乡；即使像抗战这样大事件所引起基层人口的流动，我相信还是微乎其微的。

当然，我并不是说中国乡村人口是固定的。这是不可能的，因为人口在增加，一块地上只要几代的繁殖，人口就到了饱和点；过剩的人口自得宣泄出外，负起锄头去另辟新地。可是老根是不常动的。这些宣泄出外的人，像是从老树上被风吹出去的种子，找到土地的生存了，又形成一个小小的家族殖民地，找不到土地的也就在各式各样的运命下被淘汰了，或是“发迹了”。我在广西靠近瑶山的区域里还看见过这类从老树上吹出来的种子，拼命在垦地。在云南，我看见过这类种子所长成的小村落，还不过是两三代的事；我在那里也看见过找不着地的那些“孤魂”，以及死了给狗吃的路毙尸体。

不流动是从人和空间的关系上说的，从人和人在空间的排列关系上说就是孤立和隔膜。孤立和隔膜并不是以个人为单位的，而是以住在一处的集团为单位的。本来，从农业本身看，许多人群居在一处是无需的。耕种活动里分工的程度很浅，至多在男女间有一些分工，好像女的插秧、男的锄地等。这种合作与其说是为了增加效率，不如说是因为在某一时间男的忙不过来，家里人出来帮帮忙罢了。耕种活动中既不向分工专业方面充分发展，农业本身也就没有聚集许多人住在一起的需要了。我们看见乡下有大小不同的聚居社区，也可以想到那是出于农业本身以外的原因了。

乡下最小的社区可以只有一户人家。夫妇和孩子聚居于一处有着两性和抚育上的需要。无论在什么性质的社会里，除了军队、学校这些特殊的团体外，家庭总是最基本的抚育社群。在中国乡下这种只有一户人家的小社区是不常见的。在四川的山区种梯田的地方，可能有这类情形，大多的农民是聚村而居。这一点对于我们乡土社会的性质很有影响。美国的乡下大多是一户人家自成一个单位，很少屋檐相接的邻舍。这是他们早年拓殖时代，人少地多的结果，同时也保持了他们个别负责、独来独往的精神。我们中国很少类似的情形。

中国农民聚村而居的原因大致说来有下列几点：一、每家所耕的面积小，所谓小农经营，所以聚在一起住，住宅和农场不会距离得过分远。二、需要水利的地方，他们有合作的需要，在一起住，合作起来比较方便。三、为了安全，人多了容易保卫。四、土地平等继承的原则下，兄弟分别继承祖上的遗业，使人口在一地方一代一代地积起来，成为相当大的村落。

无论出于什么原因，中国乡土社区的单位是村落，从三家村起可以到几千户的大村。我在上文所说的孤立、隔膜是就村和村之间的关系而说的。孤立和隔膜并不是绝对的，但是人口的流动率小，社区间的往来也必然疏少。我想我们很可以说，乡土社会的生活是富于地方性的。地方性是指他们活动范围有地域上的限制，在区域间接触少，生活隔离，各自保持着孤立的社会圈子。

乡土社会在地方性的限制下成了生于斯、死于斯的社会。常态的生活是终老是乡。假如在一个村子里的人都是这样的话，在人和人的关系上也就发生了一种特色，每个孩子都是在人家眼中看着长大的，在孩子眼里周围的人也是从小就看惯的。这是一个“熟悉”的社会，没有陌生人的社会。

在社会学里，我们常分出两种不同性质的社会：一种并没有具体目的，只是因为在一起生长而发生的社会；一种是为了要完成一件任务而结合的社会。用 Tönnies 的话说，前者是 Gemeinschaft，后者是 Gesellschaft；用 Durkheim 的话说，前者是“有机的团结”，后者是“机械的团结”。用我们自己的话说，前者是礼俗社会，后者是法理社会。——我以后还要详细分析这两种社会的不同。在这里我想说明的是生活上被土地所囿住的乡民，他们平素所接触的是生而与俱的人物，正像我们的父母兄弟一般，并不是由于我们选择得来的关系，而是无须选择，甚至先我而在的一个生活环境。

熟悉是从时间里、多方面、经常的接触中所发生的亲密的感觉。这感觉是无数次的小摩擦里陶炼出来的结果。这过程是《论语》第一句里的“习”字。“学”是和陌生事物的最初接触，“习”是陶炼，“不亦说乎”是描写熟悉之后的亲密感觉。在一个熟悉的社会中，我们会得到从心所欲而不逾规矩的自由。这和法律所保障的自由不同。规矩不是法律，规矩是“习”出来的礼俗。从俗即是从心。换一句话说，社会和个人在这里通了家。

“我们大家是熟人，打个招呼就是了，还用得着多说吗？”——这类的话已经成了我们现代社会的阻碍。现代社会是个陌生人组成的社会，各人不知道各人的底细，所以得讲个明白；还要怕口说无凭，画个押，签个字。这样才发生法律。在乡土社会中法律是无从发生的。

“这不是见外了吗？”乡土社会里从熟悉得到信任。这信任并非没有根据的，其实最可靠也没有了，因为这是规矩。西洋的商人到现在还时常说中国人的信用是天生的。类于神话的故事真多：说是某人接到了大批瓷器，还是他祖父在中国时订的货，一文不要地交了来，还说着许多不能及早寄出的抱歉话。——乡土社会的信用并不是对契约的重视，而是发生于对一种行为的规矩熟悉到不假思索时的可靠性。

这自是“土气”的一种特色。因为只有直接有赖于泥土的生活才会像植物一般地在一个地方生下根，这些生了根在一个小地方的人，才能在悠长的时间中，从容地去摸熟每个人的生活，像母亲对于她的儿女一般。陌生人对于婴孩的话是无法懂的，但是在做母亲的人听来都清清楚楚，还能听出没有用字音表达的意思来。

不但对人，他们对物也是“熟悉”的。一个老农看见蚂蚁在搬家了，会忙着去田里开沟，他熟悉蚂蚁搬家的意义。从熟悉里得来的认识是个别的，并不是抽象的普遍原则。在熟悉的环境里生长的人，不需要这种原则，他只要在接触所及的范围之中知道从手段到目的间的个别关联。在乡土社会中生长的人似乎不太追求这笼罩万有的真理。我读《论语》时，看到孔子在不同人面前说着不同的话来解释“孝”的意义时，我感觉到这乡土社会的特性了。孝是什么？孔子并没有抽象地加以说明，而是列举具体的行为，因人而异地答复了他的学生。最后甚至归结到“心安”两字。做子女的得在日常接触中去摸熟父母的性格，然后去承他们的欢，做到自己的心安。这说明了乡土社会中人和人相处的基本办法。

这种办法在一个陌生人面前是无法应用的。在我们社会的急速变迁中，从乡土社会进入现代社会的过程中，我们在乡土社会中所养成的生活方式处处产生了流弊。陌生人所组成的现代社会是无法用乡土社会的习俗来应付的。于是，“土气”成了骂人的词汇，“乡”也不再是衣锦荣归的去处了。

知识链接

费孝通（1910—2005），字彝江，祖籍江苏吴江，著名社会学家。其主要著作有《江村经济》《乡土中国》《生育制度》《民族与社会》《行行重行行》《乡土重建》等。《乡土中国》是中国乡土社会传统文化和社会结构理论研究的代表作。

《乡土中国》是费孝通在 1948 年前后，通过实地调查，根据他所讲“乡村社会学”的课程讲义内容整理的十四篇论文。这些论文最初是为一家报纸所写的，文字表达轻松，科学、严谨而又有阅读趣味。全书从文化本位的视角观察中国的基层乡土社会，研究中国基层社会结构，思考中国的多元与一体的关系。费孝通在该书“重刊序言”中说，他想借“乡村社会学”这个讲台来追究中国乡村社会的特点。文中渗透着对历史学、哲学、政治学、人类学等相关学科的深刻认识和精辟见解，是“杂”而化之。

本文节选自《乡土中国》开宗明义第一篇 《乡土本色》，作者对比礼俗社会和法理社会，赞扬了乡土社会遵循“礼治秩序”的“土气”本色。法理社会是机械团结的陌生人社会，礼俗社会是以农业生产方式为基础的“土气”的熟人社会，这是中国乡土的本色。这种熟人社会的本色使得血缘和地缘等因素联结，乡土社会的结构呈现“差序格局”。

选文五

白玉苦瓜[①]

——故宫博物院所藏

余光中

似醒似睡，缓缓的柔光里
似悠悠醒自千年的大寐
一只瓜从从容容在成熟
一只苦瓜，不再是涩苦
日磨月磋琢出深孕的清莹
看茎须缭绕，叶掌抚抱
哪一年的丰收像一口要吸尽
古中国喂了又喂的乳浆
完满的圆腻啊酣然而饱
那触觉，不断向外膨胀
充实每一粒酪白的葡萄
直到瓜尖，仍翘着当日的新鲜

茫茫九州只缩成一张舆图
小时候不知道将它叠起
一任推开那无穷无尽
硕大似记忆母亲，她的胸脯
你便向那片肥沃匍匐
用蒂用根索她的恩液
苦心的悲慈苦苦哺出
不幸呢还是大幸这婴孩
钟整个大陆的爱在一只苦瓜
皮鞋踩过，马蹄踩过
重吨战车的履带踩过
一丝伤痕也不曾留下

只留下隔玻璃这奇迹难信
犹带着后土依依的祝福
在时光以外奇异的光中

① 选自《余光中集》，百花文艺出版社 2004 年版。

熟着，一个自足的宇宙
饱满而不虞腐烂，一只仙果
不产生在仙山，产在人间
久朽了，你的前身，唉，久朽
为你换胎的那手，那巧腕
千眄万睐巧将你引渡
笑对灵魂在白玉里流转
一首歌，咏生命曾经是瓜而苦
被永恒引渡，成果而甘

一九七四年二月十一日

知识链接

余光中（1928—2017），祖籍福建永春，生于南京，当代著名作家、诗人、学者、翻译家，被誉为文坛的“璀璨五彩笔”，代表作有《白玉苦瓜》《记忆像铁轨一样长》等。其诗作具有中国传统文化意识，如《乡愁》《乡愁四韵》等，广为流传。

白玉苦瓜是台北故宫博物院收藏的珍品，玉匠的雕琢使苦瓜的生命得以长久延续，正如中国传统文化精神，仍可再次焕发新的生命力。诗人说他要在诗集中表现“纵的历史感、横的地域感、纵横相交而成十字路口的现实感”，“瓜而曰苦，正象征生命的现实”。这首诗作为咏物诗，怀古咏史，倾吐个人与国家、民族的悲欢，以文学创作超越时代的矛盾和现实的距离。

苦瓜之苦暗喻中国在历史上经历的苦难，“皮鞋踩过，马蹄踩过，重吨战车的履带踩过”，是瓜而苦，但经过艺术加工，却成果而甘，因为被永恒引渡。“钟整个大陆的爱在一只苦瓜”，永恒的是爱，对祖国大地的爱。苦已去，如今是自足的宇宙，灵魂在永恒的白玉里流转。

选文六

榕树①

泰戈尔

喂，你站在池边的蓬头榕树，你可曾忘记了那小小的孩子，就像那在你的枝上筑巢又离开了你的鸟儿似的孩子？

你不记得他怎样坐在窗内，诧异地望着你那深入地下的纠缠的树根么？

妇人们常到池边，汲了满罐的水去。你的大黑影便在水面上摇动，好像睡着的人挣扎着要醒来似的。

① 选自《新月集 飞鸟集》，湖南人民出版社1981年版，略有改动。译者为郑振铎。

日光在微波上跳舞，好像不停不息的小梭在织着金色的花毡。

两只鸭子挨着芦苇，在芦苇影子上游来游去，孩子静静地坐在那里想着。

他想做风，吹过你萧萧的枝杈；想做你的影子，在水面上，随了日光而俱长；想做一只鸟儿，栖息在你的最高枝上；还想做那两只鸭，在芦苇与阴影中间游来游去。

知识链接

泰戈尔（1861—1941），印度著名诗人、哲学家、民族主义者，曾留学英国，创办过国际大学。1913 年因《吉檀迦利》成为首位获得诺贝尔文学奖的亚洲人。著述颇丰，主要作品有《吉檀迦利》《飞鸟集》《新月集》《园丁集》等。

这首诗选自《新月集》。译者郑振铎称《新月集》有一种不可测的魔力，“它把我们从怀疑贪婪的成人世界，带到秀嫩天真的儿童的新月之国里去……可以使自己从现实的苦闷的境地里飞翔到美静天真的儿童国里去”。这是一首以人类之爱抵抗社会现实的诗作。榕树是故乡的象征，诗人用孩子的口吻描写了对朋友榕树的沉思和幻想。在诗句中，看不到孟加拉毒烈的太阳、干燥的土地，看到的都是葱绿的树木、洁白的芦苇、闲游的鸭子等诗意化的美丽景观。

能力训练

【活动一】舌尖上的乡味

活动时间：10～15 分钟。

活动目的：培养学生自主关注日常生活经验的能力，提升对地域文化的认同感。

活动程序：

（1）将来自同一个区域的同学分到一个组，只有一人的进入“大家庭”组。

（2）小组讨论最能勾起关于“吃”的儿时回忆的声音。

（3）向组员阐明自己喜欢这种声音的理由。

（4）小组课外分工录制儿时与美食有关的音频，上传在线平台分享，互相点赞、评论。

（5）挑选有代表性的音频在课堂上展示。

【提示】记忆中的声音可能是吆喝声、炊具碰撞声、餐桌上的人声等。生活在一个区域的人会有共同的文化背景和对事物的感知，小组内关于儿时的“吃”的回忆也有共性，每组各有千秋，从听觉到味觉，是对饮食文化的一种通感审美训练。

【活动二】方音诗社

活动时间：20～30 分钟。

活动目的：用美的语言激发学生的审美能力，提高学生的诵读技能，培养诵读习惯。

活动程序：

（1）来自同一个区域的学生组成“单音诗社”，只有一人的进入“多音诗社”。

（2）小组讨论选定诵读篇目。

（3）组员分工或分角色，用方言诵读或演绎选定的诗文。

（4）同时拍摄小组作品，上传在线平台，相互点赞、评论。

（5）分享活动感受。

【提示】某些方言的消失会不可避免地导致汉语方言多样性的损失，进而导致语言资源多样性的缺失。方言是离我们最近的非物质文化遗产，承载了人的身份、历史和地域文化，诗词歌谣、地方饮食、幽默故事、地方历史、民间故事、风俗习惯中都有关于它的亲切记忆。

【活动三】故土之赞

活动时间：10～15 分钟。

活动目的：通过真挚的口语抒发情感，增强学生对乡土的身份认同。

活动程序：

（1）教师设置在线打卡活动：诵读“喔，我家乡的______”。

（2）学生参与打卡活动，在横线处填上你热爱的家乡事物。

（3）替换叹词“喔”（供参考：呵，唉，哇，啊，呀，耶……）。

（4）读出对家乡的情感。

（5）上传朗读的音频或视频，在视频中可以加上动作。

（6）认真听大家的朗读，感受大家读出的味道，为你最喜欢的音频点赞，讲出你的看法和感受。

（7）老师总结点评（在打卡程序上呈现）。

【话题讨论】

如何看待现代社会中的乡土地域特征？

随着城市化和工业化进程加快，人口大迁移，人们很难说清楚自己是哪里人，乡土似乎变得泛化，不再是叶落归根、衣锦还乡的固定地域。一种观点认为，现代社会中乡土的地域特征已经被打破，不复存在。小时候父母是家，长大后工作是家，老了后孩子是家。另一种观点认为，大城市中“暴走族”“郊区居住趋势化”兴起，是对传统地域的回归和认同。

请在课外阅读费孝通的《乡土中国》，谈谈你对以上两种观点的看法。

【写作训练】

月是故乡明，思念向故乡生长，萦绕心间。我望着故乡，故乡也回望着我。无论离开多远，故乡的温柔熨烫心间，鼓励我与它共同努力，努力改变自己，踏步前行。请以“吾乡吾土”为话题，为家乡写一篇文旅宣传稿，文体不限，立意自定，标题自拟。

第二部分　口语表达与思维训练

第一章　口才概述

一、理论概述

进入21世纪，随着现代科技的进步，尤其互联网、通信技术、现代交通等迅猛发展，人与人、国与国之间的时空距离被缩小、被打破，人们的交往日益便捷、频繁，“天涯若比邻”成为事实，“地球村”不再是神话。

“地球在缩小，舌头在延长”，在便捷的交际环境下，“三寸不烂之舌”发挥着越来越重要的作用。俗话说“是人才的未必有口才，有口才的一定是人才”，人们越来越意识到“良好的口才”是未来成功者必备的技能之一。

有一个人对商业广告极有研究，曾在无机会的环境中创造出机会。他以求职的目的去拜访一个大公司的经理。两人会面以后，他始终没有把谋职的意思说出。他只和经理谈话，巧妙地把广告对商业的重要性及其运用的方法说出。他举了许多有力而典型的例子，他的丰富的知识、犀利的词锋引起了经理的兴趣。他虽没说出谋职，经理却主动请他替公司设计广告事务。他的目的达到了，这就是仅凭一席话，给自己创造机会的人。①

在生活中，口才同样至关重要。不会说话的人，一不小心就可能“祸从口出”，闹笑话、吃亏或引起误会。

有个人请客，看看时间过了，还有一大半客人没来。主人心里很焦急，便说：“怎么搞的，该来的客人还不来？”一些敏感的客人听到了，心想：“该来的没来，那我们是不该来的了？”于是，这些客人悄悄地走了。

一看又走掉好几位客人，主人越发着急了，便说：“怎么不该走的客人，反倒走了呢？”剩下的客人一听，又想：“走了的是不该走的，那我们这些没走的倒是该走的了！”于是，这些客人也走了。

最后只剩下一位跟主人较接近的朋友。看了这种尴尬的场面，那位朋友劝他说：“你说话前应该先考虑一下，否则说错了，就不容易收回来了。”主人大叫冤枉，急忙解释说：“我并不是叫他们走啊！”朋友听了大为光火，说：“不是叫他们走，那就是叫我走了。”说完，那位朋友头也不回地离开了。

这个“主人”前前后后只讲了三句话，却句句如刀，得罪人而不自知，实在令人咋舌。

① 傅明善. 口才学通论［M］.杭州：浙江大学出版社，2007.

可以说，大到国家领导人竞选，小到普通老百姓在菜市场讨价还价，口语表达活动无处不在、无时不在。在当今这个社会，要想具有优质而稳固的“朋友圈”，口才的重要性不言而喻。

（一）古今中外口才训练纵横谈

人类的口语表达活动是一种特殊的社会实践活动，与人类的文明社会有着几乎同样悠久的历史。为了把话说得更好，古今中外，人们都重视口才训练。

古语云“一言可以兴邦”，足见口才无与伦比的地位。

在我国古代，关于口才的范例数不胜数，如《左传》中记载的“厨师认罪辩冤”的故事。

晋文公作为公子时，曾在外流浪十九年，受尽了磨难。后来回国当上了国君，晋文公就尽情地享受，什么山珍海味都尝遍了，其中最爱吃的是烤肉。有一次，晋文公点了一盘烤肉，发现有一根头发缠绕在烤肉上。于是，晋文公勃然大怒，唤来烤肉的厨师。晋文公的侍从对厨师喝道：“烤肉上居然缠有头发，这是对君主的大不敬，你如此失职，该当何罪？”厨师看了一眼盘子里的烤肉，知道有人故意陷害自己，心想：“我是一个卑贱的厨师，在国君面前哪有辩护的权利？但如果不将冤屈点破，又会马上被处死。”在这危急关头，聪明的厨师连忙跪倒在地，向晋文公认罪：“臣有罪，臣该死！臣罪有三：厨房切肉的刀快得像宝剑，能够割断肉，却割不断头发丝，这是臣罪之一；烤肉时，我用铁锥把肉穿起来反复翻动，却没有发现这么长的一根头发，这是臣罪之二；炉火熊熊，肉都烤熟了，头发竟然还没烤焦，这是臣罪之三。有此三罪，死罪难免。”

晋文公听了这番话，领会了厨师的巧妙申辩，醒悟到这是有人故意做手脚，戏弄国君，陷害厨师。于是，他下令将伺候进膳的侍从找来审问，果然如此。晋文公大怒，杀了侍从。厨师最终免遭杀身之祸。

更为著名的是“晏子使楚”的故事。

齐国的相国晏子奉命出使楚国，楚国人知道晏子身材矮小，就想故意侮辱他。他们在城门边上开了个小门，请晏子从小门进城。晏子见了，笑着说：“出使狗国，才从狗洞里进去。现在臣奉命出使楚国，大概不应该从狗洞里进去吧？”楚国官员听了之后，赶快打开正门，请晏子进城。

晏子见到楚王，向楚王行礼。他刚刚站起身，楚王就发话了：“齐国难道没有人了吗？”晏子一听，就明白楚王是在蔑视自己，于是从容答道：“齐国都城临淄有三十万户人家，每人抬起胳膊来，衣袖可以遮住太阳；每人挥一把汗，就像下了一场大雨；大街上人来人往，摩肩接踵，谁说齐国无人？”

楚王又问道：“既然齐国有那么多人，怎么派你来出使呢？”晏子随口回答：“齐王任命使臣，任命有贤德之人出使有贤德之王的国度，任命品行不好的人出使下等国度。臣的品行最差，所以被派到楚国来了。”

楚王听了，气得张口结舌，无言以对。楚王对自己的失败耿耿于怀，总想找个机会进行报复，便与手下大臣商议对策，等着要羞辱晏子。过了两天，楚王请晏子进宫赴宴。众人畅饮正欢，忽见殿前走过一伙人，原来是一队卫兵押着一名囚犯走过。楚王高声斥问：“何人来此喧哗？”一名侍卫官报告说：“启禀大王，刚刚抓到一个贼。”楚王又问：“从哪里来的？审问过没有？”“审问过了，这贼说他是从齐国来的。”楚王听了就得意地对晏子说：“齐国人生来就善于偷盗吗？”晏子听了立刻起身答道：“臣听说橘生淮南则为橘，果实大而甜；移之淮北则为枳，果实小而酸。为什么？是因为水土不同的缘故啊！现在齐国百姓在齐国不会偷盗，家家夜不闭户；而这人一到楚国就会偷盗，该不是楚国的水土使人变得善于偷盗了吧？”楚王听了哭笑不得，呆了一会儿，自我解嘲地说：“与圣人不能随便开玩笑啊，这次我是自找难堪了。”

那么，晏子是什么人？他身任齐灵公、齐庄王、齐景公三朝相国，是一位著名的政治家，又是一位能言善辩的外交家。他多次出使诸侯各国，都以犀利的口才维护了自己的人格和国家的尊严。在这个故事里，他巧妙地运用归谬法，将对方荒谬观点进一步夸大，并将荒谬引向对方自身，使人一听就知道荒谬至极，而且使羞辱他的人受到加倍的羞辱。①

这些古人以绝妙口才出奇制胜、转危为安的事例，令人百读不厌。

西方口才学源于古希腊的雅典。公元前 390 年，苏格拉底在雅典创立的修辞学校，就是第一个专门培养演说家的教育机构。修辞学校规定的学生修业年限为四年，教育内容广泛，除雄辩术之外，还开设文学、历史、地理、天文、几何等课程。这所学校对后来的演说家教育影响很大。昆体良是古罗马著名的演说家、教育家。他是罗马第一位修辞学教授，把前人的“演讲术”发展为系统的演讲学理论，成为演讲学的真正创始人，代表作有《演说家的教育》《演说术原理》《论辩术原理》等。在《演说家的教育》一书中，昆体良从道德水准、语言能力、知识程度、思维技能及体态风韵等方面对演说家提出了要求。②

美国人十分重视口才训练。第二次世界大战，美国人将口才、原子弹和金钱作为赖以生存和竞争的三大战略武器。20 世纪 60 年代以后，美国人又将口才、美元和计算机看成最有力的三大法宝。在美国人眼中，“口才”是与“原子弹”“美元”“计算机”等相提并论的，其重要性不言自明。戴尔·卡耐基是美国著名的成人教育家，他运用心理学知识，对人类共同的心理特点进行了探索和分析，开创和发展了一种集演讲术、推销术、为人处世术、智力开发术于一体的独特的成人教育方式，他的教育思想和教育实践使全世界数以千万计的人受益。他的著作《人性的弱点》《卡耐基高情商沟通术》《卡耐基魅力口才与演讲的艺术》等在国内都掀起过畅销热潮，受到众多读者的追捧。

进入 21 世纪，国内很多学者投身于对口才学的研究与实践。例如，余世维著有《有效沟通》，林伟贤著有《魅力口才》，两者都配有相应的视频资源，可供学习。国内电视节目，如《超级演说家》《我是演说家》《奇葩说》《脱口秀大会》《开讲啦》《声临其境》等汇集了众多优秀选手，深受年轻人的喜爱，让演讲、辩论、朗诵等口语表达活动深入人心，在年轻人当中具有良好的示范作用。

（二）大学生口语表达能力现状

作为 21 世纪的大学生，口语表达能力是大学生综合素质的突出体现，也是素质教育不可或缺的重要方面。显然，一开口就露丑的大学生不算“高素质”人才，也不会受到用人单位

① 傅明善. 口才学通论［M］.杭州：浙江大学出版社，2007.

② 孙海燕，刘伯奎. 口才训练十五讲［M］.北京：北京大学出版社，2004.

的青睐。

为全面了解当代大学生的口语能力现状，编者对我校 2022 级同学开展抽样问卷调查（回收有效问卷 472 份），调查结果显示：83.9%的同学认为口语能力“非常重要”和“比较重要”，但“有意识地去培养自己的口语能力”的同学只占 54.45%；面对上课提问，有 62.29%的同学选择“即使会也不愿意说”；在大庭广众之下说话或发表见解，60.17%的同学表示“不知道说什么好，常常说了上句没下句”，55.51%的同学表示“会脸红，心跳加速”，49.36%的同学表示“眼睛不看对方时才能表达自如”；有 54.03%的同学平时喜欢看言情、武侠题材书籍，49.15%的同学爱看杂志，喜欢经典名著的同学只占 38.14%，从不读课外书的有 15.04%；看书时关注人物和情节的同学占 78.39 %，仅有 13.35%的同学关注书中语言是否精彩。

通过在课堂内外与学生接触和交流，编者有一些直观的感受。

（1）学生不善用语言概括归纳，不善用语言阐述观点，语言重复啰唆，内容浅陋，逻辑混乱。

（2）大部分学生不能做到连续表达，如两分钟的即兴发言只能挤出一两句话，常表现出词穷现象，无法用语言有效表达内心想法。

（3）只会用松散铺张的文学语言，不会使用平实、合乎逻辑、清晰的语言来归纳问题、分析问题、解决问题，语言的准确性、逻辑性差强人意。

（4）语言表达不规范，普通话发音不标准，方言腔明显。

不管是根据调查问卷数据，还是直观感受，我们都认为当代大学生口语表达能力呈弱化趋势，这与大学生应当具备的基本素质与能力有一定差距，提升大学生口语表达能力任重而道远。

（三）良好口才六大模块

何为口才？简单地说，口才就是在口语交际中说话（口语表达）的才能。具体说，口才是在交谈、演讲和论辩等口语交际活动中，表达者根据特定的交际目的和任务，结合特定的言语交际环境，准确、得体、生动地运用连贯、标准的有声语言，并辅之以适当的体态，表情达意，以取得圆满交际效果的口头表达能力。

口头表达能力的好坏取决于说话者说什么、怎么说，以及辅助条件。“说什么”即说话的内容，说话内容包含“陈述事实、抒发情感、议论评析”三个方面；“怎么说”是针对说话材料组合的优化角度而言的；辅助条件包括普通话口音规范、肢体语言（态势语言）得体等①。

如果问“良好口才会有哪些表现”或者要求“试分析一下你心目中拥有好口才的人，他有什么特点”，我想你的答案应该包括：口齿清晰、字正腔圆、抑扬顿挫、有节奏；自信、不怯场、胆子大；言之有物、言之有理、表达准确、知识面广；逻辑清晰、有层次、临场反应强、有说服力、有创见、能及时反馈；幽默、掌握分寸、注意场合与对象、懂得倾听、懂得赞美；表情自然、动作到位、着装得体；等等。

编者根据多年口才教学实践，提炼良好口才六大模块，即有声语言、心理、内容、思维、艺术、肢体语言。

1. 有声语言

这个模块是基于有声语言方面，要求说话者克服母语方言和错误发声习惯的影响，做到

① 孙海燕，刘伯奎.口才训练十五讲［M］.北京：北京大学出版社，2004.

语音规范、吐字畅晰、语调适中、节奏合理。

2. 心理

这个模块是基于说话者的心理素质方面，要求说话者优化心理素质，确立、强化成功心理，抑制、排除失败心理。

3. 内容

这个模块是基于话题内容，即说话者“说什么”，要求说话者遵循“真善美”的基本原则，通过阅读与实践，一方面用科学理论武装自己，另一方面在社会生活中反复实践检验真理。

4. 思维

思维模式训练是口才系统训练的核心环节，在原则上，口才表述与思维活动之间呈现同步发展关系。这个模块要求说话者逻辑清晰、见解深刻、角度新颖、反应敏捷等。

5. 艺术

说话是一种艺术，也是一种智慧。这个模块要求说话者“会说”，遵循得体原则，学会幽默，懂得赞美，善于倾听。

6. 肢体语言

这个模块是基于无声语言，也叫体态语言。肢体语言主要指在一定程度上显示行为意义、能够表达人的思想感情的人体动作，如表情、手势、姿态、服饰等。这个模块要求说话者做到表情自然、态势得体。

著名教育家陶行知曾说过：“解放他们的头脑，让他们自己去想；解放他们的双手，让他们自己去干；解放他们的眼睛，让他们自己去看；解放他们的嘴，让他们自己去说；解放他们的空间，让他们到大自然、大社会中去取得丰富的学问；解放他们的时间，让他们干自己喜欢干的事情。”

锻炼口才并不一定要大家成为著名的演说家，成为辩士，因为以此为职业的时代已经一去不复返了，锻炼口才是为了更好地表达自己的思想，表明自己的主张，或者更好地进行沟通，为事业的成功做理智的准备。

二、能力训练

【活动一】我的口才，我最清楚

活动时间：10～15 分钟。

活动目的：了解自己的口才，分析自身的强项与短板。

活动程序：

（1）分别从口才六大模块角度，为自己的口才能力打分。每项 0～100 分，60 分为及格。

（2）分析自己的强项与短板，填写下表。

项　目	分数（0～100 分）	具体表现	备　注
有声语言		1. 2. 3.	
心理		1. 2. 3.	
内容		1. 2. 3.	
思维		1. 2. 3.	
艺术		1. 2. 3.	
肢体语言		1. 2. 3.	

（3）上台介绍自己的口才。

【活动二】我是狗仔队

活动时间：20～30 分钟。

活动目的：实现破冰，提高沟通能力。

活动程序：

（1）将所有学生分组，每组两人。

（2）在小组里确定一人为 A，一人为 B。

（3）选 A 的人代表娱乐记者，俗称“狗仔队”；选 B 的人则是被采访的明星。A 可以问 B 任何问题，B 可以选择不回答，但必须说真话。时间 3 分钟。狗仔队可以用笔记录。

（4）3 分钟后互换角色。

（5）狗仔队依次上台介绍对方。

（6）从口才六大模块方面给予指导、评价。

在活动过程中，我的感觉是____

____。

【提示】本活动为破冰行动，适用新生刚入学，训练与陌生人交往的一些知识。谈话的内容可分为四个层次：第一层的谈话是针对客观环境的交谈；第二层是关于谈话者自身的一些话题；第三层触及个人隐私；第四层则是个人内心的真实世界。不同层次的话题适合不同的场合和谈话对象。层次越高，双方的沟通越通畅，相互信任也就越能体现出来。

三、知识拓展

孔子非常注重说话的艺术，而且认为说话要有针对性。他对说话（口语表达）的针对性提出四点要求：

（1）说话要选择恰当的时机。孔子说：“言未及之而言谓之躁，言及之而不言谓之隐，未见颜色而言谓之瞽。”（《论语·季氏》）不该说话的时候却说，叫作急躁，应该说话时却不说，叫作隐瞒；不看对方的脸色便贸然开口，叫作闭眼瞎说。这三种毛病都是说话的时机选择不当。

（2）说话内容的深浅要与对方的接受能力相宜。孔子说：“中人以上，可以语上也；中人以下，不可以语上也。”（《论语·雍也》）对中等水平的人可以讲高深的道理，对中等以下水平的人就不可以讲高深的道理，说话的内容超过或低于对方的接受能力都不会收到好效果。

（3）可否与对方交谈要视对方的具体情况而定。孔子说：“可与言而不与之言，失人；不可与言而与之言，失言。知者不失人，亦不失言。”（《论语·卫灵公》）可以与之交谈的不与之交谈，就失去人心；不可与之交谈的却与之交谈，是浪费言语。聪明的人能根据具体情况做出正确的判断，做到不失人，亦不失言。

（4）说话应该顾及具体的环境、场合。孔子说：“食不语，寝不言。”“车中，不内顾，不疾言，不亲指。”（《论语·乡党》）论及“诗、书”或“执礼”时，孔子认为都要用通行的“雅言”（雅言就是当时比较标准的“普通话”），不能不顾场合，乱说一气。

以上四个方面都注意到了，说话的针对性就强了，表达的客观效果也就提高了，也只有这样才能做到“夫人不言，言必有中”（《论语·先进》），“时然后言，人不厌其言”（《论语·宪问》）。不说则已，一开口就能说中要害；在该说话的时候才说话，谁都不厌其言，愿意专心致志地听下去；这样的口语表达效果，可说是达到了相当高的水准。①

思考与练习

1. 说说你知道的口才趣闻或故事，可以是发生在自己身上的，也可以是与他人有关的。
2. 谈谈你对口才与口才训练的看法。
3. 当代大学生为什么越来越重视口才训练？
4. 深度分析“厨师认罪辩冤”的故事，厨师有哪些优秀品质？他使用了哪些口才技巧？

---

① 孙海燕，刘伯奎. 口才训练十五讲［M］.北京：北京大学出版社，2004.

第二章　实训：口语表达与思维训练

模块一　有声语言训练

一、理论知识

有声语言是指能发出声音的口头语言，是人类社会最早形成的自然语言。语言的有声呈现需要依靠声音的造型与表达。

有声语言训练是口语表达训练的初级层次，包括口音规范训练和基础表达训练。大学生在进行口语交际活动（包括交谈、演讲、辩论等）时，应自觉使用规范、标准的普通话，同时掌握一定的口语表达技巧，以达到更好的表情达意效果。

本模块训练，要求说话者能克服母语方言和错误发声习惯的影响，能适当运用基础表达技巧，做到语音规范、吐字畅晰、语调适中、节奏合理。

（一）口音规范训练

普通话是以北京语音为标准音，以北方话为基础方言，以典范的现代白话文著作为语法规范的汉民族共同语。普通话是全国通用语言，每个公民都有学习和使用普通话的权利。

在长期相对封闭的生活环境里，汉语语音形成了七大方言区：官话方言、吴方言、赣方言、湘方言、闽方言、粤方言、客家方言。每个方言区又分成若干次方言区，如吴方言区又分成太湖片、椒江片、瓯江片、婺江片、丽衢片等，浙江大部分地区属于吴方言区。方言是人类共同语的低级形式。

大学生虽从小受教育，但因各地区教育水平和资源差异较大，或多或少受到当地方音的影响，加之由于错误的发声习惯，很多大学生普通话发音不标准，带有浓重的地方口音，有些甚至影响并阻碍了交流的正常进行。17～19 岁是人成长过程中最后一个语言敏感时段，大学生应抓住最后的最佳时段，努力使自己的语音发声符合普通话发音的规范要求。

普通话的语音系统，主要分为两个部分：一部分是以音节为对象的静态字音规范系统，即普通话每个音节的发音由声母、韵母、声调组成。声母由 21 个辅音组成，韵母由 10 个单元音和 n、ng 两个辅音组成，声调则贯穿整个音节而体现在主要元音的音高和曲直变化上。每一部分在音系内都有具体的准确规范的要求。同时，声、韵、调的配合也有一定的要求。另一部分是以语句为对象的动态语流音变规范系统，即说话时语流中的音节由于前后音素连续发音时的相互影响而产生的变化规律。动态语流音变要求自然流畅和变化自如。

本书并非普通话训练教材，也非播音主持专业的语言训练教程，在口音规范训练方面不要求做到面面俱到。我们的重点是关注浙江人（或南方人）说普通话的特点，进而对其开展针对性的训练。

1. 声、韵、调训练

（1）区分 z、c、s 和 zh、ch、sh。

对比朗读：

z–zh

阻力—主力　资源—支援　栽花—摘花　早到—找到　杂志—渣滓　造就—照旧

c–ch

粗布—初步　词序—持续　凑钱—臭钱　粗气—出气　鱼刺—鱼翅　推辞—推迟

s–sh

肃立—树立　撕去—失去　三色—山色　私语—施与　搜集—收集　私人—诗人

平舌、翘舌相连朗读：

zh–z　职责　正在　追踪　知足　制作　主宰

z–zh　杂志　增长　资助　组织　遵照　总之

ch–c　差错　车次　出操　除草　初次　纯粹

c–ch　财产　操场　促成　错处　彩绸　餐车

sh–s　深思　生死　神色　胜似　收缩　绳索

s–sh　丧失　私事　宿舍　岁数　诉说　松树

绕口令练习：

字（子）词丝

四十四个字和词，组成一首子词丝的绕口令。

桃子、李子、梨子、栗子、橘子、柿子、槟子和榛子，栽满院子、村子和寨子。

刀子、斧子、锯子、凿子、锤子、刨子、尺子，做出桌子、椅子和箱子。

名词、动词、数词、量词、代词、副词、助词、连词，造成语词、诗词和唱词。

蚕丝、生丝、熟丝、缫丝、晒丝、纺丝、织丝，自制粗丝、细丝、人造丝。

四位老师

四位老师是石、斯、施、史，

石老师教我大公无私，斯老师给我精神粮食，

施老师教我遇事三思，史老师送我知识钥匙，

我感谢石、斯、施、史四老师。

（2）发准 r、l。

对比朗读：

如—卢　乳—鲁　绕—烙　让—浪　荣—隆　润—论

扰乱　日历　燃料　人类　锐利　腊肉　老人　冷热　连任　缭绕

绕口令练习：

热

烈日炎炎热如火，昨日热今日仍然热，一日比一日热，
白日热夜里仍然热，安然对天热，天热人不热。

人和银

人是人，银是银。荣荣读不清人和银，英英读得清银和人。
古时有人用银当钱用，现在你能分清人和银。

刘兰柳

蓝衣布履刘兰柳，布履蓝衣柳兰刘，兰柳拉犁来犁地，兰刘牵牛来拉耧。

（3）区别n、l。
对比朗读：

南宁—兰陵　泥巴—篱笆　一年—一连　黄泥—黄鹂
女客—旅客　大娘—大梁　水牛—水流　估量—姑娘

绕口令练习：

新脑筋，老脑筋，老脑筋可以学成新脑筋，新脑筋不学习就变成老脑筋。
老龙恼怒闹老农，老农恼怒闹老龙，农怒龙恼农更怒，龙恼农怒龙怕农。

（4）区别f、h。
对比朗读：

诽谤—毁谤　热敷—热乎　焊管—饭馆　电焊—典范　哼声—风声　弧度—幅度
硝磺—消防　晦气—废气　五荤—五分　芳草—荒草　分合—混合　俯视—忽视

绕口令练习：

粉红墙上画凤凰，凤凰画上粉红墙；红凤凰，黄凤凰，粉红凤凰，花凤凰；好似天上飞着两对真凤凰。

风吹灰飞，灰飞花上花堆灰，风吹花灰灰飞去，灰在风里飞又飞。

（5）区别带鼻音韵母n、ng。
对比朗读：

an-ang　赞颂—葬送　木船—木床　顽固—亡故　开饭—开放　烂漫—浪漫
ang-an　傍晚　畅谈　方案　钢板　唐山　当然

en–eng 审视—省市 陈旧—成就 深思—生丝 木盆—木棚 瓜分—刮风
eng–en 诚恳 登门 缝纫 胜任 承认 成分
in–ing 金鱼—鲸鱼 红心—红星 人民—人名 弹琴—谈情 亲近—清净
ing–in 灵敏 挺进 迎新 影印 领巾 倾心

绕口令练习：

张家湾和李家湾

从前有个张家湾，村前有座山；从前有个李家湾，村后有片滩。
从张家湾到李家湾，要攀高高低低的山，要绕曲曲弯弯的滩。
张家湾，李家湾，打通了山，填平了湾，一条大路平坦坦，来来往往不困难。

老沈生产落花生

老沈有个新生花生场，专门生产沈记落花生。
老沈的花生生花生，老沈的花生花生生。
沈记花生生了数百升，老沈家升升盛花生。
新生场里声声话花生，老沈家里人人赞花生。

殷英敏和应尹铭

东庄儿住着个殷英敏，西村儿住着个应尹铭。应尹铭拿蚊子，殷英敏捕苍蝇。
不管天阴或天晴，二人工作不消停，为比辛勤通了信，要看谁行谁不行。
不知殷英敏的苍蝇多过应尹铭的蚊子，还是应尹铭的蚊子多过殷英敏的苍蝇。

（6）双音节声调组合练习。

[阴阴] 播音 芭蕉 工兵 翻车 东风 甘心 撒娇 山崩 生机 丢失 私奔
[阴阳] 资源 鲜明 青年 发言 吸盘 先行 相持 逍遥 心头 新型 珍藏
[阴上] 发展 充满 思想 抽水 冬笋 飞涨 公款 军礼 签署 亲口 惊扰
[阴去] 播送 单位 夫妇 区域 飞快 悲剧 优胜 申诉 收据 推派 偷窃
[阳阴] 革新 南方 平均 农村 承担 袭击 房间 姨妈 逾期 云霄 杂交
[阳阳] 人民 联合 儿童 闸门 博学 驰名 结节 绝缘 临时 流连 唐朝
[阳上] 描写 食品 杂草 平等 迷茫 瞄准 魔掌 齐整 人海 培养 排挤
[阳去] 革命 群众 局势 模范 实用 俗话 提示 福利 行政 习惯 维系
[上阴] 北京 广播 演出 养伤 语音 指标 掌声 简单 讲师 脚跟 卡车
[上阳] 朗读 苦寒 老年 普及 谴责 紧急 脸皮 启航 乳房 审核 省城
[上上] 感想 总理 友好 简短 彼此 表演 广场 许久 水产 躺椅 导演
[上去] 想象 广大 土地 款待 诡辩 典范 倚仗 挑战 响亮 广阔 五代
[去阴] 象征 列车 地方 月刊 录音 退休 下乡 特征 促销 称心 战争
[去阳] 要闻 政权 配合 共同 措辞 月球 自觉 会谈 课堂 跳槽 放晴
[去上] 放手 沸点 购买 跳舞 入伍 大脑 办法 况且 候补 运转 杠杆
[去去] 陆续 互助 破例 宴会 愤怒 万岁 自传 进度 看待 快报 禁忌

（7）四音节声调组合练习。

［阴阳上去］

兵强马壮 光明磊落 山穷水尽 山明水秀 千锤百炼 飞檐走壁 风调雨顺

优柔寡断 胸无点墨 经年累月 思前想后 身强体壮 灯红酒绿 高朋满座

［去上阳阴］

逆水行舟 妙手回春 热火朝天 兔死狐悲 驷马难追 信以为真 下笔成章

调虎离山 地广人稀 步履维艰 遍体鳞伤 奋起直追 视死如归 暮鼓晨钟

在练习普通话时，我们应该从语音的对应规律上着手，按照语音自身的规律，一组一组地改，这样可以事半功倍；如果一个字一个字地改，就会事倍功半。这里介绍几种方法：

（1）形声字偏旁类推法（声符判别法）。

这种方法就是从形声字声符（声旁）的声母推测出由这个偏旁组成的形声字，声母皆相同。例如：

声母 zh：专——转、传、砖　　中——忠、种、钟、仲、肿

声母 z：子——仔、籽、孜　　宗——综、粽、踪

声母 f：分——份、芬、粉、纷、忿

声母 q：青——请、情、清、晴

（2）用 d、t 推测法。

① 从声符的声母为 d、t，推测该形声字的声母为 zh、ch、sh。例如：

台——治、始、笞　　兑——说、税

童——幢、撞　　单——禅、婵、蝉

② 从形声字的声母为 d、t，推测该声符的声母为 zh、ch、sh。例如：

都、屠——者　　店、帖——占　　涛、祷——寿

③ 从形声字的声母为 d、t，推测以相同声符构成的形声字声母为 zh、ch、sh。例如：

调——稠、绸　　涂——除

注意几个例外：

徒——走　　蹲——尊

（3）根据声韵配合规律。

① ong 不拼 sh，拼 s。例如：

送、宋、松、颂

② ua、uai、uang不拼z、c、s，拼zh、ch、sh。例如：

抓、刷、摔、衰、装、状

③ en不拼z、c、s，拼zh、ch、sh。例如：

针、真、陈、深

注意几个例外：

怎、参、森

④ d、t、n不拼in，拼ing。例如：

丁、订、鼎、听、挺、宁、拧

例外：

您

⑤ d、t、n、l不拼en，拼eng。例如：

等、灯、登、疼、腾、能、冷、愣。

例外：

嫩

⑥ b、p、m、f在方言中拼ong，在普通话中拼eng。例如：

奉、捧、风、疯、蒙、崩

⑦ b、p、m、f、k在方言中可拼eng，在普通话中拼en。例如：

奔、本、闷、粉、愤、奋、肯

2. 语流音变训练

说话或朗读时，一串音节连续发出，音节与音节、音素与音素、声调与声调互相影响，声音就发生变化，这就是音变。音变一般分为历史音变和语流音变，这里要分析的是语流音变。语流音变是在特定的语音环境中产生的，主要包括变调、轻声、儿化及“啊”的音变等。本书只列举变调，其他更详细的内容，同学们可参考相关普通话考试用书。

（1）上声的变调。

① 上声音节在阴平、阳平、去声和轻声音节前，调值由214变为211（半上）。例如：

始终 老师 指标 首先 转播 朗读 改革 普及 解决 祖国

伟大 稿件 主要 妥善 感谢 尾巴 脑子 老实 里头 怎么

② 两个上声相连。前一个上声变阳平（调值由 214 变成 35）。例如：

爽朗 果敢 领导 鼓舞 粉笔 首长 所以 影响 只好 引起
手指 小组 水果 雨水 保守 女子 岛屿 老鼠 品种 可以

③ 三个上声相连，根据三个音节的组成结构变调。
双单格——前两个音节的调值变 24。例如：

展览馆 洗脸水 管理组 选举法 勇敢者 打靶场 总统府 手写体

单双格——三个上声调值分别变成 211、35、214，例如：

好总理 纸老虎 老首长 小两口 海产品 小拇指 老保守 好导演

（2）“一”的变调。
① 在去声前变阳平。例如：

一并 一动 一刻 一路 一色 一瞬 一味 一切 一样 一再 一阵
一败涂地 一步登天 一目了然 一箭双雕 一落千丈 一诺千金

② 在非去声前读去声。例如：

一天 一杯 一生 一年 一条 一同 一本 一起 一笔 一碗

③ 在三字词中读轻声。例如：

看一看 听一听 评一评 试一试 说一说 跑一跑 跳一跳 吹一吹

（3）“不”的变调。
① 在去声前变阳平。例如：

不必 不便 不测 不对 不是 不日 不作声 不至于 不翼而飞 不自量力

② 夹在词语中间变轻声。例如：

差不多 用不着 挡不住 行不行

（4）叠字形容词的变调。
① AA 式。第二音节变阴平。例如：

慢慢 好好

② ABB式。后两个音节变阴平调。例如：

白茫茫 慢腾腾 亮堂堂

后两个音节也有不变的。例如：

白皑皑 赤裸裸

③ AABB式。第一个音节变轻声，后两个音节变阴平。例如：

漂漂亮亮 模模糊糊 大大方方 嘻嘻哈哈 整整齐齐

（二）基础表达训练

在口语表达活动中，要求说话者呈现的有声语言“语音规范、吐字畅晰、语调适中、节奏合理”，“语音规范、吐字畅晰”是基于口音规范训练，“语调适中、节奏合理”则是基于基础表达训练，即说话者要掌握一定的口语表达技巧或手段。常用的基本表达手段是利用重音、停顿、语速、句调。

1. 重音

在口语表达中，重音就是将某些字或词组加重语气，旨在表达思想重点、抒发感情、加重听众印象。重音的表达方式很多，常见的是加重和延展，也可采取减轻、压缩、抬高、压低等方式，在对比中使重音凸显出来。重音分语法重音和强调重音。

（1）语法重音。

在不表示特殊的思想和感情的情况下，根据语法结构的特点，把句子的某些部分重读的，叫语法重音。语法重音的位置比较固定，有以下常见的规律。

① 短句子里的谓语部分重读。

② 动词或形容词前的状语重读。

③ 动词后面由形容词、动词及部分词组充当的补语重读。

④ 名词前的定语重读。

⑤ 有些代词重读。

如果一句话的成分较多，重读就不止一处，往往优先重读定语、状语、补语等连带成分。例如：

我们是怎样度过这惊涛骇浪的瞬息！

快把那炉火烧得通红。

值得注意的是，语法重音的强度并不十分强，只是与语句的其他部分相比，读得比较重一些罢了。

（2）强调重音（感情重音）。

强调重音指的是为了表示某种特殊感情和强调某种特殊意义而故意说得重一些的音，目的在于引起听者注意自己所要强调的某个部分。语句在什么地方使用强调重音并没有固定的规律，而是受说话的环境、内容和感情支配。同一句话，强调重音不同，表达的意思也往往不同。例如：

我去过上海。（回答“谁去过上海”）

我去过上海。（回答“你去没去过上海”）

我去过上海。（回答“杭州、上海等地，你去过哪儿”）

一般来说，如果没有感情需要时，应按语法重音处理，一旦需要感情表达，语法重音就要让位于感情重音，按感情处理要求加重的词语表达的重要性更大。例如：

无数颗子弹呼啸着从战士们的耳旁飞过，但他们依然挺起胸膛，奋勇冲锋。

正方：我们说利必然出现，并没说弊必然出现。

反方：弊是客——观——事——实。（一字一顿）

2. 停顿

在口语表达中，停顿既是一种修辞手段，也是一种语言感情的标志。它一般分为语法停顿、感情停顿和特殊停顿。

（1）语法停顿。

语法停顿是指按照汉语语法结构中的标点符号进行停顿。语法停顿既能满足说话者自然换气润嗓的需要，也能使说的话语句、段落层次分明。一般来说，停顿时间长短如下：

段与段 > 句与句 > 句号、问号、感叹号 > 分号、破折号、冒号 > 逗号、顿号。

（2）感情停顿。

感情停顿是说话者根据需要，为表达复杂和微妙的思想感情、心理情绪，有意识地停顿。感情停顿可以不受语法结构和标点符号的限制，常常以拖长音节发音、欲停不停或适当延长时间来表现，并且常常辅之以体态语言，使感情表达得更自然清楚。例如：

平时我总是教育他们要了解社会。但面对眼前的事实，真正不了解社会的不是他们，而是我自己。

最后一句“而是我自己”如果按照语法停顿处理连起来说，就会显得很平淡，若将这句处理成重音并停顿，则能大大地增强表达效果。

（3）特殊停顿。

有时，为了加强某些特殊效果或应对演讲、辩论现场的某些特殊需要，说话者常常采用特殊停顿。

以演讲为例，一般来讲，在列举事例之前略作停顿，能引起听众独立思考；在做出妙语惊人的回答之后稍作停顿，可使人咀嚼回味；在讲出奇闻轶事和精彩见解之后，在听众赞叹之余，特意停顿，可加深听众印象，引起联想；在话题转移之际或会场气氛热烈之时，稍稍停顿，可加深听众记忆，给听众以领会抒情之机。同时，恰当的特殊停顿也可以使演讲者本身得到调整情绪的时机。例如：

朋友，如果让你选择一个你最喜欢的词，你会选什么？你可能会选择幸福、美丽、生活或者爱……但如果是让我选择的话，我就会选择责任。

在这段话中，说了“你会选什么”后，应有一个较长时间的停顿，让听众思考如果是自己会选什么；在说了“或者是爱……”后也应有一个较长时间的停顿，让大家想想还有什么；在最后的“我就会选择”后也应有一个停顿，让听众期待、揣摩；再说出“责任”就加强了词语的感染力与听众的交流度。

3. 语速

语速是指口语表达时每个音节的长短及音节之间连接的松紧。说话的速度是由人的感情决定的，一般来说，热烈、欢快、兴奋、紧张的内容速度快一些；平静、庄重、悲伤、沉重、追忆的内容速度慢一些，而一般的叙述、说明、议论则是中速。下面以《雷雨》中周朴园和鲁侍萍的对话为例：

周：梅家的一个年轻小姐，很贤惠，也很规矩。有一天夜里，忽然地投水死了。后来，后来——你知道吗？（慢速。周朴园故作与鲁侍萍闲谈状，以便探听一些情况。）

鲁：这个梅姑娘倒是有一天晚上跳的河，可是不是一个，她手里抱着一个刚生下三天的男孩，听人说她生前是不规矩的。（慢速，鲁侍萍回忆悲痛的往事，又想极力克制怨愤，以免周朴园认出。）

鲁：我前几天还见着她！（中速）

周：什么？她就在这儿？此地？（快速，表现周朴园的吃惊与紧张。）

鲁：老爷，您想见一见她么？（慢速，鲁侍萍故意试探。）

周：不，不，不用。（快速，表现周朴园的慌乱与心虚。）

周：我看过去的事不必再提了吧。（中速）

鲁：我要提，我要提，我闷了三十年了！（快速，表现鲁侍萍极度悲愤，以至于几乎喊叫。）

4. 句调

句调，即语调，是指语句的高低升降。句调是贯穿整个句子的，但在句末音节上表现得特别明显。句调根据表示的语气和感情态度不同，可分为平直调、扬升调、降抑调、曲折调。

（1）平直调（→）。

句子语势平直舒缓，没有显著的高低升降变化。陈述、说明的句子可以用平直调，表示庄严、悲痛、冷淡、沉重等感情。

在我的家里，珍藏着一件白色的的确良衬衫。（《一件珍贵的衬衫》）

愿母亲在地下安息！（朱德《回忆我的母亲》）

（2）扬升调（↗）。

句子语势先低后高，句末音调明显上扬。疑问句、感叹句可以用扬升调，表示疑问、反诘、号召、惊讶等感情。

……这是胜利的预言家在叫喊：——让暴风雨来得更猛烈些吧！（高尔基《海燕》）

如今建国伊始，百废待举，不正是齐先生实现多年梦想，大有作为之时吗？（沙叶新

《陈毅市长》)

（3）降抑调（↘）。

句子语势先高后低，句末音节说得低而短促。陈述句可以用降抑调，表示坚决、赞扬、祝愿、恳求等感情。

十二年过去了，那小姑娘的爸爸一定早回来了。（冰心《小橘灯》）

然后他呆在那儿，头靠着墙壁，话也不说，只向我们做了一个手势："散学了，你们走吧"。（都德《最后一课》）

（4）曲折调（↗↘）。

句子语势有低—高—低的曲折变化，或者末一两个音节音调曲折并且拖长。

疑问句、陈述句可以用曲折调，表示惊讶、怀疑、讽刺、幽默等感情。

"哈！这模样了！胡子这么长了！"一种尖利的怪声突然大叫起来。（鲁迅《故乡》）

"友邦人士"，从此可以不必"惊诧莫名"，只请放心来瓜分就是了。（鲁迅《"友邦惊诧"论》）

二、能力训练

【活动一　练气】

请读这段绕口令，要求：一口气读完；字正腔圆。

出东门，过大桥，大桥底下一树枣儿，拿着竿子去打枣，青的多，红的少，一个枣，两个枣，三个枣，四个枣，五个枣，六个枣，七个枣，八个枣，九个枣，十个枣，十一个枣，十二个枣，十三个枣，十四个枣，十五个枣；十五个枣，十四个枣，十三个枣，十二个枣，十一个枣，十个枣，九个枣，八个枣，七个枣，六个枣，五个枣，四个枣，三个枣，两个枣，一个枣。

【活动二　朗诵】

朗诵叶挺同志的《囚歌》，注意句调的处理。

为人进出的门紧锁着，（平直调→）（冷眼相看）
为狗爬走的洞敞开着，（平直调→）
一个声音高叫着：（扬升调↗）（嘲讽）
爬出来吧，给你自由！（降抑调↘）（诱惑）
我渴望着自由，（平直调→）（庄严）
但也深知道——（平直调→）
人的躯体哪能由狗的洞子爬出！（扬升调↗）（蔑视、愤慨、反击）
我只能期待着那一天（平直调→）

地下的烈火冲腾，（稍向上扬）（语意未完）

把这活棺材和我一齐烧掉，（降抑调↘）（毫不犹疑）

我应该在烈火和热血中得到永生。（降抑调↘）（沉着、坚毅、充满自信）

【活动三　模仿】

以下是电视剧《康熙王朝》中“康熙训斥群臣”片段康熙（陈道明饰演）的台词，请观看相应的视频，模仿演员的表演（主要是有声语言），要求：字正腔圆，有感情，有节奏，注意停顿、重音、语速、语调等表达技巧。

当朝大学士，统共有五位，朕不得不罢免四位；六部尚书，朕不得不罢免三位。看看这七个人吧，哪个不是两鬓斑白，哪个不是朝廷的栋梁，哪个不是朕的儿女亲家。

他们烂了，朕心要碎了。祖宗把江山交到朕的手里却搞成了这个样子，朕是痛心疾首。朕有罪于国家，愧对祖宗，愧对天地，朕恨不得自己罢免了自己。还有你们，虽然个个冠冕堂皇站在干岸上，你们就那么干净吗?

朕知道，你们有的人比这七个人更腐败！朕劝你们一句：都把自己的心肺肠子翻出来，晒一晒，洗一洗，拾掇拾掇！

朕刚即位的时候，以为朝廷最大的敌人是鳌拜；灭了鳌拜，以为最大的敌人是吴三桂；朕平了吴三桂，台湾又成了大清的心头之患；啊，朕收了台湾，葛尔丹又成了大清的心头之患。朕现在是越来越清楚了，大清的心头之患不在外边，而是在朝廷，就是在这乾清宫!!!就在朕的骨肉皇子和大臣们当中，咱们这烂一点儿，大清国就烂一片！你们要是全烂了，大清各地就会揭竿而起，让咱们死无葬身之地呀！

想想吧，崇祯皇帝朱由检吊死在煤山上才几年呢？忘啦？!!! 那棵老歪脖子树还站在皇宫后边，天天地盯着你们哪!!!

（群臣落泪）

朕已经三天三夜没有合眼了，老想着和大伙说些什么，可是，话总得有个头儿啊。想来想去，只有四个字……

（写着金色大字“正大光明”的牌匾缓缓升起）

这四个字说说容易呀，身体力行又何其难。这四个字，朕是从心里刨出来的，从血海里挖出来的。

记着，从今日起，此殿改为“正大光明殿”。

啊，好好看看……

（群臣：“正大光明”）

啊，你们都抬起头来好好看看，想想自己。给朕看半个时辰……

三、知识拓展

普通话水平测试是我国现阶段普及普通话工作的一项重大举措，是对应试人运用普通话的规范程度、熟练程度的口语考试。考试形式为口试。应试人在运用普通话口语进行表达的过程中所表现的语音、词汇、语法规范程度，是评定其所达到的水平等级的重要依据。

普通话水平等级分为三级六等，即一、二、三级，每个级别再分出甲乙两个等次。

一级甲等（97～100 分） 朗读和自由交谈时，语音标准，词语、语法正确无误，语调自然，表达流畅。

一级乙等（92～96.99 分） 朗读和自由交谈时，语音标准，词语、语法正确无误，语调自然，表达流畅。偶然有字音、字调失误。

二级甲等（87～91.99 分） 朗读和自由交谈时，声母、韵母、声调发音基本标准，语调自然，表达流畅。少数难点音有时出现失误。词语、语法极少有误。

二级乙等（80～86.99 分） 朗读和自由交谈时，个别调值不准，声母、韵母发音有不到位的现象。难点音失误较多。方言语调不明显。有使用方言词、方言语法的情况。

三级甲等（70～79.99 分） 朗读和自由交谈时，声母、韵母发音失误较多，难点音超出常见范围，声调调值多不准。方言语调较明显。词语、语法有失误。

三级乙等（60～69.99 分） 朗读和自由交谈时，声母、韵母、声调发音失误多，方音特征突出。方言语调明显。词语、语法失误较多。外地人听其讲话有听不懂的情况。

普通话水平测试试卷由四个测试项构成，总分为 100 分。

（1）读单音节字词 100 个，限时 3 分 30 秒，占 10 分。考查应试人普通话声母、韵母和声调的发音。

（2）读双音节词语 50 个，限时 2 分 30 秒，占 20 分。除考查应试人声母、韵母、声调的发音外，还要考查上声变调、儿化韵和轻声的读音。

（3）400 字短文朗读，限时 4 分钟，占 30 分。考查应试人使用普通话朗读书面材料的能力，重点考查语音、语流音变、语调等。

（4）说话，时间 3 分钟，占 40 分。考查应试人在无文字凭借的情况下说普通话所达到的规范程度。

思考与练习

1. 分析方音对你的影响，或分析家乡人说普通话有什么特点。
2. 争取在大学期间取得普通话证书（二级甲等及以上）。
3. 找出你喜爱的电影或电视剧的经典片段，模仿演员的有声语言，注意口音规范和口语表达技巧。

模块二 心理素质训练

一、理论知识

（一）心理素质优化与成功心理培养

美国曾做过一个关于“人们最害怕的事物”的测验，测验结果列出了人们的十大恐惧事物清单：在公众面前讲话、金钱困扰、黑暗、登高、蛇、疾病、人身安全、死亡、孤独、狗。“在公众面前讲话”位列十大恐惧事物之首。英国首相丘吉尔曾说：“一个人可以面对多少人，就代表这个人的人生成就有多大！”

在现实生活中，我们随处可见以下现象：

有的人，面对朋友、熟人，说起话来滔滔不绝，口若悬河，可是一旦面对陌生人，尤其在有一定身份和地位的陌生人面前，马上变得语不成句，结结巴巴；有的人在日常交往中能言善辩、巧舌如簧，可是一旦上台或身临比较严肃庄重的场合，就难免吞吞吐吐，词不达意，手足无措……

种种现象常常发生在同一人身上，形成鲜明的“反差”。

其实，这些都不约而同地说明，心理素质对人的口才能力的影响作用。

如果我们把一个人的口才能力比作一座大厦，那么这座大厦地面以上的部分，包括“造什么”和“怎么造”[如何选择话题材料（说什么）和如何确定话题形式（怎么说）]，内部结构是否合理有序（话题显现的层次性、条理性等），以及大厦构建是否有独特风格（话题是否有思想闪光点，以及有多少闪光点）等，几乎全部是由说话人的思维素质决定的。但是，这座大厦的地面以下部分，即地基，则基本是由心理素质决定的。人们在评价一座大厦时往往关注的是它的材料、造型、风格，但我们知道，地基关乎大厦能否抵御地震、强风等意外自然灾害，地基关乎大厦能否长久稳固地屹立在地面之上。地基对大厦有多重要，心理素质对口才能力就有多重要。

因此，优化心理素质是口语有效表述的保证。心理素质对于口才能力的水平显现，有两种不同的作用。一是正面作用，表现为有利于口才水平的正常显现，乃至“超常显现”；二是负面作用，表现为阻碍口才水平的应有显现，乃至口才交际失败。对于前者，我们可称之为“成功心理”，对于后者，我们可称之为“失败心理”。不言而喻，心理素质优化所要完成的目标是：确立、强化成功心理，抑制、排除失败心理。那么，培养成功心理有几种途径呢？可以从下面的成功心理关系图中找到答案。

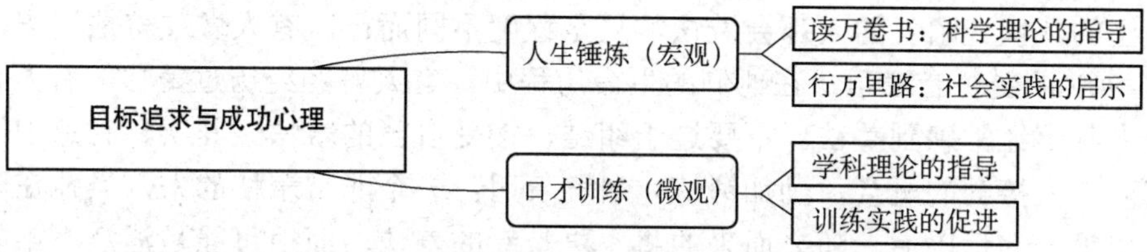

成功心理关系图

从宏观上说，成功心理的培养主要在于人生锤炼，其具体途径可借用名句“读万卷书，行万里路”来表达，即在科学理论的指导下，在社会生活的反复实践中确立自己的追求目标，培养自己的成功心理。

在成功心理关系图中，通过口才训练培养成功心理是从微观角度提出的。成功心理呼唤一种在明确目标指引下的持续进取，具体到口才训练，就要求既有“提高口才水平”的渴求，又有“敢于开口”的自信。作为一个受过高等教育的大学生，理应对自己有这份“自信”。大学生的口才就好比一座自来水塔，从小学读到中学，读到大学，十几年来一直往里注水，水塔里已然积蓄了满满的自来水。水塔或许因出水口常年不开出现锈蚀、堵塞现象，此时如果不设法打开，则出水口必然永远不畅，又因从未打开，不知一旦打开会怎么样，因此有些大学生就难免有些忐忑、畏惧。一旦勇敢地开了口，迈出了第一步，绝大多数人的口语会越说越流畅，就像自来水塔的出水口，会源源不断地出水。在训练初期，只要踏实训练，常常会出现突飞猛进的提高阶段，直至达到一定的水平后，才会出现停滞期。在继续坚持系统化训练，并度过停滞期以后，会出现下一个飞跃阶段。这也是符合“波浪式发展”规律的。

其实，心理素质具有的“正面”与“反面”两种不同性质的作用不仅对口才能力影响甚大，对人们在人生各个方面的成功与否也有着极大的影响。无论是文艺、体育方面的竞技，还是科研、教学方面的攻关，甚至做生意、炒股票，人们都时时需要成功心理的推动，无不时时需要排除失败心理的干扰。因此，我们不难明白这样一个道理，在口才系统化训练中，注重心理素质的训练，追求成功心理的养成，其意义和价值最终远远超过口才能力训练本身。

（二）口语交际过程中常见心理问题及克服

心理学关于人际交往的理论已经非常成熟，社会心理学从人际交往的动机、影响因素、人际关系的发展阶段等不同角度对它进行了深入的分析与论述，对口语交际行为的研究也涉及较多。在口语交际活动中，交际主体常见的心理问题有羞怯、自卑、猜忌等。

1. 羞怯心理及其克服

在口语交际过程中，有些人过分羞怯，不敢主动开口说话，无法迈出人际交往的第一步，造成沟通的失败。从心理学角度看，羞怯是人的天性，它是人类共有的，具有普遍性和人群分布广泛性的特点。在生活中，有些人性格内向，遇事犹豫不决，不善交际，即使性格开朗的人，遇到陌生人、陌生环境也会变得胆怯拘谨，沟通不畅。这是在口语交际过程中常见的心理障碍之一。

如何克服羞怯的心理障碍？首先，接受自己羞怯的现实。羞怯是人的天性之一，每个人面对陌生的环境、陌生的人都会羞怯，只是程度不同而已。有人做过羞怯调查，调查表明，超过 80%的受访者表示，在他们的生命历程中，有人曾经经历过羞怯，有人正在体验羞怯，有人甚至经常感到羞怯。不要过于纠结，接受自己的羞怯。其次，有意识地增加与他人尤其陌生人接触的机会，勤加锻炼。研究表明，一个非常羞怯的人，当他在陌生场合勇敢地讲出第一句话以后，随之而来的将不再是新的羞怯，而很可能是滔滔不绝的表达。英国戏剧大师萧伯纳的口才有口皆碑，但在年轻时木讷羞怯，拜访朋友都不敢敲门，常常“在门口徘徊二十多分钟”。后来，他鼓起勇气参加了“辩论学会”，不放过一切机会和对手争辩。他练习胆量，练习语言，练习机智，经过千锤百炼成为演讲大师。有人问他怎么练习口才，他这样说：“我是以自己学溜冰的办法来做的——我固执地、一味地让自己出丑，直到习以为常。”

2. 自卑心理及其克服

从心理学角度看，形成自卑心理主要是由于自我评价过低。这种过低的自我评价有的是从他人的评价中得来的，有的是自我贬低造成的，具体表现为对自己的外貌、才华、能力、知识、出身等没有信心，于是，不愿主动与人交往，变得自我封闭、自我孤立，导致人际交往与沟通能力逐渐退化。

如何克服人际交往中的自卑心理呢？我们认为可以从以下几方面入手：首先，正确认识自己，看到自己的长处。俗话说“尺有所短，寸有所长”“金无足赤，人无完人”。每个人都有自己的长处与短处，既比上，又比下，既比优点，又比缺点。跟下比，看到自身的价值；跟上比，鞭策自己求进步。明白这一点，心理也就取得了平衡。其次，正确暗示自己，避免使用否定语言。自卑本身就是消极的自我暗示，开口之前就说“我不行”“我不会”“我肯定讲不好”，结果就真的干不好；要勇敢地暗示自己“我能行”“我会说”“我一定讲得好”，不断增加战胜困难与挫折的力量，渐渐地，自卑就会被丢在脑后，成功就会向我们招手。最后，正确表现自己，积极与人交往。心理学研究表明，自我意识、自信往往是通过与他人的交往获得的。自卑心理的根源是自我认识不准（通常是低估），需要通过与他人的交往，赢得他人的肯定来克服。因此，我们需要积极与人交往，在交往中正确表现自己，赢得他人的正面评价，以逐步克服自卑心理，重获自信心理，进而迈出人际交往与沟通的步伐。

3. 猜忌心理及其克服

猜忌是在人际交往过程中对别人过分怀疑或不满的一种心态。这种心态往往会破坏人与人之间的信任，阻碍人际交往的顺利进行。为防止交往不顺畅，我们必须克服过分猜忌的心理。首先，需要保持冷静，注重事实与证据。当思维中第一次出现猜忌的信号后，要先判断我们对某人某事的猜忌是否具备充足的证据，不能仅凭直觉就做出判断，要尽量掌握更多的事实与证据，避免主观臆断与猜测。其次，学会信任别人，主动沟通。人与人之间贵在坦诚，我们不妨主动打开心扉，与怀疑对象沟通，弄清楚对方的真实意图。最后，保持健康的心态、豁达的心理。很多猜忌皆因猜忌者自身心胸狭窄造成，交际主体应调整心态，学会积极、正面地看待人与事，减少不必要的猜忌，为良好的人际交往扫除障碍。

二、能力训练

【活动一】大海与天空

活动时间：5～10 分钟。

活动目的：在双方对抗中感受心理变化。

活动程序：

（1）将所有学生分组，每组两人。

（2）在小组里确定一人为大海、一人为天空。

（3）双方面对面站立，掌对掌，不允许抓握。

（4）教师随机喊出“大海”或“天空”，要求被喊到的一方迅速抽离手掌，未被喊到的一方则以最快的速度抓住对方的手。

（5）教师随机喊 3～5 次，统计成功的次数。

【提示】教师可把控节奏，设置时间留白，制造紧张的对抗氛围。学生在推掌对抗中，体会自己的心理变化。

【活动二】我是×××!

活动时间：10～15 分钟。

活动目的：这是心理突破训练，通过训练，让学生克服自卑、胆怯的心理，养成自信、敢说的心理。

活动程序：

（1）每位同学准备一张纸，在纸上写上两句话："我是×××!"要求一句话正面肯定自己，另一句话反面批判自己。例如："我是帅哥潘安!""我是胆小如鼠的潘安。"

（2）上讲台面向大家，大声说出来，辅之以恰当的肢体语言，可以利用幽默、委婉等手法来表达。

（3）其余同学配合，台上的同学说到优点时鼓掌，说到不足时喝"倒彩"。

【活动三】目光炯炯

活动时间：15 分钟。

活动目的：训练学生对自我优点的认识和面对拒绝时拥有百折不挠的自信。

活动程序：

（1）将所有学生分组，每组两人。

（2）两人对坐，目光对视一分钟，轮流说出自己的一个优点，态度肯定，大声说三遍。

（3）两人继续对视，轮流请求对方做某事或借东西。一方在一分钟内以各种方式要求对方，对方则反复拒绝。注意体会感受。

思考与练习

1. 每次说优点的感觉有什么不同?
2. 一次一次地遭到拒绝，你的心情如何?
3. 你在拒绝别人时有何感受?
4. 在今后的学习和工作中，你打算采取什么样的态度对待别人?

三、知识拓展

（一）阿 Q 的心理素质与口才表现

鲁迅在他的小说《阿 Q 正传》中塑造了阿 Q 这个人物形象。这个人物形象有一个至今尚未引起足够注意的特点，那就是他的口才在不同的场合有着不同的表现，而且对比鲜明。例如，他在未庄时，面对王胡等一群村民，夸起自己的进城经历，自己亲眼所见的杀人场面，不仅有声有色，而且绘声绘色。可是，一旦被押上衙门的大堂，他就变得笨嘴拙舌，语言滞塞。想当初，他在尼姑庵偷萝卜被当场捉住，还能"无理搅三分"，可是，在大堂之上，面对明明与己无关的罪名，却一句话也辩解不出，最后稀里糊涂地丢了脑袋。这究竟是怎么回事呢？对阿 Q 口才表现的这种变化，我们可以从两个不同的角度进行分析。

第一个角度是思维。阿 Q 的这种不同表现是因为其思维运动状况发生了变化。在未庄面对王胡等村民时，他的思维处于运动的积极状态，所以语言流畅，生动自如，想说什么就说什么，想怎么说就怎么说。可是，到了衙门的大堂上，他的思维就转入了运动的消极状态，所以口语表述模糊，应对辩解滞涩，竟至于蒙冤而未能辩清。这提醒我们，从口才系统化训练的角度而言，抓住思维环节，就是抓住了训练的关键环节。

第二个角度是心理素质。为什么在不同的场合，同一个阿 Q，其思维会出现反差如此之大的不同运动状态呢？这是由于心理素质的即时显现不同。面对从没有进过城的未庄人，阿 Q 以其“见多识广”而自觉“高人一等”，以居高临下的身份说话，其心理上是有优越感的，因而其口语表述也是轻松自如的。可是，一到衙门大堂，“自卑感”立即笼罩了他。在小说中，阿 Q 见到大堂上端坐着的是“一个满头剃得精光的老头子”，“知道这人一定有些来历，膝关节立即自然而然的宽松，便跪了下去”。由此开始，阿 Q 一味顺从，脑子里连给自己辩解的念头都没闪过，心理上更没有出现争辩的冲动，当然无话可说，也不知道还有什么话可说了。

（二）克服演讲恐惧的一些建议

（1）熟悉演讲内容（首先成为一个专家）。

（2）事先练习演讲内容（可以自己拍摄录像研究）。

（3）运用参与技巧（鼓励参与）。

（4）知道参与者的姓名并称呼他们的名字。

（5）迟早建立自己的权威。

（6）用目光接触学员，建立亲善和谐的气氛。

（7）进修公开演讲课程。

（8）展现你的事前准备工作（通过分发演讲稿等方法）。

（9）预测可能遇到的问题（并准备相应的回答方法）。

（10）事先检查演示设备及视听器材。

（11）事先获得尽可能多的参与者的信息（通过观察或问卷）。

（12）放松自己（深呼吸，深思一会儿，内心对白）。

（13）准备一个演讲大纲并按部就班地进行。

（14）注意仪容仪表（穿着舒适得体）。

（15）好好休息，使自己身体及心理都保持机敏警觉状态。

（16）用自己的方式（不要模仿任何人）。

（17）用自己的词汇（不要照本宣读）。

（18）接受自己的恐惧，把它看作一件好事（它能激发斗志）。

（19）把你的恐惧分类，看看哪些是可控的，哪些是不可控的，并找出相应的方法对抗恐惧。

（20）对开场的五分钟要特别重视（给予额外的准备）。

（21）把自己想象成一个出色的演讲者。

思考与练习

1. 自我认识：你是心理素质佳的人吗？结合发生在自己身上的一些实例，说说你的心理素质特点。例如，高考发挥、公共场合发言、与陌生人交谈、与不同对象交谈。

2. 如何克服当众表达的恐惧心理？你有什么经验之谈吗？

模块三　基于内容的语言训练

一、理论知识

钱旭红在《大学思维》一书中说：“凡言谈做事之前，我们必须知道公认的原理，即公理。比如‘真善美’就是这个世界进行价值判断的第一原理，具有第一性。”那么，在口语表达活动中，对于说话者说的话，怎样判定是好的呢？应该说，口语内容要遵循真善美原则。

（一）口语内容：真善美原则

1. 真——口语表达的生命

口语表达的生命就在于真实，口语表达的内容必须是真实的，绝不能弄虚作假，否则就有欺骗他人的嫌疑。口语表达中所谈的理、所述的事、所抒的情，都必须是真实的。只有真理、真事和真情，才具有说服力和鼓动性，才能感染听众，打动人心。

人们在社会交际活动中的口语表达应该按客观事物发展的规律去反映现实。当然，人们的认识过程总是由浅入深、由表及里逐渐深化的，加之由于时代、环境和表达者个人的认识水平的局限，人们的认识也就很难绝对正确，表达的内容可能片面。但只要表达者努力按生活的本来面目反映生活，其基本思想符合客观规律，就能得到信赖和支持，否则就是欺骗听众，哗众取宠。

美不能离开真，不能违背真，但有其自身特有的质的规定性，所以美并不等于真。因此，口语表达的内容具备真理、真事、真情，并不一定都美，只有以具体感性形态呈现出来时，真才具有美的属性和价值。真是美的必要条件，如果缺乏真，那就无美可谈了。所以，要使口语表达的内容美，必须内容真。

2. 善——口语表达的力量

善是口语内容美的又一本质特征。善和功利直接相联系，它以社会功利作为客观标准。人类改造世界的实践活动，其出发点和最终目的都是实现和满足一定社会集团或一定阶级的利益。显然，在阶级社会中，善带有鲜明的阶级倾向。凡是反映先进阶级的利益和要求，有利于社会发展和民族生存繁衍的事情和行为，都被认为是善的。优秀的口才展示，其内容总是反映人民的利益和需求，表现社会发展趋势，歌颂光明和先进，批判腐朽和落后。扬善抑恶，正是口才的力量之所在。

纵观历史，不同阶段、不同阶级，人们的审美价值和审美标准不同，对善就有着不同的要求。今天，在我们的社会，坚定不移地宣传人类的伟大思想，弘扬为国为民坚持真理而勇于牺牲的民族精神，赞美不怕艰苦、不畏困难、勇往直前的创造激情，表彰大公无私、助人为乐的思想品德，颂扬纯洁、正直、善良、忠诚的情操，倡导实事求是的工作作风，鞭挞谬误，伸张正义……所有这些，都是口才展示中所要求表现的善。

美不能离开善，也不能违背善。美以善为前提，但善不等于美，口语表达的内容要求体现善，但口语表达的内容体现善并不一定显示出内容美。善和真一样，也是美的必要条件，如果缺乏善，也就无美可谈了。所以，要使口语表达内容美，必须内容善。

3. 典型、生动的形象和感染力

美离不开真，也离不开善。真和善是美的前提，当口语表达的内容既具备真，又具备善时，怎样才能使它美呢？美学原理认为，只有当人们掌握客观世界的规律，也就是掌握真，把它运用到实践中去，达到改造客观世界的目的，实现了善，并且表现为生动的形象时，才可能有美的存在。也就是说，使“真”和“善”表现为“生动的形象”，才有美的存在。对于口语表达的内容来讲，要使其具有审美感染力和吸引力，就要有典型生动的形象。

例如，有一位演讲者的两段演讲词是这样的：

在变幻多姿的大自然中，我们随时都可以看到美。比如：大海的壮阔之美、草原的苍茫之美、高山的雄峻之美、深谷的幽静之美，还有落霞的瑰丽之美，以及白云的飘逸之美。

在丰富多彩的现实生活中，我们同样可以随时看到美：一个小姑娘穿上了漂亮的花衣裳，一个小伙子穿上了挺括的西装，一个老工人奋不顾身地抢救落水儿童，一个大学生把纯真的爱情献给了终身残疾的姑娘。这一切无不体现着美，体现着人们对美的追求！

听了这两段富有感染力的演讲，你会感到大自然是美的、人生是美的，会激起你对大自然、对人生的热爱，对美的追求。

综上所述，只有典型、生动，具有鲜明、独特的个性的形象才是美的。①

（二）如何实现口语内容美：读万卷书、行万里路

口才内容模块的训练，其目的在于提高说话者对话题内容的表达和交流水平，使话题内容以口语形式显现时，凸显真善美的特点，闪现说话者的智慧光芒。要想达到这一目标，需要一个基础，那就是说话人的知识结构，其知识面越宽广，知识储量越丰富，就越具有口才显现的前提条件。

那么，如何让自己的知识结构宽广、丰富呢？其具体途径，可借用名言“读万卷书，行万里路”，即通过不断阅读和反复实践搭建自身的知识结构，在广度和深度上夯实自身的知识体系。

如果没有智慧和知识作为铺垫，胸无点墨的人很可能像油嘴滑舌的小商贩，竭力卖弄自己的油腔滑调，却漏洞百出。所以，俗话说：“宁可把嘴巴闭起来，使人怀疑你是浅薄的人，也不要一开口就让人证实你的浅薄。”

阅读对表达的重要性毋庸赘述，先有阅读的大量输入，才有表达的有效输出。尤其阅读经典，就是与伟大的灵魂进行精神对话，就是站在巨人的肩膀上成长，从而具有辽阔、深远的视野，而充满哲思、智慧的语言必会让人印象深刻。

① 傅明善. 口才学通论[M]. 杭州：浙江大学出版社，2007.

2022 年，转型后的“东方甄选”直播间火了，长得像兵马俑的董宇辉出名了，网友们说：“这哪是直播带货啊？这是天上的诗人落入了凡尘，给大家描述着远方的星辰与大海。”

在推广大米时，董宇辉说：

我没有带你去看过长白山皑皑的白雪，我没有带你去感受过十月田间吹过的微风，我没有带你去看过沉甸甸的弯下腰，犹如智者般的谷穗，我没有带你去见证过这一切。但是，亲爱的，我可以让你去品尝这样的大米。

在卖鳕鱼时，他说：

当你背单词的时候，阿拉斯加的鳕鱼正跃出水面；当你算数学（题）的时候，南太平洋的海鸥正掠过海岸；当你晚自习的时候，地球的极圈正五彩斑斓。但少年梦要你亲自实现，世界要你亲自去看，未来可期，拼尽全力。

这是读书的力量。新东方的文化是要求每位教师每年至少读二十本书，董宇辉做到且坚持下来了。一年二十本书不算什么，贵在持续阅读，有思考地阅读，十年后，比别人多读二百本书的讲话者怎能不令人赞叹？

2022 年，学者马未都受邀登上央视，发表新年演讲《我的斜杠青年》。

五十年前，我十七岁，正值青春年华。那时人的十七岁和今天人的十七岁完全不一样，今天的年轻人已接受了多少信息啊，而我们那时对外界知之甚少。你们听得见潮起潮落大千世界的声音，看得见风起云涌复杂多变的社会，你们正准备走入或者刚刚跨入其中，信心百倍，准备大干一场。所以，陆游描述说：“此身恰似弄潮儿，曾过了、千重浪。”

十七岁的那一年，我如痴如醉地读书，当时书很少，所以逮到什么书就看什么书，读过《红楼梦》，读过赫胥黎的《天演论》，读过托尔斯泰的《战争与和平》，读过《内科学》，读过许多没有封面的残书。一本几十万字的书一口气读完，在我年轻的时候是家常便饭。那年月，借到一本书，把自己反锁屋中，几个馒头，一盘咸菜，两壶热水，不看完不出屋，虽做不到“头悬梁，锥刺股”，但也是废寝忘食，焚膏继晷。读书只有当时苦，日后才有甜。

十八岁，我去农村生活，知晓了农民的艰辛，早出晚归，脸朝黄土背朝天。那些日子，正是我读书的最好时光，我读过农民准备糊墙纸的书，书虽破，仍乐此不疲；文不全，却开卷有益。

那么，你们年轻，正值青春，怎样才能唱好属于自己的歌？

青春需要去听，通过自己的双耳，去粗取精，去伪存真，知道纷杂的喧嚣中既有赏心之曲，也有乱耳杂音，懂得这点，才能做到兼听则明。所以，古人说：“聪者听于无声。”

青春需要去看，透过自己的双眼，看所处时代日新月异的变化，在明暗之中洞察，在新旧之间预测，做到“凡事多想一步”。所以，古人说：“明者见于无形。”

青春更需要去想，人工智能再高深，也是人制造的。思想是人类的法宝，论体力，我们不如走兽；论眼界，我们不如禽鸟；但我们仍是万物之灵长，因为我们具有思想。所以，古人说：“居安思危，思则有备，有备无患。”

身处这样一个伟大时代，赶上人类有史以来的最强科技大革命，青春有如此机遇，真是你们的幸运：让未来充满了幻想，让今天聚集了能量。这次信息加智能的叠加革命，来势汹汹，谁也没有能力预测未来。那么，机会来了，每一个今天的年轻人，你们要把握这大好机会，将自己的青春谱写成一首歌，一首实现人类梦想的歌。

杜牧有首小诗说："青春留不住，白发自然生。"年轻时读此句没有多大感觉，到了我这个岁数才明白杜牧说得真好啊！自然规律于谁都一样，光阴似箭，日月如梭，走过来的人都知道，多难熬的日子也如白驹过隙，转瞬即逝，那年轻时还有什么理由不珍惜青春呢！

二十岁，我进了工厂，当上了工人，感受到工人的不易，不仅要学习本事，努力工作，还要养家糊口，企盼未来的好生活。工人曾是这个国家欣欣向荣的标志，也是那个时代让人羡慕的光荣。

二十六岁，我写小说，上天垂青，小说很快发表了，一夜成名。此时正值改革开放初期，出版社缺人手，我又幸运地当上了文学编辑。坐在办公室里，我以为我所挚爱的文学是我一生的工作，那些日子，废寝忘食，乐此不疲。十年文学生涯，让我结识了中国新时期最有名的作家们，让我知道山外有山、天外有天，让我感到波澜壮阔的时代正在向我们涌来。

我们这一代幸运啊，五十年代生人，战争刚刚结束，新中国建立，百废待兴。我们的人生曲线与国家发展的曲线高度吻合，一直向上、向前………年少时吃点苦、受点累都能承受，年轻时改革开放，我们年富力强，恰与时代发展匹配，一步不落地跟上了时代前进的脚步。这都是因为年轻啊，青春太美好了，让一切都成为可能！

我的青春自己从来没有认真回忆过，今天回忆起来，难免有些激动，甚至不知如何表达。有一支歌是这么唱的："一代人终将老去，但总有人正年轻。"每个人当青春逝去，回忆起来一定是首歌。

那么，你们年轻，正值青春，怎样才能唱好属于自己的歌？

我三十八岁时，动了做观复博物馆的念头。三十年来，眼看着民族日渐崛起，国家日渐兴旺，百姓对文化的需求日趋增长。博物馆和文物已成为今天社会的热点，打卡博物馆成为年轻人的时尚。一个常看博物馆的人，一定受其恩泽，让人生充实而丰满，让思想深邃而多智。我们的先贤为我们留下了无尽的宝藏，一直等待后人去发掘。

有人觉得我很成功，人生每一步都踩在点上，每一道斜杠都有了成就，其实我和你们一样，人生每个阶段都有困惑，也有迷惘。如今，我已年近古稀，想做的事情却还有很多，永远做不完。如有可能，我愿意尽其所有只换十年的时光。时间宝贵，青春无价。别看我劝年轻人少熬夜，多看书，其实我也熬夜，这是早年读书、看稿养成的习惯；我也刷视频，从视频中去看人生百态，体会社会炎凉。我的青春已逝，但你们的青春正值灿烂……

有人会说，我太渺小啊，怎么才能在社会上立足、参与社会竞争？司马迁在《史记》中记载了一个故事，老子出函谷关时，尹喜是关令，他拦住老子说："您就要隐居了，请为我们写本书吧！"老子遂写下《道德经》。可以说，没有尹喜主动说的这句话，可能就没有《道德经》了。尹喜还说过一句有意思的话："一蜂至微，亦能游观乎天地；一虾至微，亦能放肆于大海。"一只野蜂再小，也能在空中自由自在地俯瞰大地；一只小虾再弱，也能尽情地遨游于大海之中。这句2500年前的名言，可以与今天的年轻人共赏，与青春共勉。

马未都的演讲出口成章，引人入胜，振奋人心。这是一位年近古稀的长者回忆自己青春年少时对书籍如饥似渴的欲望和视书如命的阅读经历，也是他讲述自己与时代脉搏同频共振的人生实践，不管是当工人、文学编辑还是做观复博物馆，正如他自己说的，"我们的人生曲线与国家发展的曲线高度吻合……一步不落地跟上了时代前进的脚步”。

每个人都应该用两条腿走路，一条是通过阅读，阅读，再阅读，用科学理论武装自己，另一条就是实践，实践，再实践，用社会生活的反复实践检验真理。在“读万卷书，行万里路”的加持下，何愁你的讲话内容不吸引人，何愁不能做到“真善美”呢？

二、能力训练

【活动一】阅读与分享

活动目的：通过阅读与分享，丰富学识，锻炼口才。

活动程序：

（1）选定一个阅读主题。可参考“经典诗文鉴赏”中的十个主题划分。

（2）限定阅读时间。例如，一周一本书。

（3）举办一次读书分享会。

（4）组织关于另一个主题的阅读与分享。

【活动二】行走与分享

活动目的：通过行走与分享，砥砺德行，锻炼口才。

活动程序：

（1）实地考察当地的名人名家研学基地。

（2）组织举办行走分享会。

（3）分小组或个人汇报行走的心得体会。

三、知识拓展

以话题内容（说什么）而言，我们不难看到，任何人，不论以何种形式开口，说话内容都会包含陈述事实、抒发情感、议论评析三个部分。

在倾听“陈述事实”时，人们总是希望听到生动、形象、翔实、完整的表述，而不希望听到干巴、枯燥、凌乱、片面，甚至不知所云的冗长絮叨。

在倾听“抒发情感”时，人们总是希望听到真切、鲜明、适度、感人的倾诉，而不愿意听到虚假空幻的、模糊不清的、做作的，不仅听了不被感动，反而身上会起鸡皮疙瘩的无病呻吟。

在倾听“议论评析”时，人们总是希望听到准确、全面、新颖、深刻的，由表及里乃至入木三分的精辟剖析，而不会满意于听到偏离话题而漫无中心，攻击一点而不及其余，陈旧迂腐而毫无新意，人人皆知却自以为新奇的东拉西扯。

练习与思考

1. 结合实际情况或个人体验，谈谈你对口语内容遵循“真善美”原则的理解。

2. 结合自身经历，谈谈阅读与行走对口语表达的作用。

模块四　基于思维的语言训练

一、理论知识

人的思维活动是与语言紧密相连的。列夫·维果茨基在《思维与语言》中指出，思维与语言的关系不是一件事情，而是一个过程，是从思维到语言和从语言到思维的连续往复运动。在这个过程中，思维与语言的关系经历了变化，这些变化本身在功能意义上可以被视作一种发展。思维不仅用语言来表达，还是通过语言开始产生并存在的。每种思维都倾向于将某事与其他事联结起来，并在事物之间建立起一种关系。每种思维都在运动、成长和发展，实现一种功能，解决一个问题。

语言既是人们交际的工具，也是思考的工具。两者之间的区别在于，思维过程的语言运动是无声地进行的。除此之外，两者之间表现为一种相互依赖且相辅相成的关系。可以这样说，除说话者（表述者）有心理障碍或发声生理障碍外，口语表述与思维活动原则上呈现出一种同步发展的关系，即口语表述（内容）水平低，其思维能力一般也差；思维水平不高，其口才水平也高不到哪里去。

口才是思维的“花朵”，人们常说想得清才能说得好，思想只能用思想本身来修饰和加强。可以说，说话者的思维模式越接近立体化、科学化，越有助于实现话题内容的辩证思考，其口才显现的水平就越高，其语言表达的闪光点就越多。

在口才六大训练模块中，思维模式训练是最核心的环节。通过思维模式的优化训练，说话者（表述者）要做到条理清晰、见解深刻、角度新颖、反应敏捷等。

（一）如何让表述更有条理

写文章讲究条理清晰，优秀的口语表达也不例外，但口语表达不同于书面语言，书面语言诉诸视觉，人们可以反复阅读，直到读懂为止。口语表达的内容诉诸听觉，一次听不明白，很少有反复再听的情况。如果讲话的脉络不清楚、条理不清晰，混乱如麻，听众就不能完整地接收信息，从而影响信息传递的效果。下面为大家提供几种让表述听起来或看起来条理清晰的办法。

1. 序号分层

很多人说话啰里啰唆一大堆，没有重点，没有层次，让听者一头雾水。有个简单且操作性强的方法：使用序号分层。说话时，使用简单的逻辑标记把自己要讲的话分成若干点展开表述。常用的逻辑标记（序号）有：

1、2、3……

第一、第二、第三……

第一点、第二点、第三点……

一是、二是、三是……

首先、其次、再次……

这样，加以简单的标序，就能让你的话变得井然有序、层次分明，听者更容易抓住话中的重点。序号分层常常与其他分层方法组合使用。

2. 排序式分层

排序式分层适合平行结构的话题内容，常常使用“三点论”的分层方法。“三点论”是能够快速把想说的话整理出逻辑的技巧，可使语言表达清晰、有条理，同时组织性强。“三点论”在即兴演讲等口语活动中很有效。例如：

时序组合：过去、现在、未来；初期、中期、后期；第一个十年、第二个十年、第三个十年。

空间组合：大陆、香港、台湾；家中、公司、市场；上、中、下。

人物组合：自己、对方、第三者；买方、卖方、中间人；上司、自己、下级。

其他方面组合：生理、心理、情绪；准备、执行、检讨；等等。

在即兴发言时，便可以使用“三点论”。例如：

我发表三个见解——
我就三个方面谈一下自己的心得——
我讲三个事例——
我就产品、市场和服务三个方面进行阐述——
我们的任务是分三步走——
我们目前有三个需要重点解决的问题——
就过去、现在和未来，我分三部分进行论述——
我们的三步棋是——
我对三个方面表示衷心的感谢——

运用“三点论”，可以让我们边想边讲，边讲边想，有助于组织语言，避免思维混乱。

3. 提振式分层

提振式分层适合递增结构的话题内容。

（1）理例组合。

理例组合就是用“理论+案例”或“案例+理论”的形式展开论述，做到有理有据。例如，用理例组合“谈社会富人现象”。

现代社会的富人有很多是乐于助人、热衷于慈善事业的。例如，企业家陈光标，捐款总额已超过了 20 亿元，帮助特困户逾 70 万户，被国务院前总理温家宝称为“有良知、有感情、心系灾区的企业家”。

（2）因果组合。

因果组合就是用“原因+结果”或“结果+原因”的形式展开论述。例如，用因果组合

“谈谈大学生就业难”。

现阶段，大学生就业越来越困难。我认为有以下几个原因：一是高校扩招的影响，社会上对大学生需求增长速度赶不上大学毕业生增加的速度。二是大学生期望过高，没有树立良好的就业观念。三是大学生缺乏求职技巧，部分学生在求职时往往表现得不够自信，过分紧张，回答问题时支支吾吾，表现不出自己的实力。

（3）正反组合。

正反组合就是从正面和反面两个角度对照表述，一分为二地看待问题。例如，用正反组合“谈勇气”。

每个人都应该培养自己的勇气。有勇气才能战胜困难，有勇气才能取得成功；反之，没有勇气就难以成事，只会导致无所作为。

（4）组合叠加。

口语表达时，有时需要叠加两三种语言组合，以表达复杂的话题内容。例如，因果组合与时序组合叠加“谈谈大学生的恋爱观”。

以前，刚进大学时，因为年龄小，所以对于异性没有什么特别的感受。现在，因为年龄大了，荷尔蒙喷发，所以出现对异性的莫名向往，也形成了对恋爱的一些基本看法。显然，生理变化是大学生恋爱的基础。

4. 三段论式分层

一般来说，对一个问题的表述可采用“是什么→为什么→怎么做”三段论式结构。

例如，表述“勇气”，提出勇气是一种可贵的精神（是什么）→为什么说勇气很可贵，因为勇气是战胜困难的武器，勇气是事业成功的保证（为什么）→怎样培养自己的勇气：努力学习，提高认识水平，树立远大理想；积极参加实践活动，发扬拼搏进取精神；在日常生活中从点滴做起（怎么做）。

这种结构方式，三个部分之间有着很强的逻辑性，一般不宜颠倒。另外，“为什么”和“怎么做”部分都可以分几点来谈。

（二）如何让表述更新颖

求新是人们的共同心理，越新颖的事物、理念越具有吸引力。在交谈、演讲、辩论等口语表达活动中，说话者若能讲出新理念、新观点，或提供新视角、新方法，让听众为之惊喜、振奋，那么必然能吸引并打动听众。

一位演讲者在做有关成功主题的演讲时，这样讲道：

你现在拥有的想法和选择的心态，造就了现在的你；从今以后，你拥有的想法和心态，将造就一个未来的你。变换心态可以使我们步入成功的坦途。人生就如铜板，一面是积极的人生，另一面是消极的人生，只要我们学会“翻铜板”，经常保持积极的心态，做一个乐观者，我们所做的平凡小事也会变得富有情趣，沉重的工作学习也就轻松愉快，苦难的光阴也就变得甜美，前面的路也就越走越宽。中国人在传统上赞美一个人工作努力喜欢用“埋头苦干”一词，一个人要勤奋苦读，要有“头悬梁，锥刺股”的精神。但在当代社会中，在追求成功的道路上，我们要有一种将“野梅子”酿成“果汁”的精神。也就是说，一个人的成功，不能只从他获得多少成绩来衡量，而应该把他在争取成功的过程中，克服了多少困难，享受了多少乐趣计算在内。这实际上是在提倡“乐感文化”，一种保持积极心态、激发自我潜能的文化。在这种文化的熏陶下，我们才会有行动的力量，才能充满创造力，才能拥有爱心和信念，才能走向成功。

演讲者带给听众一种新的认识和达到成功的理念，同时给了听众更多的思考空间，演讲体现出的新意和深意深深地吸引了听众。

有位科学家在回答“纳米有多小”的问题时，不从极小的方向去阐述纳米的量，反而从“颇大”的视角去调侃纳米的量。他说：“如果把一粒芝麻看成广场那么大，那么纳米就是广场里的一粒芝麻。”

这种说法摒弃了人们常用的思路，给人耳目一新之感，它将现代高科技的概念诠释得形象具体、言简意赅。

某地举办选美比赛，主持人向一位参赛小姐提出一个极其刁钻的问题：“你愿意嫁给肖邦，还是嫁给希特勒呢？”

按常规思维，自然是嫁给才貌双全的音乐家肖邦了，嫁给法西斯头子希特勒岂不是大祸临头了吗？如果按常规思维去答，索然无味，显不出参赛者的奇才绝技，自然是拿不到高分的。小姐反向思之，朗声笑答：“我愿意嫁给希特勒！”

全场顿时惊愕，大家静听她如何自圆其说。只见这位小姐从容地说：“假如我嫁给了希特勒，也许就不会发生第二次世界大战了！”

小姐的精彩回答，恰如一石激起千层浪，赢来了满堂喝彩，给评委留下机智善辩的美好印象，她最终获得了桂冠。

那么，如何让自己的口语表达见解独到、角度新颖呢？当然，要想说得新，须得想得新，也即思维要创新。我们参考英国“创新思维之父”爱德华·德博诺所著《创新思维训练游戏》，选取其中适合口语表达训练的创新思维游戏，并经过多年课堂教学实践，取得较理想的实训效果。

1. 多重关联

某种显而易见的答案或想法通常会阻碍其他创意产生。这个练习强调的是跳出常规思维方式，让你的观点或看法更吸引人。

步骤：

（1）找出两个随机词汇（通常为名词）。

（2）看看你可以用多少种方式在两个随机词汇之间建立联系。

（3）明确说明每种联系的依据。

注意：不要只关注词汇的外在形式是否相似。

示例：书桌、短裤。

你可能立刻想到：

两种东西都具有实用性，都有助于完成某种活动，比如商务活动或体育运动。
两种东西都应该设计得人性化。
书桌下面有容纳双膝的空间，短裤会露出双膝。

延伸思考：

两种东西都是做某件事时需要的。你会在书桌前办公；你会在进行某些运动时穿短裤。
两种东西过去都是和男性有关的物品，但现在情况已经发生了改变。

来自课堂的示例：鱼、香烟。
在课堂上，学生们进行头脑风暴，创造性地讲出了二十多个鱼和香烟的关联。例如：

人类要想食用鱼和抽香烟，都要借助“火”这个工具。
鱼和香烟都能带给人美好的享受，吃鱼让人感到愉悦，抽烟让人精神放松。
鱼吐泡泡和人抽烟时吐烟圈，在形态上相似。
它们产生的味道让很多人不喜欢，鱼有鱼腥味，香烟有烟味。
两者的种类都很丰富。鱼的种类多种多样，香烟也有很多牌子。
两者都可能给人带来危险。有些鱼有毒，香烟中的尼古丁也有毒。
两者都有禁止限制。抽烟有禁烟区，捕鱼有禁渔期。
两者被使用后，都会留下点东西。鱼有鱼骨头，香烟有烟蒂。

2. 相似性

创造力扩大了我们的选择范围，提供了无限的可能性。当我们寻求某种东西时，运用创造力是非常重要的。在这个练习里，需要找到在某些方面相似的东西。

步骤：

（1）找出四个随机词汇（通常为名词）。

（2）根据这些词汇联想到一些动物，如鸟、鱼或昆虫，它们在某些方面与随机词汇相似。不能联想到人类。

（3）解释这种相似性。

（4）如果随机词汇表示动物，则需再找其他随机词汇。

注意：不能将词汇的外在形式作为共同点。

示例：

四个随机词汇：伙伴、笑话、打鼾、比基尼。

想法：

“伙伴”让人想到长期稳定的关系。一些鸟（如天鹅）一生只有一个伴侣，具有稳定的伴侣关系。

“玩笑”让人想到猴子，在马戏团表演的猴子让人觉得很好笑；可能还会让人想到熊猫，它们长得就很好笑。

“打鼾”让人想到青蛙的叫声。

“比基尼”让人想到黄蜂，它的腰很细，腰以上和腰以下的部分是鼓起来的，就像穿着比基尼的丰满女性。

来自课堂的示例：记者、意大利面、将军、辫子。

想法：

"记者"让人想到狗，因为记者常常被称为"狗仔队"，他们有敏锐的嗅觉。

"意大利面"让人想到蚯蚓，因为意大利面卷卷的，很像一条条蚯蚓；还会让人想到山羊，因为山羊的胡子也是卷卷的。

"将军"让人想到马，因为马和将军常常同时出现，将军冲锋陷阵，和战马一样；还会让人想到老虎或狮子，他们都是强者、权力的象征。

"辫子"让人想到牛，因为牛尾巴很像辫子，有"牛辫子"一说。

3. 双胞胎

这个游戏比较两个词有哪些共同点，找到的共同点越多越好。这个练习涉及感知性创造力。

步骤：

（1）找出五个随机词汇（通常为名词）。

（2）从五个词汇中选出两个相似程度最高的词。

（3）两个词至少需要有三个方面的共同点。

（4）说明这些共同点。

注意：不能将词汇的外在形式作为共同点。

示例：

五个随机词汇：货车、围巾、赌博、吉他、窃贼。

想法：

"赌博"和"窃贼"都与没有得到的钱财有关；都有非常强的不确定性；通常都在夜晚发生；都有一定的进行步骤；都与意外之财有关；许多人对这两件事持反对态度。

变个花样：

（1）再找一些随机词汇，看看能不能把"双胞胎"变成"三胞胎"。

（2）从最初的五个随机词汇中再找出另外两个具有共同点的词汇。

来自课堂的示例：

五个随机词汇：潜水员、电线、楼梯、电梯、坟墓。

"电梯"和"坟墓"：都是密闭空间；都能装人；形状有时都是方的。

4. 故事情节

这是一种有别于"感知性创造力"的"建设性创造力"。

步骤：

（1）找出四个随机词汇（通常为名词）。

（2）用这些词编一个故事，词的使用顺序由自己确定。

注意：故事应该非常有趣，而不只是“他要去买东西，结果买了什么、什么和什么……”或“他坐在公共汽车上，看到了什么、什么和什么……”。

示例：

四个随机词汇：侦察队、黄蜂、套索、毒品。

你可能会立刻想到：

一个侦察队出发去抓捕穿越国境走私毒品的嫌疑犯。他们在追击一个嫌疑犯时，打算用套索抓住这个人。这时有一只黄蜂蜇了拿套索的侦察队员的手，于是他套住了自己的一名队友，嫌疑犯却跑掉了。

延伸思考：

警察局局长说：“你不能指望用套索抓住一只黄蜂。靠侦察队抓捕贩毒分子是没有用的，你需要打入他们的内部网络。”

变个花样：

（1）按得到随机词汇的顺序使用这些词汇。你必须用固定的词汇顺序讲故事，而不能自由选择顺序。

（2）使用五个、六个甚至七个随机词汇。

（3）找出五个随机词汇，弃用一个不合适的词汇，用剩下的四个词汇编故事。

5. 随机故事

在上一个练习中，你在开始编故事前就已经知道了所有要用的随机词汇，可以据此进行调整。在这个练习中，你只知道已经得到的随机词汇，不知道后面的随机词汇是什么就得开始编故事了。

步骤：

（1）找出两个随机词汇（通常为名词）。

（2）使用这两个随机词汇开始编故事。

（3）找出第三个随机词汇，将故事继续编下去。

（4）找出第四个、第五个随机词汇，继续编故事。

注意：故事情节必须具有一些实质性的内容，不能只是一连串的“接下来”“再接下来”等。

示例：

前两个随机词汇：马掌、葬礼。

你可能会立刻想到：

一匹马拉着灵车，正赶往一个葬礼现场。一只马掌突然掉了，马被绊了一下。

下一个随机词汇：沙拉。

路边的咖啡馆里有个人正在吃东西，马掌飞进了他的沙拉里。

下一个随机词汇：扁豆。

他的同伴说："还好，它没掉进我的扁豆汤里，要不然会溅我们一身的。"

下一个随机词汇：皮疹。

这个人对同伴说："谁知道呢，溅出来的扁豆汤没准儿能治好你胳膊上的皮疹。科学发现不经常是这样意外得到的吗？"

没有延伸思考，因为这个顺序已经是已知的了。

变个花样：

（1）找到六个随机词汇，每次找两个。每次找到的两个词汇的使用顺序可以自行确定。

（2）找出前两个随机词汇后，下面的三个阶段各自找两个随机词汇。每次只用其中一个，放弃另一个。

爱德华·德博诺认为创造力是每个人都可以学习、练习并加以使用的技能。这种技能就像滑冰、打网球、烹饪或学习数学一样。有了创造力就有了创新思维，有了创新思维就会有创新语言，而承载着创新思维的语言必然闪烁出动人的光芒。

二、能力训练

【活动一】条理清晰训练

请用上文中提到的序号分层、排序式分层、提振式分层、三段论式分层等方法，开展以下话题的即兴演讲。

（1）2022 年 2 月 4 日，北京冬奥会在国家体育场"鸟巢"正式开幕，开幕式上的倒计时环节采用了中国传统二十四节气的创意元素，展现了中华文化的独特魅力，让全世界感受到了"中国式浪漫"。请以"文化自信"为话题进行即兴演讲。

（2）宋代诗人翁森《四时读书乐·其一》："山光照槛水绕廊，舞雩归咏春风香。好鸟枝头亦朋友，落花水面皆文章。蹉跎莫遣韶光老，人生唯有读书好。读书之乐乐何如？绿满窗前草不除。"请以"读书之乐"为话题进行即兴演讲。

（3）彭端淑《为学一首示子侄》写道："天下事有难易乎？为之，则难者亦易矣；不为，则易者亦难矣。人之为学有难易乎？学之，则难者亦易矣；不学，则易者亦难矣。"请以"难与易"为话题进行即兴演讲。

（4）勇敢是当你还未开始就已经知道自己会输，可你依然要去做，而且无论如何都要把它坚持到底。请以"勇敢"为话题进行即兴演讲。

（5）《荀子·修身》云："道虽迩，不行不至；事虽小，不为不成。"这句话的意思是，即使再近的路，不走也不能到达；即使再小的事，不去做也不可能完成。请以"知与行"为话题进行即兴演讲。

（6）教师搜集近期具有一定争议性或大学生十分关注的、可以从多角度切入的话题材料，当堂出示给学生，学生经启发、提示后，展开讨论。要求运用上文提到的分层方法。例如，怎样看待"女性美"、男人能不能哭、爱是克制还是放肆、猪八戒更适合当老公还是唐僧更适合当老公，等等。

【活动二】创新思维训练

参考上文中的步骤与示例开展创新思维训练。

（1）多重关联。

① 浴缸　冰激凌

② 钱夹　牙医

③ 南瓜　制服

④ 手套　阳台

（2）相似性。

① 星星 挂钩 尖塔 煎饼

② 图书馆 谣言 汉堡 坚果

③ 煤 床单 子弹 足球

④ 聚光灯 制服 雨伞 和平

（3）双胞胎。

① 词典　婚礼　读博　火山　吊灯

② 婴儿　桌子　笑　银行　鸟

③ 剪刀　腰带　雪　海报　剑

④ 长裤　蜘蛛 谷物 胡子 烟囱

（4）故事情节。

① 岛屿 种族 口香糖 机器人

② 鲨鱼 考试 喇叭 鼻子

③ 奶酪 杂志 剧院 幽灵

④ 牙签 侮辱 窗户 教堂

三、知识拓展

简明的语言才是好的语言。所谓“简明”，即语言“简洁”“明白”。“简”的要求：所说的话应该包含交谈目的所需要的信息；所说的话不能超出需要的信息。“明”的要求：语言不能晦涩；话语不能有歧义；避免啰唆；要有条理。概括起来，简明的要求就是：表达必要的信息，没有多余的信息及词句；词句表意明确，没有费解的词句；详略得当，根据语境决定详略，没有详略不当的毛病。

（一）怎样做到语言简洁

1. 围绕中心，抓住要点

俗话说“简明扼要”，语言要简洁，就要做到围绕中心，抓住要点。一段即兴讲话、一个命题演讲，或一段随意的交流，都要围绕一个中心，不枝不蔓。否则，多中心、多主题，材料难以组织，问题难以说透，语言就不可能做到简明扼要。这就像领导开会时讲话，本来要讲奖金分配问题，结果却大讲职工养老保险问题、职业发展规划问题、公司办公环境问题等，语言繁杂，思路混乱，难以达到理想的表达效果。

2. 善于概括，巧用指代

无论是书面表达还是口语表达，都不能总是具体叙述而不做必要的概括。只有把必要的叙述和概括结合起来，表达才能简明。另外，巧用语言中的指代词，以避免重复和啰唆。让我们看下面的例子。

有些人对传统文化的理解存在误区，认为凡是老祖宗传下来的文化遗产，就不能有丝毫的改变，必须在当代原封不动地传承。这种认识或许有助于保持传统文化的经典性，但也决定了传统文化只能被小众欣赏。这名为保护传统，实则割裂了传统与现实，终将使传统文化被历史尘埃湮没。

上例中的指代词“这种认识”“这”，概括性地替代了上文中“一些人的理解误区”和“做法”，使语言变得更简洁明了。

3. 避免重复，删除多余内容

语言重复啰唆、铺陈繁冗是书面写作和口语表达时常犯的错误。例如：

（1）在小组会上，他总是首先第一个发言。

（2）我们要下决心改掉不好的坏习惯。

（3）他被打得浑身遍体鳞伤。

（4）最近相关部门对两个小区的住房进行空气质量检测，结果有一半住房甲醛超标，而引发甲醛超标最主要的原因是居民不合适的装修造成的。

（5）10 月份以来，江东村家家户户房前屋后银杏树叶飘舞，满地金黄，吸引了来自全国各地慕名而至的游客。

（6）他的艺术见解独到、深刻，近年来，常被应邀到许多高校发表演讲，深受学生欢迎。

以上六句话要么不恰当地连续使用形容词，要么堆砌不必要的附加成分，语言重复、累赘。鲁迅在谈到自己的写作经验时曾说过，尽量删除可有可无的文字。这是确保语言简洁的一个方法。

（二）怎样避免表意不明

表意不明，令人误解或费解，是常见的语病，也是与“简明”要求相违背的。怎样避免这种情况？

1. 少用单音节词，多用双音节词

有些单音节的多义词，一不小心，就会造成歧义。例如，在“教育局通知李校长 15 日前去汇报开学工作”一句中，“前”是多义词，可以理解为“15 日之前”去汇报，也可以理解为“15 日前往”教育局汇报工作。如果要表达的是前一个意思，应改用“之前”；如果要表达后一种意思，就该改用“前往”，并删除“去”。

2. 调整语序，交代明确

语序不当，交代不明，也会造成歧义。例如，“张三背着公司总经理和副总经理偷偷地把这笔钱分别存入了两家银行”一句可以做多种理解，如果只是“背着总经理”，可以改为“张三，背着公司总经理，偷偷地和副总经理一道，把这笔钱存入了两家银行”。如果是“背着公司经理和副总经理”，可以改为“张三背着公司总经理和副总经理，把这笔钱偷偷地存入两家银行”。当然，在口语表达时，可以通过语音停顿等方法避免歧义。

3. 指代清楚，如实直说

句子停顿的位置是否恰当，指代是否清楚，也影响句意的表达。例如：“这个精致的灯笼将作为今天得分最高嘉宾的礼品赠送给他。”这句话表达很不清楚。“作为嘉宾的礼品”，既可以理解为送给嘉宾的礼品，也可以理解为嘉宾送人的礼品；句中的“他”指代也不明，作为前一义时，可以理解为“嘉宾”，作为后一义时，可以理解为“别人”。这个句子可以改为“这个作为礼品的精致的灯笼，将送给今天得分最高的嘉宾”，也可以改为“这个精致的灯笼是嘉宾准备的礼品，今天谁得分最高就送给谁”。这样的修改，意思都是明确的。

根据对这个例子的分析，我们可以认识到，为“简”而简，有时事与愿违，表意反而不清楚。辨别句子是否简明，要注意两点：一是推敲语句，看有无冗余信息、多余词语；二是看有无歧义，是否费解。

（三）做到语言简明的几种方法

1. 删除多余内容法

把句内明显多余或可有可无的字词删去，抓主要内容，避免用词重复、啰唆。例如：

在我十几年的生活经历里，小时候童年的有意思的事情是在草丛里捉蚂蚱。

“在我十几年的生活经历里”，可改为“在我的记忆里”；“小时候”就是“童年”，用词重复，去掉一个；“有意思的事情”可改为“趣事”；捉蚂蚱当然是在草丛里，可以删去“在草丛里”。

这句话可以这样说：

在我的记忆里，童年趣事就是捉蚂蚱。

2. 长句化短法

把长句改成几个短小的句子，个别词语和标点符号加以改动而句意保持不变，不仅能使语言表达更简练、句意更明确，还能使语言更活泼、表达更自然。例如：

古人类学是研究化石猿猴和现代猿猴与人类的亲缘关系、劳动在从猿到人转变中的作用、人类发展过程中体质特征的变化和规律等有关人类起源和发展问题的一个分支学科。

可改为：

古人类学研究人类起源和发展规律，例如化石猿猴和现代猿猴与人类的亲缘关系、劳动在从猿到人转变中的作用、人类发展过程中体质特征的变化和规律等。它是人类学的一个分支学科。

长句的特点：一是修饰语多，二是并列成分多，三是某一成分的结构比较复杂。根据这些特点提取主干“古人类学是（人类学的）一个分支学科”，再将修饰语按逻辑顺序组合即可。

3. 推敲词语法

语言简练还得在用词上推敲，尤其动词、形容词，用词须准确。

托着那圆圆的、胖胖的壶身，我忍不住用三个手指夹起一小撮龙井茶叶，轻轻地、慢慢地、小心翼翼地放入壶中，放些热水，泡上第一壶茶。眼睛盯着壶中，绿叶们像精灵一样一时间向上翻、向下滚跳起舞来，打着转转吸引我、诱惑我，像绿色的眼睛一闪一闪的，我忍不住吸一小口。当一股醇香回荡在唇边时，我觉得很舒服。（苏宁《小茶壶》）

“圆圆的、胖胖的”可改为“圆嘟嘟的”，“用三个手指夹起”可改为“捏起”，“轻轻地、慢慢地、小心翼翼地”重复，可改为“轻轻地”，“眼睛盯着”可改为“凝视”，“绿叶们像精灵一样”可改为“绿精灵们”，“一时间向上翻、向下滚跳起舞来”可改为“霎时翻舞起来”，“吸引我、诱惑我”改为“诱惑我”，“吸一小口”改为“呷一小口”。

4. 明确段意法

每段话都要表达一个中心意思，如果用一句概括性的语言标示在开头或结尾，然后每句话都围绕这一中心意思逐层写来，能使段意更明确，层次更分明。

5. 详略得当法

在处理话题材料时应做到详略得当，能突出中心的地方详讲，与中心关系不大的略讲，与中心无关的不讲，这样也会使口语表达简洁、明了。①

思考与练习

1. 爱德华·德博诺把思考分成垂直思考和水平思考，简单地讲，垂直思考就是逻辑思维，水平思考就是创新思维。如果把思考比作挖洞的过程，垂直思考就是把同一个洞越挖越深，水平思考则是在别的地方另挖一个洞。试分析，你是善于把一个洞越挖越深，还是善于在别的地方另挖一个洞？

2. 应试教育使学生满足于与标准答案保持一致，但口才训练要求学生即使有了一致结论，也要继续思考，看看能不能有新的发现，尤其“透过现象看本质”，在已有结论中继续推导出更能显现本质，同时更能显现思想深度的结论。在训练中要养成这种思维习惯。

---

① 黄春慧. 大学语文[M]. 上海：上海大学出版社，2013.

模块五 基于艺术的语言训练

一、理论知识

一个发音标准、姿态得体、自信大方、逻辑清晰、创意十足的人，就一定是个会说话的人吗？答案是否定的。敢说、能说不代表会说。如果一个人不懂得说话的艺术，尤其双向沟通时的说话艺术，那他就不能算是一个拥有良好口才的人。

人是一切社会关系的总和。美国著名成人教育家戴尔·卡耐基经过大量的研究得出："一个人事业上的成功，只有百分之十五是由于他的专业技术，另外的百分之八十五要靠人际关系、处世技巧。"如何才能营造良好的人际关系？这就需要人与人之间进行有效的沟通，交流思想与情感，消除误会与摩擦，最终使人际关系朝着和谐的方向发展。那么，怎样才能让沟通有效？掌握说话的艺术是关键。

（一）说话艺术的首要原则：得体

说话艺术的首要原则是得体。

何谓"得体"？汉语词典释义：言语、行动等适当，恰如其分。在语用学、修辞学的论著中较为普遍的看法是，"体"是文体、语体的总称，所谓"得体"就是指语言运用合乎文体及语体的总体要求和基本风格特征。口语表达得体，就是要求表达者说话时要看场合、对象，并兼顾社会文化规范和制约。

所谓"到什么山唱什么歌"，就是说话要注意场合。例如，亲朋好友之间交谈，讲话可以随意一点，口语化点；如果是正式交际场合，则使用的口语就比较接近书面语。在不同的场合，语言使用恰当会取得良好的表达效果。例如，在悲伤场合宜说宽心话，在高兴场合不宜说晦气话，在庄重场合不宜随便开玩笑，等等。场合变化，语言也要相应发生变化。

所谓"见什么人说什么话"，就是说话要注意对象，包括说话对象情况、说话者自身情况，以及相互关系。孔子说过："中人以上，可以语上也；中人以下，不可以语上也。"（《论语·雍也》）孔子说的就是说话的"对象"问题，说话内容的深浅要与对方的接受能力相宜。例如：

这事你错了，该找人家赔礼道歉去。
这事咱们也有不对的地方，最好去向人家说清楚。
这事您是否也有不妥之处，还是向人家说说才好。

这三句话意思一样，但说法不同，第一句话说得比较直率，有指令、训诫的口吻，适用于长辈对晚辈或上级对下级。第二句话就委婉多了，把人称"你"改为"咱们"，其实说话者不一定介入这件事，只是把话说得亲切些，表示自己与对方更贴心，使对方更容易接受；另外把语意重的"赔礼道歉"改成语意较轻的"说清楚"；这种委婉的说法适用于朋友和知己之间。第三句话则选用了表示尊敬、商议的口吻，把人称"你"改为"您"，用"是否""还是”表示商量、建议，这种表达方式适用于晚辈对长辈、下级对上级或一些自尊心特别强的人。说话对象不同，用语不同，这样就有了分寸，交际也会达到预期的效果。

说话得体还要注意民族（地域）文化、宗教信仰、民间习俗等的差异。我们在与他人进行交际时，通常会无意识地根据自己的文化准则、社会规范、社会语言规则来判断和解释别人的言语行为，因而语用失误在所难免。在口语交际过程中，应注意这些差异带来的不同，尽量做到求同存异。

（二）说话的语言技巧

说话是一门艺术，也是一种智慧。为了提高自己的语言交际能力，人们不断从自己的语言交际和沟通实践中总结经验、提炼技巧，积累了很多宝贵的经验，总结出很多实用技巧。下面是几种比较常用的技巧。

1. 赞美

赞美是人际交往的润滑剂。美国作家马克·吐温曾说：“听到一句称赞，能使人陶醉两个月。”美国心理学家威廉·詹姆斯曾说：“人类本质中最殷切的要求就是渴望被肯定。”喜欢听好话是人的天性，每个人都希望听到别人的肯定和称赞，不管是普通老百姓还是身居高位者。

让我们看一个乾隆皇帝和纪晓岚的例子。

乾隆想对纪晓岚的能言善辩、机智敏捷进行验证，于是宣纪晓岚进宫。纪晓岚进宫见到乾隆之后，马上跪下请安。乾隆说：“纪爱卿，朕问你：何为忠孝？”这个问题难不倒纪大学士，纪晓岚说：“君叫臣死，臣不得不死，此为忠；父叫子亡，子不得不亡，此为孝。合起来，就叫忠孝。”纪晓岚刚回答完，乾隆就说：“好！朕就赐你一死。”纪晓岚当时就愣了，心想：“这皇帝唱的是哪出戏？怎么突然赐我一死？如果我遵旨尽忠，那是死路一条；如果抗旨不遵，也是死路一条。”纪晓岚陷入两难的境地。但是，君无戏言，纪晓岚只好谢主隆恩，三拜九叩之后就退了出去。纪晓岚出去以后，乾隆便想：“都说纪晓岚能言善辩、能耐了得，看你今天怎么破这个局？”

半炷香后，只见纪晓岚气喘吁吁地跑了进来，见到乾隆就跪下。乾隆见到纪晓岚回来了，心中不免惊喜，故作威严地说：“大胆，纪晓岚！朕不是赐你一死吗？你怎么活着回来了？你难道不知道这是欺君之罪？”纪晓岚叩首，说：“皇上，臣该死。臣刚才遵从圣旨要去尽忠，准备跳河自尽，但正要跳河时，屈原突然从河里冒了出来，他怒气冲冲地痛骂我一顿，说：‘你小子怎么这样混蛋？当年我投汨罗江而死，那是因为楚怀王昏庸无道，我找不到贤明的君主，报国无门、郁郁寡欢才投河自尽；可是，当今圣上贤明豁达、泽被天下、勤政爱民、忠厚仁恕……你怎么能轻生呢！’我一听，的确是这样的道理，所以臣就回来了。”还没等纪晓岚夸赞完，乾隆的嘴角便咧到了耳后根。

纪晓岚凭借自己的聪明才智和能言善辩的口才，为自己，也为乾隆皇帝争回了颜面，故事中的纪晓岚抓住了“人人都爱听赞美的话”的心理，巧妙地借屈原之口赞美乾隆皇帝，机智地化解了危机。

可以说，懂得赞美是人际交往的制胜法宝。那么应该怎么使用这一制胜法宝呢？首先，赞美贵在真心实意。如果缺乏真心实意，虚情假意、夸大其词地赞美一个人，被赞美者不仅会感到莫名其妙，还会觉得你油腔滑调、别有用心，甚至让人反感。其次，赞美要具体。抽象的东西往往很难确定范围，而美的东西应该是看得见、摸得着的，赞美就要具体、细致。例如，说“你很美”，还不如说“你的眼睛亮晶晶的，会说话”“你的头发又直又顺，有光泽”；说“他是一个好学生”，还不如说“他各门成绩都很优异，年年得奖学金，在校期间多次荣获‘三好学生’称号”。最后，赞美可以坦诚直言，也可以间接表述。家长赞美小孩、老师赞美学生、领导赞美部下多半是直接赞美。间接赞美则可以是假借第三人的口来赞美一个人，即不在当面赞美某人，通过其他人把你的赞美传到他的耳中。很多时候，这种背后赞美的行为会起到意想不到的效果。

董卿和倪萍都是电视观众非常喜爱的主持人。在一次节目中，董卿讲起了她和倪萍的交往：

倪萍老师在我刚刚到中央电视台、刚刚起步的时候给了我很多鼓励。其实，我们在私底下没有什么往来，很意外的是我经常会听到一些同事跟我说“董卿，那天倪萍夸你了”，我就很兴奋，也很感动。又没什么私交，她却在背后夸你，对我是莫大的一种鼓舞。

间接赞美还可以通过赞美与对方有密切联系的人、事、物。例如，赞美一位妈妈，可以赞扬她的孩子漂亮、聪明、有出息；称赞对方能干，可以说“强将手下无弱兵”“严师出高徒”等。总之，恰如其分的间接赞美比直接赞美更有效果。

赞美可以是付诸语言的，也可以是非语言的。一个鼓励的眼神、一个温暖的微笑、一次点头、一次鼓掌都是善意的信号，都能传递赞美之情，都可能在某一瞬间温暖人心，从而达到理想的交际效果。

2. 幽默

幽默是高级语言艺术，一个语言幽默的人是非常有魅力的人。幽默不是滑稽，不是搞笑，滑稽让人想到的是“小丑”，幽默让人想到的是“语言大师”。

被誉为“光头笑星”的电视节目主持人凌峰，在一次主持“神州风采”特别节目介绍赵本山出场时说：“为了丰富今晚的节目，我们特别为您介绍一位比我长得还困难的，来自东北的赵本山。”

“我比你还丑？既然如此，我也来抓个垫背的！”赵本山指指身边的冯巩说，“他比我还丑。”冯巩为了捍卫自己“埋伏在丑星里的英俊小生”的称号，用手指着自己的脸说：“亲爱的朋友，你们好，我知道我长得丑，属于困难户、重灾区，但和他们两位相比，我可以自豪地宣布：‘我脱贫致富了！’不客气地讲，一看见他们两位，我就想起了万恶的旧社会！”

舞台上的三位明星都用自己幽默的语言艺术赢得了观众的满堂彩，听完他们的互相调侃，观众心中不会觉得“这三个人真是一个比一个丑”，而是会被他们幽默的语言折服，尤其冯巩说的“困难户”“重灾区”“脱贫致富”，说得形象、生动，展现了高超的语言能力。

有时，人与人之间的交往难免会产生误会，甚至矛盾，如果我们能够巧妙地使用幽默的语言，就能有效缓和矛盾，消除摩擦。

有一次，由于遇到突发情况，公交车司机突然刹了一下车，车上的乘客都猛地一晃。一位男青年脚下不稳，直接撞在一位姑娘身上。姑娘横眉竖目："德性！"那位男青年幽默地说："不，这不是德性，而是惯性。"姑娘听到后扑哧一笑，怒火顿消。

这位男青年十分机智，用幽默的语言巧妙地制造了轻松愉悦的氛围，消除了摩擦，化解了冲突和矛盾。

人生在世，难免碰到令人尴尬的处境，比如自己的隐私不小心被泄露、自己的生理缺陷被人发现、在比赛或表演中发挥失常等。这时，我们如果能用幽默的语言化解尴尬，则不至于让自己和他人陷入难堪。

著名物理学家爱因斯坦曾为一对年轻朋友证婚。几年后，那对夫妇带小儿子来看他。孩子看了爱因斯坦一眼就号啕大哭起来，弄得那对夫妇很难为情。幽默的爱因斯坦却摸着孩子的头，高兴地说："你是第一个肯当面说出对我的印象的人。"

最大的幽默是懂得自嘲，爱因斯坦用自嘲的方式巧妙地化解了现场的尴尬气氛。而一个敢于自嘲的人必定是内心极其强大的人。

有人笑话胡适，给他取了个绰号叫"怕太太"。胡适便自我调侃，他说："中国古代对妇女有'三从四德'之说，'三从'即在家从父、出嫁从夫、夫死从子；'四德'是妇言、妇德、妇容、妇功。我严格遵守我对夫人的新'三从四得'。'三从'是太太出门要跟从、太太命令要服从、太太说错要盲从。'四得'是太太化妆要等得、太太生日要记得、太太打骂要忍得、太太花钱要舍得。"

听完胡适先生的自嘲，我们不会觉得胡适真是个怕老婆的人，而会觉得他真是个爱老婆、疼老婆的好男人。

3. 倾听

苏格拉底曾说："自然赋予人一张嘴、两只耳朵，也就是要我们多听少说。"常言道："一双灵敏的耳朵胜过十张能说会道的嘴巴。"沟通首先是倾听的艺术。可惜的是，大多数人只顾自己滔滔不绝，不注意倾听。一位心理学家曾说，人跟人讲话时，表面上是你一句我一句，好像一个在说一个在听，但真相是你在讲时我却没有在听，只是在想下一句我该怎么说。如果我们只把心思用到自己如何表达上，那我们还没有懂得说话的真谛。

同时，在某种意义上，"听"是为了更好地"说"，听得准才能说得好，"听"服务于"说"，表现为对对方表述内容的准确理解，并为听话人的言行反应提供依据。

一天，猫妈妈对自己的孩子说："孩子，你现在已经长大了，要独自去找东西吃了。"小猫惶恐地问妈妈："妈妈，我应该吃什么东西呢？"猫妈妈说："这样吧，这几天晚上，你躲在一些合适的地方听谈话，到时你就明白了。"

第一天晚上，小猫躲在角落里，听到一个大人对孩子说："把它放在冰箱里，猫可爱吃了，以免让猫给叼走了。"

第二天晚上，小猫躲在陶罐边，听见一个女人对男人说："腊肉挂在房梁上，尽量挂高一点，别让小猫偷吃了。”

第三天晚上，小猫躲在屋顶上，听见一个妇人念叨自己的孩子：“奶酪、鱼干吃剩了，要记得收好，猫的鼻子可灵了，若不收拾好，明天就成它的美餐了。”

就这样，小猫慢慢地知道了自己应该吃什么。

上面这个故事告诉我们，“听”的目的是捕获信息、处理信息、做出反应，听得准才能说得好，很难想象一个听话能力很差的人，会是一个口才交际技能运用的佼佼者。

二、能力训练

【活动一】赞美训练

活动时间：10～15 分钟。

活动目的：形成用心赞美别人的意识，掌握赞美的方法。

活动程序：

（1）两两分组。

（2）互相用“你真不简单……”“我最欣赏你这种人……”“我最佩服你这种人……”等来赞美对方，要求赞扬具体、细致。例如：“×××，你真不简单，每天坚持读英语文章 30 分钟，你的口语听起来就和老外一样。”“×××，我最欣赏你这种人，学习这么忙，还能定期去参加志愿者活动，你真是个有爱心的人。”“×××，我最佩服你这种人，穿衣服自成风格，坚持做自己。”

（3）变换对象，继续赞美。

【活动二】听话训练

活动时间：5～10 分钟。

活动目的：训练听得准、说得好的能力。

活动程序：

（1）学生排成纵队（如果在教室里，在座位上就座便可）。每队 5～8 人，要有一定间隔。

（2）教师准备好一段话（包含一定的信息量），先向第一位学生传话。注意，不能让其他人听到。

（3）从第一位学生开始，依次往下传话。

（4）最后一位学生讲出他听到的内容。学生们对比各自听到的内容。

【活动三】“听与说”训练

活动时间：15～20 分钟。

活动目的：使学生充分认识到说服别人需要积极聆听，同样需要掌握说服别人的理由和技巧。

活动程序：

（1）活动角色分配：①孕妇：怀胎八月。②发明家：正在研究新能源（可再生、无污染）汽车。③医学家：多年研究艾滋病的治疗方案，已取得突破性进展。④宇航员：即将远征火星，寻找适合人类居住的星球。⑤生态学家：负责热带雨林抢救工作。⑥流浪汉。

（2）游戏背景：私人飞机坠落在荒岛上，只有 6 人存活。逃生工具只有一个只能容纳一人的橡皮气球吊篮，没有水和食物。

（3）游戏方法：针对由谁乘坐气球先行离岛的问题，各自陈诉理由。要求：先复述前一人的理由，再陈述自己的理由。最后，由完整复述别人逃生理由与陈述自身理由充分的人，决定可先行离岛的人。

三、知识拓展

从《红楼梦》中凤姐的人物对话看口才与做人

刘伯奎

每个人在人生的舞台上，实际上都因环境的变化而需要扮演不同的角色。一个人口才交际能力强不强，有时在很大程度上并不仅仅表现在这个人话说得怎么样，还表现在他对自己的角色定位的理解和把握是否准确。从这一角度来分析凤姐（王熙凤），就不难发现，凤姐的口才交际艺术和她在大观园里为人处世的成功，与她对于自己的角色定位的贴切理解和准确把握有着很大的关系。

在小说中，我们不难看到，凤姐的角色主要表现在四个方面：作为小辈，与贾母、王夫人等人相处；作为平辈，与宝玉、黛玉等人相处；作为主人，与奴仆、丫鬟等人相处；作为当家人，在社会交往中的表现。在这里，我们就这四个方面逐一分析。

1. 对长辈：十分尊敬，迎合奉承

凤姐对于长辈的尊敬、迎合突出地表现在她对贾母的一言一行之中。例如，贾母与凤姐两个人身边都不缺少使唤丫头，但是，小说中多处写到，只要贾母一抬腿走路，在旁边搀扶她的常常并不是使女，而是凤姐，搀扶贾母几乎成了凤姐的专项任务。尤其“去清虚观打醮”那一次，贾母因临时下轿，身边一时无人，凤姐急于奔过去搀扶，竟将挡路的小道士一巴掌打得翻了一个跟头。不仅如此，凤姐对贾母是有召必到，有唤必应的。例如，贾母八十大寿，合家欢庆，凤姐却因为一件自己不知情的事，被婆婆邢夫人弄得当众下不了台，一赌气回到房里哭了起来。没想到贾母派人来唤，凤姐一听，忙擦干了眼泪，洗了脸，又重新施了脂粉，赶了过去。而贾母要问的话是：“前儿这些人家送礼来的共有几家有围屏？”凤姐立刻答道：“共有十六家有围屏……”她开始逐一介绍起来。

对于王夫人、薛姨妈等长辈，凤姐从来都是非常尊敬的。例如，贾府摆螃蟹宴，凤姐不是没有座位，但她一直站在贾母身边剥蟹肉，反而让贾母的丫头鸳鸯坐到一旁去吃螃蟹了。她剥出螃蟹后，首先递给薛姨妈，然后递给贾母，再递给宝玉，礼节一一做到。

在长辈面前，凤姐的突出表现之一，就是善于迎合逗乐、风趣幽默。有一次，贾母、王夫人、薛姨妈与凤姐，四人打牌正好，凤姐却说：“再添一个人热闹些。”于是叫来鸳鸯，坐在贾母旁边，替贾母看牌，实际上是为了向凤姐发暗号，凤姐依照暗号出牌以便贾母和牌赢钱。凤姐故意做出出错牌后悔的样子，想收回，贾母不允。凤姐故做舍不得拿出钱来，想要赖的样子，直逗得一家人哈哈大笑，贾母则是笑得“手里的牌撒了一桌子”。还有一次，贾母领着一家人在园中玩赏，说起自己小时候曾有一次失足落水，碰破了头，还进了水，差点活不成了，至今鬓角上还留有指头顶大的一个窝儿。凤姐一听，抢先笑着说道："那时要活不得，如今这大福可叫谁享呢！可知老祖宗从小儿的福寿就不小，神差鬼使碰出那个窝儿来，好盛福寿的。寿星老儿头上原是一个窝儿，因为万寿万福盛满了，所以倒凸高些出来了。"一家人听得哈哈大笑。

正因为凤姐对长辈不仅尊敬，而且善于迎合逗乐，所以贾母对她，虽然多次使用了"泼皮破落户""凤辣子"等戏称，但对她更多的还是喜爱。小说写道，凤姐生病卧床，贾母顿时觉得身边冷清了，感叹道："有她一个人来说说笑笑，还抵得十个人的空儿。"

2. 对平辈：关心照顾，周全备至

主持家庭事务的凤姐对于宝玉、黛玉、宝钗等同辈的弟妹，其关心照顾是周全备至的。例如，冬天来了，凤姐马上向贾母和王夫人提出建议：安排宝玉、黛玉等人在自己的园子里吃饭，以免来回跑厨房吃冷风，伤身体。王夫人当即同意，贾母故意试探地说，就怕又要多出一个厨房的事务来。凤姐当即解释道："并不多事。一样的份例，这里添了，那里减了。就便多费些事，小姑娘们冷风朔气的，别人还可，第一林妹妹如何禁得住？就连宝兄弟也禁不住，何况众位姑娘。"一番话说得贾母深感满意。小说第八十五回还写道，黛玉的生日到了，没想到连贾母也给忽略了，而凤姐则是悄悄地一手操办，使动辄以泪洗面的黛玉，过了一个连贾母也喜出望外的、黛玉自己更是花团锦簇的、含羞带笑的生日。

又如，凤姐的婆婆邢夫人的侄女儿岫烟前来投奔邢夫人，被贾母留住在大观园。凤姐见岫烟虽然家贫但人品不错，于是从此，只要她在大观园里住满一个月，就按照其他的女孩子标准发给零用钱。后来，她见岫烟身上没有新衣服，忙将自己的衣服包上好几件送给了她。袭人回哥嫂家探望生病的母亲，凤姐不仅另外送她衣装，还非常细心地叮嘱道："你妈若好了也罢，若不中用了，只管住下，我再另打发人给你送铺盖去。可别使他们的铺盖和梳头的家伙。"凤姐在可以通融的地方尽量通融，但是，作为家庭财政方面的掌管人，她在应当坚持原则的时候能够做到坚持原则。例如，有一次，紫鹃要代重病卧床的黛玉提前支取月例银子，凤姐觉得一个大家庭不能破了规矩，就婉言拒绝，但用自己的私房银子给了紫鹃，还叫她不要告诉黛玉。

凤姐毕竟才二十来岁，就已经在这样一个大家庭中待人接物如此面面俱到，确实非常不容易。

3. 对下人：唯才是用，赏罚有度

我们考察凤姐在管理过程中的一言一行，不难看出，她对下人的使用，其实有一个明确的标准，那就是唯才是用，赏罚有度。

小说第二十八回中有一个非常典型的例子，那就是她对小丫头红玉的看重。红玉原是宝玉房里级别最低的小丫头，她的工作就是浇花、喂鸟、烧开水，连宝玉的房间都是不能随意进出的。有一次，红玉在园子里迎面碰上了凤姐，而凤姐身边一时没有人，于是临时叫她去向平儿传话。回来后，红玉向凤姐把传话过程复述得清清楚楚，于是立即被凤姐看中，马上向宝玉将她要到了自己身边。

凤姐在家庭管理方面的赏罚有度还突出表现在她在秦可卿的丧事期间接受委托，主持宁国府内务。凤姐上任先立规矩，严明纪律，不料随后就有一人值班迟到了一会儿。凤姐当即按规矩办事，将此人打二十板子，扣一个月工钱，同时宣布，明天再有误的，打四十板子，后天再有误的，打六十板子。就这一下子，众人再也不敢偷闲，都兢兢业业，坚持做好本职工作了。

值得注意的是，在家庭管理方面赏罚有度的凤姐，还是一个知恩图报的人。有一次，贾琏与凤姐正在夫妻对饮，贾琏的奶妈来了，两人忙让奶妈上炕就座。凤姐还叫平儿马上将早晨刚炖得很烂的肘子端来给老人吃，接着向她敬酒。在这里，我们不妨将她的这一做法与宝玉做一个对比。在小说第八回中，宝玉在薛姨妈家喝了酒回来，端起茶碗刚喝了一半，一听自己的奶妈用这只茶碗喝过茶，立即将茶碗摔得粉碎，骂道："不过是仗着我小时候吃过她几口奶罢了。如今逞的她比祖宗还大。如今我又吃不着奶了，白白地养着这个祖宗做什么！快撵了出去，大家干净！"

4. 对外界：攻守进退，游刃有余

凤姐不仅对内管理有规有矩，面对外界的交际往来，也能做到攻守进退，游刃有余。有一次，宫里的夏太监派小太监来贾府借二百两银子，说过一两日就送过来。贾琏一听，明摆着又是来敲竹杠了，觉得不好应付。凤姐则要贾琏回避。只见凤姐对小太监说道："什么是送过来，有的是银子，只管先兑了去。改日等我们短了再借去也一样。"她又对小太监说："你夏爷爷好小气，这也值得记在心上。我说一句话，不怕他多心，若都这样记清了，不知还了多少了。只怕没有，若有，只管拿去。"一面又叫身边的仆人旺儿媳妇，"出去不管哪里先支二百两来。"旺儿媳妇故意说道："别的地方没有借到，才来找你的。"凤姐又故意叫平儿："把我那两个金项圈拿出去，看且押四百两银子。"于是平儿拿了首饰出去，过了一会儿，拿回四百两银子，给了小太监一半，让他走了。

5. 小结

由于凤姐对于自己在贾府中的角色定位有着贴切理解和准确把握，所以她的口才交际能力与她在大观园里的为人处世才达到了一种完美的和谐统一，这一人物形象才会发出极为动人的艺术光辉。

思考与练习

1. 听力自测：你是否是一个有效的倾听者？不妨根据下表做一番自测。请在表中适合自己的空格里打"√"号。

听的方法与态度	一贯	在多数情况下	偶尔	几乎从来没有
1. 力求听对方讲话的实质内容，而不只是听字面意义				
2. 以全身姿势表达出你在入神地听对方说话				
3. 对方讲话时不急于插话，不打断对方的话				
4. 不一边听对方说话一边考虑自己的事				
5. 听到批评意见时不激动，耐心地听对方把话讲完				
6. 即使对对方的话不感兴趣，也耐心地听对方把话讲完				
7. 不因为对讲话者有偏见而拒绝听他讲的内容				
8. 即使对方地位低，也要对对方持称赞态度，认真听对方讲话				
9. 因某事而情绪激动或心情不好时，避免把自己的情绪发泄在他人身上				
10. 听不懂对方所说的意思时，利用提问来核实对方的意思				

续表

听的方法与态度	一贯	在多数情况下	偶尔	几乎从来没有
11. 利用总结归纳法来证明自己正确理解了对方的意思				
12. 伴以期待眼神的适当沉默，鼓励对方表达出自己的意思				
13. 引用对方原话，以免曲解或漏掉对方说出的信息				
14. 避免只听自己想听的部分，注意对方的全部思想				
15. 以适当的姿势鼓励对方把心里话都说出来				
16. 与对方保持适度的目光接触				
17. 既听对方的口头信息，也注意对方表达的情感				
18. 与对方交谈时选用最合适的位置，让对方感到舒适				
19. 能观察出对方的言语和内心思想是否一致				
20. 注意对方的非口头语言表达的意思				
21. 向讲话者表达出你理解他的情感				
22. 不匆忙下结论，不轻易判断或批评对方的话				
23. 听话时把周围的干扰因素降到最低限度				
24. 不向讲话者提太多问题，避免对方产生防御心理				
25. 对方表达能力差时不急躁，积极引导对方把思想准确表达出来				
26. 在必要情况下一边听一边做笔记				
27. 对方讲话速度慢时，抓住空隙整理出对方的主要思想				
28. 不指手画脚地替讲话者出主意，帮助对方确信自己有能力解决问题				
29. 不伪装认真听人家讲话				
30. 经常锻炼自己专心倾听的能力				

上表中所列 30 项，对每一项而言，“一贯”得 4 分，“在多数情况下”得 3 分，“偶尔”得 2 分，“几乎从来没有”得 1 分。填完后，把所有打“√”号的格内应该得的分数加在一起，即为应得的分数。

105～120 分，倾听能力优。

89～104 分，倾听能力良。

73～88 分，倾听能力一般。

72 分及以下，倾听能力劣。

2. 试着主动向朋友或宿舍同学转述一些你听到的东西，例如，今天刚上过的选修课、参加的一个座谈会等。在转述中，尝试用简洁、生动的语言完整地总结、归纳大量复杂的信息。如果要求更高一点的话，就试着在转述中引起对方的注意力和兴趣。

模块六　肢体语言训练

一、理论知识

人类语言分为有声语言和无声语言。在一定程度上显示行为意义、能够表达人的思想感情的人体动作，如表情、手势、姿态、服饰等，就是无声语言，也叫肢体语言、态势语言或体态语言。

在交际中，人们所获得的感觉印象大多数来源于视觉，据测定，77%来自眼睛，14%来自耳朵，9%来自其他感觉器官。诉诸视觉的人类的表达主要是由肢体语言完成的。美国心理学家艾伯特·梅拉比安有一个有趣的公式：一条信息的表达=7%的有声语言+38%的声调+55%的表情动作。这些都说明了肢体语言在口语表达活动中的重要作用。日常交际时，也许我们只专心和朋友闲聊、与下属交谈或者说服别人，从来没有注意过自己的脸、手、动作，但实际上，你的一举手、一投足、一挑眉、一微笑都伴随着交际的全过程，都构成科学家和心理学家口中的“沟通利器”，即肢体语言。

在交际过程中，我们常常发现很多事情用肢体语言比用有声语言更能有效地表情达意，如形容“痛苦”和“房子的形状”。而在有些交际活动中，肢体语言还可能是信息传达的唯一途径。在喜剧大师卓别林的“无声电影”中，那位头顶大礼帽、脚蹬大皮鞋、手拿细手杖、迈着企鹅步的“绅士流浪汉”，未用只字片语，却给观众带去无尽的欢笑和欢笑背后隐藏的人生孤独与凄凉。许多人记忆犹新的 2006 年春节联欢晚会上的舞蹈节目“千手观音”，一群聋哑姑娘用手势、动作、体态和表情为观众呈上了一场美轮美奂的视觉盛宴，引发人们长久的震撼和惊叹。篮球场上的裁判、马路上的交警、舰艇上的旗手等，他们都将肢体语言的交际功能发挥得淋漓尽致。

（一）肢体语言的运用原则

上一模块，我们提到说话艺术的首要原则是得体。所谓得体，即言语、行动等适当，恰如其分。说话得体与否本就包含“行为”是否恰当，因此，肢体语言运用的首要原则也是得体。具体说，肢体语言要遵循以下几点。

1. 服从内容，符合语境和身份

肢体语言的运用要建立在说话内容的基础上，符合说话者自身的特点、个性和身份，符合语境，符合情感规律。在 2020 年春节期间，某电视台的一个栏目卷进了一场舆论风波，原因之一是一位外景主持人在采访“抗疫”专家时，肢体语言出现了问题。有网友指出，这位主持人不顾谈话主题的严肃性，全程挤眉弄眼，欢乐异常，缺乏主持人该有的专业态度。也许这位主持人的笑容是无心之举，但与当时的谈话内容、语境及身份不符，因此招致网友批评。

2. 自然连贯，配合有声语言同步进行

除特殊情况外，肢体语言一般都与有声语言配合使用。肢体语言应自然，有过程，有过渡，前后连贯，不能与言语表达脱节。例如，某公司的一位员工主动约客户见面洽谈生意。在双方见面握手时，这位员工嘴上说十分高兴与客户见面，脸上却毫无表情。如此言不由衷的表达只会给客户留下虚伪、不真诚的感觉。

3. 恰如其分，运用适度

肢体语言的使用要适度、恰当。这就要求说话者的肢体动作要适量，切忌太过频繁，要以不影响听者的注意力为度，更不要手舞足蹈、挤眉弄眼、轻佻作态、哗众取宠。例如，在 2019 年中央广播电视总台主持人大赛的第一场比赛中，一位来自湖南卫视的选手顺利晋级，却颇具争议。一个重要的原因在于，她虽然情绪饱满，但在自我展示的环节中肢体动作过多且幅度较大，主持没有代入感，由此引发了网友的讨论。

（二）肢体语言的分类及运用

1. 表情语

表情语是指通过面部表情来表达情感、传递信息的肢体语言。在人体语言中，表情语占35.7%，人脸部眉、目、鼻、嘴组成了表情语最集中、最丰富的“三角区”。表情语是人的思想感情在外貌上的表现，是人的思想感情最灵敏、最复杂、最准确、最微妙的“晴雨表”。有人曾问古希腊最伟大的演说家德摩斯梯尼：“对于一个演说家来说，最重要的才能是什么？”德摩斯梯尼回答：“表情。”问者又问：“其次呢？”“表情。”问者再问：“再其次呢？”“还是表情。”美国记者根宝在《回忆罗斯福》一书中说，在短短两分钟内，罗斯福的面部表情有稀奇、好奇、伪装的吃惊、真情的关切、担心、同情、坚定、嬉笑、庄严，都有超绝的魅力，但他不曾说过一个字。从对罗斯福面部表情的描述中可以看出，表情能够表达丰富而又复杂微妙的情感，具有超凡的魅力。由此可见，表情语在口语表达活动中有非凡的作用。

表情由脸的颜色、光泽、肌肉的收与展，以及面部的纹路等组成。一般来说，喜则眉飞色舞，怒则切齿瞪眼，哀则蹙额锁眉，乐则笑逐颜开。人脸常见面部表情如下图所示。

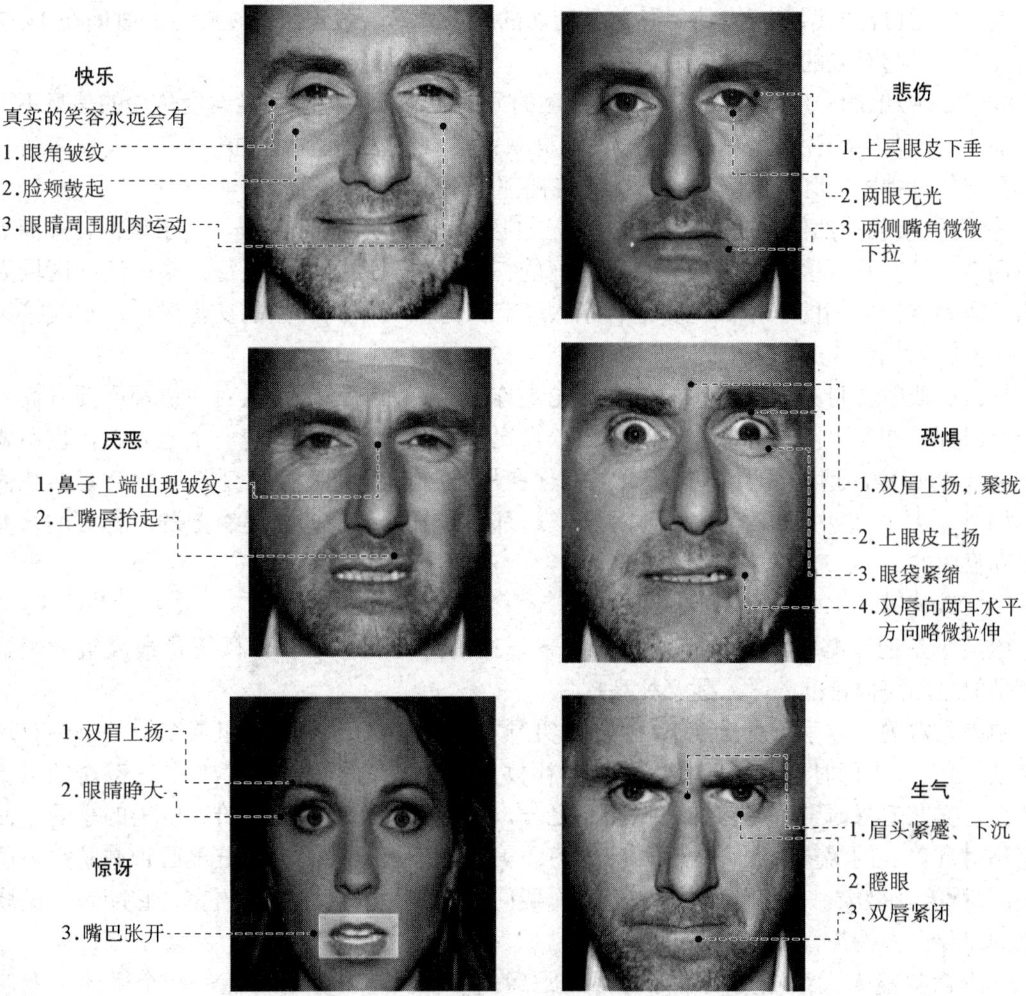

人脸常见面部表情

在表情语中，使用最广泛、表现力最丰富的是目光语和微笑语。

（1）目光语。

目光语是指运用眼睛来传递信息和表情的一种肢体语言。眼睛是人类五官之中最敏感的，它能概括 70%～80%的感觉领域。汉语中描述“看”这一眼神动作的词语有 50 多个，如“盯”“瞅”“瞪”“瞟”“睨”等，还有“使眼色”“眉目传情”“眉开眼笑”“目不转睛”“横眉怒目”等，都是描绘用眼表情的。不同的目光语传递着不同的信息，表达着不同的情绪。

然而，在现实生活中，很多人不敢“看”，也不会“看”。我们曾在 2022 级在校大学生中做过调查，数据显示：在大庭广众之下说话或发表见解时，49.36%的学生表示“眼睛不敢看对方”，我们确实也常见这样的人，无论是上台演讲，还是在台下与人交流，都习惯性地低着头或眼神躲闪，不敢与对方目光接触。无论是一场成功的演讲，还是一次有意义的交流，说话者都应与演讲对象或交谈对象保持眼神交流。如何使用目光语呢？这里要注意视线接触的时长、向度和部位。

① 视线接触的时长。在与人交谈时，视线接触对方脸部的时间应占全部谈话时间的 30%～60%，其余时间可注视对方脸部以外 5～10 米处。超过这一平均值，可以认为他对谈话者本人比谈话内容更感兴趣。低于这一平均值，则表示对谈话内容和谈话者本人都不怎么感兴趣，或对自己的话缺乏自信。除关系密切的人以外，一般连续注视对方的时间在 1～2 秒以内，以免引起对方的反感。

② 视线接触的向度，即说话时视线接触的方向。不同的视线接触向度传递的信息不同。一般而言，平视和正视代表理解、平等、喜欢；俯视代表宽容、爱护；仰视代表尊敬与期待。在交际过程中，盯视、眯视、斜视、瞥视都是不礼貌的表现。

③ 视线接触的部位。通常来说，公务注视区域为双眼至前额部位，用于谈判、磋商等严肃的场合；社交注视区域为双眼与嘴部之间的三角部位，用于普通交往；亲密注视区域为对方的双眼和胸部之间的三角部位，适合亲人、恋人之间。不同关系的交际对象，视线接触的部位应不同。

与人交谈时，目光切忌游移不定，无论是你在对别人讲还是别人对你讲都不要吝啬给别人一个眼神，在和人交谈的整个过程中放松自己的眼睛，不要老盯着一个地方看，也不要眼皮一直眨个不停。适当的对视会让人觉得你在用心听，听到关键时刻若能配合其他肢体语言，如“点头”，口中回应“是”“嗯”“对”，那么这样的交流必定是有效的、称心的、能实现交际目的的。

（2）微笑语。

微笑语是通过略带笑容、不出声的笑来传递信息的肢体语言。微笑是最高级的表情语言，是放之四海而皆准的“人际交往高招”。

中国人常说“伸手不打笑脸人”“没有笑颜不开店”。有一本介绍世界名模的书中有这样一句话：“女人出门时若忘了化妆，最好的补救方法便是亮出你的微笑。”达·芬奇的《蒙娜丽莎》是文艺复兴时期最出色的肖像作品之一，画中蒙娜丽莎的微笑给人以美的享受，使人们充满对真善美的渴望，至今让人回味无穷。美国一家旅行社的总裁曾衷心告诫航空公司的空姐：“微笑，微笑，微笑等于成功。”毫无疑问，微笑是世界通用的语言，它超越了民族和文化的差异，人人都喜爱微笑这个语言。

一个微笑能大大缩短交际双方的心理距离，彼此获得好感与信任，一个微笑可能使邻座的人成为朋友，一个微笑也会燃起一对青年男女的爱慕之情。笑能暖人心，又能体谅人心，给人以幸福感、自由感。微笑不花费什么，但能收获很多。纽约一家大公司的人事经理表示，他宁愿雇用会微笑的小学程度的人做店员，也不愿意雇用老是一副扑克牌面孔的哲学博士。

微笑语是一种通用语，它除表示友好、愉悦、欢迎之外，还可表示歉意、拒绝、否定。实际生活中的笑有许多种，轻笑是与他人打招呼或拒绝他人的表示，抿嘴而笑是矜持、含蓄的表示，微笑是嘴、眼均动的真诚的笑，在公关活动中运用最多，大笑一般不宜在社交场合出现，尤其女性，不宜当众大笑。

微笑还应注意三个方面：一是微笑与其他肢体语言结合。口到，眼到，神色到，笑眼传神，微笑才能扣人心弦。二是微笑与神、情结合，就是要笑得有情入神，做到情绪饱满，神采奕奕，笑得亲切、真诚，反映美好的心灵。三是微笑与有声语言结合，做到微笑与美好语言相结合，声情并茂，相得益彰。

2. 手势语及运用

手势语是通过手和手指的活动变化来表达思想情感和传递信息的一种肢体语言。在肢体语言中，手势使用频率最高，表现力最强，使用最灵活、方便，所以有人说“手势是口语表达的第二语言”。

常用的手势动作有手指、手掌和拳头的运用。手指动作可以表示数目，表示态度，指点事物或方位，凝聚注意力，表示微小或精确等。手掌动作的含义也不同，如推掌表示坚决、否认、果断、排斥、势不可当等义，搓掌表示期待，伸手（单掌或双掌掌心向上）表示请求、交流、许诺、谦逊等，手掌放在胸前表示自己、祝愿、祝福等。拳头动作往往强调动作和决心，表示无比激动、坚定决心、充满力量、充满愤怒等。

此外，手势的高度不同，意义不同。一般来说，手势动作在上区（肩部以上），表达理想的、宏大的或者张扬的内容和情感，如殷切的希望、胜利的喜悦、对未来的展望、美好的憧憬或者幸福的祝愿等；手势动作在中区（肩部至腹部），通常用于记叙事物或说明理由，心情较平静；手势动作在下区（腹部以下），表达憎恶、不悦、卑怯的内容和感情。

要注意的是，手势运用应与感情协调。感情激昂时手的幅度、力度可大，反之则小一点。手势幅度和感情要成正比。下面这段演讲词的动作幅度就应该先大再慢慢变小，最后再大一些。

是什么力量让她如此果敢，如此镇定？是的，是她对职业那份坚守的爱，是对亲人那份深切的爱，是对广大民众那份真诚的爱，更是对自己生命那份厚重的爱。同学们，如现在有一杆秤，我们可以称出身体的重量，但我们永远称不出生命的厚重，因为生命因爱而厚重。

一位母亲，双膝跪地，整个身躯向前弯曲，她的身躯下是一个还活着的三四月大的婴儿。这是爱。

一个男人，得知妻子遇难后，没掉眼泪，他把妻子的尸体绑在自己的背上，一步一步向前挪去。这是爱。

一个老师，灾难来临之际，用自己弱小而庞大的身躯为四个学生筑起一个安全的巢。这是大爱。

用生命托起生命，用生命谱写大爱，我们怎能用一杆秤称得起呢？（选自《生命的厚重》）

而下面的这段演讲词的动作幅度就必须小。

同学们，生命的富有不是靠金钱来衡量的，生命的富有更不是靠贫富来划分的，生命贫富在于你是否能慷慨地给予：当小树苗倒下时，我们能给予扶持吗？当一个老人挤进公共汽车时，我们能给予座位吗？当朋友失败时，我们能给予一句鼓励的话语吗？当同学比你优秀时，你能给予真诚的微笑吗？当同学有困难时，你能毫不犹豫地给予自己心爱的储蓄罐吗？——这一个个生活场景，这一处处生活细节，我们能给予吗？（选自《生命的富有叫给予》）

在什么情况下该打什么手势、做什么动作，是无法确定的，全靠自己摸索、模仿。初学者一定要注意，不要去追求那种千人一招、万人一式的模式化的手势动作。每个人都有自己的特点，突出自己的特点并美化定型就行。[①]

3. 姿态语与运用

我们都有这样的经验：遇到一个人，只和他接触了片刻，就有一见如故、相见恨晚的感觉。和某个人见面之后，立刻就知道他是什么样的人而本能地喜欢或者开始讨厌他，我们往往在 7～20 秒内就判断了别人，而别人也是这样判断你的。在这个过程中，姿态语起着巨大的作用，从某种意义上说，姿态是说话者文化素养和情趣的侧面体现。姿态语包括首语、站姿、坐姿、步态等。

首语就是用头的活动来传递信息。关于首语的含义，在我国主要有以下几种：点头表示赞成、肯定；摇头表示拒绝、否定；侧首表示怀疑、深思或欣赏；昂头表示自信、胜利在握、踌躇满志、目中无人或者骄傲自满；低头表示屈服、顺从、委屈、无奈或者另有想法等。

俗话说“坐有坐相，站有站相”，在坐与站之间蕴藏着美与丑的学问。

说话者的站姿，应该头端正，腰直，肩平，挺胸收腹，重心放在脚底中央稍偏外侧的位置，双手自然下垂，这样才显得精神振奋、满腹经纶、充满信心。在长辈面前应双手扶膝，端坐不靠，表示出诚恳求教的姿态。不论坐在椅子或沙发上，最好不要坐满，只坐一半。上身端正挺直，不要垂下肩膀，这样显得比较有精神，但不宜过分死板、僵硬，年轻人或身份低的人采取这种坐姿表示对对方的尊重，时间坐长了可以靠在沙发上，但不可双脚一伸，半躺半坐，更不可歪歪斜斜地瘫在沙发上。男性可跷二郎腿，但不可跷得太高，不可抖动，女性可以采取小腿交叉的姿态，但不可向前直伸。入座后，动作要轻稳，不要猛地坐下，以免发出响声。手可平放在腿上或沙发扶手上，也可托着下巴，但不能托着脑袋。手不要随心所欲地到处乱摸，要绝对避免一边说话一边搔痒，或将裤腿捋到膝盖上。

步态就是说话者通过行走来传递信息。说话时的走动移步也有一定的意义。要特别注意发言和演讲时的上台、下台动作。上台也叫“亮相”。发言者上台时要精神饱满，步履稳健，神态自然，面带微笑；下台时应自信从容，切不可失去常态，慌张跑下，也不可漫不经心，一步三晃地下去，这样会使听众对整个发言失去好感和信任。总之，走动移步要特别谨慎，每动一下都要有明确的目的，该走则走，该停则停，决不可盲目乱转。

4. 空间语及运用

在人际交往中，人与人需保持一定的空间距离。在双向交流时，如果交流对象之间空间

① 魏成春. 演讲与口才[M]. 北京：教育科学出版社，2015.

距离较近，会给人亲近之感，但过近就有压迫感。距离稍远，有淡化语言、淡化感情的效果，也有一定的威慑之感。因此，在交流过程中，我们要根据谈话内容和谈话对象选择适当的空间距离。美国人类学家爱德华·霍尔认为，每个人都有自己的空间需要，并由此分出了四种距离——亲密距离、个人距离、社交距离和公众距离，每种距离都与双方的关系相对应。他还把这种距离以数字化的方式表示出来。

（1）亲密距离：0～45 厘米。

亲密距离是人际交往中的最小间隔或几乎无间隔，即人们常说的“亲密无间”，可能表现为挽臂执手，或促膝谈心，体现出亲密友好的人际关系。

（2）个人距离：45～120 厘米。

个人距离是在进行非正式的个人交谈时最经常保持的距离，是人际间隔上稍有分寸感的距离，较少有直接的身体接触。

（3）社交距离，1.2～3.7 米。

一般工作场合人们多采用这种距离交谈。在小型招待会上，与没有过多交往的人打招呼可采用此距离，体现出一种社交性或礼节上的较正式的关系。在社交距离范围内，没有直接的身体接触，说话时要适当提高声音，需要更充分的目光接触。

（4）公众距离：3.7 米以上。

这是公开演说时演讲者与听众保持的距离。这是一个几乎能容纳一切人的“门户开放”的空间，人们完全可以对处于空间的其他人“视而不见”，不予交往，因为相互之间未必会发生联系。因此，这个空间的交往，大多数是当众演讲之类，当演讲者试图与一个特定的听众谈话时，必须走下讲台，使两个人的距离缩短为个人距离或社交距离，才能够实现有效沟通。曾经有位主持人说：“人和人的关系，如果超过了那个分寸，就叫添麻烦。”这里所说的分寸，就可以理解为空间距离。事实上，彼此之间保持一定的距离，能让自己愉快、别人轻松。[①]

5. 服饰

广义的肢体语言还包括说话者的服饰。古今中外，着装从来都体现社会文化，体现一个人的文化修养和审美情趣，是一个人的身份、气质、内在素质的无言的介绍信。

在不同场合，穿着得体、适度的人，给人留下良好的印象，而穿着不当会降低人的身份，损害自身的形象。周恩来总理在着装方面为后人树立了一个得体、潇洒的典范。不论在任何条件下，他都把衣着整洁合体、姿态端庄、彬彬有礼、光明磊落、待人谦虚、亲切诚恳、直率作为做人的准则。在社交场合，得体的服饰是一种礼貌，在一定程度上直接影响人际关系的和谐。

二、能力训练

【活动一】手势游戏

活动目的：通过手势动作的训练，感受肢体语言与有声语言的配合对表情达意的作用。

活动程序：按以下步骤一起玩手势游戏。

（1）大声说“好”，请注意自己的面部表情。

---

① 陈丽，彭小庐. 写作与沟通[M]. 长沙：湖南教育出版社，2022.

（2）在说“好”的同时伸出右手并做出竖大拇指的手势，注意自己的面部表情。

（3）说“口才很好”，同时伸出右手并做出竖大拇指的手势，连续有节奏地向前伸三次，并伴随头部强烈地点头，注意自己的面部表情。

（4）说“口才真好”，同时伸出左手和右手，做出竖大拇指的手势，连续有节奏地向前伸三次，最后一次坚定有力，并伴随头部强烈地点头，注意自己的面部表情。

【提示】这四种“好”，表达的情感是不同的：第一种，只是向对方用言语表明赞同、认可的基本态度。第二种，在使用语言向对方表明赞同、认可的同时略带一点赞赏。第三种，表达说话者内心强烈的佩服之情。第四种，用夸张的手法表达说话者内心强烈的佩服之情。在口语表达过程中恰当地运用手势动作、面部表情可以使意思、情感表达得更完整、更到位。

【活动二】眉来眼去传真情

（1）请用眉毛展示：开心—愁苦—满意—悲伤

（2）请用眼睛展示：微笑—惊讶—愤怒—不赞成

（3）请用嘴巴展示：不开心—害羞—暗示或指示—不愿意或蔑视—不服—愤怒—高兴

（4）请用鼻子展示：愤怒—奉承—恐惧—轻蔑

【活动三】综合训练

下面是一段演讲词，请根据以下内容设计肢体动作，现场演说。要求：至少要有面部表情变化，两个手势动作。

别忘了你年轻，珍惜你拥有的。阿 Q 一些如何？天真一些如何？不知天高地厚一些又如何？爱自己，爱你的老师、同学、亲人、朋友，爱这生活，享受这生活，你的生命必将“如夏花之绚烂”。

三、知识拓展

肢体语言的文化差异①

由于文化的差异，同样的肢体语言在不同地方可能有着截然不同的意思。如果身处异国他乡，与外国人交往却忽略肢体语言的差异，往往会弄出许多笑话或者尴尬。

随着社会的发展，人类的肢体语言呈现出地区性、民族性的差别。地区性是说有些动作只用于某个地区，如天津人头向右上稍微偏一点，表示天津人所说的“真眼口”或无可奈何的意思。民族性是指每个民族都有自己独特的动作，如拥抱、贴面是东欧贵室的见面礼，耸耸双肩是俄罗斯人、德国人表示惊讶和无可奈何的动作，碰鼻尖是新西兰岛上居民的礼节。同样的动作在不同民族中表示的意义不同。例如，一般点头表示同意，摇头表示不同意，但印度、尼泊尔则相反。顿足是中国人愤怒的表示，而德国人却用来表示称赞。用手指计算数目，有的是先握拳然后张开食指为一，中指为二，最后为大拇指。有的先张开手，首先合上大拇指为一，然后合上食指为二。俄罗斯人用手指在喉咙上表示“吃饱”，日本人做这个动作表示“被炒鱿

① 孙海燕，刘伯奎. 口才训练十五讲[M]. 北京：北京大学出版社，2004.

鱼”。意大利人、西班牙人和拉丁美洲人将左手指放在眼睑上往外一抽表示“当心”“请注意”，而澳大利亚人则表示蔑视。同样将手指朝下一挥，在阿根廷、乌拉圭和委内瑞拉都表示“好样的”，在秘鲁则表示“哎呀，我错了”，在智利这个动作表示“瞧，出了什么事”。

有这么一则笑话：一个日本人在向一个美国人推销自己的产品时，尽管一直热情生动，说起来滔滔不绝，最后还是被拒绝了。一个英国人在向这个美国人出售同一产品时，只说“我相信你需要它”，就卖出了自己的产品。后来有人问那个美国人，他很干脆地说道：“因为那个日本人自始至终眼里只有他的产品，英国人却把我装进了他的眼睛。”其实，这真要为日本人大呼其冤了，并非他不尊重顾客，而是因为在日本，直视对方的眼睛可能是一种带攻击性的不礼貌行为，而在美国恰恰相反，直视对方的眼睛可能是交谈中不可或缺的润滑剂，是信任并尊重对方的表现。

拇指和食指组成圆圈，其余三指张开，这个手势与“OK”近似。在英美等国，这个手势含“顺利”“认可”“同意”之意。在意大利人的眼里，这个手势是“美丽”的意思。到了南美洲，许多国家把拇指和食指连成一个圆圈看作侮辱性的手势。在法国，拇指与食指组成圆圈的手势常被理解为“零蛋”“无价值”。

一位北美洲作家在法国住旅馆时，曾经碰到过一件十分尴尬的事情。当时，经理向作家征求意见。作家为了表达自己对所住的房间很满意，打了一个“OK”的手势。可是，令作家十分惊讶的是，经理竟然非常恼怒地说：“先生，您要是不喜欢，我可以马上给您另外换一个房间。”事后，作家才弄明白，原来双方对这个动作有着截然不同的理解。

同样的肢体语言，因国家地域的不同而含义千差万别，例子不胜枚举。

思考与练习

1. 在当众表达时，你的肢体语言使用自如吗？在公众场合和私人场合，你的肢体语言使用有何不同？为什么？

2. 如何用肢体语言展示你的自信？

模块七　专项训练之演讲口才

一、理论知识

演讲是口才（口语表达）的一种表现形式，又称讲演、演说。“讲”即讲话，是指用有声语言阐明事理，发表见解；“演”即演示，是指语言、体态的艺术。演讲即演与讲的有机结合，它是一种以口头语言表达为主，以体态语言表达为辅，通过面向听众发表自己的见解和主张，以达到感染人、说服人、教育人目的的艺术化语言交际形式。

（一）演讲主题、选材的要求

1. 主题

主题是演讲的灵魂和统帅。一个正确、鲜明、集中、深刻的主题对于整个演讲来说，将起到举足轻重的作用。选择主题，应明确以下几点要求。

（1）主题正确。主题既然是演讲者对客观事物的某种反映，它必然受演讲者的立场和世界观的制约，并从某些方面体现出演讲者希望用某种世界观来改造世界的愿望。因此，演讲者必须具有正确的世界观。

（2）主题鲜明。一是主题清楚，不要让听众有“忽闻海外有仙山，山在虚无缥缈间”之感；二是主题新鲜，就是提出的见解、抒发的感受有自己的独创性，给人以新鲜醒目之感。

（3）主题集中。古人说“意多乱文”，如果演讲者的主题太多，面面俱到，就会如蜻蜓点水、浮光掠影，不深不透。正所谓“伤其十指，不如断其一指”，只有“集中兵力打歼灭战”，才能取得最佳效果。

（4）主题深刻。演讲者要深入探究事物的本质，给听众以深刻的启迪。

2. 选材

如果说演讲是火，那么材料就是燃料。所以，拥有大量的材料，正确地选择材料，是演讲成功的前提和基础。

（1）选择反映主题的材料。只有主题和材料有机统一，讲演才既有吸引力，又有说服力。

（2）选择有针对性的材料。这需要考虑许多因素，如不同场合、不同听众的需求。例如，有一个开学典礼演讲，演讲者这样说：“有些同学用电影片名来描述一个星期的变化：星期一《走向深渊》，星期二《路漫漫》，星期三《夜茫茫》，星期四《黎明前的黑暗》，星期五《归心似箭》，星期六《虎口脱险》，星期日《快乐的单身汉》。”作者引用在同学们中流传的顺口溜开头，很容易引发听众的兴趣，为后面的说服教育奠定良好的基础。

（3）选择准确的材料。演讲的目的是感染人、说服人、教育人，演讲者自己首先要有科学的态度。如果材料失真，经不起推敲，哪怕一个微小的细节有出入，都会使听众对整个演讲产生怀疑。①

（二）演讲的题目设计

演讲题目是一篇演讲词开头的“开头”。一个立意高、选语新、炼字响的标题，如同一个强大的磁场，紧紧地吸引着听众，通常“画龙容易点睛难”。虽然如此，但也是有规律可循的。首先，选择题目有以下标准。

（1）演讲的题目应能揭示主题。例如，毛泽东的《为人民服务》，一听就知道演讲的中心思想和主题是什么。

（2）演讲的题目应能提出问题。例如，鲁迅的演讲《娜拉走后怎样》《未有天才之前》等，听众听讲时就可以怀着浓厚的兴趣进行思考。

（3）演讲的题目应能划定范围。例如，“大学生的任务”“美术略论”这样的演讲题目，听众听后就知道演讲的内容、范围及涉及的具体问题，可以选择听还是不听。

当然，要选择一个好的题目，除上述三条标准外，还应注意以下问题。

（1）题目要有积极性。要选择那些光明、美好、有建设性的题目，使听众一听就有无限希望。例如，“自学可以成才”“有志者事竟成”这样的题目，就可鼓舞听众充满信心地走成

① 王显槐. 大学语文[M]. 北京：北京出版社，2014.

才之路。

英国一位演说家曾讲，一个好的题目可以分为“怎么样”“是什么”“为什么”三方面。例如，“学校怎样开设演讲课”，是属于“怎么样”，是解决疑难的题目；“为培养新人而努力”，是属于“是什么”，是指出目的和办法的题目。初学者选题时按这个要求去检查，题目就容易有吸引力和积极意义。

（2）题目要有适应性。一是要适应听众的实际情况；二是要适应自己的身份；三是要适应演讲的时间，即要按规定的时间选择题目。

（3）题目要有新奇性。只有“新”和“奇”，题目才能像磁石一样吸引听众。司空见惯、屡见不鲜的事物、人物，人们是不易关注的。例如，“我的祖国”“青春在岗位上闪光”等，人们听得厌倦了，很难吸引人。不妨看看鲁迅的演讲题目，如《老而不死论》《伟大的化石》《老调子已经唱完》《象牙塔与蜗牛庐》，这样新奇的题目怎能不吸引人呢？

（4）题目要有情感色彩。演讲者的演讲总是充满强烈的情感色彩，并把这种强烈的爱憎情感注入题目里去，从而打动听众，有一种情感的导向作用和激发作用。例如，鲁迅的《流氓与文学》，其爱憎情感是很鲜明的。

（5）题目要有生动性。演讲题目生动活泼，就能给人一种亲切感、愉悦感。像前面举例的《老而不死论》《象牙塔与蜗牛庐》等，都非常生动活泼。

选择一个好题目并非一件容易的事，需要长期锤炼，反复琢磨，久而久之就会找到规律。初学演讲者在选择题目时往往容易犯以下毛病。

（1）题目冗长。题目不仅不醒目，还不易记。例如，“祖国儿女在为中华腾飞而拼搏”，这个题目就太长了。

（2）深奥怪僻，艰涩费解。这样的题目往往让人摸不着头脑，自然就失去了听的兴趣。例如，“我对文明之管窥”“葡萄与大学生”“五彩石”等，这样的题目很晦涩，让觉得奇怪、别扭。

（3）宽泛，不着边际。例如，“我自信”“理想篇”“责任”等，对于这样的题目，听众根本捕捉不到演讲的范围和内容，也就不会愿意听讲。[①]

（三）演讲的开场、主体与结尾

1. 演讲的开场艺术

开场是否成功，在很大程度上影响着演讲的成败。对于开场的基本要求是言语简洁而富有吸引力。常用的开场类型有以下几种。

（1）开门见山式开场。

开门见山式开场就是在演讲的一开始便直奔主题，亮出自己的观点或态度，然后进行阐述。使用这种方法切忌含含糊糊，要求观点清晰、态度明朗。

1918年，列宁《在阿列克谢耶夫民众文化馆群众大会上的讲话》是这样开场的：

同志们，今天我们党召开群众大会来谈这样一个题目：我们共产党人为什么而奋斗。对于这个问题，可以作一个最简短的回答：为了停止帝国主义战争，为了社会主义。

---

① 傅明善. 口才学通论[M]. 杭州：浙江大学出版社，2007.

这样的开场干净利落、醒人耳目，演讲者不必再费时费力地去寻找其他的引子。

鲁迅的《少读中国书，做好事之徒》的开场为：

今天我的讲题是：《少读中国书，做好事之徒》。我来本校是搞国学研究工作的，是担任中国文学史课的，论理应当劝大家埋首古籍，多读中国书。但我在北京，就看到有人在主张读经，提倡复古。来这里后，又看见有些人老抱着《古文观止》不放，这使我想到：与其多读中国书，不如少读中国书好。

这样的开场开门见山，直奔主题，让听者一下就抓住了演讲者的观点。

（2）叙事式开场。

叙事式开场就是演讲者讲述一个与主题关系密切的故事、经历、奇闻轶事等为开头，所讲述的事情可以是个人自身的经历，也可以是他人的或历史典故中的。此类开场具有生动的情节，较能吸引听众的注意力，激起听众的兴趣。例如，金庸在北京大学对大学生演讲时，有一个很幽默的开场白，他说：

我刚从绍兴过来，在绍兴的兰亭，那里的人让我写字，我说，那可不行，这是大书法家王羲之写字的地方。我怎么能写？而他们不干，非要我写不可，于是我就写了一行“班门弄斧，兰亭挥毫’。今天北大又让我在此讲学，又是一种怎敢当的心情，于是我又写了一行‘草堂赋诗，北大讲学’。

金庸用自己在绍兴不敢写字的经历引出自己今天在北大讲学，语音一落，学生们立即开怀大笑。他乘兴又补了一句：

我是搞新闻出身的，做新闻是杂家，跟专攻一学的教授不同，如果让我做正式教授的话，那是完全没有资格的。幸亏我当的是你们的名誉教授。

结果自然又是引来满堂的喝彩。金庸的演讲表现了一位极有素养的知识分子既潇洒风趣又谦虚谨慎的个性。这种开场方式，自然入题，幽默风趣，活跃气氛，能抓住听众，效果极好。

中央电视台主持人白岩松在全国新闻界“作文与做人”演讲比赛中，他的演讲《人格是最高的学历》的开场：

很多很多年前，有一位学大提琴的年轻人去向本世纪最伟大的大提琴家卡萨尔斯讨教：“我怎么才能成为一名优秀的大提琴家？”卡萨尔斯面对雄心勃勃的年轻人，意味深长地回答：“先成为优秀而大写的人，然后成为一名优秀和大写的音乐人，再然后就会成为一名优秀的大提琴家。”

在这里，听众自然就把卡萨尔斯的话同主题“作文与做人”联系起来，也就有兴趣去听作者是怎样阐述二者关系的，取到了较好的现场效果。

叙事式开场还可以以一个真实发生的实例导入，以引出自己的观点。例如，某演讲者在一次向听众强调应重视安全问题的发言中，一开始就讲述了一件真人真事：

“一位女职工临走忘了关煤气的阀门，下班回到家一闻煤气味很重，立刻想起去关阀门。她一边去关阀门，一边顺手摘下尼龙围巾。谁知这一摘不要紧，产生的静电火花瞬时引起了一场大爆炸……”

这一令人震惊的故事使“老生常谈”的安全问题马上引起在座所有人的重视，随后发言者在讲解“如何注意安全”时，竟无一人不洗耳恭听。

（3）引语式开场。

在演讲中选择与主题有关系的名言作为切入点，可以为演讲主题营造一种哲理氛围。例如，景克宁的演讲《人啊，认识你自己》就用了名言式开场。

恩格斯曾经说过：“大自然——斯芬克斯向每个人和每个时代提出了问题，谁能正确回答这个问题，谁就幸福；谁不能回答或不能正确回答这个问题，谁就落入斯芬克斯的魔爪，他所找到的，不是美貌的未婚妻，而是一只凶暴的牝狮。”那么，人类呢？人和人类社会有什么难题呢？

这个演讲的开头就是借用恩格斯的名言从哲学的高度切入，同时讲述了古希腊神话故事的深层意义，提出“人啊，认识你自己”这一具有历史和时代意义的深刻主题。还有，演讲《信念永不倒》的开场：

著名黑人领袖马丁·路德·金有这样一句名言：“在这个世界上，没有人能够使你倒下，如果你自己的信念还站立的话。”是的，只要信念不倒，我们在任何不利的情况下，都不会趴下，都能闯出一条路来。

演讲开场引用名言，紧扣题目，能增强演讲的感召力，收到“一语惊人”的效果。

（4）悬念式开场。

为了激发听众的强烈兴趣，可以使用悬念手法。在开场中制造悬念，往往会收到奇效。例如，演讲《让爱永驻心间》的开场是这样的：

世界上有这么一种东西，它能使你在浩瀚无垠的戈壁沙漠中看见希望的绿洲；它能使你在千年不化的冰山雪岭中领略温暖的春意；它能使你在雾海苍茫的人生旅途中拨正偏离的航向；它能使你在荒凉凄冷的孤寂里收获快乐的果实；它是无形的，却有着巨大而有形的力量；它是无声的，却鸣着神奇如春雷一般的回响！也许有人会问：是什么这么大、这么神奇？我要说，它就是——爱，是人类对美好生活、对自己同胞的真诚的爱心！

以悬念切入的方式，让听众对演讲主题产生兴趣。

（5）幽默式开场。

幽默式开场是以幽默、诙谐的语言或事例作为演讲的开场白，它能使听众在轻松愉快之中很快进入演讲接受者的角色。

1965 年 11 月，安娜·路易斯·斯特朗在中国庆祝她的 80 岁寿辰，周恩来总理特意在上海展览馆举行了盛大的祝寿宴会。周总理的开场白是：

今天，我们为我们的好朋友，美国女作家安娜·路易斯·斯特朗女士庆祝 40“公岁”诞辰（参加宴会的祝寿者对“40 公岁”这个新名词感到纳闷不解）。在中国，“公”就是紧跟它的词的两倍，40 公斤等于 80 斤，40 公岁等于 80 岁。

周总理巧妙的解释在几百位祝寿者中激起了一阵欢笑，斯特朗高兴得流下了眼泪。

幽默的方式也常常用在演讲者开场的自我介绍上，揶揄的、自嘲式的自我介绍会令听众倍感亲切，无形中缩短了演讲者与听众的距离，营造出轻松、和谐的演讲氛围。例如，爱因斯坦在一次科学讨论会上说：

因为我对权威的轻蔑，所以命运惩罚我，使我自己也成了权威，这真是一个有趣的怪圈。

1990 年，凌峰应中央电视台邀请，首次参加春节联欢晚会，他进行了令人印象深刻的自我介绍。他是这样开场的：

在下凌峰，我和文章不一样，虽然我们都得过“金钟奖”最佳男歌星，但我以长得难看出名……一般说，女观众对我的印象不太良好……她们认为我是人比黄花瘦，皮比煤球黑……

话音刚落，观众便捧腹大笑，这段开场白向观众展示了凌峰坦诚、风趣、幽默的一面。

（6）提问式开场。

一位学生在讲《走出误区，实现价值》时的开场：

同学们，当前我们大学生求职出现了前所未有的困难，原因是什么呢？是我们国家的人才太多了吗？是我们学的东西过时了吗？还是我们眼光不再符合社会需求了呢？面对这么多的问题，我们这些即将走出校门的大学生又如何应对呢？

在演讲开场，演讲者采用一系列的提问，一下子抓住了观众的注意力。

（7）反向式开场。

在某校毕业生欢送会上，一位班主任给自己的学生致辞。他的开场是这样说的：

我原来想祝福大家一帆风顺，但仔细一想，这样说不恰当。说人生一帆风顺就如同祝某人万寿无疆一样，是一个美丽而又空洞的谎言。人生漫漫，必然会遇到许多艰难困苦，比如……一帆风不顺的人生才是真实的人生，在逆风险浪中拼搏的人生才是最辉煌的人生。祝大家奋力拼搏，在坎坷的征程中，用坚实有力的步伐走向美好的未来！

“一帆风顺”是常见的吉祥祝语，但在上述演讲中，演讲者发人所未发，反向切入演讲主题，宛若异峰突起，震撼人心；同时耐人寻味，引人深思。

（8）互动式开场。

互动式开场即演讲者先邀请听众参与与主题相关的一项调查或某个小活动，以引出演讲主题。

安徽卫视《超级演说家》节目的冠军刘媛媛在最后一场冠军争夺战的演讲《寒门贵子》

中说：

在演讲开始之前，我先问现场的大家一个问题：你们当中有谁觉得自己家境普通，甚至出身贫寒，将来想要出人头地只能靠自己？（观众举手参与）你们当中又有谁觉得自己是有钱人家的小孩儿？起码在奋斗的时候可以从父母那儿得到一点助力？（观众举手参与）

这段与观众互动之后，她才开始引出主题：

前些日子，有一个在银行工作了十年的资深的 HR，他在网络上发了一篇帖子叫作《寒门再难出贵子》，意思是说在当下我们这个社会里面，寒门的小孩他想要出人头地，想要成功，比我们父辈的那一代更难了。这个帖子引起了更加广泛的议论，你们觉得这句话有道理吗？……

互动式开场让观众参与其中，引出一个能引起广泛思考的主题，观众听讲的欲望会更加强烈。

以上介绍了 8 种常见的演讲开头方法，实际上不止于此。但不管采用什么样的开头，一定要注意以下四点。

第一，形式力求新颖、别致、有趣，一下就紧紧抓住听众，吸引住听众。

第二，内容有新意，出奇制胜，使人耳目一新。

第三，要有容量，意境深远，内涵丰富，即所谓“极苍苍莽莽之至”。

第四，要有声势，正如清代沈德潜所说“歌行起步宜高唱而入，有‘黄河落天走东海之势’”，也就是起调要高，不稀松平常。

好的演讲开场需要演讲者在反复实践中去摸索。为有“旗开得胜”的效果，每个演讲者都应该借助丰富的生活经验和敏锐的头脑，围绕演讲的内容，展开想象的翅膀，努力寻觅一个理想的开场。

2. 演讲的主体①

主体是演讲的核心内容，根据需要可采用不同的结构方式，具体有以下几种。

（1）横式结构。

横式结构是从不同的角度切入主题，分别加以阐释或说明。例如，演讲《青春是什么》的主体内容分别从四个方面进行阐述：青春是一粒种子；青春是一轮朝日；青春是一部著作；青春是一首乐章。

（2）纵式结构。

纵式结构是从一个点切入，以层层深入的方式加以阐述。例如，演讲《为了孩子的明天》开场部分提出当前学生“高分低能”的事实；主体部分第一层分析出现高分低能现象的内部和外部因素；主体部分第二层论述过于追求高分对于孩子的各种危害；主体部分第三层提出将学生从“苦海”中解救出来的具体措施。整个演讲由现状入手，分析缘由，阐述危害，提出解决方案，由表及里，步步推进，结构清晰明了。

①魏成春. 演讲与口才[M]. 北京：教育科学出版社，2015.

（3）纵横结合式结构。

在篇幅较长、内容较多的演讲中可以使用纵横结合式结构，但要慎用，因为这种结构层次过多，不宜把握，也可能造成听者理解上的困难。

3. 演讲结尾的艺术

俗话说："编筐编篓，全在收口。"演讲结尾是演讲内容的结束，通常起到收口、点睛的作用，因此，在拟写演讲稿结尾时要善于运用修辞手法或运用极具感情色彩的词汇，以达到鼓动听众、给听众留下深刻印象的目的。演讲结尾的类型灵活多样，没有固定格式，通常而言，有以下几种结尾方式。

（1）总结式结尾。

这种结尾用极其精练的语言，对演讲内容和思想观点做高度概括性的总结，以起到突出中心、强化主题、首尾呼应、画龙点睛的作用。例如，演讲稿《永照华夏的太阳》的结尾：

我们是从哥白尼日心说中认识太阳的，我们又是从历史的迁徙中认识中国共产党的。八十年过去了，八十年斗转星移，日月变迁。太阳的辐射仍依托马列主义的热核放出它巨大的能量，从而去凝聚着属于它普照的民族和人民。月亮离不开地球，地球离不开太阳，人民离不开党。祖国的未来、中华的腾飞，需要中国共产党的领导，党就是永照华夏的太阳，也就是我们心中的太阳。

这个结尾高屋建瓴，总揽全篇，巧妙地从自然界的太阳与华夏儿女心中的太阳的对比中，总结归纳出了"地球离不开太阳，人民离不开党"的结论，字里行间流露出对太阳的希望与向往，对共产党的歌颂与赞扬。

（2）号召式结尾。

这种结尾用充满激情的语言激起听众奋发向上的情感，激发听众立即行动的欲望。

马丁·路德·金的《林肯纪念堂前的演讲》的结尾是这样的：

这就是我们的希望！这就是我返回南方时所怀的信念！怀着这个信念，我们就能从绝望的群山中劈出颗希望的宝石；怀着这个信念，我们就能将我们祖国的嘈杂喧嚣变为一曲优美和谐的兄弟交响乐；怀着这个信念，我们就能共同工作、共同祈祷、共同斗争，甚至哪怕共同入狱。既然知道有朝一日我们终将获得自由，我们就能为争取自由共同坚持下去……

这段结尾连用三个排比句，使演讲的情感如同潮水一般汹涌澎湃，一泻千里，撼动了听众的心，使听众满怀信心和激情地走出会场，投身到争取自由的斗争中去。

演讲《一位纪委书记的"小家"和"大家"》结尾就是用提出希望的方式：

同志们，朋友们，我们正处在一个伟大变革的黄金时代，经济的发展、国家的富强、民族的振兴，需要全体人民的艰苦奋斗，特别是共产党人的模范带头作用。如果每一个共产党员都能正确处理好"小家"和"大家"的关系，严格地按党性原则要求自己，用党的纪律约束自己，用党旗下那神圣的誓言激励自己，那么我们党的形象将会更加光彩照人，我们党将会更加坚强伟大！

这种结尾的方式是演讲者用深刻的认识和独到的见解向听众提希望、发号召，能使听众精神为之一振，具有动人情、促人行的作用。

演讲《无愧于伟大的时代》的结尾：

同学们，让我们高举起“五四”的火炬，弘扬民主与科学的精神，把爱国之情、报国之志化为效国之行，用我们的热血和汗水、青春和智慧，甚至生命，向我们的先辈和后代，向我们的祖国和民族呐喊：我们将无愧于伟大的时代，无愧为炎黄子孙！我们将无愧为跨世纪的中国人！谢谢！

这种结尾言简意赅，语言真切，充分表达了演讲者鲜明的立场和坚定的决心，从而有力地鼓舞着广大听众朝着这一目标奋进。

（3）幽默式结尾。

幽默式结尾可用于较为轻松的演讲场合，可使演讲更富有趣味，令人在笑声中深思，并给听者留下愉快的印象。例如，老舍在一次演讲中，开头即说“我今天给大家谈六个问题”，接着，第一、第二、第三、第四、第五，井井有条地讲下去。讲完第五个问题，他发现离散会的时间不多了，于是提高嗓门，一本正经地说：“第六，散会。”听众起初一愣，不久就欢快地鼓起掌来。

老舍在这里运用的就是一种“平地起波澜”的造势艺术，打破了正常的演讲内容，从而出乎听众的意料，收到了幽默的效果。

鲁迅《在上海中华艺术大学的演讲》的结尾是这样的：

以上是我近年来对于美术界观察所得的几点意见。今天我带来一幅中国五千年文化的结晶，请大家欣赏欣赏。（说时一手伸进长袍，把一卷纸徐徐从衣襟上方抻出。打开看时，原来是一副病态十足的月份牌，引得听众哄堂大笑，在笑声和掌声中结束了他的演讲。）

这种寓意深刻的反语和富有戏剧性的诙谐手法的运用，使得结尾别出心裁，造成活跃欢乐的气氛，令人在笑声中深思、回味，不仅使听众对拙劣的艺术品及其危害加深了认识，也激励人们对新艺术进行探索和追求。

（4）诗文式结尾。

钱其琛在与英国谈判香港问题取得突破性进展后，召开了一次记者招待会。在会上，当讲到中英双方此时的形势时，钱其琛这样结尾：

此时中英双方的形势，如果用一首诗来形容，那就是“两岸猿声啼不住，轻舟已过万重山”！

这样的结尾赢得了在场听众的热烈掌声。这句诗的引用形象地说明了尽管英方多方阻挠，我们还是取得了决定性胜利这样一个局面，可以说是引用得十分得当，又令人回味无穷。

（5）实物式结尾。

实物式结尾给听众以直观的感受，令人耳目一新，印象深刻。例如，在一次辩论演讲中，西安交通大学学生谭琦这样结尾：

和对方辩友倾谈主观、客观，不如我们拿出一个具体的客观实例来。请对方辩友回答，（举着一枝玫瑰花）在大家眼中，这是不是同一枝花，但在大家心中是不是有着不同的美的感受？

伤心的人会说“感时花溅泪”，高兴的人会说“花儿对我笑”，憔悴的人会说“人比黄花瘦”，欣喜的人会说“人面桃花相映红”。有人说花是有情的，所谓“落红不是无情物，化作春泥更护花”；有人说花很无情，“癫狂柳絮随风舞，轻薄桃花逐水流”。原因是什么？是“年年岁岁花相似，岁岁年年人不同”；在客观上是“花自飘零水自流”，可我的主观却是“一种相思，两处闲愁”。

演讲者以实物——玫瑰花——展示，并配以精彩的诗词，可谓淋漓尽致，令人拍案叫绝。

上面是几种常见的演讲结尾方式。其实“文无定法”，其他方法也可用于结尾。但要注意以下几点：首先，结尾无模式，根据内容、形式、环境和对象而定，针对同一内容的演讲，在不同的场合也要有相应的变化。其次，形式新颖别致，不落俗套。最后，简洁明快，含蓄深蕴，应当如撞钟，清音有余，三日不绝。

结尾无定法，妙在巧用中。只要演讲者敢于创新，不拘一格，展开想象的翅膀，肯于在生活的沃土中发掘，并善于运用，总会设计出既符合内容要求，又符合当时环境的恰当而新颖的结尾。

（四）即兴演讲

即兴演讲，就是演讲者对现场的人物、事件、情境有感而发，在无准备的情况下发表的临时性的演讲，又叫即席演讲、即时演讲。即兴演讲具有即兴、灵活、精悍等特征。

在“金鸡奖”“百花奖”的颁奖仪式上，扮演焦裕禄的演员李雪健获最佳男主角奖，面对热烈的场面，他即兴演讲：

“苦和累都让一个好人焦裕禄受了，名和利都让一个傻小子李雪健得了。”

美国演员珍·惠曼在《心声泪影》中扮演一个聋哑人而获奥斯卡奖，在颁奖时她说了一句话：

“我因为一句话没说而得奖，我想我应该再一次闭嘴。”

他们的演讲朴素而精彩，富有个性和哲理，有异曲同工之妙，引起了极大的轰动。

2019 年中央电视台举办主持人大赛，其中一个环节就是即兴演讲。选手邹韵抽到的即兴演讲题目：

据央视新闻频道《新闻周刊》2019 年 7 月 7 日报道：76 岁大连退休老人刘增盛，为了不让工作负担很重的年轻人总给自己让座，在朋友的提议下，他挂了一块写着“勿需让座”的 LED 显示牌，一挂就是两年。问其原因，他说：“现在年轻人也都不容易，我站着也没问题。”他认为，陌生人之间更需要理解与包容。

面对这个即兴演讲题目，邹韵迅速组织语言，做如下表述：

今天，我们要说的是一个人，一位老人，甚至有人管他叫作“硬核老头”。原因很简单，平时我们在坐地铁、坐公交的时候，看到老人，我们会自觉地起立让座。但是，这位老人却很特别，在身上写了“勿需让座”。他对于年轻人的这种关照和心疼真的很让人动容。

但是，在我看来，能够让这个民族经历五千年的风霜有很重要的一个原因，就是我们有很多有大智慧的、高贵的、复杂的精神。而在这其中，尊老爱幼是很重要的一个部分。刘增盛老人给我们这些年轻人让座，这是一种情分。而我们这些晚辈，给像刘增盛老人这样的老人让座，给他们更多的关注，是一种本分。也正是这种情分和本分的相互交融，让我们的社会得以发展。而更重要的，他身上的那个红红的灯点亮了我们对老人更多关注的一种提示。也正是老人对我们的心疼和关照点亮了我们对于向真、向善、向美的生活，有更好的期待和憧憬。

根据这个材料，我们可以选理解、包容、尊老爱幼等方向，这位选手选择的是尊老爱幼。尊老爱幼是中国的传统美德，而题目中的老人关照和心疼现在的年轻人，选手将两者结合，提出“老人给年轻人让座是情分，年轻人给老人让座是本分”的观点，并将其投放到社会上，引申到关注老人群体、向往美好生活。

即兴演讲应具备的心理素质：坚定的信念、足够的热情、清醒的意识、从容的心态。

即兴演讲要遵循的五条原则：内容具体、限制题材、迅速决定、富含例证、语言通俗。

二、能力训练[①]

主题 1

《中国诗词大会》总导演颜芳说：“5 年来，诗词大会焐热了一度被‘束之高阁’的古诗词，让诗词有了温度和广度，让更多的人了解诗词之美。而百人团的故事也激励着每一个人，‘人生自有诗意’，这种诗意是诗词蕴含的鼓舞人心的力量，它改变了人们对于诗词的态度，也让诗词在人生中真正‘有用’。”

请以“诗词与人生”为话题进行演讲，题目自拟。

主题 2

《中国诗词大会》第五季第三期开场白：青年，如炽热火焰，如灿烂星河。它是弱冠之年的李白，登庐山时写下“飞流直下三千尺，疑是银河落九天”的自信潇洒；它是青年时期的杜甫，登泰山时抒怀“会当凌绝顶，一览众山小”的激情迸发。

请以“青年”为话题进行演讲，题目自拟。

主题 3

做不了太阳，就做星辰，在自己的星座发光发热；做不了大树，就做小草，以自己的绿色装点希望……

请以“定位”为话题进行演讲，题目自拟。

---

① 演讲主题来源：浙江省大学生中华经典诵读竞赛 2019 年、2020 年题库。

主题 4

机器只有芯片，只有人类才有伟大的心，才有爱。机器有精度，而人有温度。AI 时代就是更需要爱的时代。……机器可以取代保姆，但不能取代母爱；机器可以取代护士，但不能取代关爱。

请以“AI 时代”为话题进行演讲，题目自拟。

主题 5

作家毕淑敏在《提醒幸福》中说：“享受幸福是需要学习的，当幸福即将来临的时刻需要提醒。人可以自然而然地学会感官的享乐，人却无法天生地掌握幸福的韵律。”

请以“幸福”为话题进行演讲，题目自拟。

主题 6

《庄子・山木》有云：“君子之交淡若水，小人之交甘若醴。君子淡以亲，小人甘以绝。”其意思是，君子之间的交情淡得像水一样，但清澈纯洁，不含杂质；小人之间的交往甜得像甜酒一样，但容易因为利益断交。

请以“朋友”为话题进行演讲，题目自拟。

主题 7

一滴水只有放进大海里才永远不会干涸，一个人只有当他把自己和集体的事业融合在一起的时候才最有力量。

请以“个人与集体”为话题进行演讲，题目自拟。

主题 8

一个人的身体，决不是个人的，要把它看作社会的宝贵财富。凡是有志为社会出力，为国家成大事的青年，一定要十分珍视自己的身体健康。

请以“健康”为话题进行演讲，题目自拟。

三、知识拓展

优秀演讲稿赏析：

例文一

后　浪

那些口口声声，一代不如一代的人，应该看着你们，像我一样。

我看着你们，满怀羡慕，人类积攒了几千年的财富，所有的知识、见识、智慧和艺术，像专门为你们准备的礼物。

科技繁荣，文化繁茂，城市繁华，现代文明的成果被层层打开，可以尽情地享用。自由学习一门语言，学习一门手艺，欣赏一部电影，去遥远的地方旅行。很多人从小就在自由探索自己的兴趣，很多人在童年就进入了不惑之年，不惑于自己喜欢什么、不喜欢什么。

人与人之间的壁垒被打破，你们只凭相同的爱好，就能结交千万个值得干杯的朋友，你们拥有了我们曾经梦寐以求的权利——选择的权利。你所热爱的就是你的生活，你们有幸遇见这样的时代，但是时代更有幸，遇见这样的你们。

我看着你们，满怀敬意，向你们的专业态度致敬，你们正在把传统的变成现代的，把经典的变成流行的，把学术的变成大众的，把民族的变成世界的。

你们把自己的热爱变成了一个和成千上万的人分享快乐的事业。向你们的自信致敬，弱小的人才习惯嘲讽与否定，内心强大的人从不吝啬赞美与鼓励。向你们的大气致敬，小人同而不和，君子美美与共，和而不同。

更年轻的身体容得下更多元的文化、审美和价值观。有一天，我终于发现，不只是我们在教你们如何生活，你们也在启发我们，怎样去更好地生活。

那些抱怨一代不如一代的人，应该看看你们，就像我一样，我看着你们满怀感激。

因为你们，这个世界会更喜欢中国，因为一个国家最好看的风景，就是这个国家的年轻人。

因为你们，这世上的小说、音乐、电影所表现的青春，就不再是忧伤、迷茫，而是善良、勇敢、无私、无所畏惧，是心里有火、眼里有光。

不用活成我们想象中的样子，我们这一代人的想象力不足以想象你们的未来。如果你们依然需要我的祝福，那么，奔涌吧，后浪！

【赏析】这是 B 站（哔哩哔哩）在 2020 年“五四”青年节的前一晚发布的献给新一代青年的宣言片《后浪》的演讲词，这个青年宣言片在 B 站的播放量超过 3400 万次，它在央视一套黄金时段播出，引起广泛关注和热烈讨论。

这篇演讲词热情地讴歌、赞美、寄语年轻的一代，国家一级演员何冰走上舞台，配以 UP 主的青春混剪，热烈闪耀着属于年轻人的光芒。演讲词通篇充满热血，鼓舞人心。

例文二

寒门贵子

在演讲开始之前，我先问现场的大家一个问题：你们当中有谁觉得自己是家境普通，甚至出身贫寒，将来想要出人头地只能靠自己？你们当中又有谁觉得自己是有钱人家的小孩儿，起码在奋斗的时候可以从父母那儿得到一点助力？

前些日子，有一个在银行工作了十年的资深的 HR，他在网络上发了一篇帖子，叫作《寒门再难出贵子》，意思是说在当下我们这个社会里面，寒门的小孩，他想要出人头地，想要成功比我们父辈的那一代更难了。这个帖子引起了更加广泛的议论，你们觉得这句话有道理吗？

先拿我自己说，我们家就是出身寒门的，我们家都不算寒门，我们家都没有门。我现在想想，我都不知道当初我爸跟我妈那么普通的一对农村夫妇，他们是怎么样把三个孩子——我跟我两个哥哥——从农村供出来上大学、上研究生。我一向都觉得自己更加幸运。我爸跟我妈都没怎么读过书，我妈连小学一年级都没上过，她依然觉得读书很重要，她吃再多的苦也要让我们三个孩子上大学。

我一向也不会拿自己跟那些譬如说家庭丰饶的小孩做对比，说我们之间有什么不同，或者有什么不对等。但是，我们必须承认这个世界是有一些不对等的，他们有好多优越的条件我们都没有，他们有好多的捷径我们也没有；但是，我们不能怨恨每一个人的人生都不尽相同，有些人出世就含着金钥匙，有些人出世连爸妈都没有。

人生跟人生是没有可比性的，我们的人生是怎么样完全取决于自己的感受。你一辈子都在感受怨恨，那你的一生就是怨恨的一生，你一辈子都在感受感动，那你的一生就是感动的一生，你一辈子都立志于改变这个社会，那你的一生就是斗士的一生。

英国有一部纪录片叫作《人生七年》，片中访问了十二个来自不同阶层的七岁的小孩，每七年再回去重新访问这些小孩，到了影片的结果就察觉富人的孩子还是富人，穷人的孩子还是穷人。但是，里面有一个叫尼克的困苦的小孩，他到最后通过自己的奋斗变成了一名大学教授，可见命运的手掌里面是有漏网之鱼的，而现实生活中寒门子弟逆袭的例子更是数不胜数。

所以，当我们遇到失败的时候，我们不能把全体的理由都归结到出生上去，更不能去怨恨自己的父母为什么不如别人的父母，因为家境不好并没有斩断一个人成功的所有可能。

当我在人生中遇到很大困难的时候，我就会在北京的大街上走一走，看着人来人往，而那时候我就想："刘媛媛，你在这个城市里面真的是依无所依，你有的只是你自己，你什么都没有，你现在能做的就是单枪匹马在这个社会上杀出一条路来。"

这个演讲到现在已经是最后一次了，其实我刚刚在问的时候已经发现我们大部分人都不是出身豪门的，我们都要靠自己。所以，你要相信，命运给你一个比别人低的起点是想告诉你，让你用你的一生去奋斗出一个绝地反击的故事，这个故事关于独立、关于梦想、关于勇气、关于坚忍，它不是一个水到渠成的童话，没有一点点人间疾苦，这个故事是有"志者事竟成，破釜沉舟，百二秦关终属楚"，这个故事是"苦心人天不负，卧薪尝胆，三千越甲可吞吴"。

【赏析】这是一篇非常励志、让人震撼的演讲稿。作者刘媛媛通过这次演讲，获得《超级演说家》第二季的总冠军。开场部分，作者通过提问互动与听众拉近距离，破冰成功，接着，她抛出一个问题"寒门再难出贵子吗？"，引发听众思考；主体部分则用自己的例子、《人生七年》中尼克的例子告诉听众，"家境不好并没有斩断一个人成功的所有可能……能做的就是单枪匹马在这个社会上杀出一条路来"；演讲结尾与开头首尾呼应，掷地有声地喊出"命运给你一个比别人低的起点是想告诉你，让你用你的一生去奋斗出一个绝地反击的故事"，并引用著名的励志对联来表达志气和情绪，收到令人振奋的效果。

例文三

为时代发声

我们今天已经听了很多特别严肃的演讲了，让我用一个颇为轻松的对话来开始好吗？你们每个人大概都有手机，你还记得最近的在你手机里头那个最热络、最（引人）欢呼、最引发关注的那个新闻标题或者热门词是什么吗？大概是有的艺人离婚或结婚，或者我们先定一个小目标吧，先挣一个亿。那在那个之前呢？在那个之前是友谊的小船说翻就翻，是我只想安安静静做一个美男子，是……你那么牛，你咋不上天呢？再之前，再之前是"no zuo no die"（不作就不会死），是且行且珍惜，是宝宝心里慌，宝宝不哭。再之前，再之前，大概是问题来了，挖掘技术哪家强了。

大家笑了，但是我不知道你有没有意识到，当我给大家回放这些舆论的关键词的时候，有很多其实你已经忘记了，你只记得一件事，那就是它们曾经居然那么流行。

我们在一个信息每天迎面扑来的时代，所谓繁花似锦，所谓热火烹油，我们每一天就这样进去出来，进去出来，我们赶集似的往前走，生怕错过一点点什么，我们显得不那么时尚。而作为结果，当我们沉下心回头去看，我们发现什么东西都不记得。

子曰："群居终日，言不及义，好行小慧，难矣哉！"孔子是在说，大家别刷朋友圈了，你以为那是真实的世界吗？不，那是一个小小的固化的圈子，把你给围拢住。我们在里面说什么？说的是日常的饮食，说的是旅游的照片，渐渐地，渐渐地，我们的关心逐渐逐渐从自己内心灵魂的成长，挪到外面的那些琐碎去，然后相互点点赞，相互发发言，好行小慧。我不是说这样错了，我是说如果你所有的生命格局都是奠定在这样的琐碎之内，难矣哉，要有自我的成长和灵魂的抱负，这便不大可能。我们进去出来，进去出来，我们像赶集似的生怕任何一个落下，有的时候竟忘了自己为什么要出发。

刷微信，刷微博，如果每一条资讯是一百个字，如果你每天能够读一百条，这并不算多，这意味着一个月的时间你可以积累三十万字的阅读量。这是什么概念？各位，老子的《道德经》五千个字，卡夫卡的《变形记》三万个字，那些最晦涩的，比如像黑格尔的《小逻辑》三十万字，你拼命地阅读，拼命让自己的肢体展开去接受各样的资讯，但最后一想，竟然什么都没留下。我们在这种碎片的时代中获得信息，它影响的绝不仅仅只是资讯的营养，而是你内心的那种定力。

你每天都看，但我问你，在座的各位，当你展开一本厚厚的书，放松自己的身心想要读的时候，你还有那种耐心吗？你每天都接受各种各样的资讯，天南地北，浑涌而来，你似乎什么都知道，但是有一个真正关乎你成长和决定的大问题若是放在你的面前，你能真正地回答吗？

我们说为时代发声，但我想说为时代发声是有前提和基础的，如果每一个人都只是奔涌而上地去参加一些狂欢，而没有自我的定力、灵魂的成熟和独立的声音，这怎么会是为时代发声？这不过是一次一次又一次地盲从。

我们说为时代发声，绝不仅仅只是那些对伟大的歌颂、对成功的铭记、对不朽的惦念。其中恐怕还得有一些人，他不是那么讨巧的，要指着你的鼻子，包括我自己，告诉大家说，我们都病了。这个时代让我们蜷缩在这种碎片化的尘埃当中，我们都病了，我们必须要重新捡拾起阅读的习惯，我们必须要重新恢复起那种求学的兴致，因为只有这样你才有可能真正成熟健朗，最后（在）精神（上）成人。

慢一点，静一点，定一点，给不是（不是给）手机，而是（给）自己的心一点时间，我真的不知道，在这个如此喧嚣的时代，真的还有别的时代声音比这个忠告更重要吗？

【赏析】这是复旦大学教师熊浩参加《我是演说家》节目的夺冠演讲稿《为时代发声》。这篇演讲稿十分接地气，提到的一句句网络流行语正是我们曾经经历过的，刷微博、刷微信正是大众在干的事，语言细腻、生动，而且这篇演讲稿极富哲理，充满思辨的力量，让人不禁扪心自问："是啊，在碎片的时代，我的自我成长和灵魂抱负到哪儿去了？"于是，演讲者最后温柔地忠告："要重新捡拾起阅读的习惯……慢一点，静一点，定一点，给不是手机，而是自己的心一点时间。"演讲者为时代发声，温柔而有力量。

例文四

法律的极限

身为一名职业律师，我常面对这样的疑问和挑战，曾经有人义正词严地问我，如果有一个案子只差一点点证据而已，为什么我们不能直接认定被告人有罪呢？首先，我们必须先弄清楚法律究竟是什么，我认为法律就是一杯综合果汁，往往是以某种特定的果汁作为基础，然后再加入各种必要的水果，每一种水果都是一种人类所重视、所追求的价值。换句话说，法律其实是各种价值调和之后的结果。

比方说，在追求真相这个目的之外，《刑事诉讼法》同时加入了程序正义原则，禁止不择手段的调查方式，明文规定执法机关不能够因为要追求真相而殴打、胁迫或者是欺骗被告人，强调唯有执法机关自己先做到正，然后才有资格去对抗不正。又比方说，在追求真相这个目的之外，《刑事诉讼法》第188条加入了人性原则，明文规定执法机关不能够为了追求正义而用强制的手段逼迫被告人的配偶、父母、子女出庭作证，因为如果我们逼迫妻子出卖丈夫、子女告发父母的话，那么就算因而调查到了证据，然而代价却是失去了家庭伦理。

再比方说，在追求真相这个目的之下，我们更加重视证据原则，强调必须在证据确实且充分的情况之下才能够将被告人定罪，否则就该无罪释放。举个例子来说，香港大盗张子强，他曾经涉嫌打劫运钞车，虽然当时许多人都认为这个案子一定是他做的，但是，由于证据不足法庭最后仍然判决张子强无罪释放。一年后，1996年，张子强犯下举世震惊的绑架案；两年后，张子强终于被捕，接受制裁。同样发生在1996年，内蒙古青年呼格吉勒图被怀疑是一件奸杀案的凶手，案发仅仅六十二天，在证据不够充分的情况之下，呼格吉勒图迅速被判决死刑。但是，九年后真凶落网，2014年法庭终于改判呼格吉勒图无罪，之后追究相关人员责任并且启动国家赔偿。从这两个案子我们可以明显地发现，重视证据原则的法律制度确实可能会暂时放过一个香港大盗张子强，但是更可能救回一个冤死的内蒙古青年呼格吉勒图。

说到这，各位应该可以准确地了解，法律其实是许多价值调和过后的产物，要追求真相，也要按程序办事，要坚持证据原则，同时也要兼顾人性原则。各种价值调和均衡，这就是法律的真相，就像一杯综合果汁一样。

可是，各位有没有想过，为什么法律要综合这么多东西呢？为什么法律不能够只是单纯、锐利地去追求真相呢？所以，我们必须清楚地了解法律有它的极限，不可能只尊重、只成全一种价值，却完全抛弃另外一种价值。然而，法律虽然存在极限，但是你我的理性思考无限，透过理性，我们更努力促使法律进化，追求更完善、更周全、更妥当的法律。各位，法律的极限就是理性的起点。

【赏析】极具正义感的律师林正疆凭借这个演讲荣获《超级演说家》第三季总冠军。难能可贵的是，这篇演讲稿把一个艰涩难懂的法律专业知识讲得生动、清楚，易于让人接受。开始，演讲者把法律比作“一杯综合果汁”，其中每一种水果都是一种人类所重视、所追求的价值，法律其实是各种价值调和之后的结果，这样的比喻形象、贴切，外行人一听就明白了。在演讲中，他列举真实法律案件，阐明法律也有极限，法律的极限就是理性的起点，引起大家深深的思考。

例文五

人格是最高的学位

很多很多年前，有一位学大提琴的年轻人去向本世纪最伟大的大提琴家卡萨尔斯讨教：“我怎么才能成为一名优秀的大提琴家？”

卡萨尔斯面对雄心勃勃的年轻人，意味深长地回答："先成为优秀而大写的人，然后成为一名优秀和大写的音乐人，再然后就会成为一名优秀的大提琴家。"

听到这个故事的时候，我还年少，老人回答时所透露的含义我还理解不多。然而，随着采访中接触的人越来越多，这个回答在我脑海中的印象越来越深。

在采访北大教授季羡林的时候，我听到一个关于他的真实故事。有一个秋天，北大新学期开始了，一个外地来的学子背着大包小包走进了校园，实在太累了，就把包放在路边。这时正好一位老人走来，年轻学子就拜托老人替自己看一下包，而自己轻装去办理手续。老人爽快地答应了。近一个小时过去，学子归来，老人还在尽职尽责地看守。学子谢过老人，两人分别。

几日后，北大举行开学典礼。这位年轻的学子惊讶地发现，主席台就座的北大副校长季羡林，正是那天替自己看守行李的老人。

我不知道这位学子当时是一种怎样的心情，但我听过这个故事之后却强烈地感受到人格才是最高的学位。

这之后，我又在医院采访了世纪老人冰心。我问先生：您现在最关心的是什么？老人的回答简单而感人：是老年病人的状况。

当时，冰心已接近自己的人生终点，而这位在"五四运动"爆发那一天开始走上文学创作之路的老人，心中对芸芸众生的关爱之情，历经近八十年的岁月而仍然未老。这又该是怎样的一种传统！

冰心的身躯并不强壮，即使年轻时也少有飒爽英姿的模样。然而，她这一生却用自己当笔，拿岁月当稿纸，写下了一篇关于爱是一种力量的文章，然后在离去之后给我留下了一个伟大的背影。

今天我们纪念"五四"，八十年前那场运动中的呐喊、呼号、血泪都已变成一种文字，停留在典籍中。每当我们这些后人翻阅的时候，历史都是平静地看着我们。这个时候，我们觉得八十年前的事已经距今太久了。

然而，当你有机会和经过"五四"或受过"五四"影响的老人接触后，你就知道，历史和传统其实一直离我们很近。

世纪老人在陆续地离去，他们留下的爱国心和高深的学问却一直在我们心中不老。但在今天，我还想加上一条：这些世纪老人独具的人格魅力是不是也该作为一种传统被我们向后代延续？

前几天，我在北大听到一个新故事，清新而感人。一批刚刚走进校园的年轻人，相约去看季羡林先生，走到门口，却开始犹豫。他们怕冒失打扰了先生，最后决定，每人用竹子在季老家门口的土地上留下问候的话语，然后才满意地离去。

这该是怎样美丽的一幅油画！在季老家不远，是北大的博雅塔在未名湖中留下的投影，而在季老家门口的问候语中，是不是也有先生的人格魅力在学子中留下的投影呢？只是在生活中，这样的人格投影在我们心中还是太少。

听多了这样的故事，便常常觉得自己是只气球，仿佛飞得很高，仔细一看却是被浮云托着；外表看上去也还饱满，但肚子里却是空空的。这样想着就有些担心了，怎么能走更长的路呢？

于是，"渴望年老"四个字对于我就不再是幻想中的白发苍苍或身份证上改成六十岁，而是如何在自己还年轻的时候，便能吸取老人身上所具有的种种优秀品质。于是，我也更加知道了卡萨尔斯回答中所具有的深意。怎样才能成为一个优秀的主持人呢？心中有个声音在回答：先成为一个优秀的人，然后成为一个优秀的新闻人，再然后是自然地成为一名优秀的主持人。

我知道，这条路很长，但我将执着地前行。

【赏析】这是中央电视台主持人白岩松在全国新闻界“作文与做人”演讲比赛中的演讲稿，这篇演讲稿的感情基调是深沉的，通篇没有慷慨激昂的词句，只是像讲故事一样娓娓道来。在处理故事与议论的关系时像自言自语，如行云流水，自然而然，毫不夸饰，表达了演讲者对怎样才能成为一个优秀的主持人的深深思索。他提出先成为一个优秀的人，然后成为一个优秀的新闻人，再然后自然成为一名优秀主持人的观点。演讲内容深刻，令人深思和回味。

思考与练习

1. 谈谈你对以下几种开场白的看法。

（1）“大家让我来讲几句，本来我不想讲，一定要讲就讲吧。”

（2）“同志们，我没什么准备，实在说不出什么。既然让我讲，只好随便讲点，说错了请大家原谅。”

（3）“同志们，这几天实在太忙，始终抽不出时间，加上身体欠安，恐怕讲不好，请大家原谅。”

2. 请结合肢体语言训练模块，谈一谈演讲者上台、在台上、下台等演讲全过程中应注意的体态。

模式八　专项训练之面试口才

一、理论知识

随着越来越多的大学生走入社会，大学生就业难成为一个社会性的问题。人力资源和社会保障部在 2021 年初公布的数据显示：2021 届高校毕业生规模达 909 万人，比 2020 年多出 35 万人，数量再创历史新高。在千军万马的求职大军中，让自己脱颖而出是每一个即将步入社会的大学毕业生为之努力的目标。

大学生求职，实际就是一种自我推销，就是说服用人单位把喜欢的工作交给自己。整个求职过程一般包括搜索招聘信息、制作简历、投递简历、笔试、面试、签约等环节。在求职过程中，求职者不仅需要具备较强的个人竞争实力，还需要有特殊的应对策略和口才技巧。尤其面试环节，可以说是求职成功的最后一道关卡，它是用人单位的面试官通过对求职者面对面的交谈与考察，最后确定求职者是否通过的考核形式。求职面试特别考验求职者的口语表达能力。

（一）面试前的准备

1. 资料准备

求职前，准备一份翔实的求职材料。求职材料一般包括求职信（自荐信）、个人简历、毕业生推荐表、学历证明材料、成果及证明材料、社会活动阅历材料等。求职材料要客观准确，充分恰当，真实可靠。

准备求职材料需要注意以下三点。

（1）知己。准备求职材料的目的是向用人单位说明个人情况，以引起对方重视，得到自己想得到的工作岗位。因此，了解自己是第一步。自己的优势和专长是什么？自己最想要的什么？自己有哪些弱势和不利因素，准备怎么处理？……要善于寻找自身条件与对方需要之间的最佳结合点，千方百计赢得对方的器重，引起对方的兴趣和关注。

（2）知彼。要找到自己理想的工作单位或职务，事先要下够功夫。一方面，要全面了解用人单位的情况，包括其社会地位、未来前景、经营范围、管理水平乃至员工福利等；另一方面，要详细阅读岗位描述，尤其要逐条对应岗位招聘条件，看是否符合自身条件或想方设法让自己符合，这样才能有针对性地进行求职应聘。

（3）求职材料突出重点，以优势取胜。求职材料不需要面面俱到，要针对用人单位和岗位需求巧妙安排，突出自己的性格特点、独特的知识领域、技术特长、素质专长等，强调符合岗位描述的特长和优势。在形式上，求职材料的撰写要工整清楚，从形式到内容都要给人美感，精心设计，精选内容，使材料看起来美观大方，清晰整洁。

2. 心理准备

所谓心理准备，就是调整好自己的心态，以沉着自信的良好形象应对求职过程中可能出现的各种情况。在面试过程中，很多人担心自己不符合要求，担心自己不能战胜其他竞争者，担心对方对自己不感兴趣。有以上种种情况，求职者难免就会产生自卑心理，状态肯定不佳。所以，在面试时，首先要有健康的心理状态。要让自己知道能否被录用，起决定作用的应该是自己的情况和对方的标准是否一致。戴尔·卡耐基曾说："不怕推销自己，只要认为自己有才华，就认为自己有资格拥有这个或那个职务。"有了这样的自信，才能沉着应对，把命运掌握在自己的手中。

（二）面试时的应对技巧

在面试时，除要有合适的衣着、高雅的谈吐、沉稳的举止外，最关键的就是知道如何应对。求职面试一般有两个比较重要的环节——自我介绍和问答互动。

近几年，国内各大卫视的求职类节目火爆荧屏，比较知名的有江苏卫视与中国教育频道联合打造的《职来职往》、天津卫视的《非你莫属》、广东卫视的《天生我才》、腾讯视频推出的《令人心动的 offer》等。这些求职类节目通过现场招聘的方式，为广大求职者提供了平台，也为广大就业者提供了可供借鉴的模板。大学生可以通过这些节目，学习求职者成功的经验，同时从他们的失败中吸取教训。

1. 自我介绍

自我介绍是面试的第一步，是求职者向面试官展示自我的开始。如果自我介绍能给面试官留下良好的第一印象，那么接下来的沟通将事半功倍。求职者在自我介绍时，应注意三点：一是实事求是，不夸大和贬低自己；二是突出重点，切忌面面俱到；三是语言简洁明了，逻辑清晰。

以下案例中的求职者做了很好的示范。

案例一

尊敬的各位面试官、亲爱的主持人、亲爱的人力资源专家老师，大家晚上好。我叫于×，来自中央财经大学，目前是研究生二年级在读。今天，我将从以下三个方面向大家介绍我自己。第一，我的学习能力非常强。我在本科期间连续四年获得专业第一，并以综测第一名的成绩被保送至中央财经大学攻读研究生学位，并获得国家奖学金，进入《人民日报》全国百强优秀学生名录。第二，我的创新精神难能可贵。我获得美国大学生数学建模比赛一等奖、全国大学生英语竞赛一等奖、湖南省大学生创新创业比赛一等奖等多项奖项。第三，我的实践能力非常强。自从大三保研结束之后，我就开始了自己的实习之旅，从二级市场的券商卖方研究到一级市场的买方投资研究，再到互联网公司做战略分析和产品经理的相关实习，高强度的工作和多线程的学习，让我快速成长，也收获非常多。今天，在这里，我希望能够寻求助理、战略分析、研究分析等相关的工作，或者各位企业家认为我合适且能够顺利承担的工作，得到大家的多多指教。谢谢！

【点评】这是天津卫视《非你莫属》2020 年第 95 期的求职者自荐。这位求职者逻辑清晰，层次分明，从学习能力、创新精神、实践能力三方面突出自己的优势，每一项都给出了实实在在的证据。比如，谈到创新精神时，他列举了自己获得的多项相关荣誉，很有说服力。而且，该求职者的求职意向十分鲜明，也给自己和企业家留足了空间。

案例二

各位尊敬的律师，你们好！我是王×，今年毕业于美国斯坦福大学法学院，取得了法学硕士学位。我本科毕业于国际关系学院法律系，在毕业的时候通过了国家司法考试和英语专业八级考试，然后获得北京市优秀毕业生和校优秀毕业论文的奖项，后被保送到北京师范大学法学院攻读国际法学硕士。在研一的时候，我代表北京师范大学参加了全国海洋法英文模拟法庭邀请赛，得到“最佳辩手”的称号。在研二的时候，我经过学校选拔，去澳大利亚新南威尔士大学进行一学年的交换学习。最后以 distinction（优秀）的成绩结束了一年的交换学习。在研三的时候，我申请英国和美国的法学院，获得英国牛津大学和美国斯坦福大学的录取。然后，我个人的规划是成为一名代表中国的国际法律师，可以说国际法律师是中国的另一艘航空母舰，我愿意做其中的一名国际法律师。这就是我的简单自我介绍。

【点评】这是腾讯视频《令人心动的 offer》中实习律师的应聘者。这位应聘者的自我介绍全程“高能”，他以求学时间为线索，列举自己在本科、研一、研二、研三不同阶段取得的成绩，每项成绩都让面试官眼前一亮。所以，最好的自我介绍就是用实力说话，用能力征服面试者。

案例三

大家好，我叫谭××，今年二十八岁，来自美丽的中部城市安徽合肥。我有坚强的毅力，连续五年参加百公里绿色行活动。我有优秀的写作能力，近五年，在省市各级媒体报刊上发表稿件二百余篇，其中获得过安徽省新闻奖三等奖。六年的社区工作经历，让我的性格变得超级活泼外向，脾气变得超级好。今天，在这里，我准备寻求一份人力资源或宣传类的岗位。谢谢！

【点评】这是天津卫视《非你莫属》中的一位求职者。这位求职者在学历上没有优势，只是专科升本科。在自我介绍中，求职者突出了自己的两个特点：一是有毅力，曾经连续五年参加百公里绿色行活动。二是有出色的写作能力，曾经发表过二百余篇稿件，并且还获得过安徽省新闻奖三等奖。该求职者的求职意向也是与其自身的优势和特点相匹配的。对于一个有出色文字功底的求职者而言，人力资源和宣传类岗位确实是比较适合的。

案例四

大家好，我是林××，设计业从业四年，有近两年的陌陌、爱奇艺全年市场公关活动视觉设计全案设计经验。我是一名喜欢与工作谈恋爱、与视觉共白头的设计师。我在2019年最想做的事，是做你的同事。我接下来要做的事，是想穿越品牌色彩的宇宙，找一个让职业理想栖息的星球，所以希望各位企业家可以给我一个着陆点，让我安全降落。谢谢大家！

【点评】这位求职者开场就指出了自己的优势，即有丰富的从业经验，并且举了两个非常有名的公司——陌陌和爱奇艺，给人一种职场老手的初步印象。此外，求职者语言表达富有诗意，在极尽煽情的表白中，求职者的职业追求也表露无遗。

以上四位求职者的自我介绍时间基本上控制在1～2分钟。他们的陈述各具特色，也都突出了自身的优势，都能简明扼要、恰如其分地介绍自己，取得了较好的面试效果。

2. 问答互动

在现实的面试过程中，自我介绍只是一道开胃菜，真正的主菜是面试官的提问；也就是说，求职者与面试官之间的沟通与交流才是重点，这个过程占面试时间的三分之二，可以说求职者与面试官之间的顺畅沟通交流是其最后胜出的关键。面试官的提问往往比较灵活，很多时候，他们会捕捉你自我介绍时提到的信息，进而深入提问。例如，前面提到的《令人心动的offer》中的求职者王×与面试官的问答互动。

面试官：你对国际海洋法的兴趣是什么时候培养起来的？

王×：在我大四的时候，正好发生南海仲裁案，当时我就想很多中国学者都在讨论关于南海仲裁案的这个程序的问题，就是这个仲裁庭是否有管辖权。我把它作为我的本科毕业论文的题目，当时觉得非常有挑战性，觉得真的特别难。但是，在写论文的过程中，我觉得国际海洋法不仅和国家利益有关，和政治、历史乃至国际关系都是联系非常紧密的。所以，在本科之后，我就非常有规划地去从事，比如学习国际海洋法、国际公法及参与国际法的实践。

面试官：我觉得特别有意思，你在开始自我介绍的时候，用的一个词叫航空母舰，你是说你想成为一个中国航空母舰式的律师吗？还是说你想开一个航空母舰式的事务所？

王×：谢谢您的提问，因为我觉得对于一个强国来讲的话，它必须要有自己的硬实力，可能是经济实力、政治实力和军事实力，那军事实力的话就是有航空母舰。我觉得中国律师就像一艘航空母舰，帮助中国去实现自己的国家利益，然后维护我们的权益，所以我觉得它就是一个心理意义上的航空母舰。

【点评】可以看出，案例中面试官的提问是基于求职者自我介绍时提到的信息，一是考察求职者对岗位的兴趣问题，二是深入了解求职者提到的令人印象深刻的“航空母舰”一词，以此考察求职者对岗位或行业是否有独到的见解。该求职者面对提问，能快速明确面试官想知道什么、自己有什么，言谈举止自如、自信，表达流畅。面试官在复盘时，直言“这就是我们要的人”。

2015 年天津卫视《非你莫属》的求职者赵女士是山东人，24 岁，研二在读，商务口译专业。曾获第四届中国口译大赛湖北赛区第三名、华中赛区第一名。研究生期间曾在微软销售市场和服务集团负责大中华区的所有新员工的培训工作，在苏黎世财产保险公司代理渠道部负责整个渠道的所有支持性工作。具有上海高级口译证书和人事部二级口译证书。求职意向是管理培训或运营方面的岗位。

面试官：“说说你的梦想。”

赵女士：“你知道在人生的不同阶段，人们有不同的梦想。对于我来说，我想要一个全身心投入的工作，并且能够照顾到我的家人。”

面试官：“请现场翻译‘远看山有色，近听水无声’。”

赵女士：“You look at the mountain from the distance，you see the color of the mountain. You listen to the water near the water and you hear what the water sings.”

面试官：“你在微软实习时，最喜欢它的哪一个方面？对你来讲最大的挑战是什么？”

赵女士：“我很喜欢那种事情，就是我拿到手中的一个东西，通过我的努力能够把它条理化，把它做得更好，然后让整个流程变得非常顺利。对我来讲，最大的挑战就是对整个项目的管控。因为我们所有的学员都是销售人员，甚至包括管理级别的。然后，你要跟他们去抢时间，这其实是挺难的。接下来，就是要保证每个培训进行的时候，所有的准备工作是到位的，是没有问题的。老师那边没有问题，整个流程就可以安全地进行下来，而且要保证出勤率。”

面试官：“在你过往的管理经验当中，你认为在一个项目的管理过程当中，哪个部分是最重要的？”

赵女士：“我想应该就是各个部门每个人都清晰地知道自己的职责划分，以及手里有足够的资源，来应对突发情况。”

面试官：“假如让你负责柏林电影节珠宝项目的管理工作，你应该怎么做？”

赵女士：“我是一个在读研究生，可能说得不够好。我现在想到的有两点：第一是珠宝挑选，因为这毕竟代表公司的形象，珠宝必须非常有创意、有灵性。第二是要保证公关传媒的曝光度，因为花了这么多的资源、精力在里面，我们要保证媒体有正面的反应，以及我们珠宝的曝光率。”

【点评】这位研究生出场时几句简单的开场白就给人一种亲和、从容、专注的印象。在与数位面试官的沟通交流过程中，求职者的优点都出色地展现了出来。首先是专业素养。赵女士是口译专业毕业，面对出题人员的专业提问，尤其现场口译古诗，显示出扎实的翻译功底。其次是现场反应能力。当问及一个自己并不擅长的领域的问题时，比如负责柏林电影节的珠宝项目的管理工作，求职者在回答一开始就埋下伏笔，说自己仅仅是在读研究生，经验有限，对于如此大的一个问题可能回答得并不是很好，以退为进，态度诚恳，适当的谦逊反而给面试官留下稳重踏实的印象。①

还有些比较常见的面试问题，求职者可以事先做些准备。

例如，当你被问到“你喜欢出差吗？”，你可以直率地回答：“坦率地说，我不喜欢。因

① 陈丽，彭小庐. 写作与沟通[M]. 长沙：湖南教育出版社，2022.

为从一地到另一地推销产品并不是一件惬意的事。但我知道，出差是商业活动的一个重要组成部分，也是推销员的主要工作之一。所以，我不会在意出差的艰辛，反而以此为荣。因为我非常喜欢推销工作。”这样，你所表现出的机敏、坦诚与个性一定是招聘者最为欣赏的。

当你被问到“你希望得到多少薪水？”时，如果你对薪酬的要求太低，那么显然贬低了自己的能力；如果太高，公司用不起；如果不假思索，斩钉截铁地报一个数字，常会令人感到不寒而栗。所以，应先了解自己所从事工作的合理的市场价值。你可以不慌不忙地回答：“我听别人说这个职位的行情大概是……”，这样借话回答，有回旋的余地。

当你被问到“你有哪些缺点？”时，最好的答案就是那些就工作而言可以成为优点的弱点。比如，一个应聘税务工作的求职者，他的回答是：“我这个人有时候比较轴，认死理，在处理事情时原则性很强，缺乏灵活性。”要知道，这位求职者应聘的岗位是和税务相关的，“轴”和“认死理”在别处或许是缺点，但这个岗位要求的就是工作人员坚持原则、按章办事，可以说，这个回答巧妙地化缺点为优点了。你还可以借朋友之口回答：“朋友们认为我有些浮躁，我不知道这样的批评是否正确，但我的确希望自己以后能再稳重一点，多听听别人的建议。”……

面试官一般用“你还有什么问题吗？”来结束谈话。这时，你最好别说没有，因为这样显得你没有诚意。例如，你可以说“请问你们对新的员工有什么特殊要求”“还需要我做些什么”。

二、能力训练

【活动】模拟求职面试

活动时间：20～30 分钟。

活动目的：通过角色扮演，模拟求职面试，让大学生更好地认清自己，锻炼口语表达能力，为在今后的真实面试中有更好的表现积累经验。

活动程序：

（1）学生五人一组。一人为求职者，其他四人为面试官，其中一人为主考官。

（2）教师从当地人才网上找到与授课学生专业对口或相关的招聘信息提前发给学生。

（3）求职者准备好自己的求职材料。要求准备 1～2 分钟的自我介绍。

（4）面试官准备 3～4 个问题（可由教师提供，也可由面试官讨论决定）。

例如：谈谈你的优点和缺点。你怎么理解自己应聘的职位？如果我录用你，你将怎样开展工作？工作中难以和同事、上司相处，你该怎么办？你对加班有什么看法？你对薪资的期待如何？……

（5）其他同学观察并点评。教师做总结。

三、知识拓展

面试礼仪

1. 提前到达

在求职过程中，无论在什么情况下，都不应让面试官等你。去面试时给自己至少留出 20

分钟的时间，这样即使迷路或车辆抛锚，你仍然能从容且准时到达。如果一切顺利，你可以在这 20 分钟的时间里，待在车内或接待室里，稳定情绪，检查仪表，在面试前 5 分钟到达面试官办公室，千万不要迟到。

2. 见面握手

在面试官与你面谈之前，不引人注意地用纸巾擦去手心上的汗珠子，然后将手放在裤子或裙装上，以保持手心干燥。面试官出现时，你要自然地微笑，友善地望着他的眼睛。面试官可能主动地伸出手来。通常来说，求职者要等面试官首先伸手；仅有的例外情况是：面试官是位先生，而求职者是位女士时，他要等她先伸出手来。

3. 把握细节

面试官请你入座之前，不要随便坐下，否则将会被视为傲慢的表现。有人会告诉你应该坐在哪里。如果任你自选，就挑一个直背、结实的椅子。不要坐吱吱作响的椅子，它将使你无法保持警觉，对姿态也无益。

在面谈中，身体稍向前倾，以显示对谈话的兴趣。目光与面试官多交流，以直视对方双目为主，同时在两目和鼻梁间移动。这样，既保持接触又避免直盯对方。

不要窥探面试官的桌子、稿纸和笔记本。对面试官的提问要悉心聆听，确保所答针对其所问，不要驴唇不对马嘴或说些无关的话。语调应该轻松、缓慢、独特，但充满自信。不要与面试官过分亲密或将他们视为知己，尽管他们对你非常友好。不要同面试官开玩笑，好的幽默出于自然，而不是生硬制造出来的。

4. 适时离开

一般认为，面谈短了不行，长了更不行。求职者应听话听音，适时结束谈话。

每一个面试官都对结束面试抱谨慎的态度，他们总是习惯这样暗示：“我很感谢你对我们公司及这项工作的关注”“再次谢谢你对我们公司的关心。我们一做出决定就立即通知你”。这些话都是在说面试应该结束了，应聘者应对这些暗示有灵敏的反应，体面、自然、大方地主动告辞。

思考与练习

1. 如何看待你所学专业的就业形势？试分析自己的就业优势与劣势。

2. 根据活动中的求职模拟面试，总结你所在小组在模拟面试中出现的问题，提炼注意事项，分析优点和缺点，提出改进措施。

第三部分　应用写作

第一章　应用写作理论

第一节　应用文的性质和特点

一、应用文的性质

应用文是国家机关、企事业单位、社会团体或个人处理各项公务和日常事务、解决实际问题时，经常使用的、具有惯用格式的文章的总称。

二、应用文的特点

（一）鲜明的实用性

实用性是应用文最大、最本质的特点。它为解决实际问题或达到某种目的而写，对象明确。这也是它区别于其他文体的主要标志。应用文要解决的问题、处理的事务都是具体的、现实的，要有的放矢，讲求实效。撰写条据、合同，用以做见证；撰写便条、书信，用以传递信息；撰写法规、制度，用以规范人们的行为，维护正常的秩序；撰写调查报告、情况简报，用以反映情况、交流经验、揭示问题，为领导机关制定决策提供重要依据。文学作品则以审美为宗旨，更关注人的精神与灵魂，在内容上重在创新，在形式上不拘一格，很多作品都是超越功利性和实用性的。而应用文完全是“为用而作”，功利目的最为突出，发生的现实效应最为突出。应用文的实用性是由其性质所决定的。

（二）较强的时效性

应用文不仅要求在一定时间内写成，而且和某些工作的时间要求紧密相连，工作完成了，与之有关的文件也就失去了现实的效用，转化为档案材料。例如，历史上某朝代的一些奏章、诏令，只适用于那个朝代的特定时期。现在常见的“任免书”“通知”和“请示”等，任命的干部各就各位，通知的对象接到通知，请示得到答复，相关的“任免书”“通知”和“请示”就失去了基本效用。如果以后出现问题需要查对，那它们就是凭据和档案。

（三）内容的真实性

文学作品的真实是艺术的真实。它源于生活，而又高于生活。应用文是为解决实际问题而写的，它强调的是方针政策的正确和客观事实上的真实。一切从实际出发，按照客观规律行文，事实确凿可信，统计数据准确无误，这是应用文写作真实性的基本要求。其实用性的特点决定了作者写作应用文时必须坚持实事求是的原则，选用的材料必须绝对真实，有根有据，据实成文。试想，一份市场调查报告的材料虚假，能不导致错误结论的产生？谎报“军情”，伪造数据，不仅反映出作者不良的人品和文品，而且作者本人还将承担一定的行政和法律责任。

（四）格式的程式性

程式性即格式。应用文是用来处理事务、互通情报的，为了提高办事效率，在长期的使用过程中形成了惯用的格式。这些相对固定的格式，有的是约定俗成的，如书信的格式；有的是主管部门经过研究，特意规定的，如公文的格式。应用文的程式性是为实用性服务的，是实用性的外在保障。格式一旦形成，就对应用文起一定的制约作用，大家就得共同遵守。规范的程式可使不同的文种清晰醒目，以便写作、阅读、承办、归档、查询，最终达到行文的目的。而文学作品并没有固定的格式规定。由此可见，程式性是应用文特有的属性。

思考与练习

1. 什么是应用文？与其他文体相比，应用文具有哪些特点？
2. 对应用文有哪些写作要求？

第二节　应用文的主旨

一、主旨的概念、作用和要求

（一）主旨的概念和作用

应用文是解决实际问题的文章，每一篇应用文都有其特定的写作意图和目的，或传达某种精神，或布置某种工作，或周知某个事项，或回避工作，或提出请求，等等。这种意图和目的反映在写作上，就形成一篇应用文的基本精神或基本观点，这种基本精神或观点就是应用文的主旨。

主旨在应用文中起主导作用，它是全篇的宗旨、灵魂，是衡量写作成功与否的主要依据，也是决定一篇应用文价值的首要因素。古人称确定主旨为立意。王夫之说：“意犹帅也，无帅之兵，谓之乌合。”“意”对文章的各要素有组织统率作用，材料如何取舍、结构如何安排、语言如何运用、表达方式如何选择，甚至文面的设计，都要根据“意”的需要斟酌。

（二）主旨的要求

应用文的主旨，要意在笔先，要正确、专一，要直接、新颖。

所谓意在笔先，是指要先确定主题，后去搜集、组织材料。因为应用文是为用而作的，写作者常常为完成指定性任务而写，代表某个机关、团体或单位，写不写，写什么，怎么写，被动性的一面较为突出。这就需要作者根据有关政策法规和具体情况的需要，先确定主旨，再去组织材料，在行文过程中围绕主旨展开、细化和说明。

所谓正确，是指一篇应用文的主旨必须符合实际，尊重科学，既能正确反映客观规律，正确反映党和国家的方针政策，又能恰如其分地传达出写作目的和意图，在实际工作中产生实用价值，经得起实践的检验。

所谓专一，是说应用文只能有一个主旨，也就是说只有一个中心、一条红线，切忌多主旨、多中心。一篇文章立意不纯，什么都想说，结果反而什么都说不清；同时，要防止偏离主干的“跑题”，主旨一旦确立，就要专守一个主旨，一贯到底，不能旁枝逸出，跑题换意。

所谓直接，是指应用文必须直截了当、明白无误地表达作者的观点和主张，赞成什么，反对什么，应该做什么，应该怎么做，让读者一看便知，一读便懂，决不能曲折隐晦，态度暧昧，模棱两可，要读者从行文中费力地去寻找、揣摩、体会作者意图。

所谓新颖，是指文章所表达的思想，应是独到的、新鲜的见解，而不是陈词滥调。当然，应用文主旨的求新不是为了标新立异，而是为了满足实用需求，与变化的生活相适应。例如，写报告，要反映新情况；发简报，要给人新信息；做总结，要找出新经验；下指示，要解决新问题；撰论文，要反映新成果；等等。

二、主旨的确立和表达

（一）主旨的确立

主旨作为一种理念判断，是作者从材料中提炼的结果。可以说，主旨是对写作材料的一种认识和评价，是对材料全部思想意义的集中概括。拥有材料是提炼主旨的必要前提和基础。在掌握了正确的立场、观点、方法的前提下，拥有的材料愈丰富，主旨愈正确、深刻。

主旨的提炼过程也就是对客观事物不断认识的过程，而真正认识一个事物就必须做到既要认识它的本质，又要把握它的个性特征。作者一旦通过对拥有的大量材料进行分析、综合，抓住了写作对象的个性特征，也就抓住了主旨。抓住了事物的本质，主旨就会具有强烈的“共性”，就会显得“深”；认识到事物的特征，主旨就会有鲜明的“个性”，就会显得“新”。提炼主旨就是要在“共性”与“个性”的统一上、在“深”和“新”的统一上下功夫。

在具体确立应用文主旨的时候，有两个方面要加以注意。

1. 对主旨加以缩小和限制

为使主旨更加集中，有针对性，常常要对已经拟定的主旨加以缩小、限定，只针对最关键、最重要、最急需解决的问题阐明自己的看法和态度。

例如，某地方的市场管理不够规范，“欺行霸市”现象时有发生，影响极大。为了解决这一问题，有关部门召开了专题会议，会议结束后，就要将会议的内容和精神加以传达和贯彻。文秘人员初拟标题为“关于整顿市场秩序的决定”，显然主旨不集中，太宽泛，且针对性不强，于是改为“关于打击欺行霸市不法之徒，整顿市场秩序的决定”。这样一改，虽说好些，但仍显不集中，态度也不够明朗。最后，标题被改为“关于严厉打击欺行霸市不法之徒，切实维护市场秩序的决定”。这样，经过对主旨再三缩小，使主旨更集中，态度更明朗，针对性也更强。

2. 对主旨加以深化和提高

有些文章的主旨仅靠缩小和限制是不够的，还要进一步深化和提高，使之有一定的思想深度和理论高度。例如，写工作总结，从材料的收集到分析、整理、平衡，再到最后总结的中心和重点的确立，主旨至此好像确立了。但是，这样的总结，只不过是有条理、有重点的材料和现象的罗列，并没有上升到一定的理性认识。总结不仅要让人知道你“做了什么”，还应让人知道你“怎么做的”；在此基础上，还应上升到让人明白“为什么要（或不能）这么做”。

（二）主旨的表达

应用文的主旨不能让读者从文章中去归纳、综合，必须在文中直接体现出来，直白显露是应用文写作表现主题的最大特点。常用的方式有以下两种。

1. 标题现旨

所谓标题现旨，即在文章的标题中把主旨的要点体现出来。这种方法最为多见，如《关于坚决打击利用港澳车辆进行走私活动的通知》《××公司 2004 年工作计划》《××系宿舍卫生管理制度》。

2. 片言撮要

文论家陆机在《文赋》中说：“立片言以居要，乃一篇之警策。”意思是说，写文章要用一两句精练扼要的话语概括出文章的主要内容，揭示出文章的主旨。“片言撮要”是古人总结出来的一条表现主旨的重要经验，在今天仍然光彩夺目。“撮要”主要有以下几种类型。

（1）文首撮要。把主旨放在开头部分，开门见山点出主旨。

（2）设置文眼。包括段首撮要或列小标题。在篇章结构上，设置小标题，或把一段内容的要点，以片言的形式放在一段的前边。这种类型在较长的文章中较为多见。一篇文章有一个总的主旨，为了表现这个总的主旨，还要从几个方面分别阐述，因此就要分若干段，每段又有其自身的段旨。

（3）文中撮要。文中出现一两句表现主旨的话。这种类型多见于文字较少的文章。

（4）篇末点题。在结尾部分，对全文观点、中心意思做一个总结，点明主旨。

思考与练习

1. 什么是应用文的主旨？它有什么作用？
2. 对应用文的主旨有什么要求？
3. 怎样确定和表达应用文的主旨？

4. 阅读下面两篇文章，分析它们在主旨方面存在的问题。

冒领者就是他

12月3日早晨，××路储蓄所刚开门，一个青年就匆匆进来，拿着存折要求取款 3000 元。接柜员李××马上开始办理这笔业务。这时，有两位青年急匆匆地闯进门来，气喘吁吁地对另一位接柜员说："同志，我的存折在公共汽车上被偷了，请给挂失吧！"这一突然情况，引起了李××的注意，他发现自己接待的这位青年取款单上所填户名与挂失者同名，意识到眼前这人可能就是冒领者。为了不打草惊蛇，他一面给旁边的同事递眼色，一面盘问这个青年。此人不顾答话，却不停地打量挂失的两个青年，忽然好像发现了什么，猛地向门口跑去。但该所的王××同志与保安早已堵在门口，当场将他抓获，送往派出所。经审问，该青年对盗偷存折供认不讳，还查明他是一个在公共汽车上行窃的惯偷，以前曾多次将偷来的存折中的钱款冒领。

现在正值冬季，乘客们衣着臃肿，在拥挤的公共汽车上被小偷窃走了财物还浑然不知。乘客们一定要提高警惕，增强防范意识。不少的储户因为嫌麻烦，不愿给活期存折加密，这样也给了窃贼可乘之机。

银行部门工作人员的责任感是帮助储户尽可能避免和减少损失的重要因素。××路储蓄所一贯重视对员工职业道德和业务素质的培养，赢得了储户们的普遍赞扬。李××和王××同志对工作高度负责，应该予以表扬。希望其他单位和部门向他们学习，出色完成今年的工作任务。

关于请求补助救灾款的请示

××部：

去年，我省遭受了强烈热带风暴和特大洪水袭击，给人民生命财产造成了严重的损失，也给我省的经济工作带来了严重的影响，使我省财政减收×××万元。由于救灾支出的增加，更加大了我省财政平衡的难度。为使受灾地区尽快恢复生产，增加财政收入，缓解支出压力，恳请××部在批复一九九六年决算时给予我省灾情补助××万元。

另外，我省请求将省机场管理建设基金留成50%部分，就地缴入省金库用于机场的建设。

上述意见如无不妥，请批示。

××财政厅
2018年1月20日

第三节 应用文的材料

一、材料的概念和作用

应用文的材料是指作者为了阐明主旨所运用的事实和依据。它有两层含义：一是指作者为了写作的需要，通过直接的（观察、调查、实践）、间接的（文字记载）途径收集获取到的全部事实和理论；二是指主旨确立之后，根据表达主旨的需要，经过选择写入文章的那部分事实和理论。前者是大量的原始形态的东西，又称素材，而后者数量有限，并且是经过作者挑选、整理、加工过的东西。

纵观整个写作过程，其实就是对材料的处理过程。写作的准备阶段，是材料的采集阶段，即作者从现实生活、书刊资料里捕捉、寻找资料，并进行整理、加工。

材料是形成主旨的基础。思想不会凭空产生，有所见、有所闻才能有所感、有所思，有见闻、有感想才会有话想说、有话可说。

主旨要靠材料来表现、支持或证明。离开了具体的材料，主旨只是一个空洞的口号，毫无感染和说服力量，成了僵死的东西。

材料是文章结构的基础。没有材料就谈不上谋篇布局，谈不上语言表达。

二、材料的种类

（一）事实材料和观念材料

从材料存在的形态来看，有事实材料和观念材料。事实材料是指客观存在过或现存的事和物，如客观的天文地理现象，历史的、现实的事件或人物等。观念材料主要指各种事理，对事物内在联系和发展规律的认识，如科学原理、党和国家的方针政策、规章制度等。

（二）直接材料和间接材料

从材料的来源来看，有直接材料和间接材料。直接材料又称第一手材料，是写作者亲自观察、调查和亲身体验获取的材料。间接材料指的是阅读书报、检索文献资料获得的材料，或由他人提供的第二手资料，可作为直接材料的补充。间接材料在写作中是不可或缺的，使用时要尽可能认真查对，防止以讹传讹。

（三）个别材料和综合材料

从材料的代表性和概括力来看，有个别材料和综合材料。个别材料指的是单个的、具体的事、物或人。综合材料是对一类事实、现象的概括。个别、局部的材料，使我们对事物有感性、直观的认识；整体、全局的材料有助于我们认识事物的整体面貌。两者结合使用，即所谓“点”与“面”的结合，是应用写作中搜集、运用材料的一个基本方法。

（四）历史材料和现实材料

从材料产生的时间看，有历史材料和现实材料。

（五）正面材料和反面材料

从材料的性质看，有正面材料和反面材料。正面材料指的是积极的、被写作者肯定的、对立论有支持作用的材料。反面材料指的是消极的、被写作者否定和质疑的、对正面材料起对比作用的材料。

由于对材料的分类是从不同的角度进行的，分类存在着交叉、重叠现象。将不同种类的材料适当地配合使用，对于表现和深化主旨，具有很重要的作用。

三、选择材料的途径和原则

（一）选择材料的途径

选择材料的途径很多，主要可以从三个方面入手。

（1）通过对自身生活的观察、体验和实践，利用工作和采访调查直接获取大量的第一手感性材料。这样得来的材料可靠、有价值，用起来也得心应手。

（2）通过上下左右的机关单位制发的文字资料进行摘取收集。这样得来的材料能够使我们更好地掌握党和国家的方针政策、法律法规，能够帮助我们正确把握形势，使写作有可靠的依据。

（3）利用图书馆、资料室及报刊、书籍、计算机网络等信息渠道，搜集各种情况与信息，了解新的理论与知识。这样搜集到的材料，有助于开阔眼界和提高自身修养，以增加写作的深度。

（二）选择材料的原则

（1）围绕主旨选择材料。主旨的需要永远是选择材料的第一位依据，全部的材料都是为了显示、说明、表现主旨。凡是能充分说明主旨的材料，均可留用；凡是与主旨无关或关系不大的材料，即使再真实可靠，也要坚决舍弃。只有紧紧围绕主旨的需要去选择材料，才能使文章写得集中、明确。

（2）选择真实、准确的材料。材料要真实、准确：一是要符合实际情况，不虚构杜撰，事件、数据、细节确凿，间接材料要经过核实查对，有根有据；二是要反映出客观事物的本质和主流，不能以偏概全。

（3）选择典型的材料。所谓典型的材料，是指那些能够深刻地揭示事物的本质，并具有广泛代表性和说服力的材料。使用典型的材料，有助于深化主题，起到以一当十、以少胜多的作用。

（4）选择新颖的材料。所谓新颖的材料，是指那些新事物、新情况、新信息、新问题、新矛盾，以及具有时代特色的新经验、新见解、新结论。新颖的材料有以下两层意思：一是新产生的、新发现的，别人没使用过的材料；二是指旧材新用，在人们已发现、已使用的材料中发现新义，使材料呈现出新的面貌。

（三）写作材料的应用

（1）按文章的逻辑顺序安排材料。这就要求我们分清各个材料在文章中的具体作用是什么，哪些是分析研究的对象，哪些是证明观点的论据。在通常情况下，先用分析研究对象的材料，后用论据材料。

（2）明确每个材料的地位。各个材料说明主题的角度与层次不同，材料自身的特点不同，有的说服力强，有的生动。我们根据这些来确定材料的地位，确定哪些材料要重点使用，应放在前面，哪些材料为补充说明性质，需放在后面。

（3）按一定的组织形式，把材料与主题组成一个有机的整体。常见的组织形式有以下几种：先阐述主题，后列举材料加以说明；先介绍背景、条件材料，再点明主题，然后列举材料加以说明；先列举事实材料，后归纳主题。

思考与练习

1. 什么是应用文的材料？它有什么作用？
2. 材料有哪些种类？
3. 怎样获得材料？在应用文的写作中，如何选择与使用材料？

第四节　应用文的语言

一、应用文的语体特点

语体是在不同用途、不同使用者、不同使用方式和情况中形成的语言风格模式。由于使用目的、讲述内容、文章体裁、接受对象的不同，不同类型的文章逐渐形成了各具特色的语言表达风格，有了各自不同的语体。

总的说来，语体可分为口头语体和书面语体两大类。书面语体又可分为事务语体、科学语体、宣传语体（政论语体）和文艺语体等。应用文的语体基本属于事务语体，事务语体有以下两个主要特点。

（一）有比较固定的习惯用语

由于应用文的写作必须准确、简要、鲜明、突出，所以不同的文种根据不同的对象、不同的需要，在用语上形成了若干固定的习惯用语。

（1）行政公文标题中的事由部分一般都用介词“关于”和表达中心内容的动宾词组或偏正词组组成介词结构，做公文名称的定语。例如，《××学院关于解决住宅生活区配电改造工程资金的函》，其中动宾词组“解决住宅生活区配电改造工程资金”与“关于”组成介词结构，充当“函”的定语。“关于……”这种表达形式，在公文标题中很自然地形成了习惯用语。

（2）正文的引据部分，开头常用介词结构或动宾词组。文件的写作必须有理有据，或据党的方针政策，或据某一文件精神，或据上级指示，或据客观实际情况，所据一般放在文件的开头。其表现形式是用“根据”“遵照”“依照”等介词，与后边的词语组成介词结构，充当句子的状语。

（3）为了庄重起见，公文结尾常用一些富有文言色彩的惯用语。例如，“特此通知”“特此批复”“以上报告，请审核”“当否，请批示”等。

（二）表义明白、通顺、平匀、稳密

所谓“明白”，是指文章让读者一看就懂；所谓“通顺”，是指文章中的字、词、句没有语法、修辞、逻辑方面的错误；所谓“平匀”，是指文章不用过多的修饰手段，老老实实地述说事实，解析事理；所谓“稳密”，是指文章稳妥、严密，大方厚重，有很大的可信度。

总之，事务语体，既不像文艺语体那样生动、形象、活泼，也不像宣传语体那样有很强的论证性、鼓动性，也不像科学语体那样，通过表述深入研究、科学试验、实际证明的过程来体现科研成果的理论性、科学性，而是通过平和的语言、准确的事实，讲清楚根据什么、为了什么、该怎么办、不该怎么办就可以了。

二、应用文语体的要求

（一）准确

所谓准确，就是语言所表达的意思与应用文所涉及的实际情况完全相符，即语言形式正确、恰当地表达出思想内容。应用文的准确，主要体现在以下四个方面。

（1）文章的内容要真实。文艺作品的语言也要求准确，内容也要求真实，但这种真实，主要是艺术的真实。它的人物、情节都可以虚构，语言可以夸张，“真实”的标准是恰如其分地表现作品人物的思想感情。应用文的真实则不同，它要求客观事实的真实，包括人名、地名、时间、数字、引语、事件、情节等，必须符合客观事物的本来面目，一是一，二是二，既不能夸大，也不能缩小。

（2）文章的结论要准确。结论是应用文的核心，一定要准确无误。例如，有什么要求、要做什么、不要做什么、怎样去做、用什么口气、掌握什么分寸等都要准确地表达。

（3）分析问题、说明事理要准确，有理有据。也就是说，要符合党和国家的方针政策和法律法规，符合客观事物的发展规律，符合实际情况，不能随心所欲、信口开河地乱发议论。

（4）运用词语要准确。一是指用词贴切，内涵和外延清楚、明确，不允许模糊不清，不允许多义和歧义现象出现。例如，有篇报道的标题是《今春淡出个性化服务》，文章内容说的是北京悄然出现个性化服务项目，向市民提供美容师、律师、保健医生等。可是，“淡出”原是摄影术语，指的是影片中某一情节发展到要结束时画面慢慢暗下去，渐渐隐去，这和作者要表达的原意“悄然出现”恰好相反。还有，某乡镇企业为外地商家生产“棉毛毡”，并把“棉毛毡”作为标的名称写入合同。其实这种产品有棉无毛，只是习惯上如此称谓。发货后，对方以产品与合同要求不符为由，不但不付款，还要求赔偿，该企业最终无奈地输了官司。二是语句通顺，不出现语法和逻辑上的错误。例如，“今年××地区所有的工厂都增产了，只

有个别工厂略有减产”这句话，“所有”就是无一例外，与后面的“个别”相矛盾。

（二）简练

文学作品的语言追求简练，力图用较少的文字创造完美的意境，给人提供丰富的想象空间，即所谓“文约而事丰”（刘知己《史通·叙事》）。应用文语言的简练是出于实用需求，为提高办事效率服务，追求的是“言简意赅”。

要使文字简练，可从以下几个方面入手。

（1）有意识地运用撮要。文首撮要能使读者看完开头，就对全篇文章的内容有一个总的、粗线条的了解。段首撮要使读者不把全段看完，就了解这一段或一层的大概内容。这种方法不仅可以节省读者的时间，也可以清理作者的思路。

（2）力避重复、堆砌、冗赘。在文章中不要说车轮话、套话，要开门见山，直述内容。应用文不仅要求语言简练，而且要求明快、直观。

（3）适当使用格式语、专业语和人工语言符号。在长期发展中，应用文形成了某些规范的格式语。格式语是历代沿革而来的，大量借鉴了文言文词语，保留了文言文精当的优势。例如，“收悉”“兹因”“为宜”“拟请”“纵观”“有鉴于此”“如无不妥，请迅予批复为盼”等格式语，强化了应用文特有的语感，并且表意精练。专业文书中使用的许多行业性、专业性语言，有的也有这种效果。除自然语言文字外，应用文经常使用人工语言符号，如图表，不但比自然语言文字直观，而且常常比自然语言简洁。

（三）平实

所谓语言平实，就是平直朴实。平直，指采用直陈方式，有什么说什么，不拐弯抹角。朴实，指应用文的用语朴素实在，不管叙述事实，还是说明事理，不用或少用修饰词语，不浓妆艳抹，而是“淡扫蛾眉”，于平淡中见神采。这样可使应用文既庄重大方，又通俗易懂。叶圣陶曾说：“公文不一定是好文章，可是一定要写得一清二楚，十分明确，句稳词当，通体通顺，让人家不折不扣地了解你说的是什么。”不仅公文，就其整体而言，应用文追求的都是表意的准确，而不是文辞的华美。

（四）规范

所谓规范，指的是标准性、规定性和统一性。应用文的语言要遵守约定俗成的语言习惯，不随意打破语言常规，不自造新词，不滥用方言土语。

应用文，特别是公文、事务文书和专业文书，使用具体的名称、时间、数量都要规范。例如，机关名称要用全称或规范化简称，公文中表示时间要完整，使用缩略语要慎重，表达数量要清楚，特别是表示增减时，要避免逻辑错误等。

思考与练习

1. 应用文语体有什么特点？
2. 应用文语体有什么要求？怎样才能满足这些要求？

3. 修改下面的病文。

玉乳香快餐粉产品说明

本品是由北京市粮食科研所与北京海淀方达公司食品厂共同研制生产的一种新型方便食品。它选用优质奶粉、去皮去胚玉米粉、蔗糖、乳化剂配制而成。含有丰富的维生素以及磷、铁、锌等各种人体所需要的微量元素。具有口感细腻、气味纯正芳香、价格低廉，便于携带的优点。是居家、旅游必备的理想食品。价格低于普通奶粉的两倍。特别是高血压、肥胖症，更适合于中老年人、青春发育期的学生、婴幼儿及其体弱者食用。

4. 分析、修改下列病句。

（1）打击盗窃“两车一撬”的斗争开始后，丰台区公安分局全体干警，连续作战打击犯罪分子。

（2）中国体育健儿一举囊括了22枚金牌、16枚银牌、22枚铜牌。

（3）各有关单位要从这次塌方事故中吸取教训，今后要坚决杜绝这类事故不再发生。

（4）××厂库存生铁逐年减少，两年内减少了一倍。

（5）今年第一季度，××储蓄所存款额猛增，达到×××××万元，和去年同期相比，增加到30%。

（6）事实证明，我们在许多方面还没有实现男女的真正平等。不少部门在招工、招干、招生、参军、大中专学生毕业分配时，不是一视同仁，而是重男轻女。

第五节 应用文的结构

一、结构的概念和作用

文章的结构是根据表达主题的需要和文章体裁的要求，按照客观事物的内部联系及其发展规律，对选用的材料所做的组织和安排。它具有双重意思：一是宏观结构，即文章的总体构思、大体框架；二是微观结构、具体结构，即文章的层次和段落、开头和结尾、过渡和照应、主次和详略的具体设计。总体构思是具体设计的前提和基础。

主旨是文章的灵魂，材料是文章的血肉，结构是文章的骨架。有了明确的主旨，选择了适当的材料，还要谋好篇、布好局，才能写出好文章。从结构与文章其他构成要素的关系看，主旨决定结构的安排，但结构也能动地表达主旨；材料是结构的物质基础，但结构又使材料得到适当的组织、安排。曾国藩说“古文之道，谋篇布局是一段最大功夫”，梁启超讲“教人作文当以结构为主”，托尔斯泰认为“组织材料是最困难的任务”，由此可见，古今中外写作者普遍认识到结构在写作中的重要性和艰巨性。

二、应用文结构的特点和要求

（一）应用文结构的特点

应用文与其他文体的结构相比，有其自身的特点。

（1）行文单一。应用文要“一文一事”，就是要求在一篇文章中，只表达一个事物；应用文要“一文一旨”，就是要求一篇文章所反映和表现的是一个“主题”，而不是多个“中心”。另外，绝大部分应用文是单线行进的，不宜使用双线或多线结构；个人日常应用类文体，基本上是一段式结构，简短明了。

（2）格式固定。例如，公文的格式由党和国家的权力机关统一规定，书信的格式由大家约定俗成。经济合同、诉讼文书等，是由有关部门统一制定成表格形式。这些比较稳定的格式给写作者带来了方便，使应用文阅读起来快捷明了，从而提高了办事效率。

以上这些特点，只是与其他文体比较而言的，我们对应用文的结构安排，既不能随心所欲，也不能死搬硬套。

（二）应用文结构的要求

（1）完整。文章的各部分要成为一个统一的整体，共同表达一个主旨。具有程式化特点的应用文更是如此，从内容到结构都要周全，避免因遗漏而表达不全。例如，写一份请示，结构上该有请示缘由、事项和要求三个层次。有的请示，缘由轻描淡写，不具备使上级机关批准的充分依据；或没有要求，使上级机关不明白要批复什么；由于结构不完整，行文没有很好地达到目的，延误了工作。

（2）连贯。一篇文章是一个连贯的思想过程，文章的各部分要紧密衔接，合理过渡，不能前后割裂，上言不接下语。

（3）严密。文章的各部分有统一的主旨统领，观点和材料、整体和部分要统一，部分和部分之间不能互相矛盾或不相关联。

以上几个要求各有侧重，但又是紧密联系在一起的，好的结构，不只是孤立地满足一方面的要求。反过来说，一方面有问题会带来另一方面的问题，若文章各部分之间失去了关联，就不可能有连贯性。

三、应用文结构的安排和内容

（一）理清思路，设置线索

思路就是作者写作时的思维活动“路线”，是作者观察、理解和认识客观事物的反映。思路在文章中的表现形态是把文章的全部材料连接成一个有机整体的基本脉络。按思路写下去，就形成了文章的篇章结构。作者的思路如何，直接影响着文章的结构，思路严密清晰，文章才能流畅贯通，井然有序。所以，安排结构，首先要理清思路，即要表达什么思想意图、大致从哪几个方面去表现、表现的步骤如何、各部分之间的关系怎样，等等。文章中思路的延续性，构成了文章的脉络和线索；思路的阶段性，形成了文章的层次和段落。

不先确定表现主旨的线索，材料的选择和安排便无从谈起。袁枚说："穿贯无绳，散钱委地，开千枝花，一本所系。"材料是散落的"钱"和漫开的"花"，线索就是"绳索"和"树干"，是贯穿材料的纽带，是主旨展开的主要轨迹。应用文的线索单一，一般以事和理来贯穿全部材料。

（二）安排层次，划分段落

1. 层次

层次是把文章内容展开的次序。层次又称"意义段""结构段""部分"。安排层次就是安排各个部分的次序，体现文章内在线索展开的步骤。层次因线索而串联，线索因层次而展开。

一篇文章划分为几个层次，应根据内容来确定。内容简单集中的应用文，全文意思只需一个层次便可说完；内容多、意思复杂的文章，层次安排就相对复杂，在总体布局上，常常呈现"总—分""分—总""总—分—总"的结构模式。"总"是统领全文的指导思想、总的原则、基本观点、笼统概括等；"分"是对"总"的深入阐述、具体说明。"分"说的部分就是主体部分，基本模式可分为纵式、横式和综合式。

（1）纵式就是层次纵向展开，反映事物或事理本身的自然联系，结构层次之间是延续、承接、递进的关系。纵式有以下具体的方式。

① 按照时间先后顺序安排层次。

② 按照事物或矛盾发展的各个阶段安排层次。

③ 按照作者认识的发展安排层次。

④ 按照论证推理的各个步骤安排层次。

（2）横式是按事物的逻辑联系进行分类归纳，按事物构成部分、特性、性质的不同侧面来安排层次，将材料横向排列，结构层次间是平行、并列的关系。横式有以下具体的方式。

① 按照观察者立足点的转移安排层次。

② 按照事物各构成部分安排层次。

③ 按照材料的类属安排层次。

④ 按照论述、说明的问题安排层次。

⑤ 按照各分论点安排层次。

（3）综合式又称纵横交错式，即将纵式和横式结构结合起来，通常以一种结构为主来安排大的层次，以另一种结构安排小的层次，内容比较复杂的报告、总结、调查报告常采用这种模式。

层次的划分及其排列的次序，应根据应用文的具体内容和文种的特定需求做相应的安排。我们可以在写作之前拟定提纲，使流动、模糊、粗疏的思路变得固定、清晰、细密，保证层次之间的关系变得紧密，不至于裹杂混淆、纠缠不清。

2. 段落

段落又叫自然段，是文章的最小构成单位，是表达层次中的一个个小步骤，在内容上具有相对的独立性。

段落在结构上非常重要，体现了行文过程中的转折、强调、间歇情况，使文章重点突出、眉目清楚，便于读者理解。一般而言，层次大于段落，一个层次通常是由几个意义相关的自然段组成的。一个层次也可能等于一个自然段，在少数情况下，层次小于段落，有的应用文，尽管意思有几层，但较外集中，不再分段，而是篇段合一。

对段落的划分有下面两个要求。

（1）要注意段落的单一性和完整性。所谓单一性，是指一个段落只能有一个中心意思，不能把两个或更多的意思硬拼在一个段里。所谓完整性，是指一个中心意思要在一个段里讲完，不要分到两个或更多的段落里去说。

（2）要注意段落的连贯性。每个段落都是文章展开过程中的一个环节，它的独立性是相对的。它必须同前后段落保持连贯性，做到“分则为段，合则为篇”。

段落表示的明确的思想叫段旨，表示段旨的句子就是段旨句。与其他文体相比，应用文特别注重使用段旨句。无论是自然分段，还是分条列项地分段，应用文都经常把体现全段中心意思的句子放在段首，使段落的中心意思明确醒目。段旨句可以是段落中心意思的概括，也可以是交代段落内容涉及的材料范围。

应用文经常在文中使用小标题，还可以在层次之首列出一个揭示层次主旨的独立段落，也就是主旨段。

（三）注意过渡和照应

1. 过渡

过渡是指层次、段落之间的衔接与转换。

过渡的作用是承上启下，使文章两个相关联的内容连接起来，让读者阅读时思路顺畅，不感到有困难，不感到有阻隔。文章中需要过渡的情况有：内容由总到分；内容由分到总；表达方式或表现方法变化时，如由记叙转为议论、由概括叙述转为个别叙述、由一种议论方法转为另一种议论方法等。

好的过渡能够天衣无缝，自然而不露痕迹。要做到这一点，首先要求过渡所连接的两个部分脉络贯通，存在内在的必然联系。可以说，过渡是对这种联系的揭示和阐发。如果上下两部分本来就不存在内容的必然联系，却硬要凭借语言技巧把它们捏合在一起，是不可能奏效的。

过渡的基本方式是采用过渡词、过渡句、过渡段。

（1）过渡词一般在意思转折不大的情况下使用，多为关联词语，如“因为”“所以”“那么”“但是”“不过”“然而”“综上所述”等。

（2）过渡句一般用在前一段的末尾，或在后一段的开头，多为提示性的句子或设问句。

（3）如果前后两个层次或段落内容都较复杂，中间的转折又很大，一般用过渡段把它们连接起来。

2. 照应

照应是指文章前后的关照呼应：前面说的，在后面有着落；后面写的，在前面有交代。这样可以显示事物的内在联系，使文章的结构显得严密紧凑，并能引起读者的思索和回味，有助于主题的突出。

常见的应用文照应方式有以下三种。

（1）内容对标题的照应。多用于题目的含义比较含蓄或比较深刻的文章。

（2）结尾对开头的照应。首尾遥相呼应，可以使文章的结构完整、严谨。

（3）后文对前文的照应。前后文照应可以使贯穿文章的线索更明晰，使某些情节或细节得到强调，并能引发读者的联想。

（四）写好开头和结尾

1. 开头

文章的开头为全文确定基调，关系到整篇文章的结构，影响文章整体的表达效果。因此，设计开头必须顾及全篇。

好的开头应尽快接触文章的主题，要简洁、精美，引人入胜。开头的方法很多，基本的类型有两种：直接入题和间接入题。前者开门见山，朴实自然，让人一下子就接触到文章所记述或评论的人物、事件，了解到作者的主张，从而抓住文章的主题。后者“曲径通幽”，先做铺垫，再渐入正题。例如，要叙事，先发点议论；要写人，先描写环境；要论理，先说个故事。

应用文的开头，一般要求“开门见山”，单刀直入，直切主题。常见的开头方式有以下几种。

（1）概述式。概述工作的基本情况、取得的主要成绩，或人物的主要事迹、错误，使读者有一个总的概念和印象，为理解主体内容打下基础。这种方式在总分式结构的文章中常用。

（2）说明式。交代撰文、发文的动机、原因、背景、根据、意义等，常用“为”“为了”“根据”“按照”等词引出行文目的。正文主体叙述说明为达到这一目的所采取的行动主张。大量的公文和事务文书采用这种开头方式。

（3）引述式。直接引述有关文件的标题和内容作为撰写的依据，为下文的写作做好准备。例如，批复、复函等公文的开头。

（4）提问式。根据写作意图提出问题，然后围绕问题逐渐展开。

（5）简介式。先简要介绍文中有关单位和人员的基本情况或紧密相关的背景资料。例如，处分性决定。

（6）结论式。把有关事情或问题的结论放在前面，然后再进行阐述和分析。这种方式在“总分式”结构的文章中常用。

以上只是抽取几种常用的开头方式，在实际写作中，开头的方式灵活多样，不能机械地套用某一方式，而要根据文章的内容和体裁的需要进行。

2. 结尾

结尾是一篇文章发展的自然结果。结尾写得不好，往往成为赘余。好的结尾要有力，收束自然，止于当止之处。

应用文结尾的方式很多，常见的有以下几种。

（1）总结式。结尾对全文内容进行归纳、概括，点明主旨。

（2）说明式。结尾提出需要补充说明的意见。

（3）期请式。提出期望、请求或要求。

（4）批示式。做出批示性意见。

（5）展望式。谈今后的打算、设想，或展望前景，预测未来。

（6）自然式。在主体意思说完后，自然收束全文，不专设结尾段或结尾句。

思考与练习

1. 什么是结构？结构在文章中有什么作用？
2. 结构主要涉及哪些内容，应用文的篇章结构有什么特点？
3. 什么是纵式结构和横式结构？
4. 下面是一篇总结的写作大纲，请加以分析、修改。

××市场监督管理局20××年工作总结

一、抓好思想政治教育

二、公开办事制度执行情况

三、及时总结经验教训，解决问题

四、集贸市场管理和建设情况

五、企业登记、个体私营企业管理方向

六、合同审理、纠纷仲裁情况

七、存在的问题

第六节　应用写作的目的和要求

一、应用写作的目的

应用写作是研究应用文写作规律、内容、格式、技法的一门学科。它是写作学科母系统中的一个子系统。

大学文科的写作教学一般由基础写作、文艺创作和应用写作三部分组成。基础写作，主要讲授主题题材、组织结构、表达方式、语言文风、起草修改等基础知识，这是从事各种写作的基础。文艺创作，主要讲授文艺创作的理论和方法。应用写作，主要讲授应用文体的写作规律和方法。一个生活在现代社会的人，在日常生活、工作学习中，总免不了和应用文打交道。正如叶圣陶所说："大学毕业生不一定能写小说诗歌，但是一定要能写工作和学习中实用的文章，而且非写得既通顺又扎实不可。"应用文使用广泛，是人们工作、学习、生活中不可或缺的工具。当代大学生，要成为建设物质文明、政治文明、精神文明的主力军，就一定要学好应用写作。

在资讯高度发达、人际交往日益密切的现代社会，应用写作成了信息生产、储存、传递、实现交往的重要工具。因此，应用写作能力与计算机应用能力、外语使用能力已被视为当代大学生必备的三大基本能力。应用文突出的工具性质，决定了不管是中文、财经、法律等专业的学生，还是理、工、农、医等专业的学生，都要学好应用文，写好应用文。

开设应用写作课的目的，在于讲授各类型应用文书的性质、特点、作用、写作规律和写作方法，使学生能根据日常生活、学习和工作的需要，写出内容准确、说理充分、结构严谨、条理清晰、语言简明、格式规范的应用文，为将来走上工作岗位，有效地服务社会奠定坚实的基础。这门课还可以进一步提高学生的思想水平与政策水平、分析问题与解决实际问题的能力，培养其理论联系实际的作风。

二、应用写作的要求

应用写作是一门将政治性、知识性、综合性与实用性融为一体的学科。有些应用文看似不长，却是作者思想、生活、知识、文字、技巧、天赋等各方面水平的一个综合反映。要学好这门学科，不断提高自己的应用写作能力，必须做到以下几点。

（一）端正学习态度

应用写作，古已有之，但作为一门专门学科被较为深入地研究，在我国还是近些年的事。在国外，如美国、日本等国，早在20世纪四五十年代，对经济预测、市场调查、经济合同等应用文的运用与研究就十分普遍。当前，欧美的许多高校都安排相当的课时让学生学习应用写作。应用写作是开发智力的有效手段，可以诱发、开拓创造性思维。这种创造性思维贯穿整个写作的始终，并起着决定性的作用。

在现实生活中，人们对应用写作存在两种错误的认识：一种认为应用文是“艺文之末品”，既简单又呆板，不学也能应付；一种认为应用文格式多样，内容庞杂，难学难写。其实这两种看法都是片面的。前者把应用文看得过于简单，忽视了它的特点。其实，应用文在长期的使用过程中，已形成了独自的特点，撰写规律和惯用格式使它与一般的记叙文、议论文、文艺作品区分开来。后者则把应用文看得太复杂，认为高不可攀。虽然应用文有多种体裁、多种格式，还要根据行文对象不同而采取不同的语言，但只要明确行文目的，又有一定的写作水平，就可以掌握不同文体的特点和写作方法。因此，我们要端正学习态度，激发学习热情，变“要我学”为“我要学”。

（二）掌握方针政策

应用文是为现实生活和中心工作服务的，尤其公文，它以反映和传达治理社会、管理国家的公务信息为内容，有着强烈的政治性。我们要写好应用文，就要了解有关的方针政策，熟悉有关的法律与法规。例如，命令、通知、通告、条例、规定等往往是用来直接传达贯彻有关方针政策，总结、调查报告、经济活动分析等常常为研究有关政策做决策参考。随着我国与其他国家的交流进一步扩大和深入，我们不仅要注意研究国内的政策法规，还要加强对国际法规及相关行业法规的研究，否则写出来的文章没有意义。

（三）熟悉有关业务

应用写作是研究问题、处理工作、进行学习的工具。不研究，不工作，不学习，没有可写的内容，就写不出应用文。也就是说，应用文是具体的、实用的。应用写作必然涉及各种专业知识，作者多是各行各业的实际工作者，必须认真学习，精通业务，熟悉本行业、本单位的全面情况，只有熟悉有关情况，掌握丰富的专业知识，才能在写作时把事情叙述清楚，把道理讲明白，把要求提明确，从而写出既符合国家的方针政策，又能解决实际问题的应用文。例如，拟一份购销合同，不仅要了解《中华人民共和国经济合同法》，而且要熟悉销售方与生产方的情况，如果不熟悉有关情况，拟出来的合同就不可能合理。

（四）练好写作基本功

应用文虽有自身的特点与格式，但也必须符合一般文章的写作规律。例如，主旨的确立、材料的选取、结构的安排、语言的调遣、起草修改，以及根据行文目的和内容所采用的记叙、议论、说明等方法，这些都是写作的基础，需要我们好好掌握。叶圣陶在谈到如何掌握语文基本功时说："一定要把知识和实践结合起来。""不断学，不断练，才能养成好习惯，才能真正得到本领。"

思考与练习

1. 应用写作有什么目的？
2. 应用写作有什么要求？
3. 如何练好写作基本功？

第二章　应用写作实训

模块一　公务文书

第一节　公文概述

一、公文的概念和特点

（一）公文的概念

公务文书简称“公文”，公文有广义和狭义之分。广义的公文是指党政机关、群众团体、企事业单位在公务活动中形成并使用的各类应用文书。狭义的公文特指15种党政机关公文类型。行政公文是行政机关在行政管理过程中形成的具有法定效力和规范体式的文书，是依法行政和进行公务活动的重要工具。党的机关的公文，是党的机关实施领导、处理公务的具有特定效力和规范格式的文书，是传达贯彻党的路线、方针、政策，指导、布置和商洽工作，请示和答复问题，报告和交流情况的工具。我们在本章学习的主要是行政公文（以下简称“公文”）。

（二）公文的特点

1. 鲜明的政治性

公文具有传达贯彻党和国家的方针政策、处理机关行政公务的重要职能。任何公文都是一定政治制度的产物，并为一定的政治路线服务。因此，它的内容与党和国家的政治、政策密切相关。

2. 法定的权威性

公文是法定机关制发的，传达制发机关的决策和意图，体现制发机关的意志和权力。下发的公文，特别是法规文件，一经发布生效，就必须坚决执行，没有任何商量的余地，国家以法律手段或行政手段保证它的权威性和严肃性。

3. 效用的现实性

公文一般都是针对已办、正在办或即将办的事，或已经出现、可能出现的问题而写作的，它在一定时间内产生效用，有明显的时效性。同时，一旦某项工作完成，该项工作中形成并使用的公文，其作用也随之结束。

4. 特定的程式性

公文的制发是一件十分严肃的工作，为维护公文的权威性和严肃性、保证公文的规范性和完整性，以及便于公文处理，公文的制发必须按照规定的程序和体式；公文的用纸、书写、装订等也要符合一定的要求。

5. 特定的作者和读者

公文的作者是指依法成立并能以自己的名义行使职权和承担义务的组织或该组织的负责人。公文的拟稿人员不是特定的作者，组织或单位的负责人以个人名义制发的公文，并非以其私人名义行使职权，而是以其所在单位法定的领导者的身份行使职权，因而是特定的作者。

公文的读者是指公文发送的单位或发送单位的有关负责人，除公开发布和张贴的公文外，一般公文并不是任何人都可以阅读的。

二、公文的作用

（一）凭证和依据

各种公文都反映了制发机关的意图，具有法定的效力。公文是单位与单位、部门与部门之间联系工作和开展活动的书面证据。上级机关单位制发的公文是上级机关对国家、社会管理的意图、措施、要求的凭证，是下级机关单位解决问题、开展工作的依据。平级机关或者不相隶属的机关制发的公文，是相互之间交流情况、商洽工作的凭证和依据。同时，公文还是公务活动的原始记录，是许多历史事件和社会活动的凭证。

（二）领导和指导

上级机关通过公文传达贯彻党和国家的方针政策，进行工作部署和提出工作意见。上级的意见就是对下级的指示，要干什么、怎样干，下级都应该按上级的具体安排执行。上级机关发给下级机关的公文，都具有领导和指导作用。

（三）沟通

机关之间的沟通和工作的开展，公文在其中起到了桥梁的作用。在工作中，互相之间通过了解彼此的情况，交流信息，交流经验，共同商讨，使许多具体问题得到及时的处理。

（四）宣传教育

公文是宣传党和国家的方针政策及法规条文的主要渠道。通过公文进行传达，可以使人们了解领导的意图，提高人们的认识，使人们知道要做什么、怎样去做和为什么这样做，从而减少盲目性，增强自觉性，使工作更好地开展。

三、公文的分类

（一）按法规分类

根据《党政机关公文处理工作条例》中的有关规定，党政机关的公文分为15种：决议、决定、命令（令）、公报、公告、通告、意见、通知、通报、报告、请示、批复、议案、函、纪要。

（二）按行文方向分类

按行文方向分，公文可分为上行文、平行文、下行文三种。

上行文是上级领导机关对所属下级机关的行文，如请示、报告等。

平行文是平级机关或不相隶属机关之间的行文，如函、平行性通知、议案等。

下行文是上级机关向下属机关的行文，如命令（令）、决定、通报、批复等。

（三）按机密程度和阅读范围分类

根据文件的机密程度和阅读范围划分，公文可分为公布公文、内部公文、机密公文三大类。

公布公文指内容不涉及秘密，可以对外公开发布的公文，有对外公开公文和限国内公开公文两种。

内部公文指内容不宜对社会公开，只限于机关内部使用的公文。

机密公文指内容涉及国家秘密，泄露出去会使国家的安全和利益遭受损害的公文。机密公文可分为绝密、机密、秘密三种。

四、公文的行文规则

（一）确有必要，讲求实效，注重针对性和可操作性

机关行文必须本着“少而精”的原则，从实际需要出发，严格控制发文数量和发文范围，行文应当确有必要，讲求实效，注重针对性和可操作性。

（二）行文关系

行文关系根据隶属关系和职权范围确定。文件的行文关系是指发文机关与收文机关之间文件的往来关系。我国行政机关的行文关系一般包括以下两个种类。

1. 隶属关系

隶属关系即同一系统的机关，既有上级领导机关，又有下级被领导机关，上下级机关之间构成领导与被领导的隶属关系。例如，国务院—省政府—市政府—县政府，国家财政部—省财政厅—市财政局。县政府隶属市政府，市政府隶属省政府，逐级上推。

2. 非隶属关系

非隶属关系即行文机关之间不是上下级关系，没有领导与被领导的关系。非隶属关系包括以下三种关系。

（1）上级主管业务部门和下级业务部门之间具有业务上的指导关系。

（2）非同一系统的机关之间，无论级别高低，既无领导与被领导关系，又无上下级业务部门的指导关系，是不相隶属的关系。

（3）不同系统的同级机关之间和同一系统的同级机关之间的关系属于平行关系。

例如，市劳动局与市财政局、省林业厅与市教育局，前者是平级单位，后者是不同级别的单位，是不相隶属的关系。

职权范围是指各行政单位职责权力的范围。这一点要求行文内容应是本机关职责范围内的事项，不能超出，超出即为越权。如果越权，不仅达不到行文目的，还会造成政令混乱。当然，不相隶属机关之间也有公文往来，但只能是商洽工作、通知事项、征询意见等，而没有请示、报告或布置任务的性质。

（三）政府各部门的行文规则

按照《党政机关公文处理工作条例》的规定，政府各部门依据部门职权可以相互行文和向下一级政府的相关业务部门行文；除以函的形式商洽工作、询问和答复问题、审批事项外，一般不得向下一级政府正式行文；部门内设机构除办公厅（室）外不得对外正式行文。

（四）联合行文规则

按照《党政机关公文处理工作条例》的规定，同级党政机关、党政机关与其他同级机关必要时可以联合行文。属于党委、政府各自职权范围内的工作，不得联合行文。党委、政府的部门依据职权可以相互行文。部门内设机构除办公厅（室）外不得对外正式行文。

（五）协商一致的原则

按照《党政机关公文处理工作条例》的规定，部门之间对有关问题未经协商一致，不得各自向下行文；如擅自行文，上级机关应当责令纠正或撤销。

（六）抄送规则

按照《党政机关公文处理工作条例》的规定，向下级机关或者本系统的重要行文，应当同时抄送直接上级机关。

按照《党政机关公文处理工作条例》的规定，受双重领导的机关向上级机关行文，应当写明主送机关和抄送机关；上级机关向受双重领导的下级机关行文，必要时应当抄送其另一上级机关。

思考与练习

1. 什么是公文？公文的主要特点有哪些？
2. 公文的作者和读者是谁？
3. 以行文方向为依据，区分《党政机关公文处理工作条例》中的15种公文的类属。
4. 公文有哪些行文规则？

五、公文的格式

公文格式包括公文的书面格式、排版、用纸及装订等。

行政机关公文一般由秘密等级、紧急程度、发文机关标识、发文字号、签发人、标题、主送机关、正文、附件说明、成文时间、印章、附注、主题词、抄送机关、印发机关和印发日期等部分组成。一份完备的行政公文从其要素上可分为三大部分：版头、主体和版记。

（一）版头

版头部分由发文机关标志、发文字号、份号、密级和保密期限、紧急程度等项目组成。这个部分位于一份公文第一页的上端，以红色分隔线作为与主体部分的分界，约占版心三分之一。如果是党的各级机关的文件，则要在这条红色分隔线中间印上一颗红色五角星，以示与行政机关文件的区别。

1. 发文机关标志

发文机关标志有以下两种形式。

（1）文件式。

这种形式庄重严肃，用于以文本发送的行政公文。发文机关标志由发文机关全称或规范化简称后面加“文件”组成，在版头部分中央位置用大号字套红印刷。因此，正式公文又被称为“红头文件”，如“广东省人民政府文件”。某些下行文，还可以用制发机关办公室（厅）的名义发文，如“广东省人民政府办公厅文件”。

不同机关联合行文，发文机关并排，其中主办机关排在前面，协办机关排在后面。例如：

××市教育局
××市人事局　　文件
××市财政局

（2）函件式。

这种形式只标发文机关名称，如“××市人民政府”，用套红字印刷在公文纸顶部。这种形式主要用于函件。

2. 发文字号

发文字号又称“文号”，是发文机关在一年之内所发公文依次排列的顺序号。发文字号由发文机关代字、发文年份和发文顺序号三部分组成。例如，“国发〔2022〕23 号”，代表国务院在 2022 年度发的第 23 号文件。机关代字是机关名称的缩写，一般由领导部门统一编定，不得随意变换。年份是发文的年度，一定要用阿拉伯数字完整书写，并只能用六角括号，如〔2022〕不能简写成〔22〕。序号用阿拉伯数字从“1”开始编流水号，除“命令”之外，序号数字之前不用加“第”字，不编虚位（1 不编为 01）。联合行文，只标明主办机关的发文字号。发文字号在发文机关标志正下方。公文在刊发时，有时没有必要把版头部分一并刊出，此时，发文字号要写在标题下面。

3. 份号

份号是指依据同一文稿印制若干份时每份公文的顺序编号。标注份号是为了对号分发文件和清退文件，有利于保密。只有密级文件才要标明份号。标注份号应根据公文的份数来决定编几位（但至少不少于两位），一般用 6 位阿拉伯数字来表示。例如：000025。份号的位置在版心左上角第一行。

4. 密级和保密期限

需要保密的文件应注明密级，在密级后还要加上保密期限。保密期限，除有特殊规定外，秘密的不超过 10 年，机密的不超过 20 年，绝密的不超过 30 年，期满自动解密。密级的位置在版心左上角第二行。

5. 紧急程度

紧急程度指公文送达和处理的时限要求。紧急程度分为特急和急件两种。顶格标识在版心左上角。如需同时标注份号、密级和保密期限、紧急程度，则按照份号、密级和保密期限、紧急程度的顺序自上而下排列。

（二）主体

这部分包括标题、主送机关、正文、附件说明、成文日期、印章和附注等几个部分。

1. 标题

标题就是公文名称，由发文机关名称、发文事由和公文文种构成。事由部分应当准确简要地概括公文的主要内容。事由前面通常加上介词“关于”。文种的选择应当根据行文目的、发文机关的职权及其和主送机关的行文关系确定。标题中除法规、规章（包括办法、规定、细则、条例等）名称加书名号外，一般不用标点符号。标题可分一行或多行居中排布，回行时，要做到词意完整，排列对称，间距恰当。

2. 主送机关

主送机关指负责处理公文的主要受理机关。主送机关应写全称或规范化简称，书写位置在标题的左下方，顶格。除少量面向全社会或某单位全体人员发布的公文外，均应当注明主送机关。上行文、平行文一般只有一个主送机关，而下行文的主送机关可以有多个。

3. 正文

这是叙述公文具体内容的部分，一般包括缘由、事项和结尾三部分内容。缘由一般用以说明发文的原因、依据或目的。事项是正文的主体，主要叙述情况、分析问题、说明做法和提出要求。结尾多用规范化语句作结。文种不同，正文的写法也会有所不同。

4. 附件说明

公文如有附件，应当在正文之后、成文时间之前注明附件的顺序和名称。有时附件是公文的重要组成部分，如批转性通知。

5. 成文日期

成文日期是公文生效的法定时间。一般公文以机关领导人的签发日期为准；会议通过的公文，以通过日期为准；联合行文以最后签发机关领导人的签发日期为准；电报以发出日期为准。发文时间要完整地写在发文机关署名下面。有些特殊公文则可以写在标题下方。成文日期中的数字使用阿拉伯数字将年、月、日标全，月、日不编虚位。

6. 印章

印章即公章，是公文制发机关对公文生效负责的凭证。公文除会议纪要和以电报形式发出的以外，应当加盖印章。联合上报的公文，由主办机关加盖印章；联合下发的公文，发文机关都应当加盖印章。印章应端正清晰地盖在成文日期上，要求上不压正文，下压发文机关署名和成文日期。如果盖的是机关领导人的签名章，则在章前标明机关名称和职务，以显示其法定性和有效性。

7. 附注

公文如有附注（需要说明的其他事项），应当加括号标注。附注一般是对公文的发放范围、使用时需注意的事项加以说明，如“（此件传达至群众）”等。附注位置在成文日期左下方。

（三）版记

版记应置于公文最后一面，包括抄送机关、印发机关和印发日期等要素。版记的最后一个要素置于最后一行。

1. 抄送机关

抄送机关指除主送机关外需要执行或知晓公文的其他机关，应当使用全称或者规范化简称、统称。抄送机关在印发机关和印发日期之上一行。

2. 印发机关和印发日期

印发机关是指具体承办公文印制和发出的部门，通常都是机关的办公部门，或办公部门下属的秘书部门。印发日期指办公部门接到定稿后的起印日期，以公文付印的日期为准，一般写成“×年×月×日印发”。

印发机关和印发日期位于抄送机关之下，占一行位置。印发机关左空一字，印发日期右空一字，后加“印发”二字。

六、公文印装规格

（一）公文用纸尺寸

1. 公文用纸幅面

公文用纸一般采用国际标准 A4 型纸（210mm×297 mm）。公告、通告等公布性的公文用纸幅面尺寸，可根据实际需要确定。

2. 公文页面与版心尺寸

根据《党政机关公文格式》（GB/T 9704—2012）规定：公文用纸天头（上白边）为 37 mm±1 mm，订口（左白边）为 28 mm±1 mm，版心尺寸为 156 mm×225 mm。

正文文字的每行长度与版心宽度相等，一般每行排 28 个字，每面排 22 行。

（二）印装格式

公文排印，文字从左至右横写、横排。在民族自治地方，可以并用汉字和通用少数民族文字，按其习惯书写、排版。公文一律左侧装订。

七、公文写作要求

（一）符合党和国家的方针政策及有关规定

公文具有鲜明的政治性、政策性。公文的撰写者必须正确理解、掌握党和国家的方针政策，使其符合事物本身和社会发展的需求。

（二）主旨明确，内容单一

公文写作的目的有特定的明确的指向。例如，“请示”应当一文一事，针对某件自己不能解决或超越权限的事项向上级机关提出请求，希望得到上级的指示或批准。

（三）格式规范，结构合理

公文有严谨的内部组织形式。为保证方便执行和进行文书的处理，公文有相对固定的格式。《党政机关公文处理工作条例》对公文格式做出了明确规定，必须严格按照其要求撰写公文。

（四）遵循行文规则，选用合适文种

公文的规范化程度要求较高，在撰写时必须严格遵循各项行文规则。写作时，要认真了解各类公文的适用范围和作用，并根据发文目的和公文内容，选用功能特点、适用范围与发文目的、公文内容适合的文种。

（五）语言准确、简明、庄重

1. 语言准确

语言准确是对文章语言最基本的要求。只有表达准确，才能恰当地表现客观事物，才能将公文的主旨准确无误地表述出来，使要处理的公务得以顺利完成，充分发挥公文应有的作用。

2. 语言简明

语言简明就是用最少的文字表达清楚较多的内容，做到"文约而事丰"。在追求效率的信息时代，公文语言的简明清晰尤其重要，如果公文文字冗长、啰唆、庞杂，就难以提高工作效率。

3. 语言庄重

语言庄重就是端庄、郑重。公文有现实的执行性，俗话说"一字入公文，九牛拽不出"，体现了公文的权威性和严格的行政约束力。撰写公文要严格使用规范的书面语言，不用口语，更不用方言土语，多使用专用语。公文的专用语已基本规范化和定型，具有含义的确定性，在准确表达公文内容的同时，自然增强了公文简明、准确的语体风格。

思考与练习

1. 一份完备的公文分为几个主要部分？各部分由哪些要素组成？
2. 什么是发文字号？标注发文字号有什么要求？
3. 怎样确定成文时间？标注成文时间有什么要求？
4. 怎样区分主送机关和抄送机关？

第二节 通 告

一、任务导入

某校位于市区中心地带，因此常有车辆在校园内借道行驶，多次发生交通事故，严重干扰学校的正常秩序。为了还师生一个安静、安全的校园，学校保卫处准备在门口张贴一份说明，严禁外单位的机动车辆借道行驶，同时对外来办事的车辆、校内的车辆和在校内施工的车辆出入校园加强管理。

请代保卫处拟文，要求文体恰当，对不同车辆采取不同管理措施，语言简洁，符合规范。

二、例文分析

例文一

中华人民共和国公安部通告

为确保国际民航班机的运输安全，决定从××××年×月×日起，在中华人民共和国境内各民用机场，对乘坐国际班机的中外籍旅客及其携带的行李物品，实行安全技术检查。

一、严禁将武器、凶器、弹药和易爆、易燃、剧毒、放射性物品以及其他危害飞行安全的危险品带上飞机或夹在行李、货物中托运。

二、除经特别准许者外，所有旅客及其行李物品、一律进行安全检查，必要时可进行人身检查。拒绝检查者，不准登机，损失自负。

三、检查中发现旅客携带上述危险品者，由机场安全检查部门进行处理；对有劫持飞机和其他危害飞行安全嫌疑者，交公安机关审查处理。

特此通告

××××年×月×日

【简析】这是一篇法规性通告，既有周知性，又有强制性。同时，它有以下特点。

1. 正文条理清楚，用语简洁，缘由、事项、结语三部分齐全，用“特此通告”做结语显得干净利落。

2. 落款只有日期，没有署名。由于发文机关已在标题中出现，文末可不再署名。

3. 因为通告具有公开性，所以不需要写明收文机关和读者对象。

例文二

关于广州地区电话号码启用八位制的通告

为适应社会发展的需要，经邮电部批准，广州地区（含番禺、花都、从化、增城）的电话号码定于××××年×月×日北京时间零时起启用八位制，即由现在的 7 位数升为 8 位数。升位方法是：原“8”字头的电话号码首位后加“1”；原“2”至“7”字头的电话号码在首位前加“8”。如原号码为 8883088 的电话，升位后的号码为 81883088；原号码为 3123456 的电话，升位后的号码为 83123456。

在电话号码升位过程中，凡有电话小交换机（即小总机）和经营自动寻呼及声讯台的单位，应积极配合广州市电信部门做好有关试验工作。

电话号码升位后，使用电话请按八位制号码拨号。

广州市人民政府

××××年×月×日

【简析】这是一篇知照性通告，文字简洁，语言准确。正文开头文字“为适应社会发展的需要，经邮电部批准”为发布本通告的缘由和依据。其余文字为通告的具体规定和要求，解释清楚明白，便于人们操作和办理。

例文三

关于加强交通管理的通告

为整顿治安秩序，加强交通管理，经市政府批准，对市区车辆行驶实行统一管理，特通告如下：

1. 除公交车及小轿车外，其他机动车辆白天一律不得驶入市区。
2. 轻骑、摩托车行使一律要有安全措施，严禁自行车带人。
3. 非残疾人不得骑乘残疾车。
4. 凡在市区行驶的车辆一定按交通部门规定的时速行驶；严禁酒后驾车或无证驾驶。
5. 严禁在道路两侧摆摊设点，不得在道路上晒谷扬场，不准设置路障。
6. 车辆停放一定要在指定地点，途中临时停车不得超过 5 分钟。
7. 服从交通值勤人员管理。

以上通告望遵照执行，对违反上述通告者由公安、交通部门依照有关规定进行处理。

××市公安局（公章）××市交通局（公章）

××××年×月×日

【简析】第一，标题与通告事项不一致。从正文内容看，此通告是针对市区交通管理而制定的，因此，标题应是“关于加强市区交通管理的通告”，正文缘由部分也须是“为加强市区交通秩序”。第二，规定事项不具体明确。第 1 项中的“白天”时间不具体，要明确上午、下午起止时间；要在“其他机动车辆”后加上“及板车、马车等”。第 2 项中的“安全措施”较笼统，应突出强调“戴安全帽”。第 5 项中的“道路两侧”范围不确定，应是“道路两侧人行道上”。第 6 项中“途中临时停车”应明确为“如遇特殊情况，途中临时停车”更为严密。第三，语言不简洁顺畅。第 3 项可并入第 2 项。第 4 项“按交通部门规定的时速行驶”可删“交通部门”。第 5 项中“不得在道路上晒谷扬场，不准设置路障”调整为“不得在公路上设置路障、晒谷扬场”较顺畅。

三、理论知识

（一）通告的概念和特点

1. 通告的概念

通告适用于公布社会各有关方面应当遵守或者周知的事项。通告中凡属应遵守的事项，都具有法律效力和行政约束力；通告中应当周知的事项，不一定具有法律效力和行政约束力，但可以使有关人员了解相关信息，受到启发教育，或者有利于办理事情、处理问题。

2. 通告的特点

（1）通用性。通告是一种常用的文种，通用性是其中最显著的特点。通告的制作者和使用范围没有级别限制，上至国家最高权力机关、行政机关，下至基层机关、社会团体、企事业单位，不论是政府机关还是其所属的业务部门，也不论事情的大小和告知对象的多寡，只要有某些规定和事项必须让公众知道或遵守，就可用通告行文。

（2）内容的多样性。通告可以涉及国家的法律、法规、政令和政策，也可以涉及工作、生产和社会生活，以及一些具体事务，如交通、能源、邮电、金融、教科文等。当业务主管部门公布应当遵守或周知的事项时，通告便成了行使管理职能的工具。

（3）时限性。许多通告所宣布的事项有时间性，或者有生效的日期，必须在规定的期限让有关单位和人员知悉，以免误事。

（二）通告的种类

1. 制约性通告

此类通告，主要是在一定范围内，为保证某一事项或某一活动的正常进行或开展，发布规范性措施，要求有关单位或个人遵照执行，如前面的例文一。

2. 知照性通告

此类通告主要是需要有关单位和个人遵守或周知某件事情。它的约束力较小，不具有法规性作用，如前面的例文二。

（三）通告和公告的区别

1. 内容具体，业务性强

公告的内容通常是重要事项或法定事项。通告的内容重要程度比不上公告，而且多是业务方面的。例如，临时施工封锁交通、更换自行车牌照、节假日注意防火防盗等。因此，通告的使用频率比公告高得多。

2. 局限的行文对象

公告的对象是广泛的，“向国内外宣布”；而通告的告知范围就小得多，只是“在一定范围内公布”。

3. 广泛的发文机关

通告的内容是一般事项，所以发文单位比较广泛。党政机关、企事业单位、人民团体都可以发布通告。公告的发文机关级别较高，多由国家机关发布。

（四）通告的结构和写法

1. 标题

通告的标题有以下四种形式。

（1）完全式的标题，由“发文机关、事由和文种”组成，如《广州市公安局关于洛溪大桥交通管理规定的通告》。

（2）省略发文事由的标题，由发文机关和文种组成，如《中国人民银行通告》。

（3）省略发文机关的标题，由发文事由和文种组成，如《关于节约用水的紧急通告》。

（4）只标明文种的标题，省略发文机关和发文事由，如《通告》。

2. 发文字号

通告的发文字号，由发文机关代字、年份和发文顺序号组成。由于通告的发布形式较为灵活，既可用文本的形式发文，又可用张贴的形式发布于众，还可在电视、报纸上发布，以张贴的形式或在报纸、电视上发布的通告往往不需要发文字号。

3. 正文

正文一般由以下三部分组成。

（1）导语部分，即缘由部分，概括说明发布通告的依据、目的和意义。

（2）主体部分，写清需要人们遵守或周知的具体事情，可分条列项叙述，其内容要符合有关政策、法令的精神，文字表达要准确扼要。

（3）结尾部分，可写明对有关单位或人员提出的要求或发出的号召，也可写明对违反规定事项者的惩处办法。

4. 结尾

通告的结尾一般用“特此通告”做结语，有的结尾提出要求和希望，有的指明实施的时间、期限等，也有的没有专门的结尾部分。

5. 落款

通告的落款写明发文机关的单位名称和成文日期。

思考与练习

1. 判断题。

（1）公告和通告行文时，都要写上主送机关。（　　）

（2）公告和通告的写法基本相同。（　　）

（3）公告的写作充分体现了发文的权威，因此有约束力。（　　）

（4）学校处分违纪学生可用公告。（　　）

（5）商店告知顾客可发公告。（　　）

（6）温州市税务局通告。（　　）

2. 简答题。

（1）简述通告的概念及适用范围。

（2）通告的特点是什么？

（3）通告与公告有何区别？

3. 试指出下文中的错误，并做出修改。

关于实行交通管制的公告

首届“桃李杯”马拉松赛将于 2021 年 9 月 15 日上午 8 时至下午 1 时在本市举行。为保证赛事的顺利进行，届时将对环市路、江滨路、诗书南路、教育北路、桃园中路实行交通管制，除警备车、救护车、消防车、工程保险车外，禁止其他车辆通行。

××市公安局（公章）

4. 根据以下材料拟一份通告。

××省教育厅、公安厅为了维护学校的正常秩序，保障广大师生员工的人身安全，保证学校教学工作的顺利进行，发了一则通告。通告的具体内容为：没有经过学校允许，无关人员不可以随便进入学校。对那些寻衅滋事破坏学校秩序的一经发现要依法惩处，不准堵塞学校的道路、污染学校的水源、卡断学校的电路，禁止各类人员到学校从事商业广告宣传活动。这份通告要求在公布之日起正式施行，对违反通告的人，经教育不听者，根据情节轻重，依法给予处理。通告发布的日期为 2020 年×月×日。

第三节　通　知

一、任务导入

任务一

下面是一篇存在错误的工作通知，试写出修改稿。（来源：2017 年浙江省大学语文专升本真题）

机关游泳池办证的通知

机关各直属单位：

机关游泳池定于 6 月 1 日正式开放，6 月 10 日开始办理游泳证。请你们接到此通知后，按下列规定，于元月三十日前到机关俱乐部办理游泳手续一、办证对象：仅限你单位干部或职工身体健康者。

二、办证方法：由你单位统一登记名单、加盖印章到俱乐部办理，交一张免冠照片。

三、每个游泳证收费伍角。

四、凭证入池游泳，主动示证，遵守纪律，听从管理人员指挥。不得将此证转让他人使用，违者没收作废。

五、家属游泳一律凭家属证，临时购买另票，在规定的开放时间内入池。

×××俱乐部
××××年×月×日

任务二

请根据以下材料写一则通知，请注意格式的规范性。（来源：2020 年浙江省大学语文专升本真题）

（1）为培养同学们的阅读兴趣，提升人文素养，中文系学生会将于 2020 年 6 月 8 日下午 14 点到 17 点在文苑楼 503 教室面向中文系全体学生举办“中外文学经典阅读”活动。

（2）活动内容由两大部分组成：中国文学经典阅读、外国文学经典阅读。

（3）欢迎各位同学踊跃参加，并将活动过程中的感悟体会写成读书报告提交组委会。

（4）组委会根据读书报告质量评出一等奖 1 名、二等奖 3 名、三等奖 5 名、优秀奖若干名。

二、例文分析

例文一

关于要求参加两岸文化与人才交流研讨会的通知

各二级学院（系）、部门，二级单位：

温州市人民政府与省台办主办两岸文化与人才交流研讨会，本研讨会由我院负责承办，现将会议安排通知如下：

一、会议地点：温州喜来登大酒店四楼锦绣 2 号厅。

二、会议时间：××××年 5 月 10 日（周六）8：30。

三、与会人员：全体中层干部，台湾教师，经贸学院、管理学院、人文系及区域文化研究中心全体教师。

请准时参加。

浙江××职业技术学院（公章）
××××年 5 月 6 日

【简析】这是一篇会议通知。第一、二自然段是通知的缘由，指明为什么通知，通知的背景、目的；第三、四、五自然段是通知事项，采用常用的分条列项叙述方式，显得层次清楚，要求明确；第六自然段是会议要求。全文会议要素明确，条理清楚，是一篇很规范的公文。

例文二

下图是某校张贴在校园操场铁丝围栏上的一则通知，试指出其存在的错误。

> **通　知**
>
> 因10月12日至10月27日周一至周五11.30-13.30，周六周日早上9.00-12.00，下午14.00-17.00 操场要进行体制达标测试请老师们和同学们走操场外面过　里面门已锁　谢谢!
>
> 体育发展中心
> 2015年10月13日

【简析】第一，最基本的错误：除两处没有标点符号外，体质达标是身体质量达标，而不是经济体制的“制”；时间表达是 13：30，而不是 13.30；下午 14.00—17.00 正确表达为下午 2：00—5：00。“请老师和同学们走操场外面过，里面门已锁”这句话是口语，要用书面语。第二，这是一个事务性通知，采用篇段合一的结构不利于内容的条理化，除了要遵循“为什么通知，通知什么”的逻辑顺序，还要将通知内容进行轻重处理，然后将有关事项分条列项，逐一说明，才能让读者一目了然。

三、理论知识

（一）通知的概念、特点和种类

1. 通知的概念

通知适用于批转下级机关的公文，转发上级机关和不相隶属机关的公文，传达要求下级机关办理和需要有关单位周知或者执行的事项，以及对人员的任免。通知是下行文，也可作为平行文使用。

2. 通知的特点

（1）广泛性。通知的使用范围很广，上至国务院，下至一般企事业单位，无论哪一级机关单位都可以使用，不受级别限制。通知的内容广泛，可涉及国家生活和社会生活的各个方面。例如，发布法规、规章、政策，下达指标、任务，部署工作，告知事项，转发上级、同级或不相隶属机关的公文，批转下级机关的公文，召集会议，都可以使用通知。

（2）时效性。通知的事项一般都需要及时办理、执行，因此要严格掌握时间，以免延误，耽误工作。

（3）行文方向的双重性。通知一般做下行文，大多数是上级机关向下级机关行文。在平级单位和不相隶属单位之间，必要时，也可用通知行文，此时，通知是平行文。平行的通知不能带指示性和指导性，只能表述告知性或周知性的内容。特别重要的通知，除下发外，还要抄送上级机关。

3. 通知的种类

（1）指示性通知。传达上级机关的决定和指示，布置需要执行或办理的工作事项，但仅限于发文机关的权限，或因其内容不宜用命令（令）或决定的，用指示性通知。例如，《国务院办公厅关于加强优抚工作的通知》。

（2）批转性通知。这类通知包括两种情况：批转下级的公文和转发上级、不相隶属单位的公文。区分的关键在于分清现发文机关与被批转或转发公文机关的关系。如果把下级机关的公文加上批示性意见，要求其他有关的下级执行或参照执行，用批转，其特点在一个“批”字。这种通知的主要精神不在通知的正文本身，而在被批转的公文中。例如，《国务院批转教育部面向 21 世纪教育振兴行动计划的通知》。如果把上级机关或不相隶属机关的公文发给下级单位，用转发，其特点在一个“转”字。因为对上级机关或不相隶属机关的公文不能写“同意”或“原则同意”等批语。例如，《广东省人民政府转发国务院关于调整机关、事业单位工作人员工龄津贴标准的通知》。

（3）发布性通知。又称“发文通知”，以发布附件作为主要行文目的，是把发文单位本身制定的文书下发，要求下级知晓或遵照执行的通知。重要的规章用“发布”，一般的用“印发”。例如，《国务院关于发布〈国家行政机关公文处理办法〉的通知》《关于印发〈广东省碧水工程计划〉的通知》。

（4）告知性通知。告知有关单位需要周知而不需要直接执行或办理的事项，用告知性通知，如设立或撤销机构、迁移办公地点、启用或更换印章、修改行政规章、修正或补充文件内容、调整办公时间等事项。例如，《国务院关于成立国务院三峡工程建设委员会的通知》。

（5）会议通知。指组织召开会议的机关向参加会议的机关、单位行文，将会议召开的目的、意义、会议名称、时间、地点、会议内容等项告诉与会单位或人员的一种通知。例如，《关于召开全省社会主义精神文明建设工作会议的通知》。

（6）任免通知。除国家高级人事变动是用任免令行文之外，任免和聘用下属机关干部都用通知行文。这种通知的行文很简单，只需写明任（聘用）和免的内容即可。

（二）通知的结构和写法

1. 标题

（1）批转性和发布性通知。一般有以下两种写法。

① 完全式。由发文机关＋发布（批转或转发）＋被发布或批转的文件标题＋文种构成。被发布、批转、转发公文为法规、规章时，一般应加上书名号，有时由于被发布、批转、转发的公文标题中已有“关于”和“通知”字样，或者被发布、批转、转发的公文标题比较长，这时通知的标题一般可保留末次发布（批转、转发）文件机关和始发文件机关，省略多余的“关于”和“通知”字样。例如，“××县人民政府关于转发《××市人民政府关于转发〈××省人民政府关于转发人事部关于×××同志恢复名誉后享受××级待遇的通知〉的通

知》”。这个标题有四个层次，用了三个“关于转发”，两个“的通知”，很不顺口。可把这个标题简化为“××县人民政府转发人事部关于×××同志恢复名誉后享受××级待遇的通知”，至于被省、地区等转发过的内容，可在转发意见中交代清楚。

② 省略发文机关。例如，《关于印发〈中华人民共和国大气污染防治法〉的通知》。

（2）其他种类的通知。

① 完全式。

② 省略发文机关。例如，《关于举办 1999 广州龙舟国际邀请赛的通知》。

③ 省略发文机关和事由，只写文种“通知”。这种写法一般是在范围比较小、内容比较简单时运用。

2. 主送机关

主送机关即受文对象，可以是一个或几个甚至所有的有关单位。根据实际情况，可单一称、泛称、递降称。普发性通知可省去主送单位名称。

3. 正文

（1）批转、发布性通知。正文包括两个部分：一是批语或印发语；二是批转或印发的规章或文件。批语一般比较简单，只要说明批转或印发的文件和贯彻要求就可以了。例如：“现将《关于……的规定》印发（或批转、转发）给你们，请认真贯彻执行。”有些比较复杂的还要对有关规章的实施进行具体说明，或者阐述该文件的意义和重要性，以及领导机关的意见和工作指示等。批转通知和转发通知相比，前者更具有权威性，对于文件的基本精神，要求下级机关必须执行，而后者只要求参照执行。

（2）指示性通知。一般由三部分组成：缘由、事项和结尾。缘由是发文的目的和根据。事项部分是主体，要把具体内容分条列项地阐述清楚，不能含糊。写作时，要分清主次，根据事项的重要程度来排列叙述顺序。结尾提出执行要求，如“请遵照执行”“请研究执行”等。结尾也可以不写，言尽即止。

（3）告知性通知。正文由缘由和通知事项两部分构成。缘由直陈根据或原委，不必如指示性通知那样进行说理分析，因此更为简约；通知事项，只讲决定怎么办，直截了当，充分显示其关照、告知的作用，不提出执行要求，常以尾语“特此通知”结束全文。

（4）会议通知。会议通知与其他通知的写法稍有不同。它的内容较为固定，一般包括会议目的、会议名称、会议内容（或主题）及时间、地点、参加对象和报到的时间、地点、需要准备的材料等具体事项，写什么内容要视情况而定。例如，有的还要写上银行账号、参会的交通路线、交通工具等。会议通知的内容要求写清楚，要考虑周全，让有关人员知道该做什么、要怎么做。

（5）任免和聘用通知。此类通知的行文比较简单，说明任免或聘用某人担任某项职务即可，有的还加上决定任免的组织及任期等。如果同时有任职和免职，就要先写免职者，再写任职者。

4. 结尾

通知常用的结尾用语是：（以上各项）“希遵照办理”“希参照执行”“希依照执行”“希贯彻执行”“希认真贯彻执行”“希即研究试行”。结尾用语是发出通知的上级机关对下级机关的总的要求，它必须与通知的具体要求和重要程度相适应。

（三）通知和通告的区别

1. 使用范围不同

通知用来批转下级机关的公文，转发上级机关和不相隶属机关的公文，发布规章；传达要求下级机关办理和有关单位需要周知或者共同执行的事项；任免和聘用干部。而通告用来在一定范围内告知应当遵守或周知的事项。

2. 受文对象不同

通知的对象一般是机关或单位，通告的对象一般是社会公众。

3. 行文要求不同

通知的事项一般需要办理或执行，而通告的事项只需遵守或知晓。

思考与练习

1. 判断下列事项是否可以用通知行文。

（1）×省人大常委会拟颁布一项地方法规。（　　）

（2）×市水电局将召开水利建设工作会议，需告知各县、区水电部门事先做好准备。（　　）

（3）×县纪委拟批评×局×××干部玩忽职守、造成国家经济损失的错误。（　　）

（4）×市政府拟批转市卫生局关于做好灾后防疫病工作的意见。（　　）

（5）×县县委拟向所属各级党组织布置学习江泽民同志“七一”讲话的有关事宜。（　　）

2. 改正下列标题的错误。

（1）国务院转发国家医药管理局关于进一步治理整顿医药市场意见的通知。

（2）国务院办公厅批转关于国家旅游局进一步清理整顿旅行社意见的通知。

（3）××乡人民政府关于印发××县人民政府［2022］10号文件通知。

（4）××厂关于转发×分厂《关于建立安全岗位责任制经验总结》的通知。

（5）国家旅游局关于批转国务院《旅行社管理暂行条例》的通知。

（6）转发省劳动局、省人事局、省财政厅、省总工会“关于转发劳动部、人事部、财政部、国家总工会《关于发给离退休人员生活补贴费》的通知”的通知。

（7）关于批转财政局《转发“财政部关于重申不得将国家资金转入银行储蓄的通知”的通知》的通知。

3. 简答题。

（1）简述通知的概念及特点。

（2）通知与通告有什么区别？

第四节 通 报

一、任务导入

任务一

开学期间，西泠学院进行了为期一周的核酸检测，7 天来，学院××系××部志愿者服务队高效地完成了学院全体师生约 1 万人的核酸检测。之后，校长对这个志愿者服务队提出表扬，要求学院以他们为榜样，具有奉献精神。请你据此内容写一则表彰性的通报。（来源：2022 年浙江省专升本真题）

任务二

我院光电制造学院机械 2101 班××同学在期末参加“毛泽东思想和建设有中国特色的社会主义理论体系概论”考试时，夹带资料作弊，被监考人员发现，受到学院警告处分。请你代表该院拟一份批评性通报。

二、例文分析

例文一

关于表彰张××同志拾金不昧的通报

××厂所属各单位：

我厂退休职工，共产党员张××同志，于×月×日拾到人民币两万元，虽然×××同志爱人长期瘫痪在床，家境比较困难，但×××同志不为重金所动，将拾到的钱款如数交到××派出所。×××同志在金钱面前体现出的高尚品德，受到广泛的称赞。

为表彰张××同志拾金不昧，本厂决定奖励×××同志 1000 元。

希望全厂职工，尤其共产党员，向张××同志学习，树立良好的道德风尚，为两个文明建设做出贡献。

××厂（印章）
20××年×月×日

【简析】这是一篇表彰性通报。正文分三部分，第一自然段通报事件发生的时间和模范事迹，以及受表彰者可贵的精神和教育意义。第二自然段是发文单位对表彰者个人在精神和物质上的奖励。第三自然段对全厂职工尤其共产党员提出向×××同志学习的号召，并以此作为全文的结束语，是一种常用的、规范的写法。

例文二

××公司关于
司机张××私自开车去北戴河游玩的通报

××公司所属各单位：

今年×月×日晚，我公司司机张××以磨合汽车为借口，私自做主驾驶××食品防尘车带五人从××分厂去北戴河游玩。于××日早八点左右到达北戴河，第二天夜间十二点多返回。往返行程六百多公里。

张××此次私自开车去北戴河游玩，且无组织纪律，错误实属严重。车队负责人在问题发生后未及时向公司汇报，这种做法也是错误的。为了严肃纪律，维护公司利益，教育本人和广大职工，经公司研究决定：对司机张××予以通报批评，扣发三个月奖金，并补交去北戴河全程所用汽油费。

望各厂接此通知后，组织车队同志学习、讨论，从中吸取教训。各厂必须加强对车辆的管理，建立健全各项规章制度。今后磨合车，要指定时间、路线、人员，同时可以结合送货进行磨合；车辆存放要指定地点，严格限制去外省市，把车辆管理工作提高到一个新的水平。

××公司（印章）
20年×月×日

【简析】这是一篇批评性通报。全文分为三部分，第一自然段写当事人的错误事实和经过，具体交代了时间和地点；第二自然段对当事人产生的错误事实进行分析，同时提出处理意见；第三自然段对各单位提出要求，避免类似事件的发生。

例文三

关于对李××同学的通报

各系、处、室，各班级：

我院2019计算机1班学生李××，2020年11月30日中午到学院饭堂吃饭的时候，看到排队打饭的人多，就要强行插队打饭，有同学劝他要遵守纪律时，他还大声说："关你屁事！"一位同学走过来阻止他，他不管三七二十一，拿起饭碗打在这位同学的头上，致使那位纠察队员头部受伤。李××的行为引起了在场其他同学的公愤，有人甚至叫嚷要打110把他拉到派出所。

据查，李××平时学习也不够刻苦，上学期期末考试有一科仅得65分。经学院领导研究决定，给予李××记大过一次处分。希望广大同学以此为戒，努力学习，争取在学年考试中取得好成绩。

××职业技术学院（印章）
2021年5月20日

【简析】这篇通报存在的问题：

第一，标题不够完整明晰。应该把事由写具体、写清楚。将标题改为"关于李××违纪打人的处分通报"较好。

第二，语言欠提炼修饰。例如，“他不管三七二十一”等，过于口语化，“关你屁事”比较粗俗，不符合公文语言简练、庄重的要求。

第三，对李××错误的性质没有给予明确的评价。

第四，有些材料不是主旨需要的。通报的主旨是想通过对李××严重违纪伤人事例的处分，教育学生增强纪律性和道德修养，但其中写入了李××平时学习不刻苦、“上学期末考试有一科仅得65分”的事实，这显然是不合适的。如果李××在平时也有违反纪律的事实，则可以作为背景材料写上，因为这有利于突出主旨，增强通报的教育意义。

第五，制发违背通报的时效性原则。李××打人事件发生在2020年11月30日，但到了2021年5月20日才通报处分，显然滞后，不适时。

这些错误的存在有损通报教育意义的发挥。

三、理论知识

（一）通报的概念、特点和种类

1. 通报的概念

通报是用于表彰先进、批评错误、传达重要精神或情况时使用的公文。从行文方向看，通报属于下行文，主要起表彰、惩戒、知照等作用。

2. 通报的特点

（1）宣传教育性。通报用于表彰先进单位、先进个人和先进事迹，发扬正气，宣传成功的经验；批评错误，打击歪风邪气，吸取失败教训。启发教育机关工作人员，以先进为榜样，以错误为借鉴，努力提高自己的政治思想和业务水平，改进工作，提高工作效率和效益。

（2）内容的真实性。通报有宣传教育的作用，内容在任何情况下都必须是真实的，不能有差错，更不能编造事实。如果通报的事例不真实，就起不到宣传教育的作用，甚至起反作用，严重损害党和政府的威信。因此，写通报，一定要对正面和反面的事例认真核实，做到准确无误，没有水分。

（3）典型性。通报的事实必须典型，选择的人物、事例必须有一定的代表性和针对性，对当前工作有指导意义，对干部、群众有普遍的教育意义，这样才能起到广泛的宣传教育作用。

（二）通报的种类

根据内容，通报可以分为表彰性通报、批评性通报和情况通报。

1. 表彰性通报

表彰性通报用于表彰先进集体、先进个人、先进事迹等，目的是树立榜样，号召下级学习先进，推广典型经验。例如，《重庆市人民政府关于表彰 1996 年度单位内部治安保卫工作先进责任人的通报》。

2. 批评性通报

批评性通报用于批评坏人坏事，对反面事例进行揭露，目的是惩罚坏人和告诫其他人，让大家吸取教训，引以为戒。例如，《关于市民政事业费管理使用情况的通报》，就是××省人民政府将××市任意挪用、占用和滥用民政事业费的问题通报给各市县人民政府，要求以××市的问题为戒，合理地使用各项经费，认真总结经验和教训，堵塞漏洞。

3. 情况通报

情况通报用于传达重要精神或者情况，以引起人们的注意，对当前的工作起指导作用。例如，《××省关于近期发生的三起重大火灾事故情况的通报》，就是××省人民政府将××省近一个月发生的几起重大火灾及其发生的原因进行通报，要求各地从中吸取血的教训，采取措施，防止同类恶性事故再度发生，对当前的安全工作起到指导作用。

（三）通报的结构和写法

1. 标题

（1）完全式，即规范式写法，标题的三要素俱全。例如，《国务院办公厅关于对少数地方和单位违反国家规定集资问题的通报》。

（2）省略发文机关。例如，《关于严肃处理×××违法乱纪案件的通报》。

2. 正文

通报的正文因类别不同，写法也不一样。

（1）表彰性通报包括四个方面的内容：介绍先进事迹、分析评价事迹的意义、做出表彰决定、提出希望要求。在叙述事迹时尽可能简明扼要，把人物、时间、地点和事情的主要经过和结果交代清楚，并在介绍事迹的基础上进行简要的评价和意义分析，注意节省笔墨，点到即止。凡表彰性通报都有表彰的具体决定，这部分只需写清楚给予什么奖励即可。发通报的目的在于表彰先进，号召人们向先进单位和个人学习，因此结尾部分一般有希望和号召的内容。

（2）批评性通报包括四个方面的内容：错误事实、根源和教训、处理决定、希望和要求。批评性通报要实事求是地反映事实真相，不能夸大或缩小，特别是一些重要环节，一定要交代清楚。在对错误进行分析时，要准确并中肯地指出错误的原因，点明危害，实事求是，恰如其分地提出处理决定，做到有理有据，令人信服。通过对错误的处理，希望大家吸取教训，引以为戒。

（3）情况通报一般由缘由、概述情况和提出要求三部分组成。根据实际情况对具体情况做出概括介绍和分析，肯定好的方面，找出存在的问题，同时对工作提出指导性意见，并对下级提出希望和要求。

（四）通报和通知的区别

1. 内容、范围不同

通知适用于批转下级机关的公文，转发上级机关和不相隶属机关的公文，传达要求下级机关办理和需要有关单位周知或者执行的事项，以及任免人员。通报只是表扬先进，批评错误，传达重要的信息。

2. 目的、要求不同

通知的目的是告知事项、布置工作、部署行动，内容具体，有严格的约束力。通报的目的主要是通过正面和反面典型教育人们，提高人们的认识。

3. 表达方法不同

通知的写作主要是直叙式，告知人们做什么、怎样做，具体明白，语言朴实。通报的表现方法则常常用叙述、说明和议论。

（五）通报的注意事项

1. 内容典型，有针对性

通报的作用在于宣传教育，所以在内容选择上，必须注意真实性，一定要注意调查研究，选择典型的、有意义的人、事和问题来写，才能引起社会的广泛关注，发挥宣传教育作用。

2. 叙述准确，评价中肯

对表彰或批评的人和事，叙述要准确无误，不要夸大或缩小，要经得起调查。对其性质、意义的评价要恰当、中肯，不能随意拔高，也不可无限上纲。

思考与练习

1. 通报有几种？主体部分应涉及哪些内容？
2. 根据通报写作要求，修改下面这则通报。

关于对扬州时代物业公司泰州分公司的通报批评

市区各物业企业：

2010 年 1 月 31 日，扬州时代物业公司泰州分公司（以下简称扬州时代物业）未履行相关程序、未办理相关手续，单方面擅自退出所管护的景泰园项目。此行为违反了市房管局《关于印发泰州市区物业服务企业承接和退出住宅区项目指导意见的通知》（泰房发〔2009〕93 号）的相关规定。

现对扬州时代物业给予通报批评，记入企业信用档案，并责令该公司立即撤销退出景泰园物业管理的决定。

特此通报

泰州市房产管理局（公章）

2010 年 2 月 1 日

3. 根据下面的内容写一则通报。

2018 年×月×日傍晚 6 时左右，深圳市××服装厂青年王松林在骑自行车下班途经××北路时，看见一个歹徒抢了一位女青年的皮包后逃走。小王跳下车截住歹徒并把他抓住，但被另一个随后接应的歹徒从背后扎了一刀。小王手臂受伤，仍紧紧抓住歹徒不放。最后，闻讯而来的几位民警和保安人员把两个歹徒都抓获了。

深圳市××服装厂决定给予王松林通报表扬，并发给奖金 1000 元。

第五节　请　示

一、任务导入

任务一

我校近几年发展较快，由于扩大招生，学生住宿面积明显不足，为满足学生的住宿要求，改善学生的住宿条件，拟建一栋 2000 平方米的学生宿舍楼，需向温州市政府申请建设用地 3000 平方米，请拟写文书。

任务二

××建筑集团公司第一分公司准备于 2023 年下半年在内部举行建筑技能大赛。为保障该项比赛顺利进行并取得预期效果，第一分公司已经成立相关机构，制定了“建筑技能大赛方案”。第一分公司在正式开展这项活动之前，需要经过总公司的批准。

请根据上述介绍，以第一分公司的名义撰写一份公文，提请上级部门审核批准大赛组织机构和活动方案。

二、例文分析

例文一

关于我市驻澳大利亚经贸代表处有关问题的请示

市人民政府：

为适应我市外向型经济建设的需要，有利于对外经济贸易事业的发展，经市委、市政府研究决定，在澳大利亚设立了温州市经济贸易代表处，该代表处的设立得到了澳大利亚昆斯兰州及布里斯班市的大力支持和我国驻悉尼总领事馆的同意。现就我市驻澳大利亚经贸代表处的有关问题请示如下：

一、代表处的性质和任务。该代表处是我市派驻澳大利亚的对外经济贸易常设机构，隶属于市经委，对外代表温州市进行各项非经营性活动。其近期的工作任务是，配合澳盛公司抓好羊毛生意，并为有关公司开发澳大利亚经贸业务服务，做好信息传递，通过牵线搭桥，帮助促成贸易项目。

二、代表处驻地在澳大利亚布里斯班市和悉尼市，其办公场所、人员住所及办公、办事经费，由澳盛公司提供。

三、市经贸委×××副主任为代表处主任，×××同志为代表处的工作人员。他们在国内应有的待遇不变，由市经贸委负担。在国外工作期间可参照经贸部常驻澳大利亚同等人员待遇标准执行。

四、由市经贸委指定一位副主任和相应的部门负责人负责代表处的衔接工作，以随时保持联系，沟通信息。

以上请示当否，请批示。

××市对外经济贸易委员会

××××年×月×日

【简析】这是一则请求批示的请示。本文就××市驻澳大利亚经贸代表处有关问题提出安排意见的请示，正文内容完整，行文重心放在请求事项部分。第一段写请示起因，概述驻澳大利亚经贸代表处成立的背景，然后用一个过渡句承上启下，引出请示事项。请示事项分四条阐述，第一条是请示的中心事项，其余三条围绕中心事项，说明具体安排意见，由主到次，环环相扣，叙述具体，界限分明。全文行文简洁利落，语言表意确切，结构周密严谨，请示起因、请示事项和请示结语前后贯通，构成一个有机的整体。

例文二

关于交通肇事是否给予被害者家属抚恤问题的请示

最高人民法院：

据我省××县人民法院报告，他们对交通肇事致被害人死亡，是否给予被害者家属抚恤的问题，有不同意见。一种意见认为，被害者是有劳动能力的人，并遗有家属要抚养的，就给予抚恤。另一种意见认为，只要不是由被害者自己的过失所引起的死亡事故，不管被害者有无劳动能力，都应酌情给予抚恤。我们同意后一种意见。几年来的实践经验证明，这样做有利于安抚死者家属。是否妥当，请批复。

××省高级人民法院

××××年×月×日

【简析】这是一则请求得到指示的请示。正文内容简洁明了，请示事项明确。首先指出“据……报告”，然后直接提出对交通肇事致被害人死亡是否给予其家属抚恤的问题有两种不同意见，同时表明发文单位的意见，最后请上级单位给予指示。

例文三

××省地质勘探大队关于购置冷藏冰箱的请示

××省地质矿产局：

我们地质勘探大队共有×个常年在偏远山区进行野外作业的作业队伍，其饮食原料贮藏问题急需解决。由于没有冷藏箱，这些作业队原来采购食品，只能完全靠汽车运输。每年一到作业季节，平均每天出动车辆×辆次，人力×人次，消耗汽油×吨，费用巨大；而且，即使如此频繁采购，仍满足不了供应，肉食和蔬菜腐烂变质的情况仍不可避免。这不仅严重危害野外作业人员的身体健康，而且给城乡交通增加了负担，造成交通事故隐患。

因此，我们准备从明年起，开始为野外作业队购置一批冷藏箱，每台需款××××元。考虑资金不足，打算根据各队急缓程度，逐年给予解决。明年拟购××台，需资金××万元。现我队有××万元节约余款，尚缺×万元。请予以拨款×万元。

以上请示妥否，请批复。

××省地质勘探大队（公章）

××××年×月×日

【简析】这是一篇向上级寻求财力帮助的请示。文中请示理由充足，依据有力，实事求是；请示事项明确、具体；行文结构紧凑，用语贴切。

例文四

关于增拨办税大厅基建经费的请示

×××省人民政府、××省长：

2018 年 11 月，我局派出调查组到广西柳州市国税局学习考察其办税大厅的建设情况。调查组认为办税大厅功能较齐全，适应税收征管模式的改革，方便纳税人缴纳税款。为此我局于 2019 年决定建办税大厅，并得到省人民政府的支持，在×府〔2019〕×号文“关于拨款修建办税大厅的批复”中，拨给我局 150 万元，此项资金已专款专用。

但由于建筑材料涨价，原预算资金缺口较大，恳请省人民政府拨给不足部分，否则将影响办税大厅的竣工及我省税收任务的完成。

特此请示报告

××省地方税务局（公章）

××××年×月×日

【简析】这篇“请示”有几个主要问题：

（1）缘由部分的请示理由、根据不清楚，也不充分。提出的请求是“增拨办税大厅的基建经费”。既然是“增拨”，就应该把要“增拨”的理由、根据，作为重点说清楚、讲充分。这个请示用第一段说明建“办税大厅”的理由（也没有说到点子上）和省政府的批复这些与增拨关系不大的情况。第二段虽然写到了要“增拨”经费的原因，但仅有“由于建筑材料涨价，原预算资金缺口较大”的空话，没有事实，没有具体情况，说服力不强。

（2）请示事项不明确。“恳请省人民政府拨给不足部分”，不足部分是多少？不清楚。像这样笼统含混的“请示事项”，就是前面理由、根据说得明白充分，上级机关也难以做出批示。

（3）“主送机关”部分，违背了请示“只写一个主送机关”和“不得送给领导者个人”的规则。

（4）“结束语”不恰当，没有表达出“请求”的意思。应改为“以上请求，恳请批准”。

三、理论知识

（一）请示的概念和特点

1. 请示的概念

请示是向上级机关请求指示或批准的上行文种。

请示是事前行文。下级机关对有关事项、问题自身难以处理时，对上级的有关规定和精神因某些特殊情况难以执行时，对有关方针政策和规定不甚明确、难以开展工作时，对上级明文规定必须经请示批准后才能办理的事项，往往都需要写请示，请求上级机关给予明确的及时的指示和批准，以便解决问题、开展工作。

2. 请示的特点

（1）内容的单一性。请示必须是一文一事。在一个请示中只能提出请求批准一个事项，或者请示解决一个问题。

（2）目的的求复性。请示要求上级机关对下级机关的请示事项、问题及时做出应有的答复。

（3）行文时机的超前性。请示的事项是必须得到上级机关批准或指示后才能做的事情，应在有关工作实施之前行文，不能“先斩后奏”。

（二）请示的种类

根据行文目的的不同，请示一般可分为以下三种。

1. 请求批准的请示

这是下级机关根据职权范围的规定，在办理自己无权决定的事项之前，请求上级机关审核、批准的请示。这类请示多用于机构设置、审定编制、重要决定、重大决策、大型项目的安排等事项。例如，前面的例文一。

2. 请求指示的请示

这是下级机关在工作中遇到对某一方针、某一政策不明确、不理解，或对新问题、新情况不知如何处理时，请求上级给予明确的解释和指示的请示。例如，前面的例文二。

3. 请求支持、帮助的请示

这是下级机关在工作中遇到自身很难克服或者无法克服的困难时，请求上级给予支持、帮助的请示。例如，前面的例文三。

（三）请示的结构和写法

请示的结构一般包括标题、主送机关、正文、签署和印章四个部分。

1. 标题

（1）完全式，由发文机关、事由和文种构成。例如，《北京市人民政府关于采取果断措施控制北京大气污染的紧急请示》。

（2）省略式，省略发文机关，由事由和文种组成。例如，《关于调整烟叶经济政策方案的请示》。

拟写请示的标题要注意，不能将“文种”写成“报告”或“请示报告”，也不要在请示的事项中出现“申请”“请求”之类的多余词语。

2. 主送机关

请示的主送机关，一般只能写一个。根据隶属关系和职权范围，所要请示的事项属谁主管就请示谁，不可主送几个单位，否则“多头”请示就会造成责任不清，谁也不答复，或者同时答复，内容不一致，因而耽误工作。

3. 正文

正文是请示的主体和核心部分，通常由请示缘由、请示事项和结束语三部分组成。

（1）请示缘由。说明制发请示的原因、背景、依据和理由。请示的事项、问题能否得到上级的批准、支持，在很大程度上取决于请示中所说的理由是否充分，是否具有说服力。因此，应尽量写清楚请示事项、问题等的重要性和必要性，给上级留下鲜明、突出、深刻的印象，引起上级的重视和关怀，便于及时批复。

（2）请示事项。这是请示内容的落脚点，是请求上级机关批准、解答、指示的具体事项，必须写得具体、清楚，以便上级更好地做出判断，表明态度。

（3）结束语。请示的结尾是一些固定的套语，如“以上请示当否，请予批复”“妥（当）否，请批示”等。请示这一文种有请求性，所以文辞要谦和有礼，大方得体，不能用“速答复”这样的命令口吻。

4. 签署和印章

在正文之后的右下方写明制发请示公文的机关名称和成文时间。如果机关名称在标题中出现，在这里可以省略。

（四）请示和报告的区别

请示和报告都属于上行文，但两者在行文上有区别。

1. 行文目的、作用不同

请示旨在请求上级批准、指示，行文需要上级的批复，重在呈请。报告行文的目的在于向上级汇报工作、反映情况或答复上级的询问，不需要上级答复，重在呈报。

2. 行文时机不同

请示的事项是下级机关、单位无权解决、无力解决及按规定应经上级机关批准认定的问题，下级单位需在得到上级机关的批复之后才可以实施。因此，请示是在事情未办理之前行文的。而报告是向上级汇报工作或反映情况，是工作或情况已发生或结束后才进行的。因此，报告的行文时间一般在事后或事中。

3. 写作的侧重点不同

两者都要陈述、汇报情况。但请示属于请求性公文，在正文中陈述的情况只是作为请示的原因，反映情况及阐述缘由所占篇幅再大，其重点依然是请示事项。而报告的重点只在汇报工作情况，且不得夹带请示事项。

4. 构成内容不同

请示一文一事，结束语有期复内容。报告的内容则比较丰富，结束语没有期复内容。

（五）请示的注意事项

请示有以下注意事项。

1. 不得越级请示

按正常的办文程序，请示只报直接隶属的上级机关或业务主管部门，不得越级行文。因特殊情况必须越级请示时，应当抄送被越过的上级机关。

2. 一文一事

请示的内容必须单一，一份公文只能要求解决一件事情，不能一文数事，否则会影响工作效率，使问题得不到处理。

3. 避免多头请示

坚持“谁主管就请示谁”的原则，主送单位只能有一个。如果有需要了解请示内容的上级机关，可以用抄送的形式呈阅。而且，除上级机关负责人直接交办的事项外，不得以机关名义向上级机关负责人报送请示。

4. 不得抄送下级机关

请示是上行公文，行文时，不得同时发下级机关，更不能要求下级机关执行上级机关未批准和批复的事项。

思考与练习

1. 简述请示的概念和特点。
2. 请求的行文规则有哪些？
3. 请示与报告有哪些区别？
4. “请示报告”的说法为什么不恰当？
5. 请指出下面文章的主要错误，然后按有关要求修改。

关于要求解决学生宿舍拥挤等问题的请示

市人民政府、市教委：

我校今年由于住校生急剧增加，已有的学生宿舍已无法容纳，现在住校生基本上是一铺二人住宿，严重影响学生的身心健康。为解决这一困难，我校需要再建一栋学生宿舍。另外，我校图书馆也尚未达省“两基”标准，望上级部门给予适当支持。

特此请示，请回复。

××市第二职中（公章）
××××年×月×日

第六节　报　告

一、任务导入

任务一

为选拔优秀选手参加浙江省中华经典诵读比赛，学校人文学院举办了“中华经典诵读比赛”，比赛结束，要向学校汇报活动的整体情况，如何行文？

任务二

××××年11月14日晚11时，某校六号楼508室男生宿舍发生火灾，经过近半小时的扑救，大火被扑灭，未造成人员伤亡。事故是由烟头未熄灭造成的，该校后勤服务总公司已进行了相应处理，并制定规章制度，要求所有学生不得在宿舍吸烟，以防止火灾的发生。请以该校后勤服务总公司的名义向学校递交一份报告。

二、例文分析

例文一

国家旅游局：

贵局监督管理司20××年1月15日《关于查处出境游投诉的函》（旅监管函〔20××〕4号）收悉。现就有关调查处理情况报告如下：

一、旅游投诉调查核实情况

组团社×旅集团××有限公司在销售该旅游产品时，在合同约定的行程中未安排违反规定的旅游自费项目；地接社泰国××旅游公司导游存在违规推荐自费项目的问题，引起了游客的极度反感；组团社领队没有把握好原则问题，未能及时制止地接社导游推荐自费项目的行为；游客投诉中提到的"滞留餐厅""拒绝入住""持续逼迫"等问题与事实有出入，存在游客对导游的误解。

二、存在的问题

地接社泰国××旅游公司违反合同约定，私自推荐自费项目，部分项目违反我国相关规定；组团社领队未尽到领队的职责，未及时制止地接社导游的违规行为，没有很好地维护游客的权益；组团社没有很好地监督地接社的经营行为，保证旅游服务质量，维护游客权益。

三、对问题的处理

1. 组团社×旅集团××有限公司暂停与地接社泰国××旅游公司的业务合作，并要求其对违规导游做出严肃处理。

2. 组团社×旅集团××有限公司开除该次出境游领队，不再聘用。

3. 组团社回访游客，核实情况，并向相关游客赔礼道歉，给予经济补偿，取得游客的谅解，达成和解协议。

4. 我局责成组团社吸取此次事件的经验教训，进一步加强管理，规范操作流程，举一反三，防止此类事件再次发生，维护本市旅行社的良好信誉。

5. 我局在全市旅行社大会上对此次事件做通报批评，并建议市旅游行业协会对泰国×游公司的问题在全行业进行通报，要求全市各出境游旅行社不得与有类似问题的地接社发生业务关系。

特此报告

××市旅游局

20××年2月23日

【简析】拟定这份报告的标题："关于×旅集团××有限公司旅游投诉调查处理情况的报告"。这份报告的写作缘由是国家旅游局监督管理司发函，要求××市旅游局查处出境游投诉。这份报告的结构：首段说明缘由，接下来分三层，先说明对投诉内容的核实情况，再说明存在的问题，最后陈述处理问题的办法。全文结构紧凑，有逻辑性。

例文二

××省商业厅关于××市百货大楼重大火灾事故的报告

×商发〔20××〕×号

商业部：

20××年2月20日上午9点40分，我省××市百货大楼发生重大火灾事故，市消防队出动了15辆消防车，经过4小时的扑救，火灾才被扑灭。这次火灾除消防队员和群众奋力抢救出部分商品外，百货大楼三层楼房一幢及余下商品全部烧毁。时值开门营业不久，顾客不多，加上疏散及时，幸未造成人员伤亡。但此次火灾已造成直接经济损失792万余元。

经查明，此次火灾是因电焊工×××违章作业，在一楼电焊铁窗架时电火花溅到易燃货品上引起的。另外，市商业局领导对上级领导机关和公安消防部门的安全防火指示执行不力，百货大楼安全制度没有落实，许多安全隐患长期未得到解决。电焊加固铁窗，本应停止营业，××市百货大楼为了利润，竟一边营业一边作业，忽视了安全工作，这也是造成火灾的原因之一。

火灾发生后，省人民政府召开了紧急防火电话会议，严肃指出了××市发生火灾的严重性，批评了××市不重视安全工作的错误倾向。我厅××副厅长带领有关人员赶到现场调查处理。××市商业局领导在市委、市政府领导下，组织力量对财产进行清理，百货大楼职工在总结教训的基础上，在街道路口增设摊点，以缓和市场供应。公安机关对事故责任者×××已拘留审查。市委、市政府在分清责任的基础上，对有关人员也视情节轻重，进行严肃处理：给予专管安全工作的百货大楼党委副书记、副总经理×××撤销党内外职务、开除党籍、开除公职的处分并交司法部门依法处理；撤销百货大楼党委书记、总经理××的职务；撤销百货大楼营业部经理××的职务。

这一次火灾是我省商业系统历史上最大的一次事故，损失严重，影响很坏，教训深刻。问题虽然发生在××市，但也暴露了我省商业安全工作上还存在不少问题。有的地区安全制度没有落实，检查不认真，隐患整改不力，缺乏有针对性的防火措施。另外，我们平时深入了解不够，检查督促不严，因此，我们也有一定责任。为了吸取教训，防止类似事故再次发生，已根据我省实际情况，多次用电报、电话、传真、简报通知各地引起注意，并定于4月20日召开全省商业安全工作会议，制订下一步安全工作方案，切实把我省商业系统安全工作抓紧、抓好。

特此报告

2020年2月23日

【简析】这是一篇情况报告。出现自然灾害，有关部门必须立即向上级汇报，以便领导采取相应的措施。处理后的有关情况也要向上报告，使领导能把握事件发生的最新动态。

三、理论知识

（一）报告的概念、特点和种类

1. 报告的概念

报告是向上级机关汇报工作、反映情况，答复上级机关询问的公文。将有关事项向上级报告，目的是沟通上下级之间的关系，传达信息，使上级在决策和指挥工作时有据可依。报告不要求上级做出答复。

2. 报告的特点

（1）陈述性。报告以反映情况为主，使下情上达，让上级了解情况，不要求上级批示答复。但是，报告一经上级机关批转，成为批转的文件，就具有约束力和强制性，下级便要遵照执行。

（2）广泛性。报告应用广泛，使用频率高，党政机关、人民团体、企事业单位的下级机关都可以使用。报告是我国目前使用频率较高的公文文种之一。

（3）客观性。报告是向上级反映、汇报工作或答复上级有关询问，报告的内容可作为上级决策的依据，这就决定了它所反映的情况、提供的信息必须是客观的、真实的。报告要以具体的事实、情况和确切的数据等为汇报的主要内容。

3. 报告的种类

根据内容的不同，报告可以分为工作报告、情况报告、答复报告和报送报告四类。

（1）工作报告。下级机关向上级汇报某项工作或某一阶段工作的进展、成绩、经验、存在的问题及今后的打算等。例如，前面的例文一。

（2）情况报告。向上级反映本单位或本地区发生的重大问题和主要情况。这类报告并不局限于某一具体工作，主要是针对工作中出现的有关问题及处理情况。

（3）答复报告。答复上级查询事项时使用的报告。例如，上级领导对群众来信、来访中或文件材料中反映的问题，批示下级机关查办或询问有关情况，下级机关办理完毕，需用书面形式答复上级机关。例如，前面的例文二。

（4）报送报告。下级向上级报送有关文件或物品时，随文件或物品写的一种报告。例如：

××机械厂关于报送2015—2020年度发展规划的报告

市机械工业局：

现将我厂制定的《2015—2020年度发展规划》一式五份送上，请审核。

××机械厂

2014年12月28日

（二）报告的结构和写法

1. 标题

报告的标题有两种情况。

（1）完全式，即写出完整的标准式的公文标题。例如，《林业部关于加强野生动物保护管理工作的报告》。

（2）省略式。报告的标题只能根据需要省略发文机关，事由和文种是不能省略的。例如，《关于 2003 年纠正部门和行业不正之风工作要点的报告》。

2. 主送机关

报告的事项是谁主管的，主送机关就写它的名称。主送机关一般只有一个。

3. 正文

报告的正文分为缘由、事项和结尾三部分。

（1）缘由是报告的基础，说明发文的原因、依据和目的，或由于形势发展的要求，或由于工作的需要，或由于上级的指示等。这部分要写得比较概括，把有关事实和情况交代清楚就行了，不用展开。

（2）事项是报告的主体和核心部分，将需要上级了解的主要内容交代清楚。工作报告写的是工作情况、问题和今后的打算等；情况报告写发生的具体事件、处理情况及教训等；而答复报告和报送报告的内容比较简单，前者上级问什么就答什么，后者说明所送物件的名称、数量即可。

（3）结尾是一些习惯用语，如“特此报告”“专此报告”“以上报告，请审阅（查）”等。

4. 签署

在正文之后的右下方写明制发报告机关的名称和日期。如果在标题中已写明发文机关的名称，这里可以省略不写，日期则年月日都得齐全。

（三）报告的注意事项

1. 内容真实可靠

报告具有汇报性的特点，因此内容必须是真实的，无论是成绩、经验还是问题、教训，都必须忠实于事实，不能有丝毫虚假。因此，起草报告的人员要深入调查研究，尽可能掌握第一手资料，然后进行分析归纳，去伪存真。

2. 突出重点，有信息价值

报告的内容要根据主题的要求来安排，分清主次轻重。重点的、主要方面的内容，要安排在前面，应详写；非重点的、次要方面的内容，可略写；可写可不写的内容，就不写。同时，应该着重反映那些政策性强、影响面大、带有动向性的情况和问题。汇报的工作要实在，反映的情况要有价值。

报告写作一般要求在充分掌握材料的基础上，恰当地安排材料，做到点与面相结合，突出重点。只有点，没有面，内容就显得零碎；只有面，没有点，内容就干瘪，缺乏深度。点面结合，有详有略，才能使报告的内容具体而不空泛，达到汇报工作、反映情况的目的。

3. 不能夹带请示事项

报告属陈述性文体，或汇报工作，或反映情况，或答复上级机关的有关询问。对于报告，受文单位不用答复，如果夹带请示事项，将有关请示的内容掺杂在里面，就会贻误工作。汇报工作，反映情况，有时需要上级机关解决一些问题，应另外用“请示”行文，决不能出现“请示报告”类文种。

思考与练习

1. 判断题。

（1）某地发生一起突发性重大事故，向上级反映事故及有关情况，用报告行文。（　　）

（2）报告可以同时上报几个上级机关。（　　）

（3）报告不能用“以上报告当否，请指正”之类的结束语。（　　）

（4）关于申请修建教学大楼的报告。（　　）

（5）关于发生重大火灾事故的报告。（　　）

（6）关于扩建油库的请示报告。（　　）

（7）关于加强外事工作的报告。（　　）

（8）报告标题可以只用“报告”两字。（　　）

2. 简答题。

（1）什么叫报告？

（2）报告有哪些类型？

（3）写作报告有哪些要求？

3. 指出下面这则文书的错误。

请示报告

市财政局：

我校图书馆建于1910年，红墙黄瓦，斗角飞檐，直栏横槛，是我校师生进行学习和休息的场所，也是我们的一处历史文物，为了保护我校的这所历史文物，请马上给予拨款修理。

××中学（盖章）

××××年×月×日

第七节 函

一、任务导入

任务一

温州市××职业技术学院工商管理专业学员 40 人将于 20××年 7 月底毕业，为使学员能够更好地理论联系实际，提高业务水平和增强实际工作能力，学院决定从 6 月 1 日起，派该专业学员到温州市市场监督管理局进行为期一个月的毕业实习。该学院于 20××年 3 月 6 日向××市市场监督管理局发函，希望市场监督管理局解决学员吃、住问题，提供实习的其他方便，并选派两名思想好、业务素质高的同志指导实习并辅导学员撰写毕业论文。实习费和指导老师的报酬，按国家规定标准，由学院统一支付。

任务二

温州市市场监督管理局于 20××年 3 月 10 日收到来函后，经研究，同意接收温州市××职业技术学院的学员来该局实习，并于 3 月 12 日复函。

二、例文分析

例文一

××省人民政府办公厅
关于商请办理直通香港运输车辆有关牌证的函

广东省人民政府办公厅：

我省人民政府同意国有××农场与香港××陆运公司合作经营××直通运输公司，经营××往返香港的进出口物资运输业务。为有利于开展正常的业务活动，请协助办理该公司直通香港的 100 辆各类运输车辆在贵省境内行驶的有关牌证。

妥否，请函复。

××省人民政府办公厅
20××年×月×日

【简析】这是某省人民政府办公厅发给另一个省（广东省）人民政府办公厅的函，是两个不隶属的同级机关之间，用以商谈业务、接洽工作的函。标题包括发文机关、事由和文种三个要素，“关于商请……”是这类函的标题常用的说明事由的形式。正文包括两个部分，主体部分写明商洽的事项；表示协商、祈请的“妥否，请函复”等是这类函惯用的结束语。

例文二

××国营林果场：

兹有我校林果专业学生毕业实习即将开始。经研究分配二〇一七届三班学生到贵场实习，望能妥善安排。

可否，请迅速回音。

××县××农业学校
2018年4月1日

【简析】这则函存在的主要问题：

（1）商洽事项不具体不明确。这是一则商洽函。在函中，应该把该班学生的有关情况和学校的要求说清楚。例如，实习的时间多长、实习的主要内容是什么、要不要林果场负责业务指导、要不要解决食宿问题、有关的经费如何开支，函里什么都没有说，就叫人家“妥善安排”。能不能安排都无法决定，怎么能做到“妥善”呢？

（2）语言不得体，说话没有分寸。函和其他的公文文种相比较，“庄严度”不太高。但作为办理公务的工具，“方便”不是“随便”。办理公务时，不论级别高低，不论“你有求于我”，还是“我有求于你”，都要诚恳合作，尊重对方，平等待人。但在这则函中，作者摆出一副“老大”的面孔，“分配”人家工作，要人家“妥善安排”，“迅速回音”，没有“商量”的余地，没有“平等”意味。用这样的态度、这样的语言，和人家“商量”办事，“碰壁”是很难免的，会把本来可以办、可以办好的事，变成不能办或办不好的事。语言要得体，是在平等待人、尊重别人的基础上，注意分寸。对上多用尊敬语，但不可恭维逢迎；对下要严肃，多用强调语，但不要自傲训人；对平行单位更要讲究真诚合作，以礼待人。

三、理论知识

（一）函的概念、特点和种类

1. 函的概念

函主要适用于不相隶属机关之间商洽工作、询问和答复问题，向有关主管部门请求批准和答复审批事项。

“不相隶属机关”是指发文单位和受文单位没有上下级关系，是平等的，这是该文种最为独特的一点。“有关主管部门”是指处理有关事项的非隶属的职能部门。例如，某大学向财政局行文请求批准某事，该财政局就是主管部门，而它们就是一种不相隶属的关系。

2. 函的特点

（1）行文方向的多样性。函可用于对上级、下级机关行文，也可以向平级和不相隶属的机关行文。

（2）使用范围的广泛性。无论哪一级的党、政、军、团体、企事业单位都可以相互使用函。任何机关之间都可以用函询问、答复问题。例如，向有关主管部门请求批准某些事项、与平级或不相隶属机关之间商洽工作等。

3. 函的种类

（1）从发文关系来看，函有发函和复函。发函是主动与对方联系而发出的函，复函是答复对方有关事项而发的函。

（2）从重要程度来看，函有便函和公函之分。前者一般比较简单，处理程序也较随便；后者的事项重要，应用正式公文的格式来撰写。

（3）从内容和用途来看，函可以分为商洽函、问答函和请批函。

① 商洽函。用于不相隶属的机关之间商洽、联系、协调某一问题或某项工作的一种协商事宜和要求的公文。例如，前面的例文一。

② 问答函。单位之间相互询问和答复问题的函。当本单位在工作中出现问题而无法解决时，可以向有关单位咨询，请求答复。

③ 请批函。向无隶属关系的业务主管部门请求批准某些事项时使用的函。

（二）函的结构和写法

1. 标题

（1）完全式。包括发文机关、事由和文种。例如，《××省交通厅关于商请派车接送民工的函》。假如是复函，还可以在事项部分说明来文单位的名称。例如，《××市财政局关于××市水利局请求拨款的复函》。

（2）省略式。函的标题通常会省去发文机关。应注意的是，只要是复函，就一定要在标题中把发文机关表现出来。例如，《国务院办公厅关于四川成都经济技术开发区的复函》。

2. 发文字号

公函与其他公文一样，要有发文字号。公函的发文字号有一点不同，在机关代字后要加一个“函”字，如“粤府函〔2020〕23 号”。有些公文把请示、批复的发文字号也加上一个“函”字，这是混淆了请示和函、批复的区别，一定要加以纠正。

3. 正文

正文包括缘由、事项和结尾三部分。

（1）缘由。发函要说明原因和目的，而复函一般是引述来函“你单位××年×月×日来函（标题和发文字号）收悉”。

（2）事项。无论是发函还是复函，都要写清楚有关事情。发函要将本单位想要商洽、询问或请求批准的问题，具体、明确地写出来。而复函也要将本单位对来函的意见说明白。发函不能啰唆，复函不能含糊其词，模棱两可。

（3）结尾。函的结束语是一些习惯用语，发函用“特此函告”“请复”“即请函复”“特此函达，并希见复”“请予回复为盼（为荷、为要）”等；复函用“特此函复”“此复”等。如果是便函，它的结尾与一般信函类似，用问候语结束。

（三）函的注意事项

函和请示虽然都有“请求批准”的作用，但两者的区别十分明显，不应该混淆。从行文机关来看，函多用于不相隶属的机关。这些机关在有关的业务工作方面存在“主管”和“被主管”的关系。函只用来“请求批准”或回复有关业务工作方面的事项。请示是用于相隶属的上下级机关。这些机关不仅在有关的业务工作方面有“主管”和“被主管”的关系，更重要的是在行政方面有法定的领导和被领导的关系。请示是下级机关向上级机关“请求批准”有关事项的上行文件，是标准的上行文种。

函和批复都可以用来回复有关单位的文件，但批复主要是用来批复下级的请示，有时也用来批复下级的报告或其他文件。批复的问题一般是比较重要的。函既可用来回复不相隶属机关在业务上请求批准的事项，也可以用来回复不相隶属机关的来函，但回复的问题常常是一般性的。函的使用比批复广泛、灵活得多。

写作时，要注意函用语。发函时，要谦和有礼，但不能因为有求于人，便显得低声下气，用一些不恰当的词语。复函单位同样要尊重对方，不能颐指气使。同时，要注意方法上的直叙其事和内容的清楚明白，语言得体，有分寸，否则就会影响公务的办理。

思考与练习

1. 什么是函？
2. 函的特点是什么？
3. 函与请示和批复有什么联系和区别？
4. 分析下面这则复函，指出其问题所在。

关于联合召开林业工作会议的复函

××林业局：

你局的来函收悉。正如你局来函所述，林业生产是我们地区的一大优势。我们地区气候温和，雨量充沛，尚有×××万亩宜林荒地。发展林业生产有利于农业生产，是保持农业生产持续高产、上新台阶的重要保证。应进一步采取切实可行的措施，因地制宜地制定和完善发展林业生产的政策，促进林业生产的发展。我们两局联合召开林业工作会议，研究和部署林业生产是很有必要的。但遗憾的是，我局主要领导因公外出，联合召开林业工作会议的事宜无法研究，请见谅。

此复

20××年×月×日

模块二　事务文书

第一节　启　事

一、任务导入

任务一

阅读下面的应用文，回答后面的问题。

中国××××科学研究院南院现有新建写字楼（D 座）一栋，位于北京市海淀区玉渊潭南路×号。现欲将该写字楼一层出租，面积 4278 平方米。该楼交通便利，地理环境优越，[A]水、电、空调齐全，[B]设备先进（配有办公自动化系统、通信自动化系统、消防保安监控自动化系统、信息处理自动化系统、楼宇自动控制系统），[C]为 5A 级写字楼，[D]是理想的办公场所。

有意者请与我单位联系。

联系人：安先生
联系电话：6878××××
20××年×月×日

（1）给这篇应用文加一个标题。
（2）“院内可停车”这一信息应该放在文中什么地方？
（3）这篇应用文从哪些方面介绍将出租的物业？

任务二

根据下面的材料写一则招工启事，内容不能增加、减少和改变。

春蕾服装店在橱窗上贴出一张白纸，上面写着：招女性导购二名，中职以上文化程度，18～23 岁，身高 1.55～1.7 米，待遇从优，欢迎面议。店主陈××的联系电话是 1811××××。

二、例文分析

例文一

寻人启事

刘锐，男，2014 年 1 月出生，8 周岁，小学二年级学生。身高 1.20 米，长型脸，单眼皮，眼较小，偏瘦，客家口音，会说普通话，穿一套深蓝色运动衣，2022 年 1 月 5 日上学后至今未归。有知其下落者，请联系××市解放路 10 号刘××，电话：×××××××，酬谢。

【简析】这则寻人启事详细地将被寻找人的姓名、性别、年龄、身高、体型、口音、衣着等交代清楚，有助于别人辨认。最后留下联系地址，方便联系。

例文二

寻物启事

本人于 4 月 10 日在学校第一食堂丢失白色运动上衣一件，长袖，拉链，90 厘米。有拾获者请与 6 号教学楼 305 室国贸 2201 班张明联系，不胜感激。

国贸 2201 班　张　明

2022 年 4 月 11 日

【简析】这则启事寻找的是丢失的运动衣，写清楚了衣服的颜色、款式、规格，拾获者可以从这些特征来判断衣服是否是该失主的，还写明了班级的楼名室号，方便联系。

例文三

招领启事

本站职工于 6 月 6 日拾获旅行袋一个，内有衣服、书籍若干，请失主前来我站认领。

××汽车站

2022 年 6 月 17 日

【简析】这则启事只是写了失物的名称和拾获时间、地点，对于旅行袋内装的衣服、书籍的数量、特征等并未详细说明，可以防止别人冒领。

例文四

招聘启事

本公司属私营企业，专业生产木制、金属、玻璃三合一组装餐台、餐椅、茶几等家具，已自设连锁门市一百多家。因业务发展需要，现诚聘下列人员：

一、生产办主任：1 名，男性，35～40 岁，本科以上文化程度，熟悉家具生产、开发、供应，具备管理 800 人企业的能力，年薪约 15 万元。

二、车间调度：1 名，男性，30～40 岁，能协调 150～300 人生产，年薪 6 万～9 万元。

三、现场管理：4 名，男性，30～40 岁，大专以上学历，年薪约 6 万元。

1. 木工主管：能现场指挥 80～120 人，精通木工设备及从开料到安装的全过程。

2. 灰磨、喷油主管：能现场指挥 80～120 人，精通批灰、粗磨、细磨、喷底油全过程。

3. 喷油、包装主管：能现场指挥 60～80 人，精通喷油工艺、包装过程。

4. 玻璃加工主管：能现场指挥 80～120 人，精通玻璃加工设备及从开料到斜边、直边、异形边、雕花、打砂、包装全过程。

四、开发科长、供应科长、质检科长：各 1 名，男性，30～40 岁，大专以上文化程度，具有在制造业从事相关工作三年以上经验，年薪 9 万～12 万元。

五、电工：2 名，男性，熟悉木工、玻璃、金属加工设备的电器维修、安装，懂空调保养优先，月薪 4700 元。

六、维修钳工：4 名，男性，28～35 岁，熟悉生产家具的木工、玻璃、金属加工设备，能车、铣、镗、刨及电焊，月薪 5500 元。

七、修色喷油枪手：10 名，男性，24～35 岁，家具修色、喷油三年以上经验，计件工资，多劳多得。

八、文秘、销售助理：各 1 名，女性，22～30 岁，普通话、粤语流利，专科以上文化程度，文笔流畅，制造业任职三年以上（会计基础优先），年薪 6.5 万～8 万元。

应聘者请将个人学历、简历、身份证复印件和近照一张，寄往××市××路××家具厂人事部张小姐收。邮政编码：510610。

咨询电话：×××××××

【简析】这则招聘启事将招聘的职位、工种、对招聘人员的要求、待遇、联系方式等写清楚，其中对招聘人员的要求写得较详细，包括性别、年龄、文化程度、工作能力、技术等，应聘者可从中知道自己是否符合要求。

例文五

找手表

本人不小心丢了一块手表，现生活很不方便，拾获者尽快交还给我。

王立

2018 年 5 月 11 日

【简析】这是一则寻物启事，存在以下问题：第一，没有写清楚所丢手表的具体特征；第二，没有写联系方式；第三，语言缺乏礼貌。

三、理论知识

（一）启事的概念和种类

“启”是告知、陈述的意思，“事”指事情。启事是机关、团体、个人有事需要公开说明或希望公众予以协助办理或帮助、参与的应用文字。启事一般张贴在公共场所或刊登在报刊上，也有的在广播、电视中播出。

启事的种类很多，其中最为常见的有几类：寻找类启事，如寻人、寻物等启事；告知类启事，如开业、停业、迁址、更名等启事；征招类启事，如招聘、招生、招标、招商、征婚等启事。

（二）启事的写法

启事的种类不同，写法也不一样，大体上要具备以下几项要素。

1. 标题

标题位于第一行正中，要用醒目大字写出，一般写清楚启事的名称，如招聘启事、寻物启事、征文启事等。有时只写“启事”或省略“启事”，直接写“寻人”“招聘”“诚聘”等。有的启事标题会标明性质，如“紧急启事”“重要启事”。

2. 正文

正文另起一行空两格写，内容一般包括发启事的目的、意义、原因、要求、条件、特征等。不同种类的启事，侧重点有所不同。

3. 落款

在正文右下方写发启事者的单位或姓名，署名下面写上发启事的年月日。

（三）启事的注意事项

1. 表述清楚

内容力求单一，最好一事一启，所启事项，要表述清楚。内容较多时，条理要清楚，可用序号标出顺序或用条文的形式写。

2. 诚恳有礼

语言真挚、诚恳，注意礼貌，可用“请”“欢迎”“诚聘”等词语，使公众对启事的内容有信任感，对启事的请求有责任感，从而达到启事的目的，收到预期的效果。

3. 写清楚联系方式

根据需要写清楚通信地址、邮政编码、电话号码等。

思考与练习

1. 选择题（每题只有一个正确选项）。

（1）在下列四种情形中，应使用启事行文的一项是（　　）。

A. 发布、传达要求有关单位周知或者执行的事项

B. 宣布重要事项或者法定事项

C. 有需要向公众说明，或者请求公众或有关单位帮助的事项

D. 在一定范围内公布应当遵守或者周知的事项

（2）下列关于启事的表述，不正确的一项是（　　）。

A.“启”是陈述的意思，“启事”就是公开陈述某事

B. 为引起人们的注意，可将“启事”写成“公告”“通告”等

C. 启事的内容没有强制性和约束性，公众可以自主决定是否参与

D. 写启事要态度诚恳、措辞礼貌，不要使用命令式或带有要挟性的语言

（3）下列关于招领启事的表述，不正确的一项是（　　）。

A. 标题可以写成“招领启事”，也可以写成“失物招领”或“招领”

B. 正文要写明何时拾到何物、所拾物品的规格和数量、到何处去认领

C. 署名时可以用“拾者”二字代替姓名

D. 招领启事不一定由拾者发布和署名

（4）下列关于寻物启事的表述，不正确的一项是（　　）。

A. 不但要把丢失物品的时间、地点等写清楚，还要把所丢物品的名称、特征、数量等重要信息写清楚

B. 要写明联系方式

C. 寻物启事是向公众求助的，在行文中要有感激之意

D. 丢失贵重物品，要写明给拾者一定的酬金

（5）下列关于启事的表述，不正确的一项是（　　）。

A. 开业启事的主要目的是告知消费者开业信息，有时也会开列一些优惠条件，以吸引消费者

B. 更名启事通常应写明变更事由、原有名称、变更后的新名称、变更时间等

C. 迁址启事的核心是告知公众迁址的信息，也可以说明企业的业务范围及主要经营品种

D. 招聘启事应说明招聘岗位及人数、应聘条件、报名办法、录用办法等内容

（6）下列关于征集启事的表述，不正确的一项是（　　）。

A. 征集启事可用来征集广告词、企业徽标、商标、广告设计文案

B. 征集启事要将征集意图交代清楚，这样可以使受众对征集活动的意义有充分的认识，从而积极参与

C. 征集启事意在征集作品，不必对本单位做介绍

D. 征集启事要写明投递稿件的具体方法及要求

2. 阅读分析。

下面这则征文启事的正文在标点、语法和措辞等方面存在一些问题，请根据提示加以修改。

在新的一年即将到来之际，①我们欣喜地告诉您：《新世纪中国》网站创办五周年了。②让我们弹冠相庆！③为配合湖南新世纪出版社“著名文化网站丛书”中的《新世纪中国（青春卷）》，④本网站从即日起到 6 月 7 日止开展以《《新世纪中国》与我》为主题的征文活动。⑤要求这四年来与网站共同成长的各位作者、读者和网友等新老朋友撰文投稿，⑥恳请希望得到您的鼎力相助。

【提示】语句存在问题：①句书名号使用不当；②句“弹冠相庆”用法不当；③句句末成分残缺；④句两个书名号使用不当；⑤句“要求……”的说法不妥；⑥句“恳请”使用不当。

第二节　调查报告

一、任务导入

任务一

下面是一篇调查报告，请找出存在的问题并修改完善。

毕业生就业情况一直广受社会关注。近日，智联招聘发布《2022 大学生就业力调研报告》显示，截至 4 月中旬，46.7%求职毕业生获得 Offer，15.4%已签约，2022 届毕业生平均签约月薪 6507 元，8 成毕业生签约工作与专业对口。

国家机关、事业单位对大学生就业吸纳作用提升（略）

硕士生签约率下降，专科生签约率逆势上升（略）

双一流院校就业优势明显，普本毕业生陷就业困境（略）

理工科学生签约率领先，经管类签约进展慢（略）

五、男生求职积极性更高，签约率是女生二倍有余（略）

任务二

近年来，企业人才流失已取代融资困难、配套服务跟不上等问题而成为制约我国中小企业发展的瓶颈。目前企业普遍存在的一个问题是一般人员多，紧缺人才少，有用人才留不住，跳槽随时发生，人才流失，尤其优秀人才的流失问题日渐突出。请你以此为背景，写一篇调查报告。

二、例文分析

例文一

关于新生代农民工的调查报告

随着我国社会经济的飞速发展，大量的新生代农民工涌入城市，为城市建设、发展和方便市民生活做出了重要贡献。但同时，问题也随之产生，他们在就业、教育、维权等方面遭遇种种不公平待遇。

新生代农民工出生在 20 世纪 80 年代后，数量巨大，目前占到农民工总数的 60%，大约 1 亿人。不同于第一代农民工，他们不再依恋农村生活，而是更加向往城市生活；他们有较好的文化基础，对工作有更高的要求；他们不再是谋求生计，而是谋求发展；他们不安于现状，而是更多地关注自身公平；他们喜欢新事物，更希望能够融入城市，真正成为城市中的一员。为了更好地了解他们的工作、生活，我们进行了细致的调查。

一、价值观——实现自我，充实自我

来自广西玉林的廖婉怡，把大部分工资攒下，设想过几年回到玉林开家服装店。“我出来就是想长点见识，可不想一辈子打工。”廖婉怡每次逛街都会留意街上的小店，看看有什么新鲜花样。她说：“这里比我家乡时尚得多，回家开店时好多东西可以直接照搬。”来自湖南省怀化市洪江区的小廖（略）。

他们的工作经历显示出了他们对自我人生价值的定位与实践，通过确定价值观来给自己树立奋斗的目标，进而通过不断学习，充实自我来实现自己的理想——或回家创业，或扎根城市。

二、择业观——要发展，要维权

三年前来到深圳龙岗打工的小孙至今已经换了10多家企业，在现在的手袋厂工作不到半年时间，又准备跳槽。像小孙那样频繁跳槽的新生代农民工并非少数，对于跳槽的原因，他们给出一个类似的答案：要“饭碗”，更要有发展。

来自湖南桃源县的童方标（略）。

当前，新生代农民工工作目的已经不限于生计，而是更多地考虑发展前途的问题。同时，在工作中面对切身权益问题，他们已经开始积极维权，不再像第一代农民工那样逆来顺受，这显示出了新生代农民工维权和公平意识在不断增强。

三、生活观——充实多彩，拒绝单调

“K 歌、泡吧、上网、听歌、聊 QQ”，这是河南的一位“90”后对理想的打工生活的解读。“已经慢慢习惯了很多城里人的消费方式。”19 岁的何建玲说。她的手机下载的是最流行的歌曲，她经常K歌、出游，和朋友一起消费时实行AA制。

廖婉怡（略）

新生代农民工对生活的要求远远高于第一代农民工，他们对精神的需求多于物质，工作之余的生活追求多姿多彩，丰富充实。他们向往城市的生活，并且已经慢慢适应了城市的消费方式。

通过调查发现，新生代农民工更加向往城市生活，但城市并没有给他们与市民相同的权利，究其原因根本还是在于户籍制度的存在。所以，政府在今后的工作中应该着力进行户籍制度改革，放开户籍限制，最大限度地给予进城务工人员与市民平等的权利，做好他们的就业、维权和子女教育等方面的工作，使他们能够扎根城市，成为城市中的一员，更好地为城市发展和建设做出积极的贡献。

【简析】这是一篇规范的调查报告，标题简洁规范，主题突出。报告首先交代了研究背景，接着介绍了目前的情况，并从价值观、择业观、生活观三个方面对具体情况做了阐述和简单分析，最后针对分析得出的结论和问题提出了相应的对策和建议。

例文二

一、引言

4 月 23 日是世界读书日。为了更好地推广读书，我校听泉读书社以我校为调查范围，特开展“关于我校大学生课外阅读”的调研活动。调查问卷提出问题，进行分析，发现问题，了解我校大学生课外阅读情况和对课外阅读的看法与建议。此次调研活动实施于 2022 年 4

月，采取非简单随机抽样的方法，由各院理学部配合，共获得 872 份有效问卷，其中男性有 221 位，女性有 651 位，涵盖哲学、经济学、法学等 11 类专业的同学，其中经济学、法学、文学、理学、工学、农学、管理学学生占比达 99％以上。下面对调查结果进行介绍和归纳、分析。

二、调查对象课外阅读情况

关于读书，同学们怎么看？

课外阅读情况主要从阅读频率、阅读偏好、阅读原因几个方面进行介绍。

1. 阅读频率

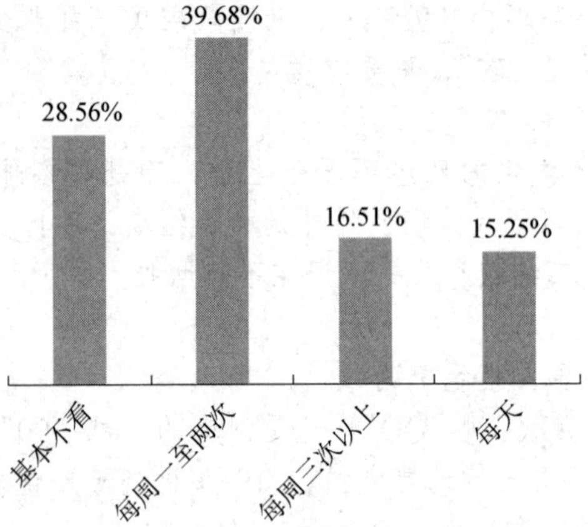

对于后面针对阅读频率、时间、习惯等提的问题，选择“基本不看”的同学不参与回答。

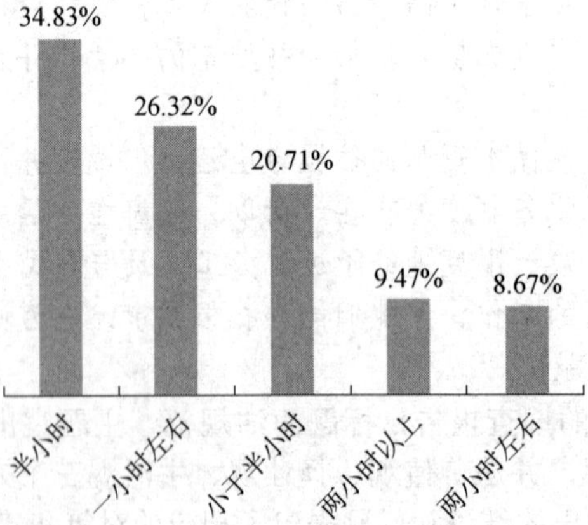

对于阅读频率，换了一种提问题的方法，得出的结论大相径庭。

2. 阅读偏好

由饼状图可知，同学们对书籍的类型各有所爱，无论是小说类书籍、综合类书籍，还是休闲旅游类书籍、实用类书籍，都有一些同学喜欢。

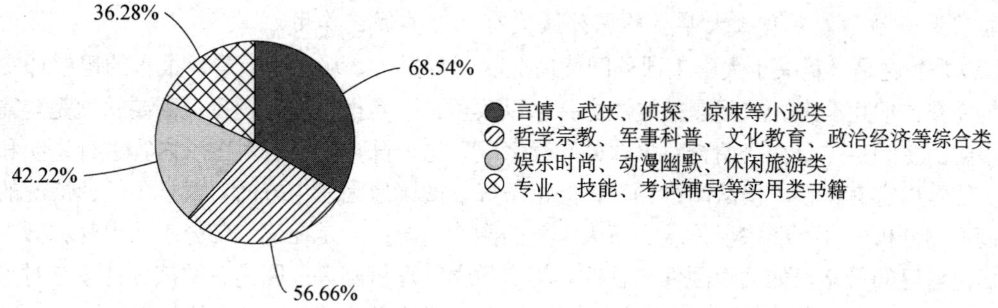

3. 阅读原因

阅读原因直接影响阅读行为。阅读原因影响阅读频率、阅读偏好、阅读习惯、阅读途径等。对于阅读原因，主要从自己、家庭、学业、朋友等方面归纳原因，请看下面的调查结果。

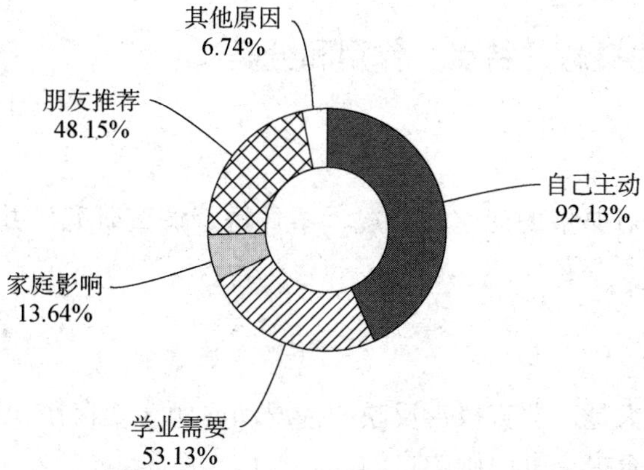

在参加问卷调查的 872 名同学中，约四分之三的同学认为自己的课外阅读还不够。书山有路，学海无涯，阅读是一个能让我们受益终生的好习惯，有的同学已经养成了坚持阅读课外书籍的好习惯，并从中收获了知识和智慧；有的同学还没有阅读课外书，但只要有决心，无论何时，拾起一本书，品味淡淡的书香，都为时不晚。

三、建议

通过问卷调查，我们分析了我校大学生课外阅读的基本情况及其对课外阅读的态度，清楚地认识到，增加大学生课外阅读的时间是极其有必要的。那么，怎样才能达到这个目标呢？

（一）自己主动阅读，养成阅读课外书籍的好习惯（略）

（二）他人协助阅读，加入阅读小组或社团等组织（略）

（三）积极参加阅读比赛等丰富的阅读活动（略）

四、总结

我们通过问卷调查，收集了 872 份有效问卷。通过认真分析，我们对我校大学生课外阅读情况和态度有了大致的了解与认识，并总结提升，进而提出了三点建议。高尔基曾说："书籍是青年人不可分离的生命伴侣和导师。"作为当代的大学生，我们更应该多读书、读好书。

希望本次调查活动能对我校大学生的课外阅读有一定的促进作用。

【简析】这是一篇关于大学生课外阅读情况的调查报告。从总体上看，报告的语言朴实，结构较为完整，但也存在一些问题需要注意并加以改正。一是报告没有题目，需要阅读完全篇才能把握报告的主题；二是在“调查对象课外阅读情况”这一部分，没有对图示内容进行说明和具体分析，图示内容有错误，仅从阅读频率、阅读偏好、阅读原因三个方面对大学生阅读情况的现状进行调查和分析，并不能完全体现当下大学生的阅读情况；三是在建议部分应从宏观和微观两个方面提出自己的策略，如大学硬件和软件环境、教学管理机制等；四是总结部分并没有对整个报告的现状、问题、建议等重要内容进行概括提炼，未能体现调查报告应有的作用。

三、理论知识

（一）调查报告的概念、特点、作用和分类

1. 调查报告的概念

调查报告是指通过对典型的问题、情况、事件进行调查研究，并经过分析、概括形成的书面报告。

2. 调查报告的特点

（1）真实性。实事求是，调查报告反映的情况和问题客观存在。

（2）针对性。写调查报告有明确的目的。

（3）典型性。调查报告中写作对象和材料必须具有代表性和典型性。

（4）时效性。调查报告要及时找到问题，弄清事实真相，为领导决策提供依据。

3. 调查报告的作用

（1）反映客观实际。

（2）总结实践经验。

（3）分析研究问题。

（4）推动工作开展。

4. 调查报告的分类

按涉及范围可将调查报告分为以下两类。

（1）综合型调查报告是以完整、系统、全面为基本特征，综合各方面情况形成的调查报告。

（2）专题型调查报告是专门针对某个事情或问题撰写的调查报告。

另外，按内容侧重点，可将调查报告分为社会情况调查报告、典型经验调查报告、揭露问题调查报告、研究问题调查报告、新生事物调查报告、查证事实真相调查报告。

（二）调查步骤

调查可分为以下几个步骤。

（1）确定调查对象。

（2）制订调查计划。

（3）实施调查。

（4）撰写调查报告。

（三）调查报告的结构和写法

一般来说，一篇规范的调查报告包括标题、前言、正文、结尾和落款。

1. 标题

调查报告的标题可分为单标题和双标题两种。

（1）单标题就是一个标题，其中又有公文式标题和文章式标题两种。

① 公文式标题由“事由+文种”构成。例如，《浙江省大学生睡眠质量调查报告》。

② 文章式标题。例如，《××大学的学科评估》。有的以作者通过调查得到的观点作为标题，如《转变就业观念　提高就业能力》。

（2）双标题就是两个标题，即一个正题，一个副题。例如，《为了百姓健康——××市卫生健康工作调查报告》。

2. 前言

调查报告的前言一般包括调查的背景、意义、内容、方法等，简单总结概括调查的基本情况，为下文做铺垫。

3. 正文

正文是调查报告的主体部分。它对通过调查得来的资料和事实进行归纳整理，通常包括阐述事实、分析问题、提出对策等内容。正文部分的写作结构一般为“反映事实—总结成果或经验—分析问题—提出意见或建议”。

4. 结尾

调查报告的结尾有无，要结合具体情况而定。调查报告的结尾一般要对主体内容进行概括提炼，进一步阐述作者的观点，如果已经在正文中体现了，就不用写结尾了，以免画蛇添足。

5. 落款

落款一般在正文的右下方，写上单位或个人名称，再在名称下面写上成文日期。

思考与练习

1. 简述调查报告的概念、特点、分类及作用。

2. 写调查报告要注意哪些问题？

3. 撰写一篇大学生兼职情况调查报告。

第三节 计 划

一、任务导入

任务一

下面是一篇大学生的个人计划，请找出存在的问题并修改完善。

关于个人计划，我在开学之前就进行了思考。作为一名新大学生，我必须首先慢慢适应大学的学习生活环境，进一步明确自己大学三年的发展目标，多方面学习锻炼，让自己更加优秀。

大学是人生的关键阶段，我要把时间利用好，多学专业知识，多参加各种活动。走好大学的每一步，我觉得至关重要。因为我们是大学三年，所以我们大致就会分两个方向：一是三年后继续学习；二是三年后参加工作、踏入社会。在大学三年里，我要学好专业基础，提高专业能力，学会与人相处，提高人际交往能力，加强体育运动锻炼。最重要的是，要学好英语和计算机，因为当今的社会已经离不开英语和计算机了。积极参加些社团和组织，争取担任相关职务，进一步锻炼自己的组织领导能力。大三的时候着重学习专升本的课程，根据专业需要，考取相关证书，相信我一定能够克服困难，成功考入理想的学校。

总之，通过这个简单的计划，我的大学生活一定会更加丰富多彩。

任务二

小张 2022 年大学毕业，如愿进入上海一家专业生产药品的世界 500 强企业销售部，为了做好 2023 年公司的销售工作，提高工作质量，销售部领导要求小张结合 2022 年工作情况，制订 2023 年销售工作计划。请你替小张写一篇工作计划。

二、例文分析

例文一

班主任工作计划

新学期即将到来，为了做好新学期班级各项工作，特制订本计划。

一、指导思想

以立德树人为根本任务，从学校工作和学生思想实际出发，抓好班级管理工作，树立良好班风和学风，进一步增强班级凝聚力，推动学生德、智、体、美、劳全面发展。

二、工作目标

（1）按照学校的工作要求，加强树德立品的教育和培养学生自主、探究、合作、创新的学习方式，努力把学生培养成有灵魂、有灵气的阳光少年。

（2）根据初中学生的心理和生理特点，加强学生心理健康教育，提高心理健康教育水平。

（3）加强学法指导，培养独立学习能力和抗挫能力，克服学生的厌学心理。

三、工作措施

1. 言传身教，以诚取诚

言传是身教的基本方式，身教是言传的有效手段。班主任应该不断加强自我修养，不断汲取新知识，扩大知识面，注重自身良好品德的形成，以身作则，对学生一视同仁，让学生信服，增强自己的亲和力，使自己的非权力性影响持久而深远。

2. 尊重学生，关爱学生

“爱”是教育的主旋律。教书育人是教师的天职，而育人应该是班主任的首要天职。爱学生，尊重学生的人格、兴趣、爱好，了解学生习惯及为人处世的态度、方式等，尊重、欣赏每一个学生，用心聆听他们的感受，把教育理念融入日常工作中，形成和谐的师生关系。

3. 活动育人，塑造班风

继续开展各项常规检查评比活动，每天公布检查结果，切实从班级自身出发，加强宣传发动，指导训练，将各项常规工作抓细抓实，力争主动，科学、民主管理班级，推进班风、班貌建设。

4. 家校联手，形成合力

（1）结合每月考试成绩，开好每次的家长会，针对学生的现状，与家长共同探讨解决问题的方法，并对下一步工作做好安排，尽快形成家长、教师、学生三位一体的教育模式。

（2）把学生在校的各方面的表现反馈给家长，及时与家长沟通，使家长对孩子的在校情况心中有数。请家长协助鼓励或帮助学生，做好学生的思想工作，同时向家长了解学生在家中的表现，及时找到问题所在，对症下药。

5. 加强安全法制教育（略）

6. 强化班干部培养（略）

7. 开展班级特色活动（略）

【简析】这是一篇班主任工作计划。这篇工作计划思路清晰，结构合理，目的明确，聚焦学期工作重点，对整个学期工作做了周密的安排，实施路径清晰，为学期工作的开展指明了方向。

例文二

请认真阅读下面的工作计划，指出存在的问题。

学校党建工作计划

按照教育局党委的安排部署，深入开展学习、宣传、贯彻党的二十大精神学习教育系列活动，周密部署、精心安排，步骤明确，务求实效，坚持规定动作做好，自选动作也做好，突出主题，多搞活动。与党风廉政建设相结合，与师德师风建设紧密结合，彻底整治教育系统存在的官僚主义、形式主义、享乐主义和奢靡主义之风。坚持党的领导，持续开展好包扶贫困户的“万名党员干部下基层”活动，开展好所有教师包扶贫困生的“教育系统扶贫帮困活动”。坚持从群众中来，到群众中去，了解民情真心，尊重民意真情，服务群众真做，在服务群众、服务学生中体现先进性和纯洁性，增强感召力和亲和力。

加强思想政治教育，抓好中心组学习、党课、政治理论学习，推进习近平新时代中国特色社会主义思想入脑入心。深入开展党的理想信念教育，深入学习贯彻新《党章》。

先优配强领导班子，以实际业绩为考核重点，进一步培养年轻干部和女干部。加强对领导干部队伍的教育管理，建设一支能打仗的领导干部队伍。坚持民主集中制原则，严格执行党组织议事规则，一起讨论一些事关党组织发展的大事、要事。加强党建业务工作培训，不断提升党组织班子成员的业务素质，严格党员发展程序，保证党员发展质量。

积极发展教师党员，坚持党员发展方向，把一线好的优秀青年教师和吸引到党组织中来，规范发展程序，严肃工作纪律，着力改善党员队伍结构。注重积极分子的培养与考查，为党组织不断输送新鲜血液。加强党员的教育管理工作，认真开好各种会议，举行各种活动，切实提高党员教育质量。大力宣传表彰先进典型，汇聚干事创业的磅礴力量。各级党组织要善于发现典型、培养典型、宣传典型，坚持用身边事教育身边人，用身边人激发工作动力。

……

【简析】这是一篇党建工作计划。好的工作计划应该主题明确、安排合理、权责清晰。这篇工作计划从内容上看是有一定思考的，但在计划的安排上没有突出重点，语言表达不够精准，内容比较笼统，有的地方未制定具体措施，层次不分明，缺少相对应的能够体现主旨的标题。文中还有错别字和其他错误。例如，“先优配强领导班子”中的“先”应为“选”。

三、理论知识

（一）计划的概念、特点与分类

1. 计划的概念

计划是单位、部门或个人，对在一定时期内所要做的工作或所要完成的任务，预先做出具体安排的应用文体。

2. 计划的特点

（1）预见性。计划是在没有开始具体工作之前制订的，因而具有预见性。

（2）可行性。计划是在对前一阶段工作进行总结的基础上，经过科学的分析评价和调查研究后做出的具有客观可行性的规划。

（3）指导性。制订计划是为了更好地指导工作。当计划制订出来之后，就成了今后一段时间工作的依据，可以按照计划的步骤和要求开展各项工作，进一步提升工作质量。

3. 计划的分类

(1)计划按目的分为学习计划、工作计划、经济计划等。

(2)计划按内容分为综合计划和单项计划。

(3)计划按时间长短分为短期计划、中期计划和长期计划。

(二)计划的结构和写法

计划一般由标题、正文、落款组成。

1. 标题

标题有以下三种写法。

(1)单位+时间+事由+文种。例如,《教育局2023年教学改革工作计划》。

(2)时间+事由+文种。例如,《2023年上半年党员发展计划》。

(3)事由+文种。例如,《关于学生思想政治工作的计划》。

2. 正文

正文包括前言、主体和结尾。

(1)前言是计划的导语,简单介绍计划的指导思想、制订依据、工作重点等,引出下文。

(2)主体是计划最关键的部分,主要包括计划的目标、措施和步骤,三者缺一不可。在制订计划时,一定要综合考虑这三方面的因素,科学制定目标任务,并明确实施的方法和路径。

(3)结尾根据实际情况来写。条目式的计划一般没有结尾。文件式的计划结尾一般要表达决心,补充说明或强调有关事项。

3. 落款

正文结束后,在右下方写明制订计划的单位或个人,写明日期。如果是上报或下达的计划,就应加盖公章。

思考和练习

1. 根据自身学习和工作实际情况,写一份本学期的学习计划或大学三年的总体规划。

2. 小张大学一年级就加入了学生会,经过一年的努力,被任命为学生会宣传部部长。请结合实际情况,替他写一份工作计划。

第四节 总 结

一、任务导入

任务一

下面是一篇工作总结,请找出其中存在的问题并修改完善。

幼儿园教师2022年上半学年期末工作总结

（一）我们要培养每一个孩子都具有健壮的体魄和良好的心理素质，这就是我们的工作目标，本学期在保健方面的具体措施如下：严格执行幼儿园各项保育卫生常规要求，提高保育工作意识和质量。在平时的生活中要指导孩子勤洗手、多喝水、多运动。要坚持每一天摸幼儿体温，坚持落实消毒卫生工作，持续室内的空气流通。提高安全意识，清除安全感隐患。在一日生活中要随机培养幼儿的安全意识，培养幼儿的自救潜力。教师在户外活动中要更加提高安全意识，活动之前要坚持做到检查活动场地及活动器械是否安全，做到及时清除。对便秘现象较严重的乐乐，平时要求他们多喝水、多吃水果、坚持吃蔬菜等，提醒他们喝水、小便等。力行节约，杜绝浪费，管理好班级财产和生活必需品。

（二）充分利用游戏帮助孩子们识字，要培养孩子良好的早期阅读习惯，教养方案中本学期我们要使用的是建构式课程里的托班早期教养方案，我们在教学的过程中发现这套教养方案很适合我们的孩子们，教材的画面真是十分的美观，以生活活动为主，不论是区域活动材料的设置还是宝宝的美工操作本，都要有操作性，比如饼干大家吃就是让孩子在品尝饼干的时候，了解饼干有很多的形状、口味，还要在活动中提醒宝宝要和伙伴分享，最后还要求宝宝把包装纸放进垃圾桶，进行环保的教育，还有一些比如我会提裤子、我会叠衣服等各种的活动，让宝宝在做做、玩玩中学到自我服务的本领、培养他们良好的品质。

（三）略。

（四）略。

（五）略。

（六）略。

任务二

上学期，在老师的指导和同学的帮助下，你在学习、生活、社会实践等各方面都取得了进步，请你以此为题，试写一篇总结。

二、例文分析

例文一

学院党委书记2021年度党建工作总结

自2021年以来，按照市委的工作部署和要求，本人认真履行党建主体责任，以党史学习教育为契机，以悟思想为根本，以办实事为重点，以开新局为目标，以政治建设为统领，紧紧围绕学院主业发展，统筹做好疫情防控和教育培训工作，带动学院各项工作取得新的进展，将党史学习教育成效转化为推动学院高质量发展的不竭动力。

一、取得的工作成效

（一）深入开展党史学习教育，进一步提高捍卫“两个确立”、做到“两个维护”的思想政治行动自觉

深入学习贯彻落实习近平总书记关于党史学习教育的重要讲话和指示精神，坚持不懈用

习近平新时代中国特色社会主义思想凝心铸魂，推动党史学习教育走深走实。

一是制定党史学习教育实施方案，在各层面开展系列学习活动。在市委党史学习教育第八巡回指导组和××教育工委机关党委的指导下，把党史学习教育、党的十九届六中全会精神列入党委理论学习中心组集中学习的重要内容，开展党史专题理论学习××次，自己每次都带头发言，组织研讨。领导班子、党支部书记和专兼职教师参加××教育工委“党史大讲堂”8场，理论研讨沙龙举办主题交流研讨3期，青年理论学习小组进行党史专题集中学习5次，在职党支部开展专题集中学习研讨×次。通过开展形式多样的学习活动，形成浓厚的党史学习教育氛围。

二是深度落实课程思政建设。组织全体教师，以课程内容为基础，结合习近平新时代中国特色社会主义思想和党史学习教育，对教师新开发的党史课、思政课、“微课堂”均提出富有针对性、建设性的指导意见并参加全部评审工作。亲自带头深入基层联系点开展宣讲×次，组织学院教师成立党史公益宣讲团，深入基层一线完成党史专题公益宣讲××场，培训×××人次。带队到××故居进行调研，挂牌学院红色现场教学点。撰写《习近平总书记关于××工作的重要论述是马克思主义劳动理论中国化最新成果》的理论文章。

三是开展多样化党史教育，将党史学习教育融入工作学习中。（略）

四是以学史力行为落脚点，为群众办实事。（略）

（二）以落实市委巡视问题深度整改为动力，着力补短板、强弱项

市委巡视问题清单中涉及学院的问题全部如期完成整改，并延伸整改自查的“举一反三”“推动改革促进发展”整改事项。（略）

（三）以持续净化政治生态为抓手，全面加强党的基层组织建设

强化责任担当，切实履职尽责。（略）

二、存在的主要问题和原因分析

党史学习教育中存在的主要问题是，未能形成党史学习持续深化和作为必修课的长效机制。该问题源于在思想上牢记初心使命、把握党性锻炼的历史规律、发扬党的优良传统的意识不强。（略）

三、下一步改进措施

一是重点推动党史学习常态化与党性锻炼融合发展，充分发挥“思政课程”与“课程思政”的协同教育功能，充分发挥课堂主渠道、课程主抓手作用，实现“思政课程”与“课程思政”同向同行、同频共振，形成协同效应，努力推动党性教育实现内涵式发展。

二是全面理顺工作线条，形成完善责任传导机制的建设，强化党建工作规范性建设，明确下级党组织主体责任及履责的相关要求，确保工作有人抓、问题有人管、责任有人担。建立上下有机互动的责任传导机制，按照“谁主管、谁负责”的原则，完善相关制度，将压力层层传导下去，把责任压紧压实，着力破除“中梗阻”，强化制度刚性。

三是重点堵住管理漏洞，健全正向激励引导体系。以改革绩效考评为抓手，建立平时考核、年度考核、任期考核、专项考核、延伸考核“五位一体”综合考核体系，健全完善崇尚实干、带动担当、加油鼓劲的正向激励体系，推动形成能者上、优者奖、庸者下、劣者汰的鲜明导向。下大力气铲除“好人主义”，树立敢于直言的风气，着力清理发展堵点，为学院的发展奠定坚实基础。

【简析】这是一篇学校党委书记个人的党建工作总结。这篇工作总结全面总结回顾了2021年度的党建工作情况，结构完整，针对性强，措施具体，既回顾了工作，又总结了经验教训，还对下一步工作提出了明确的要求，是一篇规范的工作总结。

例文二

社区工作者个人年度工作总结

现将个人2022年工作总结如下：

一、处理好社区行政相关工作，起草社区岗位职责分工明细表，缴纳社区办公室电话费、网费，证明的调查出具等相关事宜，要求对低保、退役军人、居民养老就业失业、居民医保、老龄、残疾人、国有企业退休人员等社会化管理等工作中相关业务人员遇到的疑难问题要及时给予指导协调处理，进一步完善社区便民信息发布台微信群，支持鼓励社区工作人员利用此平台解答群众便民业务信息，及时回应群众需求，对于能解决的问题应当场解决，对于当场解决不了的，应协调解决并给出具体答复时限，协助处理社区换统一信用代码证工作。

二、严格按照×民发【20××】×号《×市×区社区工作经费管理办法（试行）》开展专项经费的使用立项及立项执行工作，今年通过使用专项经费立项项目，为十五分钟社区教育权项目，通过以上项目的立项，加强了我村的社区教育问题，提高了辖区居民的教育水平。

三、严格按照×民发【20××】×号《×市×区社区工作经费管理办法（试行）》开展社区报账相关工作，为保持社区的正常运转，我及时解封了社区账户，完成社区财务公开公示工作及对社区自2020年成立以来至2022年专项经费及办公经费数据收支结余统计，及原始凭证复印相关工作，协助律师处理相关工作，追回社区财政资金。

四、略。

五、略。

六、略。

七、略。

八、略。

【简析】这是一篇社区工作者个人年度工作总结，其中有不少问题。这篇工作总结在开头部分应简单总结回顾2022年的主要工作情况和相关背景，再引出下面的工作总结。总的来说，这篇总结表达得有些笼统，每个部分的标题应提炼出来，这样看上去会一目了然。其中第一部分的主要问题是句式过长，表述不清楚，容易引起歧义，出现了“要求”或“要”等字样，从语言表达上看像工作计划，而不是工作总结；后面的二、三两个部分主要的问题是文件名称的标点符号使用不规范，如×民发【20××】×号《×市×区社区工作经费管理办法（试行）》应该为《×市×区社区工作经费管理办法（试行）》（×民发〔20××〕×号）。文章结构也不完整，没有体现对全年工作的经验总结和下一步的工作打算。

三、理论知识

（一）总结的概念、特点和分类

1. 总结的概念

总结是机关、团体、企事业单位及个人对过去一段时间的工作进行总结回顾，分析研究问题，提出改进措施，指导下一步工作的事务文书。

2. 总结的特点

（1）概括性。总结是对过去一段时间内各项工作、各种情况进行较为科学的总结分析，找出规律的应用文书。

（2）客观性。总结是以客观事实为基础，对大量材料进行分析研究而形成的书面报告，不允许虚构和夸张。

（3）理论性。总结是在分析客观事实的基础上，总结经验教训，提出系统性、指导性意见的应用文书。总结的过程就是感性认识上升为理性认识的过程。

3. 总结的分类

按照性质，总结可分为综合性总结、专题性总结。

按照内容，总结可分为工作总结、思想总结、学习总结、生产总结。

按照范围，总结可分为地区总结、部门总结、班组总结、个人总结。

按照时间，总结可分为年度总结、季度总结、月份总结。

（二）总结的结构和写法

总结一般由标题、正文和落款组成。

1. 标题

（1）文件式标题，由单位名称、时间、内容和文种构成。例如，《×××学院 2022 学年教学工作总结》。

（2）文章式标题，用简练的语言概括总结的主要内容，标题中不出现文种。例如，《厚植领导干部为民情怀》。

（3）双标题，包括正标题、副标题。正标题概括主要内容，副标题补充说明单位、时间等内容。例如，《坚持立德树人，培养大国工匠——×××学院 2022 年工作总结》。

2. 正文

正文是总结的核心部分，应包括主要工作举措、取得的工作成绩、存在的问题和不足、下一步的工作思路和措施。

3. 落款

在正文的右下方写上单位或个人名称，再在名称之下写上日期。

思考和练习

1. 简述工作计划和总结的区别与联系。
2. 简述总结的特点和作用。
3. 写一篇班级学期工作总结。

模块三　求职、毕业文书

第一节　求职信

一、任务导入

任务一

为本专业的一位优秀毕业生写一封求职信，要求：必须深入了解本专业学习的内容、应达到的要求和今后就业的岗位。

任务二

阅读下面的求职信，完成后面的练习。

尊敬的公司负责人：

当我即将毕业走向工作岗位，四处奔波而找不到一份称心如意的工作时，偶然从《××晚报》上看到贵公司的招聘启事，不禁欣喜万分，特毛遂自荐，应聘贵公司技术部经理或公关经理一职。

我是××大学××专业的本科生，现已学完全部课程，学习成绩优秀，各门功课平均成绩在 80 分以上（成绩表复印件附后），曾担任系学生会纪检委员，工作认真负责，曾被校学生会评为优秀学生会干部（荣誉证书复印件附后）。我有广泛的爱好，在书法、足球方面尤有特长，是系足球队主力队员。我身体健康，能够从事重体力劳动。我善于处理人际关系，大学四年，从未跟同学和师长闹过别扭。

我应聘贵公司的职务，主要目的是想干一番事业，并不计较福利待遇和个人得失。我研究过贵公司的背景材料，发现贵公司有一套独特的经营管理之道，在实行过程中，虽然难免有不完善之处，但只要不断总结经验教训，就能逐渐形成贵公司的经营管理特色。我在学校辅修经济管理专业，在这方面有自己的一些不成熟的思路，盼望能有一个付诸实践的机会。这也是我向贵公司积极应聘的原因之一。如能如愿以偿，我将努力勤奋工作，在本职岗位上创造出骄人的业绩。我坚信您是不会失望的，恳请您在×月×日前给我答复。

此致

敬礼！

××大学××系　××

2018年×月×日

（1）在上述求职信中，作者对求职目标、求职缘起、求职条件的认识与企业的要求有什么差距？

（2）分析说明这封求职信的人际功能主要是积极的，还是消极的，对实现写作目的有什么作用？

（3）针对存在的问题，改写这封求职信。

二、例文分析

例文一

求职信

尊敬的××公司××经理：

首先，为我的冒昧打扰向您表示真诚的歉意。在即将毕业之际，我怀着对贵公司的无比信任与仰慕，斗胆投石问路，希望能成为贵公司一员，为公司服务。

我是××理工学院计算机软件专业2018级学生，将于今年7月毕业。在大学四年中，我努力学习各门基础课及专业课，并取得了良好的成绩（见附件），英语已通过六级考试（见附件）。本人不仅能熟练地掌握学校的课程（VB 程序设计、AotoCAD R14、FrontPage 98、FoxPro 2.5、C 语言等），而且还自学了PhotoShop 5.0、3ds MAX 2.5、Visual Studio 等，专业能力强，曾获学校计算机软件设计比赛一等奖。

作为一名跨世纪的大学生，我非常注意各方面能力的培养，积极参加社会实践，曾在平安保险公司做业务员，在肯德基做过星级训练员，还在龙腾信息有限公司做过网络工程师。我爱好广泛，有责任感，吃苦耐劳。

本人企盼能成为贵公司的一员，从事计算机、管理等工作。诚然，我现在还缺乏丰富的社会经验和广泛的社会关系，如果公司给我机会，我会用我的热情、勤奋来弥补，用我的知识、能力来回报贵公司的赏识。

盼望您能给我一次面谈的机会。随信附上简历、学校推荐表、英语等级证书、获奖证书的复印件等。

此致

敬礼

马杰　　敬上

2022年×月×日

联系地址：××理工学院计算机系2018级1班

邮政编码：××××××

【简析】这是一封求职信，是在不知企业是否需要人的情况下写的。开始部分谦恭有礼，写明了自己求职的原因。主体部分介绍了自己的学习情况，突出了自己的专业技能，强调自己积极参加社会实践，有一定的经验。最后部分用恳切的言辞表达了自己的愿望和决心。全信用语谦恭有礼，不卑不亢。

例文二

求职信

××公司总经理先生：

您好！

我叫××，女，23岁，将于今年7月毕业于××大学中文系。在求学期间，我就十分仰慕贵公司，近日多次从电视、报纸等媒体看到有关贵公司的报道，更激发起我到贵公司求职的渴望。

大学四年，我系统地学习了中文专业的所有课程，并选修过公关文秘专业的课程，取得了优良成绩，有较好的口头表达能力和写作能力，获得了我校第三届演讲比赛二等奖。为了适应社会的需要，我还利用业余时间学习计算机知识，能熟练地操作计算机。

在校期间，我曾参加了英语系高年级选修课的学习并获得了优异成绩，英语已通过了六级考试，可以完成比较复杂的笔译与口译。

在校期间，我注意培养自己的综合素质，积极参加社会实践活动，曾任学生会的宣传干事，有一定的工作能力和社交能力。

我希望自己有幸成为贵公司的一员，也自信能胜任秘书或相关职务。我知道，以公司的名望，求职者当然是人才济济，恳请公司给我一次机会，如蒙录用，本人一定忠于职守，竭尽全力为公司效力。

随信附上本人简历及获奖证书、英语等级证书的复印件。

敬祝

大安

××谨上

2021年×月×日

通信地址：×××××××××××

邮件编码：××××××

【简析】这是一封写给单位领导的求职信。求职者希望能得到秘书或相关职位的工作，因此针对职务的要求有重点地介绍了自己有较好的口头表达能力和写作能力，体现出自己具有符合职务要求的能力和特长。信的开头表明自己对企业的仰慕之情和关注，又无过分溢美之词，让人感到亲切；最后表明自己的诚意和决心，言辞得体。

例文三

××公司：

我的运气真好啊！就在我即将毕业之际，贵公司正式开业投产了，首先我向贵公司表示热烈的祝贺！

我是全国闻名的××工业学校的应届毕业生。在校四年来，我德智体全面发展，各学科成绩一贯优异，专业基础知识扎实，动手能力强，长期担任小组长外，还有多种爱好和特长：能讲善辩，能歌善舞，能写善画，各项球类都有一定的水平。大家夸我是“全才”，当然我不能因此而骄傲，但是，实事求是地说，我还真有两下子：说、拉、弹、唱、打球、摄影，样样精通。至于水平嘛，都称得上“OK”！

到贵公司服务是我梦寐以求的事，我真希望美梦成真！企盼这一天的早日到来！

我有能力胜任各方面的工作。不知贵公司能否答应，恳请立即回复为要，以免误事。

顺致最崇高的敬意

×××

2014 年×月×日

【简析】这封求职信存在的问题主要有：一、在第一行正中应写上“求职信”三个字；二、正文的开头应首先说明求职的缘由，是通过什么途径获得该用人单位的招聘信息的，然后提出所要应聘的具体岗位和职务。三、介绍本人的基本条件时，缺乏针对性，重点不突出，言辞华而不实，最好能用成绩和事实恰如其分地介绍自己的所长。四、语言过于自誉，也缺乏求职者应有的自谦和礼貌，容易引起对方反感。

三、理论知识

（一）求职信的含义及用途

求职信是指求职者向用人单位介绍自己的情况以谋求某一职务或岗位的书信，又称自我推销书。它是在灵活的用人机制下，为适应就业竞争需要而出现的应用文体。求职信应充分表达个人意愿，向用人单位展示自己的才能和特长；用人单位可以通过自荐信了解情况，决定是否给求职者一个面试的机会，并进而决定是否录用。因此，可以说，求职信是求职者在求职的道路上迈出的第一步，同时也是非常关键的一步。它是竞聘者找到理想工作、实现人生价值的一座桥梁，也是人才市场解决人才需求问题的一个手段。它是求职者不可缺少的书面文字材料，也是用人单位对其进行考核并做出是否录用决定的重要依据。

（二）求职信的写作

求职信一般由标题、称谓、正文、结束语、落款、附件几部分组成。

1. 标题

标题可直接标明文种“求职信”“求职书”，位置居中。

2. 称谓

称谓在标题下一行顶格书写。收信单位是单位或部门的，可直接写单位或部门的名称，如“××公司”“××工厂人事科”；收信对象是单位联系人或单位、部门负责人的，则写上姓名、尊称或职务名称，如“××先生”“××小姐”“××经理”等。有时，还可以在称谓前面加上表示尊敬的词语，如“尊敬的××先生”。

3. 正文

正文另起一行空两格写，主要有以下内容。

（1）求职的缘由。开门见山，首先说明求职的缘起，即为什么要向该用人单位求职，是通过何种途径获得该用人单位的招聘信息的。然后，根据用人单位所需和自己所长，提出所要应聘的具体岗位名称和职务。注意：不可同时要求多种不相关的职务。

（2）自荐人的基本条件。其中包括姓名、性别、年龄、籍贯、政治面貌、文化程度、职业等要素，要如实写清楚。特别要着重介绍自己的知识结构、业务能力、实践经历、工作成绩、基本素质、兴趣爱好等内容。这一部分是决定求职成败的关键，因此要写得充分、具体。对于所学课程，可以列上几门最主要的、有特色的专业课，一些公共课、基础课不必写上。对于大学生来说，实践经历包括勤工俭学、课外活动、义务工作、参加各种各样的团体组织、实习经历和实习单位的评价等。这部分内容要写得详细一些，写明你在社团中、在活动中做了哪些工作，取得了什么样的成绩。用人单位要通过求职者的这些经历考察其团队精神、组织协调能力等。兴趣爱好可以列上两三项，用人单位可就此观察求职者的工作和生活态度。

在写法上，这部分常采用“简历”式的写法，将自己在不同时期的工作或学习情况（特别是所取得的成绩）反映出来，要注意对自身具有的才能和专长的展示，即要揭示出才能、专长与所取得成绩之间的因果关系，使之水乳交融地结合起来。通过展示，能够充分反映出自荐者胜任某项工作的能力，从而令对方信服。

（3）被聘用后的打算。这部分要用简明扼要的语言写明被聘用以后应当如何去做。应聘者应对自己所求职位有一定的了解，并可假设已被聘任，对应聘岗位提出自己的设想、目标及实现的具体措施。目标要客观，有可行性；措施要具体可行，有操作性。

（4）请求语。以诚恳的态度提出求职的愿望和要求。例如，希望对方给予回信的愿望，以及能有一个面谈的机会。

4. 结束语

以表示敬意或祝愿的话作为结束，另起一行空两格写“此致”，再转行顶格写“敬礼”。

5. 落款

在结束语下一行偏右处写上姓名，可以用“敬上”或“谨上”等词，以示礼貌和谦逊。在姓名下面写上日期。

6. 附件

附件是信后所附的有关资料，如个人简历、学历证书、资格证书、技术等级证书、获奖证书，以及能证明自己优势的有关材料。附件要有较强的说服力和凭证性。此外，还要注明求职者的通信地址、邮编和电话号码等信息，以便联系。

（三）注意事项

1. 实事求是

求职者在进行自我推荐时，应实事求是地介绍自己的学历、资历和专长等，用语谦虚有礼、不卑不亢，不能夸大或虚构事实，也不能过分谦虚而将自己各方面的能力讲得平平。最好的办法是用成绩和事实代替华而不实的修饰语，恰如其分地介绍自己。

2. 目的明确

为达到获得职位的目的，求职者应根据用人单位的要求，所聘职位、工种的要求有重点地推荐自己，突出自己与工作要求相符的特长、性格与能力，突出自己的有利条件，还可以用简明的语言谈谈自己的兴趣、爱好、品质等。

3. 措词得当

写求职信要注意自己的求职身份，即有求于对方，因此，在文字的使用上一定要讲究，要谦恭有礼，切不可粗心大意，引起对方反感。

4. 文字简洁，书写清楚、美观

每到招聘的时候，一个企业，尤其是大企业，会收到很多求职信和简历，工作人员不可能对每封信都仔细研读，所以求职信有一页纸就足够了。此外，求职信可手写，也可打印。手写切忌字迹潦草，以免给用人单位留下办事草率、敷衍了事的不好印象。求职信不能有错别字。

思考与练习

1. 写求职信应注意哪些问题？
2. 指出以下求职信存在的问题

求职信

十年磨一剑，锋刃未曾试，十几年的寒窗苦读，换来一份人生的履历。读书的生活是清苦的，也不曾应诺过什么，然而我从未因此而后悔埋怨，因为它培养了我的品格，磨练了我的意志，也让我明白一个人生道理:活着就要永远学习，漫漫人生路，二十几年的履历也许还显得单薄、平淡，没有辉煌，没有震撼，然而我切并非一无所有，因为一种不达目的不罢休的勇气，百折不悔，持之以恨的毅力，还有一份永远不会熄灭的对生活工作的热情，今天，我真诚的捧上它，连同一颗真诚的心，渴望您的回应。

第二节　个人简历

一、任务导入

任务一

深入了解自身专业学习的内容、应达到的要求和今后就业的岗位。

任务二

结合自己的专业和特长，在认真研读报刊杂志或网络就业指导中心的招聘信息后，制作一份精美的简历。

二、例文分析

例文一

个人简历

个人概况

姓　　名：张明
出生年月：1995 年 7 月
毕业院校：××大学经济技术学院
专　　业：办公自动化
联系电话：×××××××××
联系地址：××省××市东区 4 栋 203 号
邮　　编：××××××

求职意向

从事生产过程自动化的控制、运行、维护、研发，以及计算机网络硬件、软件系统的应用、维护、开发等方面的工作。

教育背景

2012 年 9 月—2016 年 7 月　　××大学经济技术学院

专业能力

主要专业课程有自动控制原理、现代控制理论、过程控制、拖动自动控制、微机原理、单片机原理、可编程控制器、计算机仿真技术、数字通信技术、信息论基础、现代控制技术。通过专业课程的学习，有了很高的过程控制及检测的理论基础，掌握生产过程自动化装置和系统的运行、开发、设计技术。

英语水平

具有较高的英语会话、阅读、写作能力。通过国家英语六级考试。

计算机水平

对计算机硬件有较高的理论基础，并积累了丰富的实践经验。

能熟练运用多种基础编程语言，如 C 语言、True Basic、FoxBASE+、汇编语言。对于办公软件，如 Office 组件、WPS，能够熟练地操作。

对于图像处理，可以熟练地应用 Photoshop、COOL 3D、CorelDRAW。

精通 FrontPage、Dreamweaver、Fireworks、Flash 等制作网页的软件，完成个人主页的制作并参与班级主页的建设。

对网络的基础知识和应用技术有很深的掌握，并有一定的组网能力，特别是对 Windows NT 的网络实现有较深的了解。

实践经历

2015 年 5 月　　在××××卷烟厂生产实习。

2014 年 8 月　　在××有限公司实践。

2014 年 7 月　　在校工厂参加设计 9～14 伏稳压电源。

2013 年 6 月　　在校工厂参加金工实习。

获奖情况

2014—2015 年校级“优秀共青团员”

个性特长

生活中的我待人诚恳，乐于助人，乐观，重信誉，能和周围的人融洽相处。敢于创新，不循规蹈矩，思维敏捷，头脑灵活，有一定的应变能力，能很快地适应新事物。自信，有责任心，有竞争意识，敢于向自我挑战。

本人爱好广泛，喜欢踢足球、擅长吉他演奏，并有一定的文学功底。在德、智、体各方面做到均衡发展。

【简析】这是一篇符合要求的个人简历。首先，个人简历的主要项目齐全，而且安排得当。其次，能根据自己的求职意向，有针对性地介绍本人掌握的专业技能、现有的计算机水平、在校参加的实践活动，以及个性特长。相信这份简历能为他找到一个理想的工作。

例文二

个人简历

姓名：××　　　　性别：男

民族：汉族　　　　籍贯：××省××市

身体状况：健康

学历：本科

所学专业：1.外贸英语　2.金融

求职意向：教书、外贸、金融、管理

教育背景

2006 年至 2010 年　　××大学经贸外语学院　　外贸英语专业

2010 年至 2012 年　　在职就读于××大学　　学习经济管理并结业（函授）

2012 年至今　　在职就读于对外经济贸易大学　　金融专业

工作经历

2010 年至 2012 年，工作于××集团，先后任职总经理秘书兼翻译、该集团驻京办事处首席代表，主要负责集团公司的出口业务及国内外联络。

2012 年至 2014 年，工作于××文化艺术公司，任职经理助理，从事国际文化艺术交流。

2014 年至今，工作于××公司，任职国际部经理，负责公司的进口业务及电子商务。

自我评价

1. 人品好，做事认真，讲求效率。

2. 英语应用能力佳，拥有丰富的外事、外贸谈判经验。

3. 多年从事国际贸易，对各个环节非常熟悉，拥有成熟的关系网络，能独立运作国际贸易的全部流程。

4. 熟练应用计算机及常用办公软件，如 WORD、EXCEL、ACCESS、OUTLOOK 等。善于利用计算机管理事务。

5. 熟悉并能很好地应用国际互联网，对电子商务有较好的理解。

6. 有宏观发展、管理的理念和微观操作的能力。

其他

1. 爱好广泛，尤喜音乐、摄影、计算机、旅游。

2. 曾到德国、法国、意大利、比利时、奥地利等国家，以及香港和澳门地区参观考察。

【简析】这则求职简历存在的主要问题：一、介绍个人概况时，没有说明年龄和联系方式；二、求职意向没有明确定位，尤其教书这一求职意向，从所提供的教育背景和工作经历来看，求职者并不具备这方面的竞聘优势；三、自我评价极佳，最好在介绍工作经历时，能提供最具证明性的为工作单位获取的利润和相关成绩。

三、理论知识

（一）个人简历的含义

个人简历是求职信的附件，用以说明求职者的个人情况、工作经历等，它是求职者找工作时的重要工具之一。

（二）个人简历的写作

个人简历的内容一般包括个人资料、学历、工作经历，以及特长、能力、兴趣爱好和求职意向等。

1. 个人资料

个人资料一般包括求职者的姓名、性别、年龄、联系电话等。

2. 学历

求职者一般写自己的最后学历，高学历者（硕士、博士）可以从大学写起，也可以从中专或大专写起。

3. 工作经历

根据个人工作情况不同而重点突出说明工作具体内容与经历，尤其与求职目标相关的工作经历；一定要说出最主要、最有说服力的工作经历和最具证明性的为原工作单位获取的利润和相关成绩。一般先写近期的，再按照时间顺序依次写出。在每项工作经历中先写工作日期，再写工作单位和职务。

如果是刚毕业的大学生，可以写勤工助学、课外活动、义务工作、参加各种各样的团体组织、实习经历和实习单位的评价等。这部分内容要写得详细一些，指明你在社团中、在活动中做了哪些工作，取得了什么样的成绩。

4. 特长、能力、兴趣爱好

写这部分内容时，不可泛泛而谈，要针对求职意向有重点地介绍。

5. 求职意向

写清楚求职、应聘的职位和目标。

（三）注意事项

（1）语言简洁精练，力求篇幅简短而富有感召力。

（2）真实客观，不虚夸，不过谦。

（3）针对性强，重点突出。

思考与练习

1. 假设你即将毕业，希望到某地某单位工作，请按照求职信的写作要求，为自己拟一封求职信，并附上个人简历。

2. 将下面条款式的简历改成表格式简历，并简化内容，调整结构不合理处，做成 15 秒就能读完的简历。

求 职 简 历

一、个人简介

姓名：×××　　　　毕业院校：××民族大学

性别：男　　　　专业：法学理论

民族：汉　　　　通信地址：××大学研究生楼×栋×室

身高：175cm　　　　邮政编码：××××××

出生年月：××××年×月　　　　政治面貌：中共预备党员

英语水平：国家六级　　　　计算机水平：国家二级

联系电话：×××××××××

电子邮件：（略）

二、求职意向

在高等院校或其他单位，从事教学、科研、学生辅导员或行政管理工作。

三、教学背景

2012 年 9 月—2016 年 6 月　就读于××大学国际贸易专业，获得经济学学士学位。

2016 年 9 月至今　就读于××民族大学法学院法学理论专业，学习方向为民族法治建设。主修课程有法理学、法社会学、比较法学、立法学、西方法哲学专题、民法学专题研究、民族地区法治建设专题研究、中国法律思想史、西方法律思想史、中国法制史、研究生英语等。

已发表的论文：

1. 浅谈我国民族自治地区刑事法律冲突. ××经济学院学报，2017（10）（独撰）
2. 我国法律在民族自治地区的变通权研究. ××广播电视大学学报，2018（1）（独撰）
3. 试论不当得利的构成要件. ××工程学院学报，2017（1）（第一作者）
4. 我国民族自治地区刑事法律冲突探析. ××工程学院学报，2017（2）（第二作者）

四、在校及社会实践

2016 年 9 月—2018 年 1 月　任校研究生会办公室主任，并获"校优秀学生干部"称号。

2017 年 3 月—2018 年 4 月　任法学院研究生团总支书记，并数次荣获"优秀团员"称号。

2016 年—2017 年 1 月　在××省××职业技术学院担任国际金融代课教师。

2017 年 7 月—9 月　在××律师事务所进行社会实践，获"校社会实践积极分子"称号。

2017 年 9 月—2018 年 6 月　在××职业技术学院担任电子商务法代课教师。

2018 年 7 月—9 月在××省××县人民法院调研。

渴望成为贵单位一员！

×××

2018 年 11 月 15 日

第三节　实习报告

一、任务导入

任务一

下面这篇实习报告的结构、内容、语体风格、语法、句法、文字、标点等多方面存在问题，请对该文提出修改意见，并尝试把它改写成一篇规范的实习报告。

教育专业实习报告

我一直盼望着实习，期待着实习能给自己一个答案，到底做不做老师，能不能做好这个老师。不过实习已经过去了两周，答案却还没有完全找到。毋庸置疑的是，两周的实习已经让我对老师的日常工作有了基本的了解。其实是国庆假期前那两天真正登上讲台，真正开始和学生有了接触才找到点老师的感觉。刚刚去学校的时候，多多少少有一点点失落。觉得自己像空气一样，进班，没有人和你打招呼；出班，也没有人注意你是否离去。

我只能安慰自己说高二的孩子大了，不会像初中小孩那么热情，而且又是好学校的学生，所以这些都很正常。说实话，一开始我都觉得怎么给我分到这么不热情的一个班啊。刚开始听我师傅的课，两个班，觉得 5 班孩子上课更积极主动，和老师配合。似乎在 5 班进了班还有人叫声老师好。而在我应该带班主任的 4 班，上英语课总是很安静，进出教室也没有什么人理我，还有几个男生看上去就不好管。直到师傅说让我上课堂，讲了一节习题课，我才发现我们班孩子还是相当活跃的。那天的场景还是历历在目。和师傅一起进的班，与××（4 班的班主任）问候了一下，××问今天是听课还是讲课，我说讲课，××特可爱地笑笑。底下的同学一看我师傅搬着小凳坐到后面，我站到讲台上就在那里拍手，主要还是因为他们以为我讲就不用默写了

这课堂出乎我意料的热闹，往常我师傅上的时候就听我师傅一个人说，问他们半天都不说话，今天我问有没有问题，这题怎么答，他们都七嘴八舌地说。觉得不是在唱独角戏，觉得和他们还是很亲的，还是有存在感的

我还被一个小孩问住了，一个题应该填表示伴随的 shaking hands，他就一直追问为什么不是 shaked，说人在握手，也可说被握手。实在和他说不通，我说这个问题我们下课继续讨论。虽然被问住了，我还是挺高兴的。我知道这个孩子就是爱“刨根问底”，不是在故意拆我的台。而且他愿意讨论说明他把我当老师，他要是不把我当回事完全可以不问，下课问我师傅。

相对于和学生接触，我们在办公室的生活还是一直很快乐的。我们几个就在英语教研组里，办公室里老师基本上都是守时的，不同年龄段都有，大一点的我们尊称老师，小点的我们就叫师姐了。老师之间关系特别好，我们在教研组里也是比较随意，特别开心。每次都觉得一进办公室就松了口气，一出办公室就得特别注意，假装像个老师似的，碰到有学生问句老师好，微微一点头，成熟地说：嗯，你好。心里觉得可逗了。

再讲两句带我的老师吧。因为带我实习教英语的师傅不带班，所以还有一个老师带我班主任。带我英语老师的师傅姓王，是个教了三十多年书的老师，办公室里的人有叫他老王的，有叫王叔的，还有叫他王先生的。他是个很有趣的人，讲课的内容对于他来说早已烂熟于心，备课只简单看看就行了。课上课下都能感觉到他的幽默，特别的可爱。

每天看到师傅就觉得特别踏实，特别开心。带我班主任的老师是我刚才提过的××，30 岁左右的男老师，校友，1.82 米，有点胖胖的。每次去问他我用不用去班里，他都说不用了，这个您不用去了。他真的用的是您，让我觉得我自己真跟个老师似的。他经常会点头表示肯定，一次点好几下，蓬蓬的头发也随着头一起上上下下，我觉得超可爱。

所有老师都说工资和老师付出的心血是肯定不成正比的。老师不同于别的职业之处，在于老师累心。别的工程一个项目完了就完了，老师心里总是要惦记着自己的学生，送走一拨学生又有新的学生。和周围的老师聊聊，每个老师都问：你真的确定要干这个吗？有人说英语老师会慢慢把大学学的英语浪费掉，最后就比高中生多会一点。也有老师打趣地说：你们是实习生吧，可别往火坑里跳。话都是有道理的。不过也正像师姐说的一样，其实这个工作真是赚不了钱，就图这些孩子特别可爱。是的，我看得到这一群群学生给老师带来的快乐，无论是欣慰，是恨铁不成钢，还是别的，老师都和学生一起保持着一颗年轻的心。

任务二

你参加过实习或社会实践吗？请分享一下。

二、例文分析

例文一

会计专业的实习报告

为期三个月的会计实习已接近尾声。在无锡市××商业银行实习期间，我主要学习了从会计制单到记账整个流程的业务工作。对我来说，这次实习是一次综合检验所学专业知识和能力的很好机会，更是一次难得的锻炼和演练的机会。三个月的实习经历使我受益匪浅，为我将来的工作奠定了良好的基础，让我的学习更有目标性了，可以通过实践发现问题、研究问题，从而解决问题；让我对自己的综合能力有了一个更清晰的认识，使我对自己更加充满信心。

在经历投递简历、一轮笔试、一轮面试后，我被无锡市××商业银行录取，于 2017 年 4 月 8 日至 6 月 7 日，被分配到无锡市××商业银行××支行进行了为期三个月的实习。

刚开始实习时，我进行的是填制凭证的工作。由于以前有过几次简单的实践经验，所以对于凭证也就一扫而过，总以为凭着记忆和在学校里学的理论，对于区区的原始凭证可以熟练掌握，也就是这种浮躁的态度让我忽视了会计循环的基石——会计分录，以至于后来制单时有点手足无措。会计分录在书本上可以学习，而一些银行账单、汇票、发票联等在实习时才能真正接触，从而有了更深刻的印象。别以为光是认识就行了，还要把所有的单据按月按日分门别类，并把每笔业务的单据整理好，装订好，才能为记账做好准备。

填制好凭证之后就进入记账程序了。虽说记账看上去有点像小学生都会做的事，但对于重复量如此大的工作，如果没有一定的耐心和细心是很难胜任的。出错并不是随便用笔涂或用橡皮擦就算了，每个步骤会计制度都是有严格要求的。例如，写错数字就要用红笔画横线，再用钢笔在其上面更正。写错摘要栏，可以用蓝笔画横线并在旁边写上正确的摘要。平常我们写字，总觉得写正中点好看，摘要却不行，一定要靠左写起，不能空格，这样做是为了防止摘要栏被人任意篡改。会计工作对于数字的书写也有严格要求，字迹一定要清晰、清秀，按格填写，不能东倒西歪的。记账时要清楚每一明细分录及总账名称，不能乱写，否则总账的借贷双方就不能结平了。如此繁琐的程序让我不敢有一丁点马虎，这并不像做作业或考试时出错扣分那么简单，在以后的工作中，这关乎一个企业的账务，是一个企业以后制订发展计划的依据。

所有的账记好了，接下来就是结账，每个账页要结一次，每个月也要结一次，所谓月清月结就是这个意思。结账最麻烦的就是结算期间费用和税费了，按计算器都按到手酸，而且一不留神就会出错，要复查两三次才行。一开始，我掌握了计算公式，就以为使用计算器这样的小事不在话下，因为粗心大意算错了不少数据，好在同组的同学要我先用铅笔写数据，否则真不知道要把账本涂改成什么样子。

对于从制单到记账的整个过程基本了解后，就要认真结合书本知识总结一下手工做账到底是怎么一回事。根据实习资料教程得知每种银行账单的样式和填写方式及什么时候才使用这种账单，对它们有了基本认识以后学习起来就得心应手了。其实课本上学的知识都是基本的知识，不管现实情况怎样变化，抓住了最基本的知识就可以以不变应万变。如今有不少学生实习时觉得课堂上学的知识用不上，有挫折感，可我觉得，要是没有书本知识做铺垫，又哪能应对瞬息万变的社会呢？

三个月的实习工作，不仅使我对会计工作有了进一步的认识，还使我学到了很多金融方面的理论知识及银行业的许多制度及法规，学到了许多在学校里学不到的实际知识，增强了将理论应用于实际的能力，积累了很多宝贵的工作经验，掌握了一定的业务操作能力和协调沟通能力，在人际关系方面也学到很多，受益颇多。在取得实效的同时，我在实习过程中发现了自身的一些不足。比如，自己不够细心，经常看错或抄错数字，导致核算结果出错，引起不必要的麻烦；在编制分录方面还不够熟练，今后还得加强练习。

总之，这次实习的整个过程丰富了我、充实了我，更加升华了我，为我今后走向社会奠定了坚实的基础。

张三

2017 年 6 月 15 日

【简析】这是一篇会计专业学生的实习报告。文章开头写实习单位、实习内容和总的感受。主体部分通过一些事例重点介绍了实习任务的完成情况。结尾部分概述了自己的实习体会。从整体看，这篇报告较完整地反映了该学生实习的过程和心得体会，内容翔实，中心明确，层次井然，语言清晰、准确，可供学习者参考和借鉴。

例文二

个人实习报告

一、实习目的

大学生活最后的阶段是实习，很重要，在实习的过程中我学会了很多，体会了教师这一神圣职业的光荣。通过实习，我充实了自己，学会了如何教学，学习了许多东西。经历了这段实习生活，我感受到教师职业的重要，体会到教师工作的辛苦。在实习过程中，我对比自己的学生时代，感受着师生的差别，还有“90 后”学生的能力。

一代比一代强，新一代信息接受面广。这对老师提出了越来越高的知识要求。在实习过程中，我们熟练地掌握了教学技能，不仅如此，我们还学会了处理与学生关系的技巧。

二、实习内容

1. 班主任工作

每日负责早晚两次自习，与班级班委一起组织学生进行学习，开班级常务会议一次。

2. 专业技能教学

完成教案六篇，上课七次（加作文训练课），批改学生作业，监考两次。

3. 教学研究调查

为更好地了解学生，调动学生的学习积极性，组织两次小组谈心会，了解学生的思想动态及学习动态。

三、实习总结

1. 教学专业技能总结

9 月 15 日，指导老师潘老师带着我走进教室，那时我的心情很复杂。我是从这里毕业的，心里在想自己走上讲台会是什么样的感觉。潘老师向同学们介绍了我，没想到同学们都蛮不错的，竟然鼓起了热烈的掌声。接着，潘老师并没有让我上讲台，而是在简单介绍几句后，让我在后排的空位上听课。9 月 23 日，我已经在这里认识班上的每个同学，了解了他们的学习情况（通过班主任、班委，或直接与同学们交流）。然后，我认真听指导老师上课。我现在听课的感觉和以前完全不一样：以前听课是为了学习知识，现在听课是学习教学方法。目的不一样，上课的注意点就不一样，我现在注意的是指导老师的上课方式、上课的思想。于是，在一个星期后的今天，在紧张的周末备课后，我紧张地走上了神圣的讲台。今天我给同学们带来的是徐志摩先生的名作《再别康桥》。第一次上台，与在大学技能课上的感觉完全不同，在大学课堂面对的是自己的同学，开始有点紧张，可紧张感慢慢消失。同学们互动和我的热情交织在一起，课堂气氛逐渐变好！终于，下课铃响了，我刚好讲完，谢天谢地！在门口，潘老师向我走过来，说了四个字："不辱使命！"对了，我向潘老师承诺过，一定把这节课上完，真的不辱使命。

有了好的第一次，不一定有好的第二次，第二次让我输得一塌糊涂。10 月 7 日，讲《面朝大海 春暖花开》是我至今无法忘记的。诗文是我的强项，更重要的是，海子是我最喜欢的诗人，我信心十足。事后证明，过分的自信会导致错误，教学工作并不是凭着自信就能顺利进行的。草草的准备、盲目的自信、自己的无知，让我在课上导入阶段频频出现意外。作者介绍不连贯，文章未真正讲透。课后潘老师找我谈了许久，向我提了很多有益的建议。

此后，我充分准备，认真理解课文。如果一个老师连课文都没搞懂，那又有什么资格来给学生讲课呢？知识的储备、备课的充足、有节奏地控制课堂气氛是一名优秀的语文老师必须具备的。

2. 班主任工作

在实习之前，指导老师对我说，做好实习班主任要注意几点：密切与班委配合，积极关注学生学习意向，公平对待学生。第一天实习，那是个不寻常的日子。学校要求高中学生晚上 7 点到 9 点 30 分必须来学校上自习。6 点 30 分左右，我走进教室，里面一片吵闹。我很惊奇，便质问："这就是你们班吗？"谁知道竟然没有人听我的话。我站在讲台上，平静地看着下面的一切，学生安静下来。接着，我把班长和几位班委成员叫了出来。按照指导老师事前的安排，我布置好班级的日常秩序管理工作。一个好的班集体是可以带好整个班级的。效果在当晚便产生了，班级的自习秩序很快稳定下来。看着学生们安静地学习，指导老师拍了拍我的肩膀。我原本和指导老师谈好，在后面的实习时间开班会，可指导老师在 10 月 5 日就要求我把在国庆节前一星期的学习工作做一些总结，让我在 10 月 6 日单独开一次班会。第一次开班会，心情紧张，而且我对这个班级的工作不完全了解。于是，我先让班委成员向大家汇报一下班级开支的情况。接着，我对前段时间班里的不足提出批评，特别对班上几个调皮的学生迟到早退进行了严厉警告。用一种制度建立一种秩序如此简单，而班主任的工作远不止于此。交心，这是我在学生时代学到的一种有效处理学生心理问题的手段。针对有学生上课精神不集中、学生成绩下降，以及一些来自农村的学生跟不上教学进度的情况，灵活处理，与学生进行面对面的交流，使课堂、课后气氛大有改变。

3. 教学研究调查

这项工作是在指导老师带领下进行的，我们对学生的成绩进行比较，做出一个综合性对比表格，便于在教学过程中因材施教。在课余时间，我积极和学生们谈心。在课堂上，我调动差生听课的积极性，合理有效地把班级教学管理工作推到了一个新的轨道。

实习让我意识到自己的不足，充分认识到新教学教育的难度和我们需要做好的工作。当老师难，当一名合格的优秀的老师难上加难。“蜡炬成灰泪始干”，老师的辛劳让学生感激不尽。正是忘我工作的老师们，使一批批未来的花朵开放得更加灿烂！长大后，我就成了你，我甘愿当盏灯，照亮学生们的未来之路，让未来的花朵们盛开得更加美丽！

【简析】这篇实习报告主要包括实习工作的主要内容。主要收获与提高，以及对下一步参加和组织开展大学生实习活动的意见和建议。实习的主要内容是自己在实习单位做了什么事情，完成了哪些工作。基本的写法是把工作分成几个方面，将每个方面具体的工作一一道来，讲出有哪些收获，有什么提高和进步，有什么感受。下一步如何把工作开展得更好，意见和建议部分就回答这一问题。

三、理论知识

（一）实习报告的意义

实习报告是临近毕业的大专、中专学生在实习活动结束后，为及时反映实习内容、实习环节、实习效果、实习体会而撰写的总结性书面材料。

实习报告的撰写是学生专业知识掌握、吸收情况的体现和升华过程。实习报告对检验学校教学成效，反映学生掌握和运用知识的情况具有重要作用。

（二）实习报告的特点

实习报告具有总结性、针对性、学术性的特点。

（三）实习报告的格式

1. 标题

（1）由“事由+文种”组成，如“实习报告”。

（2）由“实习对象+事由+文种”组成，如“网络营销实习报告”。

2. 正文

（1）开头主要介绍实习期的基本情况，包括实习的目的、意义和要求，实习时间、地点、内容等，把实习的感受、结果概述出来，以引起下文。

（2）主体主要介绍实习过程。例如，自己在实习期间如何将在学校学到的理论和方法运用到工作实践之中；对自己观察到的新鲜事物，进行分析总结。

（3）结尾概括总结自己的实习体会、经验教训，讲明今后的努力方向等。

（4）落款由署名和成文日期组成。如果报告是由实习小组成员共同完成的，署名应该是若干人。

（四）撰写实习报告的注意事项

丰富的、真实的实习资料是写好实习报告的基础；必须将实践经历与专业理论相结合；语言精练、流畅，重点突出，具有可读性和审美性。

思考与练习

1. 实习报告是在校大学生在有关单位实习后向学校所做的情况汇报。一篇完整意义上的实习报告包括几个部分？每个部分应该注意什么问题？

2. 请结合你的专业知识和实践经验，写一篇实习报告。

第四节　毕业论文

一、任务导入

任务一

根据你感兴趣的学术问题，列出5个论题，并与同学们进行交流。

任务二

结合所学专业，写一篇3000字左右的论文，并向有关刊物投稿。

例文分析

浅析恶性价格竞争的危害、成因及企业对策[①]

×××

【摘要】价格策略是企业市场营销组合中的一个重要策略。价格策略包括维持稳定价格、涨价和降价三个方面。但是，在中国企业家和老百姓的心目中，价格策略就是降价，即所谓的价格战就是降价大战。这种价格大战，会逐步演变为严重的恶性竞争。本文就形成恶性价

① 选自陈佩玲、许国英著《应用文写作》，有改动。

格战的危害、恶性价格竞争产生的原因，以及避免恶性价格竞争的对策做一简要解答。

【关键词】价格、价格大战、竞争成本、利润

价格策略是企业市场营销组合中的一个重要策略，也是一个最直接、最有效的策略。价格策略包括维持稳定价格、涨价和降价三个方面。但是，在中国企业家和老百姓的心目中，价格策略就是降价，即所谓的价格战就是降价大战。价格战并不是市场唯一的竞争手段，却是中国企业频繁使用的搏杀武器。今年以来，中国市场狼烟四起，价格战连绵，从彩电、空调、洗衣机、热水器、微波炉、DVD、汽车到建材、房地产、软件、报纸、手机、计算机、珠宝首饰、药品医疗，无一不降价声一片。愈演愈烈的价格战，使得有些企业甚至无法在市场竞争中迈步，很多企业宁愿赔血本也要把一轮又一轮的价格战进行到底。可是，低价竞争将导致商家徒劳无利、厂家焦头烂额、彼此相互抱怨、品牌夭折的恶果。这种价格大战，会逐步演变为严重的恶性竞争。那么，形成恶性价格战的危害有哪些？它的成因又是什么？企业有何应对方法吗？本文试就这些问题谈一些个人看法。

一、恶性价格竞争的危害

今年8月11日以来，长虹开闸放水，康佳、乐华、TCL、海信等先后跳水，彩电

价格降幅最大达35％，29英寸彩电跌破业内人士认定的最低成本价2300元，更有一些厂家将其降至2000元以下。对此，专家、学者、媒体及企业界莫衷一是，褒贬不一。不过，主要观点是：企业只会单纯地运用价格杠杆，层次太低。恶性价格竞争会导致产品质量与消费者利益得不到保证，行业积累偏低，无法支撑技术进步。那么，恶性价格竞争到底有哪些危害呢？

1. 破坏原有市场价格秩序，形成恶性循环（略）

2. 浪费人力、物力和财力（略）

3. 侵犯了国家、企业的利益（略）

4. 损害了消费者的利益（略)

恶性价格竞争不仅损害了企业自身发展的后劲，破坏了产品品牌形象，同时也使得国税收入减少、消费者利益受损（以次充好，以假乱真）等。那么，恶性价格竞争又是怎样产生的呢？

二、恶性价格竞争产生的原因

1. 法律规范的不健全（略)

2. 市场上供大于求的状况（略）

3. 生产企业盲目投资，盲目生产，重复建设；经销商千店一面，缺乏个性（略）

4. 整体社会成员道德水平不高（略）

价格竞争是市场竞争的永恒主题。但恶性价格竞争不仅使消费者眼花缭乱，更使许多企业手足无措。恶性价格竞争的形成并非一朝一夕所致，自然也非一朝一夕所能改变。那么，企业如何走出恶性价格竞争的怪圈呢？

三、企业避免恶性价格竞争的对策

1. 走服务竞争之路（略）

2. 寻求差异化发展，营建竞争优势（略）

3. 加强品牌建设，增强品牌意识（略）
4. 走技术创新之路（略）
5. 以合作替代对抗，实现“双赢”（略）

综上所述，恶性价格战其实只不过是一种价格竞争的表现形式，它的形成有客观原因，也有主观原因。只有认清市场形势，并以大规模的产销、一流的管理水平、完善的服务体系、卓越的技术工艺、先进的生产设备和与同行密切合作为支撑，才能使企业立于不败之地。恶性价格战并不可怕，只要企业摆正自身位置，做一个有个性的企业，便能在经济大潮中有立足之地。

参考文献

[1]×××.价格大战的经济学思考［J］.价格理论与实践，2000(3).
[2]××.如何看待彩电“价格战”［J］.价格理论与实践，2000(2).

【点评】这是一篇关于恶性价格竞争问题的毕业论文。论文从恶性价格竞争的危害、成因及对策三个方面展开论述。文章选题具有较强的现实意义，在论述过程中采用层层递进的论证方式论证主题，论述观点有较好的参考价值，并能运用理论论据和事实论据来论证，文章说服力较强。全文主题突出，观点鲜明，说理透彻，层次清楚，结构完整，是一篇较好的毕业论文。

三、理论知识

（一）毕业论文的概念和作用

毕业论文是高等院校毕业生提交的一份有一定的学术价值的文章。它是大学生完成学业的标志性作业，是对学习成果的综合性总结和检阅，是大学生从事科学研究的最初尝试，是在教师指导下所取得的科研成果的文字记录，也是检验大学生掌握知识的程度、分析问题和解决问题基本能力的一份综合答卷。毕业论文是学术论文的一种，学术论文的基本性质和写作要求，毕业论文均应有所体现。

毕业论文就其内容来讲，可以分为三种：第一种是解决学科中某一问题的，用自己的研究成果加以回答；第二种是只提出学科中某一问题，综合别人已有的结论，指明进一步探讨的方向；第三种是对所提出的学科中某一问题，用自己的研究成果，给予部分回答。毕业论文注重对客观事物做理性分析，指出其本质，提出个人的学术见解和解决某一问题的方法和意见。就其形式来讲，毕业论文具有议论文共有的一般属性特征，文章主要以逻辑思维的方式为展开的依据，强调在事实的基础上，展示严谨的推理过程，得出令人信服的科学结论。

毕业论文虽属学术论文的一种，但和学术论文相比，又有自己的特点。

1. 指导性

毕业论文是在教师指导下独立完成的科学研究成果。毕业论文作为大学毕业前的最后一次作业，离不开教师的帮助和指导。对于如何进行科学研究、如何撰写论文等，教师都要给予具体的指导。在学生写作毕业论文的过程中，教师要启发引导学生独立进行工作，注意发挥学生的主动创造精神，帮助学生最后确定题目，指定参考文献和调查线索，审定论文提纲，解答疑难问题，指导学生修改论文初稿，等等。

2. 习作性

根据教学计划的规定，在大学阶段的前期，学生要集中精力学好本学科的基础理论、专业知识和基本技能；在大学的最后一个学期，学生要集中精力写好毕业论文。学好专业知识和写好毕业论文是统一的，专业基础知识的学习可以为写作毕业论文打下坚实的基础；毕业论文的写作是对所学专业基础知识的运用和深化。学生撰写毕业论文，就是运用已有的专业基础知识，独立进行科学研究活动，分析和解决一个理论问题或实际问题，把知识转化为能力的实际训练。毕业论文写作的主要目的是培养学生具有综合运用所学知识解决实际问题的能力，为将来作为专业人员写学术论文做好准备，它实际上是一种习作性的学术论文。

3. 层次性

毕业论文与学术论文相比，要求比较低。专业人员的学术论文，是指专业人员进行科学研究和表述科研成果而撰写的论文，一般反映某专业领域的最新学术成果，具有较高的学术价值，对科学事业的发展起一定的推动作用。

大学生的毕业论文受各种条件的限制，在文章的质量方面要求相对低一些。这是出于以下原因。

大学生缺乏写作经验。多数大学生是第一次撰写论文，对撰写论文的知识和技巧知之甚少。

多数大学生的科研能力还处在培养形成之中，大学期间主要是学习专业基础理论知识，缺乏运用知识独立进行科学研究的训练。

撰写毕业论文受时间限制。一般学校都把毕业论文安排在最后一个学期，而实际上停课写毕业论文的时间仅为十周左右，在如此短的时间内写出高质量的学术论文是比较困难的。当然，这并不排除少数大学生通过自己的平时积累和充分准备，可以写出较高质量的学术论文。

撰写毕业论文是检验学生在校学习成果的重要措施，也是提高教学质量的重要环节。大学生撰写毕业论文的目的，主要有两个方面：一是对学生的知识和能力进行一次全面的考核。二是对学生进行科学研究基本功的训练，培养学生综合运用所学知识独立地分析问题和解决问题的能力，为以后撰写专业学术论文打下良好的基础。

（二）撰写毕业论文的准备工作

撰写毕业论文的准备工作包括选题、选导师、收集资料、观察与实验、确立论点、拟写提纲六个环节。

1. 选题

毕业论文的选题应遵循学术论文的选题原则，选择学术领域里有价值的课题并注意是否有利于展开，这是课题选择的基本原则。但是，毕业论文是对学生学业的综合考查，是对学生能力的训练，且为时不长。这些特点决定了毕业论文的选题有其特殊的要求。

（1）选题方向与专业对口。

一般来说，毕业论文的写作目的，与高校的培养目标相联系，重在培养学生综合运用所学专业理论知识去解决实际问题的能力，使其受到科学研究的基本训练。所以，毕业论文选题一般不应超出本专业的学习内容和范围。

（2）选题要理论联系实际，注重现实意义。

① 注意选题的实用价值，选择具有现实意义的题目。

所谓论文的实用价值，就是指我们选的题目，应是与社会生活密切相关、为千百万人关心的问题，特别是社会主义现代化建设事业中亟待解决的问题。这类问题反映一定历史时期社会生活的重点和热点，是与广大人民群众的利益息息相关的。

选择具有现实意义的题目，要注意三个方面的问题：一是与党和国家或与国计民生有关的重大问题。这类问题关系国家的发展方向、速度，是社会公众关注的热点，因而有普遍的社会意义。二是群众普遍关心的问题。这类问题虽不是全局性的，却是人们关注的，或期待解决，或有疑虑需要进行理论探讨和解答的问题。三是虽属具体的问题，又未引起社会重视，却代表一定的倾向。一种是意义尚未被认识，作者用理论观点分析、预见到它的生命力。例如，农村土地向种田能手转移、选送村级干部上大学、为农村培养致富带头人等。或者，预测到危害、恶果，及时提出问题，引起社会重视。例如，农村盖房、修坟挤占破坏耕地，小城镇建设缺乏统一规划，基础设施不配套，农户引种、引养外地产品不经市场调查，一哄而上，等等。另一种是群众议论纷纷，反应很大的，要做出理论分析，引导群众正确对待。例如，在分配问题上的效率和公平，先富和后富，既要反对平均主义又要防止两极分化，等等。

② 注意选题的理论价值。选择现实性较强的题目，还要考虑其有无理论和认识上的价值，即有无普遍性的意义，能否进行理论分析和综合，从个别上升到一般，从具体上升为抽象。有些题目并不一定直接与现实挂钩或有直接的实际用途，如对历史问题、典籍问题、外国问题的研究等，但从发展的眼光看，这些题材能够表示某种趋势，或对现实有借鉴的作用，因而具有理论价值。我们反对的，只是那种脱离现实、咬文嚼字、繁琐考证、追求时髦等毫无意义的东西。

（3）选题要考虑主客观条件。

选题时，应对自己有正确的客观估计。例如，自己掌握材料的深度和广度、驾驭材料的能力、对课题的理解程度等。根据自己的长处和兴趣爱好，扬长避短，充分发挥主观优势。同时，还要充分了解学术界的研究现状。例如，本课题研究已有的成果、还存在哪些问题、尚待研究的问题、尚待解决的问题及迫切程度、社会需要和科学发展的趋势，等等。只有把主客观两方面的条件结合起来，才能选出最适合自己的课题。

（4）课题难易要适度。

选择的课题难易要适度。选题既要有知难而进的勇气和信心，又要量力而行。难度大的课题当然更有科学价值，但刚刚涉足科学研究领域的大学生往往不能胜任，难以完成。对于研究生来说，也只能在已有研究和本人已有知识、经验的基础上，选择经过自己的研究和探讨能够实现的课题。而选择难度太小的课题，就会失去一次有意义的科学研究和规范训练的机会，达不到写作毕业论文的目的。因此，课题的选择既要有一定的难度，有一定的工作量，又要适合自己的知识水平和实际能力。

（5）课题大小要得当。

毕业论文主要是反映学生能否运用掌握的基础知识和专业知识来分析和解决本学科内某一基本问题的学术水平和运用能力。所以，毕业论文不可能囊括大学或研究生学习期间的全部知识，也不可能解决本学科的全部问题。一篇毕业论文只需论述某一基本问题的某一重要侧面，或对某些基本的理论、原理进行比较系统的整理等。因此，在选题时，要根据本人的专业基础和时间及其他相关因素（如资料条件、实验设备、经费情况、指导力量等），综合考察，以选择大小得当的课题。一般来说，课题宜小不宜大，宜窄不宜宽。题目太大，把握不住，思考难以深入，容易泛泛而谈。选定小题目，有两种方式：一是直接选一个小题目，二是在大题目中选定小的论证角度。例如，有这样三个题目——“论妇女权益的保障”“论妇女经济权益的保障”“论妇女财产继承权的保障”。第一个题目显然太大。第二个题目比起第一个来小一些，但经济权益包含的内容仍较复杂，对毕业论文来说，还嫌太大。第三个题目抓住了妇女经济权益中的财产继承权这一侧面，角度小，针对性强，容易深入研究。

当然，题目大点好还是小点好，每个人情况不同，难以一概而论。有的人理论素养好，情况了解多，写作水平较高，也可以写大一点的题目。但一般来说，题目还是小一点、具体一点为好。小题目容易驾驭，只要写得丰满深入，同样很有价值。此外，对题目大小的区分也是相对的，并无绝对的、一成不变的界限。大题可以小作，小题也可以大作，这要根据作者的实际情况来确定。但是，要注意，不能把论文写作范围限制得太小、太具体，以致失去典型意义或使作者的理论水平发挥不出来。例如，“××厂行政科岗位责任制刍议”，这样的题材写个意见书就足够了，非要写成论文，意义不大。

2. 选导师

毕业论文指导教师的主要任务是帮助学生最后确定课题，指定参考文献、参考书目，指导学生制订研究计划，审定论文提纲，指导研究方法，解答疑难，审阅论文，评定论文成绩，等等。指导教师不负责修改论文。一般来说，以命题与任选相结合的方式选题，命题时会公布指导教师的名单，学生可以根据自己的研究方向来选题。如果是自选题，可以根据平时对教师的了解，向教研室提出，请求某位教师指导自己的毕业论文的写作。

每位教师各有专业、各有所长。他们的三言两语，往往凝结着多年的研究心血。经其点拨，学生朦胧的看法有时会一跃成为有学术价值的观点。在写论文的过程中，有三个环节特别需要得到教师的指导，一是选题，二是拟写提纲，三是修改论文。抓住这三个关键环节，对论文的写作是很有益处的。

3. 收集资料

充分占有资料，是撰写毕业论文的基础。每一篇论文都必须有丰富的、充实有力的论据作为立论的依据。论文的材料包含两大类：直接材料和间接材料。这些材料均需从大量的调查研究，以及大量的阅读中获得。

（1）直接材料。

直接材料是从有关研究对象的原始资料中筛选出来的，是论文论点的主要来源和依据。

原始资料包括的范围很广，就商业经济论文来说，它包括原始凭证，原始记录，市场销售、仓储库存与实验的数据，顾客需求及心理反馈资料，经济政策，金融动态，市场行情，统计报表，等等。

（2）间接材料。

间接材料是前人或当代人有关研究对象的论述。科学研究不仅具有探索性，而且具有继承性。因此，掌握间接材料，搜集别人的有关论述，也是很重要的。我们可以从这些论述中得到启发，借鉴他人研究问题的方法，还可以引用某些经过考证的事实材料作为旁证。但是，在参阅别人的文章时应该以己为主，坚持独立研究，不要被别人的观点束缚，更不要被别人牵着鼻子走，否则只能是重复别人的见解。

收集资料的过程就是知识系统化、思维条理化的过程。在收集资料时，要善于利用图书馆、网络和各种工具书；要掌握查找书刊目录、著者目录、主题目录及各种文摘报刊的方法；要学会上网检索资料；要了解各种大型工具书，如《辞海》《中国大百科全书》《中国百科年鉴》《全国报刊索引》等的特点和使用方法。

4. 观察与实验

写作文科的毕业论文需要收集各种相关的资料，而写作理工科的毕业论文不仅需要查阅资料，还需要自己动手做实验，进行观察。观察是人们对客观现象进行有计划的、周密细致的知觉过程。实验是在条件控制下进行的观察。观察与实验是进行科学研究的重要方法，是收集数据、获得感性知识的基本途径，是形成、产生、发展和检验科学理论的实践基础。有人说，观察和实验是独创性的萌芽和基础，这是很有道理的。理工科学生的毕业论文，常以毕业设计的形式出现，其课题的内容往往与实验和论证联系在一起。因此，观察与实验显得十分重要。

同做实地调查一样，观察必须做好观察前的准备。所谓观察前的准备，就是要先明确观察目的。目的不明确，就难以确定恰当的观察对象，也就难以取得该课题研究所需的资料。所谓明确目的，是指明确该课题在观察中要解决的问题，如观察什么、选择什么样的观察对象、观察的步骤和要点等。在观察过程中，要密切注意细节，抓住现象的变化，详细地做好观察记录。

实验是根据科学研究的需要，人为地控制或模拟客观现象，排除各种干扰，专门研究客观规律的一种特定实践活动。实验在自然科学领域里运用很广泛，社会科学中的某些学科，如教育学、心理学、语言学等也会用到。实验能够强化研究对象，使其处于极端状态，有利于揭示新的特殊规律。

5. 确立论点

在收集资料和观察与实验的过程中，要对收集的全部资料和数据加以科学分析、比较、归纳和综合，逐渐丰富、充实或修正自己的见解，从而形成论文的观点。

分析研究资料是一个复杂而又艰苦的思考过程，它包含认识的渐进和飞跃，需要精神高度集中，锲而不舍地思考。有时，智慧的火花可能突然迸发出来，新的创见可能就此产生。因此，应该随时记下每个想法，不要使其像过眼云烟，稍纵即逝。在分析、研究资料的过程中，切忌被表面的东西迷惑，必须由表及里，深入探索，以获得本质的东西。例如，撰写经济学术论文，往往需要各种统计数据，如国内生产总值、财政收入等，如何分析、研究这些数据，就大有学问，切不可等闲视之。

一篇论文，有总论点，还有分论点。要先确立好总论点，再确立总论点属下的分论点。总论点一经确立，就起着制约、统率全文的作用，材料的取舍、结构的安排、论证方法的运用、语言的表达都要依照总论点的需要来决定。而总论点的正确性、新颖性和深刻性也是衡量论文有无价值或价值大小的关键所在。

6. 拟写提纲

提纲是论文写作的设计图，起着疏通思想、安排材料、形成结构的作用。如果写作前对论文缺乏通盘的考虑，写来写去就会前后重复，互相脱节，甚至互相矛盾，特别是篇幅比较长、分论点比较多的论文，更容易产生这种情况。有了提纲就可以使我们在具体写作时做到心中有数，清楚自己应该先写哪些论点，后写哪些论点，以及哪些论点用哪些材料做论据。

论文的提纲可详可简。简单的提纲只要求概括提示论文的中心论点及分论点，不涉及如何展开分论点；详细的提纲则要求列出中心论点下的分论点及有关材料的安排，可以比较清楚地看到全文的梗概。拟订写作提纲，是将自己在阅读和分析研究资料过程中形成的一些想法和新的论点进一步系统化的过程，也是使那些在研究过程中出现的不够肯定和比较模糊的看法进一步得到肯定的过程。论文的写作提纲，需要在写作过程中不断修改和完善。

（三）毕业论文的结构和编写要求

1. 封面

毕业论文的篇幅一般比较长，而且都是以单行本递交学位审定委员会，最后以单行本存档的，因此要求有封面。论文的封面设计装帧要美观大方，并提供论文的主要信息。论文封面的主要内容有标题、指导教师的姓名和职称、作者及其所在单位、申请的学位、课题的专业方向、完成论文的时间等。

2. 目录

毕业论文一般篇幅较长，需要写出目录，使读者（论文审阅者）一看就了解论文的大致内容。目录一般另起一页，排在扉页之后，由论文的章、节、条、款、附录等的序号、题名和页码组成，目的是使读者阅读方便。

3. 摘要

毕业论文有两种不同的摘要：一是放在毕业论文目录之后、正文之前的摘要，与一般论文的摘要写法相近，比较简短；另一种是提供给学位评定委员会专用的比较详细的摘要，可达两三千字。其内容除包括一般论文包含的项目之外，还应概括介绍论文的要点、研究的思路和方法、过程，以便学位委员会了解作者的研究能力和写作意图。摘要要有高度的概括性，全面反映论文的要点，文字简洁、明确、畅达。

4. 引言

引言也叫绪言、绪论。毕业论文的引言与一般论文的引言有三点不同：一是对课题和选择课题的原因、意义或背景、研究的方法做较详细的说明。二是对与论文内容有关的主要文献进行综述，以反映研究工作的范围和作者对文献的分析、综合判断能力。对文献要根据主题加以选择，突出重点。三是对研究工作的规模、工作量做概括说明。引言增加了论文内容，表述时应简明扼要。

5. 正文、结论、谢词、参考文献

这几个部分的写作要求和方法与其他学术论文的相应要求一致。

6. 附录

附录置于正文之后，是对正文所做的重要补充，也能体现研究工作的数量和质量。凡正文部分没有使用和只使用了部分的与论文有关的重要数据和资料，如各类统计表、较复杂的公式推导、计算机打印输出件、术语符号的说明等，都可作为说明论文的有用信息置于附录中。因此，有些毕业论文，特别是学位论文，附录甚至比正文还长。

7. 论文的装订

将论文的相关内容全部誊清之后，经过检查，没有什么问题，就把它装订成册，再加上封面。装订的顺序是：封面—目录—摘要—正文—参考文献—附录—封底。有的女同学将封面用彩色的厚纸、漂亮的彩带修饰，这是没有必要的，用与原稿纸大小相同的稍厚一些的白纸就可以。誊论文一般用 16 开方格稿纸，选择纸质坚韧的纸张，才利于长期保存、阅读。许多高校提供写作毕业论文的专用稿纸，这就更利于毕业论文在格式上的统一。

撰写毕业论文是一件很严肃的事情，也是一项艰苦的工作。要写出一篇高水平的毕业论文，需要作者站在学科的前沿，获得并驾驭丰富的材料。写作毕业论文不仅是一个文字表达过程，也是一个思想认识不断深化的过程。在不断提炼思想认识和学术观点的过程中，多次反复修改，一篇优秀的毕业论文才能脱胎而出。

（四）毕业论文的答辩

毕业论文答辩是答辩委员会成员(以下简称“答辩老师”)和撰写毕业论文的学生（答辩者）面对面地交流，由答辩老师就论文提出有关问题，让学生当面回答。这一过程有“问”有“答”，还可以有“辩”。

大学毕业论文答辩委员会（或小组）由 3 至 5 名中级职称以上的教师组成，设主席 1 人、副主席 1 人、秘书 1 人。

答辩老师在答辩会上提出的问题，在答辩前不得泄露。

答辩以民主、公开的方式进行，答辩时要有详细记录。

1. 毕业论文答辩的目的

毕业论文答辩的目的，对于组织者（校方）和答辩者（毕业论文作者）来说是不同的。

校方组织毕业论文答辩的目的是进一步审查论文，即进一步考查和验证毕业论文作者对所著论文论述的问题的认识程度和当场论证论题的能力；进一步考查毕业论文作者对专业知识掌握的深度和广度；审查毕业论文是否为作者自己独立完成等情况。

对于答辩者(毕业论文作者)来说，答辩的目的是通过答辩，按时毕业，取得毕业证书。

答辩者要顺利通过毕业论文答辩，就必须了解上述学校组织毕业论文答辩的目的，然后有针对性地做好准备，继续对论文中的有关问题做进一步的研究，把论文中提到的基本材料搞准确，把有关的基本理论和文章的基本观点彻底弄懂、弄通。

2. 毕业论文答辩前的准备

毕业论文答辩是一种有组织、有准备、有计划、有鉴定的比较正规的审查论文的重要形式，也是老师当面考查学生学术水平的一种方式。答辩时，答辩老师会针对论文涉及的有关内容进行提问，答辩者在答辩前必须根据论文内容做好充分的准备，并把准备好的内容写成较具体的提纲，以备答辩时使用。除在论文内容方面准备充分外，答辩者还要注意自己的衣着和举止等细节性问题。

要保证论文答辩的质量和效果，能顺利通过答辩，答辩者在答辩之前应该从以下方面进行准备。

（1）写好毕业论文简介。毕业论文简介主要内容包括论文的题目，指导教师姓名，选择该题目的动机，论文的主要论点、论据和写作体会，以及本课题的理论意义和实践意义。

（2）熟悉自己所写论文的全文，尤其要熟悉主体部分和结论部分的内容，明确论文的基本观点和主论的基本依据；清楚论文使用的主要概念的确切含义、运用的基本原理的主要内容；同时，还要仔细审查、反复推敲论文中有无自相矛盾、错误、片面或模糊不清的地方，有无与党的政策方针相冲突之处，等等。如果发现有上述问题，就要做好充分准备——补充、修正、解说等。只要认真设防，堵死一切漏洞，在答辩过程中，就可以做到心中有数，沉着应对。

（3）了解和掌握与自己所写论文相关联的知识和材料。例如，学术界对这一课题的研究已经达到什么程度、目前存在哪些争议、有几种代表性观点、每种观点有哪些代表性著作、自己倾向于哪种观点及理由、重要引文的出处、论证材料的来源，等等。对这些方面的知识和材料，答辩者要在答辩前有比较好的了解和掌握。

（4）明确论文还有哪些应该涉及或解决，但因力所不及而未能接触的问题，以及未涉及或涉及很少的问题，在研究过程中已接触并有一定的见解，只是由于与论文表述的中心关联不大而没有写入论文之中。

（5）搞清楚哪些观点是继承或借鉴他人的研究成果，哪些是自己的创新观点，这些新观点、新见解是怎么形成的。

对上述内容，答辩者在答辩前都要很好地准备，经过思考、整理，写成提纲，记在脑中，这样在答辩时就可以做到心中有数，从容作答。

3. 答辩要注意的问题

答辩者要顺利通过答辩，并在答辩时真正发挥出自己的水平，除在答辩前充分做好准备外，还需要了解和掌握答辩的要领和答辩的艺术。

（1）携带必要的资料和用品。

答辩者参加答辩会，要携带论文底稿和主要参考资料。有的高校规定：在答辩会上，答辩老师提出问题后，答辩者可以准备一定时间后再当面回答，在这种情况下，携带论文底稿和主要参考资料的必要性是不言自明的。有的老师提出问题后，不给答辩者准备时间，要求当场作答，但在回答过程中，允许其翻看自己的论文和有关参考资料。答辩者在答辩时不能依赖这些资料，但带上这些资料，当遇到一时记不起来的情况时，稍微翻阅一下资料，就可以避免出现答不上来的尴尬和慌乱。此外，答辩者还应带上笔和笔记本，以便把答辩老师提出的问题和有价值的意见记录下来。通过记录，答辩者不仅可以缓减紧张心理，还可以更好地了解答辩老师所提问题的关键是什么。而且，一边记一边思考，可以使思考的过程变得很自然。

（2）要有自信心，不要紧张。

在做了充分准备的基础上，不要紧张，要有自信心。树立信心，消除紧张慌乱的心理很重要，因为过度紧张会使本来可以回答的问题回答不上来。答辩者只有充满自信，沉着冷静，才会在答辩时有良好的表现，而自信心主要来自事先的充分准备。

（3）听清问题后，经过思考再回答。

答辩老师在提问题时，答辩者要集中注意力认真聆听，并将问题回答略记在本子上，仔细推敲答辩老师所提问题的关键是什么，切忌未弄清题意就匆忙作答。如果对答辩老师所提问题没有搞清楚，可以请对方再说一遍。如果对问题中有些概念不太理解，可以请提问老师做些解释，或者把自己对问题的理解说出来，并问清是不是这个意思，等得到肯定的答复后再回答。只有这样，才可能避免答非所问，答到点子上。

（4）回答问题简明扼要，层次分明。

在弄清答辩老师所提问题的确切含义后，要在较短的时间内做出反应，要充满自信地以流畅的语言和肯定的语气把自己的想法讲述出来，不要犹犹豫豫。回答问题，一要抓住要害，简明扼要，不东拉西扯，使人听后不得要领；二要力求客观、全面，留有余地，切忌把话说死；三要条分缕析，层次分明。此外，还要吐字清晰，声音适中。

（5）对回答不出的问题，不可强辩。

有时答辩老师对答辩者的回答不太满意，还会进一步提出问题，以了解答辩者是否确实搞清和掌握了这个问题。遇到这种情况，答辩者如果有把握讲清，就可以讲明理由，进行答辩；如果不太有把握，就可以审慎地试着回答，能回答多少就回答多少，即使讲得不很明白也不要紧，只要与问题有所关联，老师会引导和启发你切入正题；如果确实是自己没有搞清的问题，就应该实事求是地讲明自己对这个问题还没有搞清楚，表示今后一定认真研究这个问题，切不可强词夺理，进行争辩。在答辩会上，答辩者针对某个问题被问住是不奇怪的，因为答辩委员会成员一般是本学科的专家，对他们提出的某个问题回答不上来是很自然的。当然，答辩者对所有问题都回答不上来，一问三不知，这就不正常了。

（6）当论文中的主要观点与答辩老师的观点相左时，可以辩论。

在答辩中，有时答辩老师会提出与你的论文基本观点不同的观点，然后请你谈谈看法，此时就应全力为自己的观点辩护，反驳与自己观点相对立的思想。

在答辩老师提出的问题中，有的是基础知识性的问题，有的是学术探讨性的问题。对于前一类问题，答辩者要做出正确的、全面的回答，不能含糊。对于后一类问题，是非正误未有定论，持有不同观点的人可以互相交流。如果你所写的论文的基本观点是经过自己深思熟虑，有理有据，能自圆其说的，就不要因为答辩老师提出不同的见解，就随声附和，放弃自己的观点，否则就等于否定了自己辛辛苦苦写成的论文。与答辩老师展开辩论，要注意分寸，适当运用辩术。一般来说，应以维护自己的观点为主，反驳对方要尽可能用委婉的语言、请教的口气。

（7）要讲文明礼貌。

论文答辩的过程也是学术思想交流的过程，答辩者应把它看成向答辩老师和专家学习、请求指导、讨教问题的好机会。因此，在整个答辩过程中，答辩者应该尊重答辩委员会的老师，言行举止得体，要讲文明、有礼貌，尤其在答辩老师提出的问题难以回答，或答辩老师的观点与自己的观点相左时，更应该如此。答辩结束，无论答辩情况如何，答辩者都要从容地、有礼貌地退场。

此外，毕业论文答辩之后，答辩者应该认真听取答辩委员会的评判，进一步分析、思考答辩老师提出的意见，总结论文写作的经验教训，使自己在知识、能力上有所提高。

思考与练习

1.你所学的专业有多少种期刊?

2.毕业论文与学术论文有何不同？

3.毕业论文在选题时应考虑哪些因素？

4.答辩者在答辩之前应该从哪些方面去准备?

5.答辩时要注意哪些问题？

模块四　专业文书

第一节　广告文案

一、任务导入

任务一

一位同学创办了一家美甲工作室，地点在浙江工贸创业园。他推出了一则平面设计广告——一张自己的美甲照片和广告文案。

广告文案：

只要 9.9 元！活动仅限三天（2015 年 3 月 30 日到 4 月 1 日）。只要 9.9 元！让你的手美到爆！地址：浙江工贸职业技术学院创业园 203 室。恭候您的大驾！

运用所学知识策划与写作（或修改上面的）广告文案。

任务二

主题为保护动物的平面设计广告“三只狐狸”：

在一个大商场的橱窗里挂着一件价格不菲的貂皮大衣，狐狸毛材质的衣领被设计成狐狸的形状。它的“高贵”的面前有两只显得很渺小的狐狸。

从广告策划角度讲，这则文案十分有创意，但似乎缺少了什么。倘若我们能够通过设想为其修饰一下，会有什么效果呢？请运用所学知识设计和写作广告文案。

二、例文分析

例文一

香港××保险公司广告文案

彼得与上帝同行，路面上留下两对脚印，一对是他的，另一对是上帝的。当彼得经历一生中最消沉、最悲哀的岁月时，路面上的脚印却只剩下一对。

彼得问上帝："主啊，你答应过我，只要我跟随你，你永远扶持我，可是在我最艰苦的时候，你却弃我而去。"

上帝："孩子，当时我把你抱在怀中，所以只有一对脚印。"

当你走上坎坷的人生之路时，本公司陪伴着你；当你遇到不测之时，本公司助你渡过难关。

【简析】你看到的保险公司的广告是怎样的呢？保险广告中常用来比喻发生意外的一句话是什么？我们推销意外保险的时候，能说"天有不测风云，人有旦夕祸福""不怕一万，只怕万一"吗？人寿保险公司曾经这样承诺："公共交通意外、自驾车交通意外三倍赔付，航空意外五倍赔付。"你觉得这样让人感觉好吗？

上面的香港××保险公司广告文案虚拟了两个角色，其中上帝是保险公司，彼得是投保者。当彼得在最消沉、最悲哀的时候，保险公司把他抱在怀中。这体现了深切的人文关怀和扶持！该广告文案选材独特、新颖。

例文二

美国贝尔电话公司广告文案

镜头一：一个傍晚，一对老夫妇坐在桌前共进晚餐。

镜头二：（画外音）电话铃响起。老太太起身去接电话。

镜头三：老太太在电话机旁，手拿着电话，说着什么。

镜头四：老太太回到餐桌上。

镜头五：推向老先生。（画外音，男声）谁的电话？

镜头六：推向老太太。（画外音，女声）是女儿打来的。

镜头七：推向老先生。（画外音，男声）有什么事吗？

镜头八：推向老太太。（画外音，女声）没事。

镜头九：推向老先生。（画外音，男声）没事？几千里打来电话？

镜头十：推向老太太。（画外音，女声哽咽）她说她爱我们。

镜头十一：（特写）两位老人相对无言，激动不已。

旁白：用电话传递您的爱吧！

【简析】电话机已成为人们生活和工作不可缺少的一部分。我们现在人手一部手机，无法体会那个年代电话机从无到有给人们的生活带来的便利。你平常用手机做什么呢？手机还有什么功能？

我们来重点看一下这则广告文案：老太太声音哽咽地说："她说她爱我们。"（特写）两位老人相对无言，激动不已。这个画面让人感动，真实、朴素，用简短的对白呼吁“用电话传递您的爱吧”，用最简单的语言传递最丰富的信息。广告语言浅显直白，通俗易懂。

三、理论知识

（一）广告文案的概念

广告文案又称广告文稿，指广告作品中用以表达广告主题和创意、说明宣传内容的文字部分。典型的广告文案由四个部分组成：标题、口号、正文和附文。广告文案是广告作品的中心所在，是广告作品创意构思的具体体现。在一个广告作品中，广告文案所包含的信息量最大，广告作品中的其他信息往往是依据广告文案进行再创作的产物。因此，广告文案设计的成败，在很大程度上决定着整个广告设计的成败。广告文案的设计，实质上是在创意形成之后，为体现创意而做的语言（文字）设计。

（二）广告文案的写法

1. 设计要求

成功的广告语言都具有十分高超的语言修辞手段。《水浒传》中的酒旗广告“三碗不过冈”，仅用五个字，在没有一个字直接涉及商品质量的情况下传播出质量上乘的信息。美国有一个宣传童鞋的广告，它不是简单地宣传童鞋的质量可靠，而是强调它“像妈妈的手一样柔软”。如果做广告就用“第一”“领导”“上乘”等字眼，只能说明广告制作者语言的贫乏。这样的广告是没有感染力和说服力的。所谓“言之无文，行而不远”，就是这个道理。一般说来，广告语言的锤炼应从以下几个方面入手。

（1）语言准确，避免歧义和误解。所谓准确，是指词语搭配准确，结论恰当，符合逻辑。词语搭配准确，就是要使广告的文字能准确地表达意思。如果词语搭配混乱，就会让人不知所云。结论恰当，是指对产品的评论和对消费者的承诺要恰到好处。广告中的结论性语言不要夸大，应留有余地。符合逻辑，是指撰稿人在撰写广告文案时，要有逻辑性，思维不清晰，意思就不可能说得明白。

（2）语言生动、新鲜，切忌平庸、雷同。所谓生动、新鲜，指的是广告语言活泼、生动，对读者能动之以情，晓之以理，使他们看到或听到广告语后如见其形，如闻其声，从中得到启迪或产生某种联想。生动、新鲜的广告语言能给人留下难忘的印象。然而，奇巧不等于诡谲，如果离开内容，一味追求语言新奇，就可能弄巧成拙。

（3）充分发挥汉语修辞特色。汉语有很多传统的修辞手法，如对偶、排比、顶针、回环及仿造、用典等，广告语言应充分调动这些手段，形成广告语言的中国风格。广告语言的好坏常常根据消费者是否能记住来评判。修辞手法的运用，不仅给广告语言带来美感，而且能增强消费者的记忆。修辞手法用得恰当，能丰富广告词的内涵，让人读来回味无穷。

（4）语言简洁，避免不必要的重复。广告语言要恰到好处，即不啰唆，不拖沓，一句话能说清楚的，决不用两句话。调查表明，接受广告的观众和听众没有人愿意花精力去看或听啰里啰唆的广告词。所以，一则广告的内容不要过于复杂，应该简明扼要，语言尽量用单句，少用复句。当然，事情不能一概而论，重复也是一种修辞手法，必要的重复可以加强对受众的刺激。日本索尼（SONY）公司在中国做广告，标题是："SONY 这是您第一次见到的名字吗？"标题中有巨大的黑体字"SONY"，在正文中一再出现"SONY"字样。整个广告，大大小小的"SONY"一共出现 23 次，从而强化了"SONY"这一最重要的信息。23 个"SONY"采用不同方式组合或用不同形式呈现，从而避免了单调、呆板。人们可以对语言做种种奇妙的排列组合，好就好在一个巧字。

（5）语言通俗易懂，避免使用冷僻、深奥、艰涩的词语。广告语言是面向大众的，应该使消费者一看就懂，一听就明白，即使是一些科技术语，也要想法使之通俗化。在美国广告商联合会的一次例会上，美国大陆石油公司广告经理麦尔温·哈特威克提到了该公司所用的一则"失败的广告文案"。这则广告文案的标题是"突破性能界限"。这则广告推销的是一种燃料，它可以使飞机的速度超过音速。然而，广告出来后，销售效果并不佳。为什么？该公司经过进一步调查发现，原来人们都不懂什么是"性能界限"，并且不愿去深究它的实际含义。

广告语言通俗易懂，还要与该产品的市场目标相结合，使之具有针对性。

2. 广告标题

广告标题就是广告文案或者整个广告的题目，它是广告内容的概括与浓缩，是广告主旨的表现，是区分不同广告的标志。

（1）广告标题传递信息的方式。一般说来，广告标题传递信息的方式主要有以下几种。

① 列明主要信息。例如，一则房地产广告的标题是"大厦——世纪凝固的诗篇，喷泉——时代永恒的乐章"，让人一看便知销售的是一座带有广场喷泉的、环境优美的大厦。

② 强调产品的独特性能，即用短短几个字突出自己商品的功能与特点。例如，一则推销家用学习计算机广告的标题是"计算机+学习机+游戏机"，文字虽少，但说明了这种商品的与众不同。

③ 突出商标品牌，即在标题里直接出现商品的品牌名称，让消费者产生较深的印象。这种做法在形象广告策略中是常用的手法。

（2）广告标题的分类。广告标题按性质可分为三类：直接标题、间接标题、复合标题。

① 直接标题，即以某种商品、某个品牌和商店、工厂的名称做标题，没有其他补充说明成分。

② 间接标题，即标题中不直接出现所要推销的商品或品牌等名称，而是采用艺术手法来暗示或诱导消费者进一步注意广告的其他信息。

③ 复合标题，即兼取直接标题与间接标题两者之长，将其融为一体，即直接点出商品或品牌，又采用艺术手法，将词语结合搭配，使其产生特殊寓意，具有一定的吸引力。这种复合标题被普遍采用。

3. 广告口号

广告口号又称中心广告词，是广告的中心用语。如果说标题是广告的一张脸，那么口号就是广告的一双传神的"眼睛"。从结构上看，口号与标题十分相似，很多口号确实是由非常成功的标题演变而来的。但是，口号毕竟不同于标题，它是相对独立存在的，对它的创作也比较自由，比广告标题具有更大的灵活性。

（1）广告口号的创作要求。广告口号成功与否，关键在于消费者是否乐于接受，如消费者不接受，就是失败的。因此，广告口号的创作应注意以下几点要求。

① 便于记忆，易于背诵。广告口号的一个重要作用就是加强消费者对所宣传商品的印象。很多消费者之所以能记住某种商品的品牌，在很大程度上是因为他们记住了宣传这个商品的口号。所以，广告口号在形式上力求简洁、干脆，有强烈的节奏感。

② 既有新意，又符合商品的特点。广告口号切忌与其他广告的口号雷同，让受众分不清是在介绍哪家的商品。当然，广告口号的创作也应该反映商品的特色。

③ 针对性。在某种程度上说，广告口号就是用最少的文字达到最大的宣传目的。例如，杉衫西服的广告口号是“杉杉西服，不要太潇洒”，口号的重点诉求就是“潇洒”两字；雀巢咖啡的广告口号是“味道好极了”，口号的重点诉求就是“味道”，这是针对中国人往往不喜欢咖啡味道这一生活习惯设计的。由此可见，广告口号看起来短小，却往往是整个广告诉求的重点所在。

④ 符合民俗、国情。广告口号是为了让消费者记住商品品牌，其创意和创作要符合消费者的接受心理和欣赏习惯。换言之，广告口号的创作应说些老百姓喜欢听、愿意听的话。

（2）广告口号创作的常见类型。

① 鼓动性口号，即用一种请示、祈使、催促的加吻来鼓动顾客购买商品。

② 表彰性口号，即把所推销的商品的各种优点、特色浓缩成一句话，让它在人们心中扎根。这种类型的口号比较流行。

③ 情感式口号，即以情感来打动消费者。

4. 广告正文

广告正文是广告的中心，以产品说明为主要内容。广告正文的内容主要包括以下几个方面：提供商品（或厂商）的有关资料（包括历史、工艺、荣誉、效果等），以取得消费者的信赖；介绍该商品（或厂商）的特色，以引起消费者的兴趣；介绍该商品的使用方法或售后服务项目，以消除消费者的后顾之忧；提出建议，希望消费者能够优先考虑购买该商品。

当然，并不是每则广告正文都要面面俱到，它们可以有不同的侧重点。广告正文有以下常见类型。

（1）说明型，即针对消费者可能产生的疑问进行解释、说明，偏重于说理，特点是冷静、客观、有条不紊。

（2）荣誉型，即用该产品所获荣誉来证明该产品的成功和可靠。

（3）新闻型，即以增强新闻信息、降低商业气氛来取得消费者的信任。

5. 广告附文

广告附文是对广告正文的有效补充，主要是将广告正文中完整结构中无法表现的有关问题做必要的交代，一般出现在广告文案的结尾。广告附文部分主要包括产品的品牌、企业名称、地址、电话联系人、企业标志、权威机构证明标志、必要的表格等内容。广告文案中的具体附文可以依据广告文案的中心内容和广告的具体目的做取舍，不一定包括上述全部内容。

思考与练习

1. 下面的广告文案均有错误，请分析原因，并加以修改。

（1）本餐厅经营俄、德、英、意、法等国著名菜品和各色茶点面包。并且备有西餐各国传统厨师，操作娴熟，色美味香，保持各国所具有的独特风味，并且承担各界人士，大小型喜庆宴会，定菜定桌，服务热情，经济实惠，金额同一般中餐大致相同。

（2）老胡开文墨厂发源于徽州，分来武汉，迄今有二百年的悠久的历史，是我国首创第一家传统名牌产品。香墨素有《文房四宝》之称，在国内外久享盛名。

（3）吸尘器是现代化清洁工具，适用于家庭、宾馆、研究所、电子计算机房、医院等处使用。

（4）本厂占有历代糟坊旧址。利用千年古泉，百年老窖和优质高粱、上等陈曲、加之精湛的传统技艺，科学配方酿制而成，酒质清醇……

（5）我厂是生产汽车保修机械专业厂，设计合理，结构新颖，工艺先进，畅销全国各地。为提高修车质量、加快修车速度、提高经济效益，深受用户欢迎。

2. 请为家乡的一样传统小吃策划一则广告文案。

第二节　导游词

一、任务导入

任务一

找出下面这篇导游词的问题并修改完善。

各位游客，上午好，欢迎大家来乌镇玩。我是你们的导游，我叫徐大光，你们可以叫我小徐或徐导。

各位朋友请看，这里竖立着一个个密密麻麻的高杆和阶梯式的晒布铁木架，上面晾晒着一条条蓝白两色的大块长布条，这就是乌镇特有的蓝印花布。现在我们就走进蓝印花布作坊去看个究竟。

各位朋友，蓝印花布对于江南女孩来说具有特殊的意义，它在江南女孩的生命中有着十分重要的意义，它可能是江南女孩一生中最难忘的记忆了。我们可以想象得到，当一个女婴呱呱坠地的时候，当你一睁开自己的小眼，就看见了妈妈自己亲手做的蓝印花布的帐幔，她就咧开没长牙的小嘴笑了。当小女孩渐渐长大了以后，她的眼睛里就到处是蓝印花布了，妈妈的围裙，吃饭桌上的台布，家里的窗帘，她自己头上小小的头巾，这些乌镇出产的最普通的蓝印花布，就这样伴随着这里的女孩子一生。

十几岁的年纪，小姑娘就已经按捺不住爱美的心思，偷偷的跑到作坊里，三天两天就把印染蓝印花布的手艺学会了；学会这个活之后，她会干什么呢？

转眼间，小姑娘就变成大姑娘了，变成了江南小镇上数得上的美丽姑娘了，赶了三天三夜，赶出一整套蓝印花布的物件：窗帘、枕套、拖鞋等。等到江南女子出嫁的时候，可能她也是穿着一身蓝印花布衣裤，再配上两只哭出桃花的红眼睛，那样子是不是很值得怜爱呢？

……

任务二

俗话说“上有天堂，下有苏杭”，每逢假期，全国各地的游客都会选择来杭州旅游。我们说“到北京看墙头，去西安看坟头，到了桂林看山头”，那来杭州看什么呢？据相关统计，绝大多数的游客都将西湖作为必游景点。作为浙江人，假如你的朋友来西湖游玩，让你做导游，你将如何介绍西湖呢？请选取西湖十景中的一个景点，试写一篇导游词。

二、例文分析

例文一

雁荡山导游词

亲爱的各位游客，大家好，我是旅行社的导游，大家可以叫我李导。今天由我带大家游览国家级著名景点——雁荡山风景区，希望在这美好的一天给大家带来快乐。

现在趁着大家在车里休闲的时间，我介绍一下雁荡山的大致情况：雁荡山系绵延数百公里，史称“东南第一山”。它位于中国浙江省乐清市境内，部分区域位于永嘉县及温岭市境内。通常所说的雁荡山风景区主要是指乐清市境内的北雁荡山。雁荡山不仅景色优美，而且名字颇有诗意：因山顶有湖，芦苇茂密，结草为荡，南归秋雁多宿于此，故名雁荡。

雁荡山总面积 450 平方公里，500 多个景点分布于 8 个景区，以奇峰怪石、古洞石室、飞瀑流泉称胜。其中，灵峰、灵岩、大龙湫三个景区被称为“雁荡三绝”。今天我们由于时间关系，游玩的是灵峰和大龙湫两个景区，一会儿就到了，请大家注意安全，跟着李导，请记住，看景不走路，走路不看景。

……

【简析】这是雁荡山导游词的前言和总述部分。导游首先在开篇部分做了简要的自我介绍，点明了游览的景点；接着，从地理位置、面积、名称来源、著名景点等方面对雁荡山的整体情况进行了概括，使游客对雁荡山的整体情况有了大致的了解，进一步激发了游客的兴趣。

现在我们来到的是“雁荡三绝”之首——灵峰景区，灵峰总面积达 46 平方公里左右，它以悬崖叠嶂、奇峰怪石、古怪石室、碧潭清涧著称。让许多游客慕名而来、赞叹不已的是那有名的合掌峰。现在我们所在的位置是灵峰饭店，请大家站在屋檐底下，抬头仰望，可见一只硕大的雄鹰凝神伫望，像一尊保护神，守卫着灵峰这一方净土。20 世纪 60 年代，大文豪郭沫若先生观此峰后，诗兴大发，挥笔道：“雄鹰踞奇峰，清晨化为石；待到黄昏后，雄鹰看又活。”峰随步转，景随步移，请各位再往前行，看看“雄鹰敛翅”还有何变化。

从西南角仰望此峰，恰似一对丰满的乳房，因此称“双乳峰”。双乳峰不仅孕育了如诗如画的雁荡山水，而且孕育了勤劳智慧的雁荡人民。因此，雁荡人民还赠给她一个雅称——“东方维纳斯”。

大家往前稍移几步，双乳峰变成了一位身着旗袍的苗条少女，如果你用心去感悟，会发现她面带愁容地看着远方，眼露悲意，望眼欲穿，似乎正在思恋着未归的情郎，人称“相思女”。

【简析】这是雁荡山导游词的分述部分。这部分重点对“雁荡三绝”之首——灵峰景区——进行了详细的解说，既有总体概括，又有细节阐释，特别是对相关人文历史的解读，让游客深入、具体地了解灵峰景区的历史和现状，从而深刻感受灵峰景区的文化和魅力。

相思女终于盼到了心上人。请大家抬头看合掌峰，左边的少女踮起了脚，扬起了脸，双手楼着右边小伙子的脖子。小伙子天庭饱满，眉清目秀，刚从远方回来，来不及卸下身上的包袱，双手楼住了恋人的纤腰。这就是雁荡山驰名中外的“情侣峰”，此景只可意会，不可言传，为了不打扰他们，我们的队伍还是继续前进。

【简析】这段话是对雁荡山合掌峰的解说，运用拟人手法，对合掌峰做了形象、传神的描述，激发了游客的想象，加深了游客对合掌峰的印象和得名缘由的理解。

观赏完合掌峰之后，大家一定还在赞叹大自然鬼斧神工的奇妙。现在我们来到的是大龙湫景区。这里最著名的就是大龙湫瀑布了。大龙湫以变幻万千而闻名遐迩。首先映入我们眼帘的是“观音坐莲台”。安详、端庄的观音脸朝东方，安然坐在莲花台上。再往左看，可见一只老鼠，头朝天，挺着大肚皮，拖着一条长长的尾巴，正慌慌张张地往上逃，此景称为“上山鼠”。那只老鼠何以如此呢？原来，在它背后的山上有一只猫，弓前背，朝它紧追不舍。两景天然巧合，便有“灵猫捕鼠”之称。

大龙湫的最奇绝之处，在于因季节、晴雨等变化呈现出多姿多彩的迷人景象。大龙湫水源从雁荡山最高峰海拔 1056 米的百岗尖上下来，瀑布景观一年四季各不相同：秋冬，雨水稀少，瀑布如珍珠落玉盘；盛夏，特别在雷雨过后，瀑布以排山倒海之势、雷霆万钧之力，呈现在我们眼前。只有游览过雁荡山，你才会理解“欲写龙湫难下笔，不游雁荡是虚生”这句话的真正含义。

【简析】这两段话是对雁荡山大龙湫景区的解说，按照游览的先后顺序，依次对观音坐莲台、上山鼠、大龙湫瀑布等景点做了详细的解说，用形象化的语言向游客展示了相关景点的神韵与风采，使游客能够深刻领悟“欲写龙湫难下笔，不游雁荡是虚生”这句话的真正含义。

今天我们的旅游结束了，欢迎大家再来雁荡山旅游，谢谢，再见！

【简析】这句话是雁荡山导游词的结尾部分，表示了对游客的感谢和再次欢迎之意。

例文二

江心屿导游词

江心孤屿俗称“江心屿”，位于温州市区北面瓯江之中。江心屿与鼓浪屿、东门屿、兰屿并称“中国四大名屿”，而江心屿位列中国四大名胜孤屿之首。

各代诗人对孤屿题咏诗词有 500 余首，如唐代诗人李白、杜甫、孟浩然、张子容、韩愈、张又新等均有名篇佳作咏及孤屿。江心屿风景秀丽，历史悠久，人文景观丰富，是瓯江上的一颗璀璨明珠，历来被称为“瓯江蓬莱”。江心屿遍布殿堂亭榭，古迹甚富，且古木葱茏，风景幽秀，向有“瓯江蓬莱”之称。

江心屿全年温度适宜，适合出行。温州属中亚热带季风气候，全年温度适中，热量丰富；雨水充沛，空气湿润；四季分明，气候多样，季风显著。一年之中，1 月最冷，平均气温 7.6℃；7 月最热，平均气温 27℃；全年平均气温 18℃。如果是 7 月至 9 月前往温州，当地常有台风，最好注意天气变化情况，择日择时出行。

【简析】这是温州著名旅游景点江心屿的导游词。该篇导游词开篇直入主题，依次对江心屿的名称、地理位置、地位、涉及的人文历史、气候条件等做了简要介绍，使游客对江心屿有了初步的印象。但是，从全篇来看，这篇导游词的结构不够完整，重点不突出，在前言部分没有介绍自己，表示对游客的欢迎之意，与游客建立良好的关系，只是简单地告诉游客江心屿有丰富的人文景观，未对江心屿的历史文化、著名景点等关键部分做深入、详细的解说，没有体现出江心屿的历史厚重和独特魅力。

例文三

楠溪江导游词

楠溪江位于浙江省温州市北部的永嘉县境内，是国家 AAAA 级景区，素有天下第一水之称。

楠溪江是我国国家级风景区当中唯一以田园山水风光见长的景区，山水文化与古村文化高度结合，耕读文化与宗族文化相互交融，构成了层次丰富、动静有致的独特景观。楠溪江划分为七大景区，共有 800 多处景点，其中较为著名的有石桅岩、苍坡村、芙蓉古村、狮子岩、丽水古街等。

楠溪江位于浙江省温州市北部的永嘉县境内，交通便利。

1. 火车：乘火车到永嘉站下，坐永嘉城乡巴士，即可到达楠溪江景区，约一小时。

2. 飞机：乘飞机到温州龙湾国际机场后，打车安澜亭码头，再坐轮渡到瓯北后，在码头边上的小型客运站乘前往岩头方向的中巴到楠溪江景区。

3. 客车：A. 从温州出发乘客车到安澜亭码头，再坐轮渡到瓯北后，在码头边上的小型客运站乘前往岩头方向的中巴到楠溪江景区。B. 从杭州、上海出发，乘客车到永嘉县城，再换乘城乡巴士到达楠溪江景区。从杭州出发约 4 小时，从上海出发约 7 小时。

楠溪江景区内部有乡村中巴往返穿梭于各主要景点和主要城镇之间。

【简析】这是温州著名旅游景点楠溪江的导游词。该篇导游词向游客介绍楠溪江的地理位置、特色、景区分类、主要景点、交通路线等内容，大致概括了楠溪江的主要情况。根据导游词的结构、作用等进行分析，这篇导游词对楠溪江整体情况的概括过于简单，特别是对楠溪江的水系特征未做阐述，主要的景点一语带过，没有进行认真、完整的解说，却对楠溪江的交通用笔过多，显然是没有分出重点，忽略了导游词对结构的要求。

例文四

飞来峰导游词

“溪山处处皆可庐，最爱灵隐飞来孤”，我们眼前的这座奇秀的小山峰，就是苏东坡诗句中所提到的飞来峰。

相传飞来峰下原有个村庄。南宋初年，灵隐寺有一位疯疯癫癫、爱打抱不平的和尚，人称“济颠”。这位疯和尚还有能掐会算的本领呢！一天，他掐指一算，四川峨眉山有一座小峰将要飞来，可能要压着灵隐村。他急忙跑到村里，劝说村民赶快搬家，可村民没有一个相信的。这时，远处正有一群人吹着唢呐，抬着花轿过来。疯和尚一看是迎娶新娘的队伍，于是冲进人群，背起新娘就朝村外跑。村民一下子都轰动了，全村人都追了出来。此时，天空中一阵乌云越来越近，只听“轰”的一声，一座黑压压的山峰正好压在了灵隐村上。这座飞来的山峰便被人们叫作“飞来峰”。山峰飞来了，村民们又怕山峰重新飞去，于是在山峰上刻了数百尊佛像，镇住山峰。从此，飞来峰就再也飞不走了。真可谓“山不在高，有仙则名”。

【简析】这是杭州著名旅游景点飞来峰的导游词。开篇用苏东坡的诗句来激发游客的兴趣，随后通过一个故事对飞来峰名称的来源进行详细的解说，抓住了游客的心理，让游客有身临其境之感，达到了解说的效果。从全篇来看，虚构的故事的确吸引了游客的注意力，引发了共鸣和思考，但美中不足的是，除故事之外，游客并没有对飞来峰的外部形象等有深刻的印象。导游词缺乏对飞来峰地质结构、组成成分、特色浮雕艺术等的全面解说，使游客难以从整体上全面了解飞来峰的过去和现状，应增加上述内容。

三、理论知识

（一）导游词的概念与特点

1. 导游词的概念

导游词是导游在引导游客游览时的讲解词，是对景观、风土人情、历史文化等进行解说的应用文字，是导游与游客交流思想、向游客传播文化知识的有效载体，也是应用写作研究的文体之一。

2. 导游词的特点

（1）准确性。导游通过对游客参观景点的自然景观和人文景观进行详细讲解，使游客能够准确、全面地了解景观的结构、特征、历史、价值等，讲解内容必须真实、全面、客观，解说的概念、引用的数据和资料等必须准确无误。

（2）趣味性。导游对参观景点的外部特征、内涵意蕴进行生动讲解，需要具备广阔的视野和丰富的知识，在讲解过程中要结合自然景观和人文景观相关知识，运用多样化的语言和动作等让游客全身地心融入景观，决不能泛泛而谈，或平铺直叙。

（3）条理性。导游词的结构和内容要有一定的次序。导游词对景物或相关事物、历史文化的介绍，通常以时间、空间为序，也可按照逻辑顺序，按照由浅入深、由简到繁的规律安排内容，分出层次。

（二）导游词的结构和写法

一篇完整的导游词，通常由前言、总述、分述、结尾四部分组成。

1. 前言

前言是游览景点之前导游的讲话，向游览者表示欢迎和问候，简单介绍活动计划，交代有关注意事项，营造和谐的氛围或设置某种悬念，为整个游览活动做铺垫。例如：

各位游客：

大家好！欢迎大家来到泰山观光旅游，我代表旅行社对各位的到来表示热烈的欢迎，希望大家能够度过一段快乐的时光，留下美好的回忆。

2. 总述

总述是对游览景点的总的介绍，包括景点的历史、文化、特色等，目的是使游客对游览有个总体印象，激发游客浓厚的游览兴趣。例如：

颐和园位于北京西郊，原为封建帝王的行宫花园，原来的名字叫好山园，清乾隆时改为清漪园，1860年被英法联军所毁，1888年慈禧太后挪用军费重建，改名颐和园。颐和园总面积290万平方米，拥有宫殿园林建筑3000余间，湖水面积约占四分之三，园中景象万千，万寿山丛林葱郁，昆明湖碧水荡漾，构成一幅美丽的皇家园林画卷，是世界著名的旅游胜地。

3. 分述

分述是导游词最重要、最精彩的部分。在分述部分，导游要对各景点逐一详细地讲解，把旅游景点最具魅力、最为传神的文化内涵充分挖掘出来，引导游客去欣赏、品味。分述部分的内容一般以游览的先后为顺序，一个景点是一个独立片段，片段与片段之间常常用口语进行过渡，给游客一个切身的体验，让游客感受到美好，进而激发出游客的游兴。例如：

泰山位于山东省泰安市，历来是皇帝祭祖之地，也是我国五岳之首。

远远望去，泰山一片翠绿，像披上了绿纱。

走近，首先来到岱庙，这里是历代帝王举行封禅大典和祭祀泰山神的地方。其中天贶殿有岱庙主体建筑，它与北京故宫太和殿、曲阜孔庙大成殿，并称为中国古代三大宫殿式建筑。

出了岱庙的厚载门，前行不远就到了岱宗坊，这里是泰山御道的起点。

过了王母池、斗母宫、壶天阁等众多建筑，就来到中天门。这个标志性建筑就像中转站，可以供游客休息。

继续向前，过了十八盘，就是开仙坊。从这里可以看到南天门。传说猪八戒下凡就是在这里掉下来的。

来到天街，看那云雾环绕的山峰，会有“会当凌绝顶，一览众山小”之感。

走完天街，就离岱顶——玉皇顶——不远了。玉皇顶上有一座庙，庙里有一座刻着“1545 米”的碑，这里是泰山最高的地方了。

登泰山，不仅是自然美的享受，也是一种文化美的体验。

4. 结尾

导游词的结尾没有固定的模式，既可以用真诚的告别与祝福结束全篇，也可以根据景点的具体情况，采用个性化的结尾。下面是三种常见的结尾模式。

（1）希望式。例如：

我真诚地希望您能在这里得到美的享受，玩得开心，游得尽兴。

（2）赞美式。例如：

长城，用“举世无双，独一无二”来形容它，一点也不过分。今天，就让我们怀着“不到长城非好汉”的心态登上它，领略它的雄伟和壮观。

（3）再见式。例如：

游客们，现在我们已经走到了泰山脚下，结束了今天的泰山之旅，谢谢大家的支持和配合，我们下次再见！

思考与练习

1. 导游词写作的基本要求是什么？
2. 搜集整理相关资料，从以下三个题目中任选其一写一篇导游词。

（1）文成百丈漈导游词。

（2）瑞安玉海楼导游词。

（3）苍南渔寮景区导游词。

参考文献

[1] 孙海燕，刘伯奎. 口才训练十五讲[M]. 北京：北京大学出版社，2004.
[2] 傅明善. 口才学通论[M]. 杭州：浙江大学出版社，2007.
[3] 德博诺. 创新思维训练游戏[M]. 宗玲，译. 北京：中信出版社，2008.
[4] 陈丽，彭小庐. 写作与沟通[M]. 长沙：湖南教育出版社，2020.
[5] 谢敏. 管理能力训练基础教程[M]. 上海：华东师范大学出版社，2006.
[6] 黄春慧. 大学语文实验教程[M]. 上海：上海大学出版社，2013.
[7] 王显槐. 大学语文[M]. 北京：北京出版社，2014.
[8] 周文霞. 大学语文[M]. 北京：首都经济贸易大学出版社，2010.
[9] 关山，高蕴瑛，蔡乃雅. 播音·主持语言训练教程[M]. 天津：天津人民出版社，2001.
[10] 魏成春. 演讲与口才——理论与实践[M]. 北京：教育科学出版社，2015.
[11] 浙江省语言文字工作委员会. 普通话训练与测试 [M]. 杭州：浙江摄影出版社，2001.
[12] 维果茨基. 思维与语言[M]. 李维，译. 北京：北京大学出版社，2010.
[13] 德博诺. 六顶思考帽[M]. 冯杨，译. 太原：山西人民出版社，2008.
[14] 德博诺. 水平思考法[M]. 冯杨，译. 太原：山西人民出版社，2008.
[15] 钱旭红. 大学思维——批判与创造[M]. 上海：华东师范大学出版社，2020.
[16] 胡晓蕾，高升. 应用文写作（第2版）[M]. 北京：清华大学出版社，2019.
[17] 姬瑞环. 公文写作与处理（第5版）[M]. 北京：中国人民大学出版社，2019.
[18] 姜亮夫. 先秦诗鉴赏词典 [M]. 上海：上海辞书出版社，1998.
[19] 夏承焘. 宋词鉴赏词典 [M]. 上海：上海辞书出版社，2003.
[20] 萧涤非. 唐诗鉴赏词典 [M]. 上海：上海辞书出版社，1999.
[21] 赵波，孙露丹. 大学语文 [M]. 北京：中国言实出版社，2021.
[22] 张子泉，杨晓霞. 大学语文 [M]. 北京：清华大学出版社，2017.
[23] 张建. 应用写作（第三版）[M]. 北京：高等教育出版社，2005.
[24] 傅向东. 新编应用文写作[M]. 长春：吉林大学出版社，2020.
[25] 史英新. 应用文写作项目化教程[M]. 哈尔滨：哈尔滨工业大学出版社，2021.
[26] 毛燕敏. 应用文写作（第二版）[M]. 北京：高等教育出版社，2017.
[27] 梁金凤. “课程思政”视野下高职院校《应用写作》教学改革研究[J]. 河北能源职业技术学院学报，2022（1）.
[28] 王海燕，李芒. 论高职应用写作的“技法+思维”交互式训练[J]. 太原城市职业技术学

院学报，2021（3）.

［29］杨莉. 把应用文写作与校园生活相结合——以计划写作教学实践为例[J]. 应用写作，2021（3）.

［30］牛志远. 基于能力本位构建应用文写作中教学模式——评《新编应用写作》[J]. 科技管理研究，2021（23）.